Investment

Investment

跟達爾文學投資

取經大自然，
從物競天擇脫穎成爲市場贏家！

普拉克・普拉薩德
PULAK PRASAD ——著

呂佩憶——譯

**What I Learned
about Investing
from Darwin**

獻給迪帕（Deepa）和安許（Ansh）

目錄

推薦序　你想不到的演化與投資共通之處／綠 角　　7
前　言　一種全新的投資思維方式　　11

PART 1　避免重大風險　　21

第1章　成為大黃蜂　　23
想賺錢，要先學會別虧錢／巴菲特的兩大投資規則／了不起的投資人是擅於拒絕的人／如何避免重大風險／但是這樣就會錯過特斯拉！／本章摘要

PART 2　以公平價格買進高品質企業　　67

第2章　西伯利亞的解決之道　　69
該從何開始？／單一篩選準則的演化層級／選擇一個，就能免費獲得許多個／投資沒有保證一定獲利／本章摘要

第3章　麥肯錫與海膽的悖論　　99
神祕的麥肯錫／有生命的組織，都具有高度的韌性／可演化性的演變／企業必須有韌性才能演化／領先者變成失敗者／本章摘要

第 4 章　你覺得市場會怎麼樣？　　　　　　　　　　　　133
如何與為何 / 聚焦於近因的問題 / 頭條新聞騷擾的痛苦與收穫 /
本章摘要

第 5 章　達爾文與折現現金流　　　　　　　　　　　　　167
基金經理人績效落後大盤的一個被忽視原因 / 沒有想到這一點，
真是太愚蠢了 / 孔雀尾羽的拼圖 / 我們是一體的 /「投資」這門
歷史學科 / 必要的東西不一定是充分的 / 本章摘要

第 6 章　細菌與商業趨同性　　　　　　　　　　　　　　203
驚人的變色蜥 / 趨同性無所不在 / 我們不投資個別企業 / 康納
曼的外部觀點與趨同性 / 應用趨同性原則的一些實用方法 / 比
表面聽起來更複雜 / 蘭斯基的教訓 / 本章摘要

第 7 章　別把綠蛙當成孔雀魚　　　　　　　　　　　　　235
訊號的好處和危險 / 拘束理論澄清一切 / 大量不誠實的訊號 / 從
查哈維的角度來解釋重要訊號 / 本章摘要

PART 3　不要只是懶惰，而是要非常懶惰　267

第 8 章　鳥和熊的異常　269

聯準會利率、中國港口和德國監管機構 / 不斷的動盪可能會令人煩躁 / 演化並不像表面上看起來那樣 / 葛蘭特更進一步 / 葛蘭特和庫爾登，決定我們的買賣時機 / 我們為何及何時出售 / 60 年會發生很多事。真的嗎？ / 本章摘要

第 9 章　艾德奇和古爾德挖出投資金律　301

沒有證據，就是證明沒這回事 / 既然停滯是常態，何必積極主動？ / 利用罕見的股價波動創造新「物種」 / 本章摘要

第 10 章　兔子在哪裡？　337

達爾文：不被賞識的數學奇才 / 對澳洲的襲擊 / 我們不賣的諸多原因 /「這根本不合理」 / 本章摘要

終　章　蜜蜂可以，我們也可以　371

理解這個不確定的世界 / 牠以舞蹈迎向永恆的成功 / 我們遵循一個簡單且可重複的過程，就像蜜蜂 / 本章摘要

致　謝　381
附　註　383

推薦序

你想不到的演化與投資共通之處

綠角／「綠角財經筆記」版主

《跟達爾文學投資》的作者是普拉克・普拉薩德（Pulak Prasad），專長股市投資。演化與投資看似兩個差距很大的學門，透過作者的說明，讀者會看到兩者的相通之處。

譬如演化上有一種現象叫「趨同」。也就是說，生活在類似環境的不同物種會發展出類似的特徵。譬如海豚跟鯊魚，牠們都有流線的體型、類似的鰭，但其實前者是魚類，後者是哺乳類。

那為何牠們有類似的外型？因為，要在海中快速有效地游泳，就是這個體型最合適。

相同的概念用在投資，作者提出，成功與失敗的企業，也都有一定的模式。譬如黃頁簿，在以前沒有網路的時代，這是重要資訊來源。你要找人或是查找各種服務，就要翻黃頁簿。搜集當地最廣泛住家與商家電話資訊的黃頁簿發行者，會一直占據龍頭地位。正因為最詳細，所以使用者都會用它。也因為有最多使用者，新商家也會希望在黃頁簿上面列名，付費使用這個服務。

這個原則到今天仍然試用。譬如求職網站，最大的求職網站因為有最多人在上面刊載履歷，所以最容易吸引公司商家訂閱。而因為有最多公司用戶訂閱，求職者也會希望將自身資料登入。在這些產業中，最大的業者就容易維持最大。這就是投資世界的「趨同」，不同公司在不同時代利用相同的模式獲取成功。

另外，為了取得生存優勢或吸引配偶，欺瞞在生物界是常見行為。譬如母招潮蟹偏愛具有大螯的公蟹，假如一隻公蟹在打鬥中失去螯，牠會長出一個新的、比較沒那麼結實，但看起來更大的螯。大螯實戰效果差，但就是看起來大，以吸引配偶、嚇退競爭者。統計顯示，有超過 4 成公蟹有再生的螯。

這種不實的訊號發送，在投資界也非常常見。上市公司透過各種管道對投資人發送訊號。其中有許多都是擦脂抹粉、修飾過度，甚至是全然的虛假。所以，作者列出在評估一家公司時可以忽略的訊號，包括新聞稿、公司團隊的媒體訪談、投資人大會、財測等。作者一一列出實際的例子，以及什麼才是投資人真正該留意，難以做假的公司訊號。

本書中每一個章節，都會看到某個演化原則，在投資界的鮮活應用。其實我是指數化投資人，我完全不選股，就透過低成本指數化投資工具持有整個市場的股票。但這本討論主動投資的書籍，我仍看得津津有味，覺得非常精彩。

許多主動投資人認為，指數化投資就是拿市場平均報酬，沒什麼突出的地方。但假如一個主動投資人根據大家都知道的訊息，採用跟大家一樣的分析方法來投資，有什麼理由會拿到更好的報酬？

主動投資是一個競技場，你必需比別人更快或是更正確地分析訊息，才有可能勝出。作者將演化的原則應用於投資界，得到許多不同以往、值得參考的選股與投資原則。這些不同於眾人的想法，才會帶來主動投資勝出的可能。

但一位投資人，也有可能看到書中的描述，體會到主動投資的難度與隨處可見的陷阱，於是採行指數化投資。而原本就是指數化投資人的讀者，也可以從書中的論述了解，為何長期持有不需要在意總體經濟訊號，體會到長期勝出的公司帶來的財富增長可以遠遠超過那些虧損的公司，為市場帶來整體的成長，而更加堅定自己的信心。

　　《跟達爾文學投資》不僅講投資該怎麼做，也談投資不該踏入的陷阱。作者透過各種原理與實證，完整的闡述每個論點。可以說，只要你是一位股市投資人，就會覺得這本書非常好看。打開此書，了解與吸收作者獨特的投資智慧吧。

前言

一種全新的投資思維方式

我這個普通人，竟然能大幅影響科學家在一些重要問題上所持的觀點，這真是令人感到驚訝。

——查爾斯·達爾文，《查爾斯·達爾文自傳：1809-1882》（The Autobiography of Charles Darwin: 1809-1882）的最後一句話

班傑明·葛拉漢（Ben Graham）45 年前就教導我，就投資來說，不一定要做非凡的事情才能獲得非凡的結果。

——華倫·巴菲特（Warren Buffett），〈1994 年致股東信〉

演化生物學（Evolutionary biology），顧名思義，是研究自地球有生命開始以來，生物演化的原因和性質。而「投資」這個詞無法顧名思義，因為投資跟賭博很像，只是說法比較委婉一點。在這種賭博形式中，從業者很少比亂投飛鏢選股的靈長類動物做得更好。

表面上看，這兩個領域之間還有許多其他差異。演化生物學全拜經過嚴謹學術訓練的專業人士的貢獻，而投資領域則由總把自己看得太重的愛好者主導。知識的渴望和對真理的追求激勵著演化生物學家；而對大多數投資人來說，只要說好的「2 & 20」[1] 的規則不變，什麼投資智

慧和真理根本沒人在乎。演化生物學家在狹隘的領域進行大量研究（例如，「中南半島恆河猴和長尾獼猴之間的二次接觸和基因體混合」[2]）。另一方面，投資人則會根據虛假的電子表格、有缺陷的假設和日漸膨脹的自負，發出自信的宣告（例如，「我認為今年市場將上漲 10%」）。

不過，最大的區別在於兩者正朝著相反的方向發展。演化生物學家的知識持續增加，而投資人的本事則變得更糟。

近年來，生物學家們利用達爾文的演化論來解釋一系列事物，例如人類肝炎病毒的起源，雌性動物受性擇（sexual selection）影響的後果，微生物群對動物演化的影響，大猩猩等靈長類動物之間的文化遺傳與達爾文演化論之關聯，以及基因流動（gene flow）對物種演化的影響[3]。如果你在任何科學期刊尋找研究主題是「演化」的話（例如《美國國家科學院院刊》〔*Proceedings of the National Academy of Sciences*〕，可在 www.pnas.org 上找到），你會被科學家們所取得的各種研究主題和令人驚嘆的進展所震撼。

但是投資界呢？你怎麼查找都沒關係──資料很難看。真的很難看，而且資料顯示我們基金經理人都是白痴。

根據 2021 年標準普爾公司（S&P）關於美國股市的報告（稱為 SPIVA 美國計分卡），在 5 年、10 年和 20 年的三個期間，**75% 至 90%** 的美國國內基金表現均落後大盤[4]。請先試著感受一下這件事，然後再繼續讀下去。大約 75% 至 90% 的基金經理人績效落後大盤，他們之中大多數人擁有精英學校的碩士學位，包括工商管理碩士（MBA）學位，管理著數兆美元資金。如果你是金融服務界的一員，你可能會認為績效超越小型股指標比較容易。但並非如此。從 2011 年至 2021 年的 10 年內，大盤表現優於約 93% 的小型股基金。

這已經夠糟了，但令人沮喪的消息並沒有就此結束。大多數美國國內基金不僅表現不佳，而且長期下來情況還變得更糟。根據同一份標準普爾報告，在 2009 年[5]，「只有」55% 至 60% 的美國國內基金 3 年和 5 年期（10 年和 20 年期沒有報告）的績效表現落後大盤。

這種現象並非只限於美國。截至 2017 年，在印度股票市場上，43% 至 53% 的大型股票基金，3 年和 5 年期的績效落後大盤[6]；然而到了 2020 年[7]，情況變得更糟：大約 70% 至 80% 的大型股基金 3 年、5 年和 10 年期的績效表現都無法超越大盤。

難怪被動型管理基金的成長速度，遠高於主動型的共同基金。根據 2020 年會計師事務所德勤（Deloitte）的報告[8]，自 2009 年以來，美國價值 6.6 兆美元的被動型基金已成長 4 倍以上，而價值 11.4 兆美元的美國主動型基金只成長不到 1.7 倍。為什麼會如此？因為在那段時期，美國被動式基金的績效表現，遠高於主動型基金。

我知道各位現在可能會想問以下問題：像演化生物學這般艱深晦澀的領域，怎麼可能成為解決這個問題的方法？如果被專業投資人高估且付出高昂學費的 MBA 教育到頭來沒有什麼用，那為何要參考達爾文的演化論？那些崇尚現金流、本益比和資本資產定價模型等抽象概念的人，能從花幾十年挖掘化石標本、辯論尼安德塔人是否與人類發生過性行為，以及一位被奉若神明的十九世紀（研究蚯蚓、鴿子和藤壺的）英國人身上學到什麼呢？向各位報告，我認為我們可以學到的事真的很多。

但在那之前，我想先做個自我介紹，以及說說我為什麼要寫這本書。

我是誰？

我是一位股票基金經理人。我在 2007 年創立了一間名為納蘭達資本（Nalanda Capital）的投資管理公司，目前管理資金約超過 50 億美元，主要投資印度上市證券。納蘭達資本的投資理念，可以概括為一句話：我們希望成為優質企業的長期（甚至永久）投資人。

容我再說一遍：我們希望成為**長期投資人**。除非我們認為可以長遠投資一家公司，否則我們就不會投資。一家股價便宜到不行但經營糟糕的公司？我們可不要；股價低廉的平庸公司？謝了，但我們不要；股價合理而且經營優質的公司？麻煩給我更多，我永遠也不想放手。

我們幾乎完全投資於由創業者擁有並親自經營的企業，其中企業家通常是最大股東，而我們則是第二大股東。

納蘭達資本的投資方針，主要是以下三個簡單的、按順序進行的步驟：

- 避免重大風險。
- 以合理價格買進優質企業。
- 不要只是懶惰，而是要非常懶惰。

就這樣。

這簡單的投資法則，促成了以下結果。如果投資人於 2007 年 6 月花 1 印度盧比（約 0.39 新台幣）於納蘭達資本成立時的第一檔基金，到了 2022 年 9 月，這筆投資的價值將是 13.8 印度盧比。假如投資於印度的 Sensex（印度的大盤指數），相同金額價值則是 3.9 印度盧比；投資於中型股指數，則只值 4 印度盧比。15 年來，根據實際的現金流入和流出,該基金的年化盧比報酬率為 20.3%(已扣除所有的費用),績效表現比 Sensex 和中型股指數至少高出 10.9 個百分點。這樣的表現還算不錯吧。

在創辦納蘭達資本之前,我在全球私募股權公司華平投資(Warburg Pincus)服務將近 9 年。在那之前,我在管理諮詢公司麥肯錫(McKinsey & Company)工作了 6 年,為印度、南非和美國的客戶提供服務。我的諮詢客戶包括南非一家個人金融銀行、一家美國科技公司、一家瑞士保險公司,以及一家印度企業集團。身為一名專業投資人,我曾擔任過以色列人力資源公司、新加坡食品公司和印度電信公司等數十家企業的董事會成員。我的投資涵蓋早期階段的公司(虧損了一些錢)到後期階段的公司(賺了一些錢)。

正如各位所見,我沒有實際去「做」任何事情。我不負責追趕生產期限、不管理銷售團隊、沒有挽救陷入困境的公司,也沒有推廣或管理品牌。然而,在我近 30 年的諮詢和投資生涯中,我的工作是觀察。我不必扮演參與日常經營的角色,使我有了養精蓄銳的機會,去思考企業界中哪些事是有效的,哪些不行。

我在不同產業、企業和各洲大陸工作的經驗,也許使我有資格對披薩外送業務模式的特異之處發表意見,但是如果各位因為我沒有演化論的相關學位而質疑我怎麼有資格對演化問題發表看法,我想這也是無可厚非的。而我的自我辯護理由,與演化生物學家瑪麗珍·韋斯特-艾伯哈德(Mary Jane West-Eberhard)在她那本重量級著作《發展的可塑性與演化》(*Development Plasticity and Evolution*)中給出的理由相同:我會閱讀[9]。

我將我的投資熱情歸咎於運氣(我在 1998 年偶然進入這個產業),而有趣的是,我將對演化論的熱愛,歸功於巴菲特的長期好友兼知己查理・蒙格（Charlie Munger）。蒙格曾是威斯可金融公司（Wesco Financial）的董事長，直到被波克夏海瑟威公司（Berkshire Hathaway）在 2011 年收購。就像巴菲特在波克夏的傳奇年度股東大會上一樣，蒙格也會在威斯可的年度股東大會上對各種主題發表演講。蒙格在 2000 年回答關於他最喜歡的書籍的問題時，他推薦了理查・道金斯（Richard Dawkins）的《自私的基因》（*The Selfish Gene*）[10]。我在 2002 年讀了這次會議的紀錄後，決定買這本書。從那時起，我的生活就徹底改變。

我發現達爾文的演化論非常迷人和豐富。多虧亞馬遜和博德斯書店（Borders，唉，我好想念這間已吹熄燈號的書店），這 20 年來我都在閱讀這個主題的相關書籍。這些書包括通俗書籍、神祕學書籍和研究所課程書籍；關於昆蟲、脊椎動物和人類的書籍；涉及高度專門領域的書，例如遺傳學及演化通則相關；涉及演化哲學的書籍及只涉及演化應用數學概念的書籍（是的，生物學應用到很多數學）[11]。我不能算是演化論的專家，但我認為我能夠和專家針對這個主題，進行一個合理且無礙的對話。附帶一提，我甚至也不能說自己是投資專家，我只能承認自己是一位充滿熱情的實踐者。

為什麼我要寫這本書？

直到我讀了數十本有關演化的書籍後，我才意識到自己為什麼對這個主題如此著迷。我發現在演化生物學的研究中，幾乎每個項目都與投資這個主題有相似之處，特別是納蘭達資本的投資方式。我愈是研究達爾文的演化論（一個新的愛好），就愈了解投資（一個舊的熱情）。

本書是關於我們如何從演化生物學的基本概念中，得出長期和耐心投資的核心投資原則，演化生物學是長期過程的縮影。

雖然這本書的主題是關於投資，但它不是一本「投資入門」書。我不會討論折舊方法、租賃會計政策或無形資產的評價──這些你可以從其他數百個管道中學到。我也不會剖析本益比的比率或評論表外會計*。當然，我也不會試圖宣傳任何投資技巧。

這本書是關於採用一種**全新的投資思維方式**──透過應用經時間考驗的生物演化原則，重新思考投資這件事。我將討論那些反直覺的達爾文演化原則，這些原則將可以用來理解商業世界，進而幫助投資人在投資中取得優異績效。

各位在本書中會看到的是描述，而不是處方。本書描述了我們在納蘭達資本的投資策略，以及它與演化論之間不可思議的相似之處。這本書不是倡導「你應該這麼做」，而是說明「這就是我們所做的事」。如前所述，大多數投資人的長期績效都很差。這表示：從長遠來看，大多數投資方法都行不通。但我們的行得通，所以我才寫這本書，與各位分享我的想法。

這本書適合多種類型的讀者。如果你是一位業餘投資人，這本書應該會引起你的興趣，因為你會發現自然界與金錢世界之間令人興奮的相似處。其次，這本書適合喜歡巴菲特的專業人士（好吧，大家都喜歡巴菲特），這本書是為那些試圖像巴菲特一樣投資的人所寫的。雖然你可能不會在這裡學到新的訣竅，但透過生物演化的角度，你將以全新視角去看待巴菲特的核心投資原則。

第三種可能對這本書感興趣的人是科學愛好者。大多數科學界的人像躲避瘟疫一樣地避談金錢，但投資成效不佳，可能會付出很大的機會

---

* 編按：指資產負債表中沒有反映出來的項目，這些項目通常與資產和負債相關，但由於其性質或會計處理方式，不會直接計入資產負債表中。

成本。對於這些人來說，這本書可能會促使你更積極地思考如何有效投資你的錢，特別是因為書中討論的概念將會引起你的共鳴。

這本書也適合什麼都讀、正在尋找有趣書籍的讀者。你可能不會覺得這本書像偵探小說家阿嘉莎・克莉絲蒂（Agatha Christie）的書那麼引人入勝，但我希望能成功刺激你去思考。

如果你是一位投資專家，你可能不會同意我討論的許多（或所有）與投資相關的主題。同樣地，如果你是一位演化生物學家，你可能會對我提出的一些（或所有）主題感到不屑一顧。但是，這兩個廣泛知識領域的偉大之處在於，在生物學和投資領域幾乎沒有固定的「法則」[12]；相較之下，物理學和化學則有許多不變的法則。就像科學家無法就何謂物種或基因的定義達成一致[13]，投資人對於計算一間企業的價值這麼簡單的事情，有著截然不同的意見。

納蘭達資本的投資策略三要點

在這本書中，我將闡述一種長期投資的方法，以及它與達爾文演化生物學的相似之處：我們身為專職投資人在納蘭達資本的投資方式。我把這本書分為三部分，反映了我們的投資策略的三大要點：

- 避免重大風險。
- 以合理價格買進優質企業。
- 不要只是懶惰，而是要非常懶惰。

第一部強調了最基本的投資守則：避免重大風險。

不要虧錢，就像生活中大多數看似簡單的事情一樣，這四個字說的比做的還簡單。是的，不虧錢是一種技能，也許是比賺錢更難學習的技能。正如巴菲特所說的：「規則一：不要虧錢。規則二：不要忘記規則一。」

各位是否注意到幾乎每本關於投資的書，都提供鼓勵你按某種方式採取行動的策略和戰術？有些建議你根據市場訊號進行交易，有些建議你購買價值股，有些則敦促你押寶人工智慧和生技新創企業。這些書籍都是告訴你該如何賺錢，但你不太會看到有關如何不虧錢的書籍。悲哀的現實是，除非投資人們學會避免虧損，否則他們的投資生涯很可能是短暫且苦苦掙扎的。

第二部總結了納蘭達資本的第二個投資策略要點：以公平價格買進高品質企業。這一部分著重於說明從達爾文演化論的角度，來看納蘭達資本買進過程的具體細節。第 2 章至第 4 章探討了應該買什麼，而第 5 章至第 7 章則探討要如何買進。

第三部涵蓋了納蘭達資本的投資策略的第三個面向：不要只是懶惰，而是要非常懶惰。我們很少買進，甚至更少賣出。在這個不停轉動的世界中，運動品牌耐吉（Nike）的廣告詞「做就對了」（Just Do It）似乎是邁向成功生活的口訣，跟我們的核心信念：「**不要做就對了**」好像顯得有些扞格。在這一部分中，我將透過引用演化論中的三個概念，來論述我們提倡懶惰的邏輯。

最後，我從一個連達爾文都無法理解的有趣生物身上學到教訓：蜜蜂。

各位將在本書中讀到許多關於達爾文演化論的引用，這些知識為納蘭達資本的投資理念奠定基礎。本書試圖將這兩者做個類比。正如你在說服或被說服時可能已經發現，類比可被用來支持**任何觀點**，這是人們試著說服某人或某人被說服時很常看到的方法，所以請各位要謹慎以對。我介紹演化的智慧，只是為了讓投資人從此培養以長期眼光（非常長期）來思考的一道呼聲。

PART
1

避免重大風險
AVOID BIG RISKS

本部只有一章，但它是本書最重要的部分。如果因為某種原因你在讀完第1章後掉了這本書，我相信你所獲得的價值，仍然值得你買這本書的錢。

　　投資界的問題在於，我們沒有認真對待投資這件事。我是說真的。那些從事投資業的人看到我這麼說，可能會憤慨不已。你們一年要旅行200天，每周工作60至80個小時，必須應付情緒激動又苛刻的客戶，參加無比枯燥的會議，你的配偶和孩子很少見到你，績效必須超越大盤的壓力讓你看起來比實際年齡老10歲。而我竟然還敢說，你沒有認真看待自己的工作？好吧，如果你這麼憤怒，那就回答我這個問題：你敢為你的下一筆投資，賭上自己的命嗎？

　　在本章中，我將論述討論「賭上自己的生命」如何成為一個非常合理的投資策略，以及採用這種方法如何在數百萬年來幫助所有有機生命體帶來巨大的成功。

　　所有來自知名書籍、投資大師和金融學者的投資建議，都集中在如何投資。而本章則是關於不做投資。我認為，**學習不做投資的技能，比學習如何投資還要更難，而且也更加重要。**

第 1 章
成為大黃蜂

> 另一方面，有些情況並不是被掠食性動物所摧毀，例如大象和犀牛；就算是印度的老虎也極少攻擊有母象保護的幼象。
> ——查爾斯·達爾文，《物種起源》（On the Origin of Species）
> 第 3 章〈生存的掙扎〉（Struggle for Existence）

> 我們在過去的報告中曾寫到，買進與經營「重整」企業造成令我們失望的結果。我們多年來收到數百個各行各業的重整可能性的說明，無論是以參與者還是觀察者的身分，我們都追蹤其表現與預期的差異。我們的結論是，除了少數例外情況，當一個以才華聞名的管理團隊去面對一個基本面經營狀況不佳的企業時，通常會是企業的聲譽保持不變。
> ——華倫·巴菲特，〈1980 年致股東信〉

在開始閱讀一本關於投資的書時，我想各位總會期待被作者的才華所驚豔，但這一次不一樣。這段旅程的開頭，我將會描述我所做過的蠢事。

在麥肯錫待了 6 年後，我加入了跨國私募股權公司華平投資。在投資了幾年後，我已經學會了基本的投資知識，或者應該說我以為我已經學會了。這些知識看起來很簡單：投資於優質創業者所經營的成長型企業，而且不要付出太多錢。那時我的幾筆投資都很幸運，所以我的心情非常好。

在 2000 年代初期，一位成功的企業家找到我們，希望我們幫忙籌集資金擴展公司業務。該公司在當時的規模以印度的標準來說很合理，而且公司有許多知名客戶，包括印度最大的企業之一。值得注意的是，這家公司還在海外市場有了一定的成績，在那個年代，在軟體服務業以外建立起蓬勃發展的出口業務的印度企業並不常見。

於是我開始啟動盡職調查過程，並做了我通常會做的事：花時間與創辦人和高階經理人交流、了解他們的競爭差異策略、參觀公司辦公室、與印度和歐洲的幾個客戶交談、雇用一間專門從事法證調查的公司以評估公司在治理方面的議題、雇用印度知名的法律和會計公司進行審查，並向一些產業專家詢問該公司在成長和價值創造方面的潛力。一切看起來都很順利，我甚至不需要在估值或法律文件上耗費太多心力。

我向上級稟報我對這間公司的熱情，並得到上級同意。我替這家公司募集 5000 萬美元，當時對於在印度進行私募股權投資來說是一筆巨款，我滿懷熱忱地帶著這筆錢投資操盤。後來，華平投資從這筆投資獲得的報酬是多少？零。公司損失所有錢。

這完全是我的錯。我搞砸了，而且是非常徹底地搞砸。

想賺錢，要先學會別虧錢

下次各位去書店時，記得去逛逛投資書籍區。許多不到 30 歲的年輕人可能根本不常去書店。沒關係，也可以上亞馬遜網站，輸入「投資書籍」。不知各位有沒有注意到，像《投資101》（*Investing 101*）、《彼得林區選股戰略》（*One Up on Wall Street*）、《你也可以成為股市天才》（*You Can Be a Stock Market Genius*）或《新時代價值投資》（*New Era Value Investing*）之類書籍都有一個共同點？這些書，都是在教你如何賺錢。廢話，不然投資書還能教什麼呢？但我希望能夠成功說服各位，要成功賺到錢，必須遵循一個基本前提，就是：**不要虧錢**的能力。

幾乎所有人都會犯錯——我說「幾乎所有人」，因為我老婆絕對不會錯。而這些錯誤可以分為兩大類：**做了不應該做的事情，以及沒有做應該做的事情**。對我來說，在麥當勞買熱巧克力聖代屬於第一類，而不和校友和大學同學定期保持連絡則屬於第二類。

所有投資人也會犯這兩個錯誤。我要借用統計學的術語，來描述這兩種錯誤。第一種錯誤，統計學家稱為**第一型錯誤**[1]（統計學家還真是有夠沒有命名的本事），**當我誤以為某筆投資是好投資，結果其實卻是一筆差勁的投資**時，就是第一型錯誤。這是一種自我傷害的錯誤，又被稱為「假陽性」或「錯分誤差」（error of commission）。**第二型錯誤則是當我誤以為某筆投資是不好的，而拒絕一項其實是好的投資**。這是拒絕潛在好處的錯誤，可以稱為「假陰性」或「漏分誤差」（error of omission）。每個投資人，包括巴菲特在內，都會定期犯這兩個錯誤。他們要不是害自己虧錢，就是錯過一個很好的投資機會。

任何統計學家都會告訴你，這兩種錯誤的風險是**逆相關**（inversely related）的[2]。如果將第一型錯誤的風險降至最低，通常會增加第二型錯誤的風險；而將第二型錯誤的風險降至最低，則會增加第一型錯誤的風險。這直覺上來說這很合理。想像一下，一個過於樂觀的投資人幾乎在每一筆投資中都看到上漲空間。這個人會因為投資差勁的標的而犯下幾個第一型錯誤，但也不會錯過那幾個好的投資機會；另一方面，一個過於謹慎的投資人總會找到理由拒絕每一項投資，所以他所做的賠錢投資可能會非常少，但也會錯過一些好的投資機會。

投資人無法同時兼顧兩者！他們需要更加敏銳地選擇避免其中一種錯誤，同時接受另一種錯誤較多的後果。那麼，投資人該怎麼做？**是你的話，你會怎麼做**？

換句話說，你應該利用以下哪種投資策略：（1）進行大量投資，以免錯過一些好機會，並因此接受一些失敗的投資；或者（2）非常挑剔，以避免做出糟糕的投資，因而錯過一些好的投資？

我們不妨從演化論來尋找答案。

所有動物的目標都是盡可能生存，至少要生存到成功繁殖為止。而動物界中的所有動物都既是獵物又是獵食者。是的，就連我們人類也是。我們怎麼會成為獵物呢？還記得新冠肺炎（COVID-19）嗎？

我們先從獵物開始。對於獵物來說，第一型錯誤會是什麼？就是對自己造成足夠的傷害，而損害了自己的適應能力。我以成年雄鹿為例，探討兩種第一型錯誤。

第一種錯誤是當鹿感到口渴並且靠近水坑時。不論是出於本能、經驗或兩者兼有，鹿知道如果獅子、花豹或鱷魚躲在附近等待輕鬆飽餐一頓的機會，那麼水坑可能會成為鹿的葬身之地。如果鹿選擇接近水坑，牠會趕快喝水，迅速解渴然後離開。如果牠錯誤地在掠食者準備好並等待的時候靠近水坑，那麼牠的生命就會結束。

從化石紀錄中，我們知道現在生存下來的鹿是約在 1500 至 3000 萬年前，從有蹄類（ungulate）演化而來[3]。數百萬年下來，現代鹿在兇猛的獵食者環伺中生存下來，因為牠們對第一型錯誤非常小心——也就是不過度謹慎的錯誤。如果不是這樣，這個物種早就已經滅絕了。顯然，個別的鹿確實會犯下致命的漏分誤差，也就是有掠食者在水坑附近時前往水坑喝水，但是這整個物種的表現仍然非常出色。

如果各位看過非洲野生動物的影片或是去過野生遊獵，就會注意到牛羚、羚羊、斑馬和其他草食性動物的警覺性有多高。牠們似乎在沒有危險的地方也會看到危險。但正是這種警覺性，使牠們能夠生存數百萬年並不斷繁衍。對這些動物來說，低估威脅這個第一型錯誤，可能會是牠們所犯的最後一個錯誤。

鹿可能犯下的第二種第一型錯誤，則可以在交配儀式中看到。我曾在野外觀察到的一個令人著迷的景象，我敢說母鹿一定也很著迷，那就是兩頭成年公鹿為了獨占一群母鹿而展開激烈打鬥。容我描述一下在歐洲許多地區及西部和中亞地區發現的紅鹿交配行為[4]。母鹿（hind）生活在被稱為「後宮」（harem）的群體中。長著一對壯觀大角的公鹿（stag）彼此「戰鬥」，以獲得後宮母鹿的獨家交配權。我將「戰鬥」一詞用引號括起來，是因為公鹿很少真正進行肉搏戰。在這種情況下，第一型錯誤（也就是錯分誤差）將是冒著受傷或殘廢的風險而戰鬥的錯誤。雖然擁有一個後宮的獎勵相當可觀，但公鹿極少進行決鬥，這顯示牠們對第一型錯誤極度敏感。原理如下。

公鹿在約 16 個月大時就能交配，但通常會到至少 6 歲才會第一次交配，這是因為在這個年齡之前，牠們還沒有長出又大又強壯的角。牠們可能會冒險進行戰鬥，但沒有一頭公鹿會這樣做，因為牠們可能會受到嚴重傷害，導致未來無法交配甚至危及生命。

當公鹿到達交配年齡時，會接近母鹿聚集的交配地。但牠們不會立即開始打鬥。科學家觀察到，用鹿角打鬥幾乎總是最後的手段，在 3 周的交配期內，欲交配的公鹿通常只會打鬥 5 次。在用鹿角打鬥之前，一系列精心設計的儀式會積極地阻止肉體接觸。當兩頭公鹿互相挑戰時，其中一頭公鹿會發出宏亮的吼叫聲；另一頭公鹿會以看似同樣的活力來回應對方，因為聲音的品質是可靠指標，可用於評估對手的力氣。吼叫聲可能持續一個多小時，每分鐘的吼叫次數可能達到 3 到 4 次的高峰。在這個階段，根據吼叫聲的品質，其中一頭公鹿通常會撤退。

如果牠們無法根據吼聲判斷對手的力量，就會進入「打鬥」的下一階段，那就是以僵硬的腿平行移動。是的，公鹿會用走路來威脅對手！這種平行走路的壯觀場面會持續好幾分鐘，期間各自從約 2 公尺遠的距離評估彼此的力量和體能。在這段時間內，牠們還會破壞植被並發出吼叫聲，以顯得更加可怕以威嚇對手。同樣地，其中一頭公鹿可能會在這個階段選擇撤退。只有當兩頭公鹿都拒絕撤退時，才會選擇用角打鬥。對我來說，這比較像是一場推擠比賽。這場「表演」——大多數的這些互動看起來都不像真正打鬥——可能會持續幾分鐘，然後最後一頭公鹿認輸然後逃跑。

如果這是一場人類的拳擊比賽，觀眾絕對會對競技場丟垃圾，因為拳擊手只會吼叫並敲打地面，而不是攻擊彼此！公鹿的演化非常成功，因為在比賽的每個階段，牠們都在將自我傷害的錯誤降至最低：牠們甚至在長出足夠大的角之前都不會嘗試真的用角打鬥，而且即使在長出致命武器的角之後，除非相信自己取勝的機會非常大，否則牠們還是不願真正打鬥。而且公鹿即使對決也不會致命——科學家觀察發現，發情的公鹿大約只有 5% 受到永久性的傷害。

重點是，公鹿的演化成功，至少部分是因為牠們保存性命和肢體的本能——也就是將犯下第一型錯誤的風險降至最低。

但是，將第一型錯誤降至最低的方法有一個明顯缺點：鹿也會因此犯下更多的第二型錯誤。第二型錯誤又稱為漏分誤差，代表鹿會避開沒有掠食者等待的水坑。而且即使有很大的機會贏得整個母鹿後宮，但公鹿仍太常在交配的打鬥中撤退。而這麼做所付出的代價，就是失去喝水或交配的機會。

在某些情況下，第二型錯誤可能會變成致命的錯誤。口渴的鹿可能跑不快，無法逃離掠食者的追捕，而過於謹慎的鹿則可能無法將自己的基因傳遞給下一代。但是**平均而言，為了減少自我傷害的錯誤次數，同時也容忍更多拒絕潛在好處的錯誤，這樣的折衷做法對這個物種來說成果相當不錯**。

犯下第一型錯誤可能比一隻動物失去性命來得更嚴重，第一型錯誤可能導致整個物種的滅絕。不會飛的渡渡鳥（dodo bird）是模里西斯（Mauritius）的本土物種，水手在1507年首次發現這種物種，但是到了1681年時就已經滅絕[5]。渡渡鳥比火雞大，由於在孤立的島嶼上沒有天敵，所以牠們不怕人類入侵者。牠們犯了重大的第一型錯誤——在應該躲避人類時沒有躲避，導致了牠們的滅絕。

接著我們來看看掠食者。掠食者也會犯兩種類型的錯誤：牠可能會去獵殺對牠來說根本太危險、體型太龐大或速度太快的動物（第一型錯誤），或是牠可能放棄攻擊原本可以輕易殺死的獵物（第二型錯誤）。

你認為掠食者比較常犯下哪一種錯誤？

獵豹是地球上速度最快的哺乳類動物，追捕獵物時通常能夠達到時速80到100公里。獵豹為了追求速度而犧牲體型和體重[6]。獵豹的標準體重通常是34到54公斤，遠低於獅子，獅子的重量通常在170到230公斤之間。因此，獵豹通常會獵食像鳥類、兔子和小羚羊這樣的小動物。獵豹永遠不會試圖殺死獅子的最愛獵物：成年的水牛。獵豹只會試圖避免受傷。犯下第一型錯誤會導致死亡——水牛可能會激烈反擊牠們的獵人；或是浪費體力——當獵豹追捕一頭本來就距離過遠的羚羊。這些錯誤反過來將導致飢餓和狩獵的成功率下降。對於一頭獵豹母親來說，第一型錯誤也可能導致其幼豹死亡。獵豹能生存好幾個世紀，顯示這個物種並沒有犯下太多的第一型錯誤。對於獵豹來說，第二型錯誤代表不去追逐牠應該追逐的獵物，這會讓獵豹甚至可能連帶其幼豹都會挨餓，但至少牠們都能活下來。

鹿和獵豹並不會畫相關機率的複雜決策樹圖，以做出生活中的決定。這些動物之所以做任何事情是因為歷經無數代的物競天擇的磨練，造就出牠們的本能。動物之間的天擇既持續不斷而且無情，此外產生的數百萬個物種都遵循著這樣一個簡單原則：將第一型錯誤的風險降到最低，以減少受傷或死亡的風險，並學會接受第二型錯誤，也就是放棄一些優勢。

那麼地球上最主要的食物來源——植物的情況又如何？

植物在演化上極為成功：第一批陸生植物出現在約 4.9 億年前的奧陶紀（Ordovician），地球上有約 40 萬種植物的物種[7]。不同於動物的生活，戲劇性的事件會發生在非洲的野生動物保護區、野生動物電視頻道和兒童書籍中，植物的生活看起來可能很無趣、安靜、和平和「不活躍」。其實完全不是如此。仔細觀察就會發現，植物的生活在許多方面比幾乎任何動物的生活更刺激和充滿活力。矛盾的是，這是因為植物無法移動。如果營養不良，植物無法移動到其他地方尋找食物；受到草食性動物攻擊時，植物沒有腳可以跑或是爪子可以反擊；生病時，也不能像人類一樣接受治療和被妥善照料。

植物可以選擇廣泛地將資源投入到兩個方面：防禦攻擊或是生長。與鹿和獵豹一樣，任何顯著影響植物生命或適應能力的錯誤，都可以歸類到第一型錯誤。由於缺乏適當的防禦能力，對植物可能造成致命影響，因此對植物來說，第一型錯誤（錯分誤差）就是不將資源用於保護自己。而植物的第二型錯誤就是將資源用於保護自己，而不是用於生長。這種漏分誤差雖然不會導致植物死亡，但可能會影響其相對於競爭對手的生長和繁殖能力。

自然界的大量證據顯示，植物避免第一型錯誤的代價，是犯下更多第二型錯誤[8]。那麼我們就來研究一下，植物是如何應對食草性昆蟲的。

植物對昆蟲的第一道防禦是物理結構，例如蠟、刺和茸毛。茸毛是指葉子、莖和果實上的一層毛，可以是螺旋狀、直線狀、鉤狀或腺體毛。葉片上的密集茸毛阻礙了昆蟲及其幼蟲的移動，因而減少了牠們損壞葉片表皮的能力。腺體茸毛可以分泌毒性或其他有害的化學物質，如類黃酮和生物鹼，用以驅逐昆蟲。一些腺體毛還可以捕捉昆蟲。

對植物來說，生產和維護茸毛對代謝來說成本非常高，而且會阻礙它生長額外的葉子、莖或果實。因此，當昆蟲很少或是沒有昆蟲時，我們應該預期茸毛會很小或根本沒有茸毛。但是當有昆蟲襲擊時，為了減少第一型錯誤的風險（錯誤地將資源投入到生長而不是防禦），我們應該預期植物開始長出茸毛。而這正是我們所看到的。舉例來說，科學家觀察到當成蟲襲擊柳樹植物時，襲擊後生長的新葉片茸毛密度較高。柳樹植物在感知到掠食者後，會將其資源從生長轉向防禦。在其他物種中，如薄荷和野蘿蔔，在遭到昆蟲襲擊後，茸毛的密度也會增加。當一種蝴蝶襲擊一棵黑芥菜植物時，植物葉片的茸毛密度會增加，產生的刺激性的化學物質硫代葡萄糖苷（glucosinolates）也會增加。在昆蟲襲擊幾天或幾周後，茸毛密度可能增加25%到1000%！

但是植物的防禦機制不只限於茸毛。木質素（Lignin）是一種酚類化合物，在植物對抗昆蟲上具有非常重要的作用。木質素對葉片有兩個作用：它會增加葉片的堅硬度，使葉片變得難以入口，並且降低其營養含量。富含木質素的葉片對昆蟲來說有如一種詛咒。就像茸毛一樣，生產木質素的代價也非常高昂。同樣地，在昆蟲襲擊後，植物會增加木質素的生產。除了木質素外，一些化合物，如類黃酮、丹寧酸、凝集素和過氧化物酶，也有助降低植物第一型錯誤的風險，也就是將資源投入到防禦而不是用於生長。我所描述的是植物對害蟲的直接防禦。但許多植物也會採取間接防禦措施，這在動物中很少見。

間接防禦的原理很簡單：我敵人的敵人就是我的朋友[9]。這種防禦的運作原理簡單又優美，方式是這樣的。當一棵植物感知到昆蟲的襲擊時，它會從葉子、花朵和果實中釋放一些化學物質到空氣中。這些化學物質吸引了襲擊植物的昆蟲的天敵，例如皇帝豆和阿拉伯芥這樣的植物會釋放一種叫做水楊酸甲酯的化學物質，以吸引昆蟲的天敵，如大眼睛蟲、瓢蟲和草蜻蛉。這個技巧不只限於植物在空中的部分。根部也可以釋放化學物質來吸引地下的天敵來對付地下的害蟲。舉例來說，當西方玉米根蟲威脅玉米植物時，玉米根會釋放一種化學物質，吸引一種捕食根蟲的線蟲物種。

當被蚜蟲攻擊時，許多植物會釋放一種叫做貝他菌綠烯（beta-farnesene）的化學物質。當掠食者襲擊蚜蟲時，蚜蟲會釋放這種化學物質，可能是在警告其他蚜蟲遠離。因此，一株植物釋放貝他菌綠烯，就相當於一頭鹿在被豹子襲擊時模仿獅子吼叫！

植物就像動物一樣，透過專注於減少錯分誤差的方式，找到一條非常成功的演化之路。換句話說，植物也和動物一樣，會**避免冒著生命危險和失去健康的代價，同時也放棄一些潛在的機會**。

巴菲特的兩大投資規則

一如人們所料，巴菲特幾乎是在所有人之前就從演化論中領悟到這個教訓。他有兩條非常知名的投資規則如下：

- 規則一：絕對不要賠錢。
- 規則二：絕對不要忘記規則一。[10]

但是等一下，他說「絕對不要賠錢」是什麼意思？你要怎麼**選擇不賠錢**？難道不是每個投資人都希望不賠錢嗎？為什麼會有任何投資人會故意希望賠錢呢？

事實上，巴菲特似乎在許多情況下都違反自己的兩條規則。舉例來說，1993 年，波克夏以價值 4.33 億美元的股票，買下德克斯特鞋業（Dexter Shoe）。正如他在 2007 年的致股東信中詳述的：「我當初評估的持久競爭優勢在幾年內消失了……這個舉動對波克夏的股東來說，成本不是 4 億美元，而是 35 億美元。本質上，我放棄了一個超棒生意的 1.6%（現在價值 2200 億美元）卻以買下一個毫無價值的業務。」

在他 2014 年的致股東信中，他承認波克夏對英國賣場特易購（Tesco）的投資錯誤，「我們這一整年都在出售特易購的股票，現在已經完全沒有持有該股。我們從這次投資中的稅後損失為 4.44 億美元……」較近期的一次是在新冠肺炎大流行，造成市場崩潰的期間，巴菲特出售他所有的航空股票。他曾對四間航空公司（美國航空、達美航空、西南航空和聯合航空）投資了大約 70 億到 80 億美元，他持有大量股份。在出售時，波克夏持有的股票價值僅略高於 40 億美元[11]。他說：「事實證明，我錯了。」

回到巴菲特的兩條規則。儘管偶爾會賠錢，但當他叫我們不要賠錢時，他到底要我們做什麼？巴菲特從來沒有明確解釋過這一點（至少我從來沒有找到解釋），但我認為他的意思是：**避免承擔巨大的風險**。不要犯錯分誤差的錯誤、不要投資那些賠錢機率高於賺錢機率的投資、首先要考慮的是風險，而不是報酬。

在我們繼續之前，請讓我稍微離題一下，先了解一下「風險」的定義。我在這本書中使用的定義，與金融理論所定義的不同。金融理論認為，風險是實際投資報酬與預期投資報酬之間的**差異**的機會[12]。因此，如果一個資產的波動性很高，就會被歸類為比波動性不那麼高的資產，更具風險性。

如果各位思考一下，就會得出這是毫無意義的結論。對任何投資人來說，風險應該只是承擔資本損失的機率。以下例子將使這一點更清楚。假設我正在評估一間高品質的雜貨零售商的投資。多年來這間零售商的股價表現穩步上升，假設 2020 年初的股價是 90 美元。在新冠危機之後，股市變得波動性非常大，這家企業的股價下跌到 30 美元。同時假設你已經做了必要的研究並得出結論，認為該雜貨零售商可能會從危機中受益，因為消費者將會開始囤積食品。哪一個投資的風險更大：以 90 美元還是以 30 美元投資這間公司？如果你的直覺認為是 90 美元，那麼你是對的，這是因為在 90 美元的情況下，損失資本的風險比在 30 美元的情況下更大。但是信不信由你，金融界學者的主張會是完全相反的！不，我不是在開玩笑。他們會得出結論認為，新冠危機後的企業風險性更大，因為股價的**波動性**增加了！

我們在納蘭達資本**從來不將股價波動性納入風險討論**。我們將「風險」定義為**資本損失的機率**。損失的機率越高，風險就越高。如果我對 A 公司的投資可能會比對 B 公司的投資損失更多，我會認為 A 公司比 B 公司「風險更大」，無論兩間公司股價的過去或未來波動如何。

正如巴菲特的教訓所顯示的，他專注於將風險降至最低，這麼做使他成為整個投資界羨慕的對象，而投資界似乎總是執著於追逐所有不完整的商業思維。巴菲特和自然界都專注於將第一型錯誤的風險降至最低。我們應該盲目跟隨他們嗎？巴菲特明確的教誨和豹子與豆類所隱含的教訓，對我們這樣的普通人是否有效呢？

為什麼是，為什麼不是？

了不起的投資人是擅於拒絕的人

我們來透過一個簡單例子來對比兩種不同的投資風格，然後再來看看巴菲特的建議是否合理。根據世界銀行的數據，2018 年美國有 4400 家上市公司[13]。為了簡單起見，我們就假設是 4000 家好了。首先，我們需要決定其中有多少是「好的投資」。我們要簡化問題，把「好的投資」定義為，**長期能為我們帶來合理報酬的投資**。這種公司擁有一個有能力和誠實的管理團隊、成長率適中、獲利足、槓桿低。如果你是金融書呆子，你現在可能會覺得很煩。我說的「合理」「足夠」和「有能力」這些含糊不清的詞到底是什麼意思？別擔心，我們很快就會開始談數字，但是現在這個階段，我們先這麼說吧，我們看到就知道某一筆投資是好投資。

假設上市公司中有 25% 是「好的投資」。如果你與從業人員交談──真正的投資人，你得到的數字不會跟這個百分比相差太大。無論如何，精確的百分比並不是那麼重要，因此根據這種邏輯，我們可以說在美國的上市公司中有 1000 個好的投資和 3000 個不好的投資。同樣地，不要對這種嚴格的二分法感到不舒服；這麼做有一個作用，我們稍後將會談到。

假設你遇到了一位精明的投資人，他宣稱自己的投資決策有80%的正確率（這種人通常是個男人；男性在演化的過程中也發展出虛張聲勢的傾向）。換句話說，如果他碰到了一個不好的投資（也就是不會賺錢的投資），他在80%的時候會拒絕。如果他看到一個好的投資（也就是會賺錢的投資），他80%的時候會做出有利的投資決定。因此，他犯第一型錯誤和第二型錯誤的機率都是20%。如果這位明星投資人做出一個投資決定，那麼這個決定是一個好投資的機率是多少呢？你可能會說是80%，對嗎？錯了，答案是57%。但是為什麼？他不是80%的時候是對的嗎？怎麼會從80%到57%？

是這樣的。

市場上有1000個好的投資機會，由於這位投資人在20%的情況下會犯第二型錯誤（即他會錯誤地拒絕20%的機會），他將只選擇清單中的800間公司。市場上還有3000個差勁的投資機會，由於他在20%的情況下會犯下第一型錯誤（也就是他會錯誤地接受20%的機會），於是他會錯誤地選出600間公司，認為這些是好的投資。因此，他認為是好投資的公司的範圍將是**1400家（800 + 600）**。到目前為止還看得懂嗎？很好，現在到了最有趣的部分。

在投資人**認為**的這1400個好的投資機會中，你認為有多少是**真正的**好投資機會？只有800間。因此，他成功進行好投資的機率，就是800 ÷ 1400 = 57%。

因此，這是一個不幸的結論。即使一位投資人擁有神一般準確率的80%，他選出好投資的機率也只有57%。即使他80%的時候都是「對的」，但43%的投資最終會失敗！原因很簡單，特別是當我們將這句商業界流傳已久的箴言也納入考量：市場上好的投資機會非常少。

讓我重複這句話，這是本書接下來的論述之基石：**市場上好的投資機會非常少**。

正如我們剛才看到的，第一型和第二型錯誤如此普遍，可能會讓我們投資人自以為表現出色。但是這些錯誤對我們這個產業有著更深層的意義。如果有選擇的話，你想減少哪一種錯誤，為什麼？

假設有一個投資人 A，決定要更懂得如何拒絕差勁的投資，並將他的第一型錯誤率從 20% 降低到 10%。因此，從市場上的 3000 個差勁投資中，他將只選擇 300 間企業（10% × 3000）。但由於他的第二型錯誤率仍舊維持在 20%，他將錯誤地拒絕 1000 個好投資中的 200 個，因此選擇 800 筆投資。因此，A 投資人已經選擇 1100 筆投資（300 + 800），但其中只有 800 筆是好的。在這種情況下，A 投資人選擇一個好投資的機率，從 57% 提高到 **73%**（800 ÷ 1,100）。我相信你應該會承認，他的成功率有了相當顯著的改善。

與 A 投資人不同的是，B 投資人更注重的是不錯過好的機會。他選擇將自己的第二型錯誤率從 20% 降低到 10%，並將第一型錯誤率保持在 20%。因此，他將從 1000 個好的投資中選擇 900 個（90% × 1000），並且將從 3000 個差勁的投資中錯誤地認為有 600 個是好的（20% × 3000）。因此，B 投資人已經選擇 1500 個投資（600 + 900），但其中只有 900 個是好的。因此，B 投資人選擇一個好投資的機率從 57% 提高到 **60%**（900 ÷ 1,500）。這的確是進步──但只提高 3 個百分點而已。不錯，但不算很好。

減少每種類型錯誤的相對影響非常明顯，如表 1.1 所示。

表 1.1　第一型與第二型錯誤

第一型錯誤	第二型錯誤	成功率
20%	20%	57%
10%	20%	73%
20%	10%	60%

因此,將第一型錯誤率從 20% 降低到 10%,投資人的績效就改善了 16 個百分點。另一方面,將第二型錯誤率減少相同幅度,績效卻只能提高 3 個百分點。

猜猜看,如果另一位 C 投資人,將第一型和第二型錯誤率都從 20% 降低到 10%,會發生什麼事。我第一次看到答案時,非常吃驚:75%。這只比專注於降低第一類錯誤的 A 投資人取得的 73% 略高一些。**只有當第一型錯誤 ── 也就是做出不良投資的錯誤 ── 的機率降低時,表現才會有顯著改善。**

因此,儘管大多數投資書籍和大學課程都著重於教導如何做好的投資,但如果能學習**如何避免做不好的投資**,每個人都會得到更好的成果。只有少數幾個產業中,持懷疑論獲得的好處比樂觀看待要來得更多,而投資這一行就是其中之一。

巴菲特是世界上最厲害的投資人,因為他是世界上最懂得拒絕壞投資的人。

如何避免重大風險

這種主張學習動物和植物的演化成功,避免冒險、成為更好的投資人,聽起來都挺不錯的。但是該怎麼做呢?有很多種方式可以學習人生教訓——父母、兄弟姐妹、配偶、朋友、書籍、電影、學校、大學、工作和領導者,都是我們可能會想到的幾個來源。我永遠無法真正知道我如何成為現在的自己,但是我可以相當有信心地說,在投資領域我主要的學習對象就是**自己犯過的錯誤**。

我投資生涯初期在華平投資時,犯了極為嚴重的錯誤,設法將漏分誤差降至最低,而忽略了控制第一型錯誤。我太害怕錯過好的投資機會了。在累積了超過 8 年的投資經驗後,我成立了納蘭達資本公司。我們目前獲得一些成功,是我職涯最初 3 到 4 年做過的愚蠢行為的結果。以我的情況來說,失敗就是最大的成功。

大多數投資人在整個職業生涯中都會一直犯下第一型錯誤(做出不良的投資)。至少我曾經如此,而且我還是會繼續犯下這樣的錯誤。這是不可避免的。因此,當我說我們需要避免第一型錯誤時,我的建議是**試著避免可避免的第一型錯誤**,而方法就是不要承擔重大風險。那麼重大風險又是什麼?我認為不可能,甚至是不應該清楚地定義「重大風險」。與其定義「重大風險」,我不如來描述一下我們在納蘭達資本設法避免的情況類型。

以下所列出的情況並非全部,但我希望這能讓各位更了解我們未明確定義的風險類型。

小心罪犯、騙子和作弊者

人是不會變的,尤其是罪犯、騙子和作弊者。身為納蘭達資本公司的永久經營者,我們對詐騙顧客、供應商、員工或股東的公司沒有興趣。當我們遇到這樣的人時,我們不會問這間公司是否便宜得足以減輕這樣的風險;我們不會問能否說服這個人改變;我們不會問他們犯的是不是足以忽視的小罪。我們只會走開。

我不知道其他國家的情況如何,但我很遺憾地承認,印度的資本市場充斥著不誠實和騙人的推動者(印度人稱最大或控股的股東為推動者)。因此,我們非常警惕,甚至在相信某位推動者具有無可挑剔的誠信之前,我們都不會開始評估其業務基本面。一份關於印度私募股權(PE)行業的安侯建業會計師事務所(KPMG)報告委婉地指出:「許多風險在所有新興市場中都很常見(其中包括政治和法規的不確定性,以及公司治理不佳。這些風險在印度更有可能出現,雖然不是只有印度這樣),例如與家族企業合作、在剛上市後就賣出股票,以及法規遵循的風險。[14]」這是在用一種委婉的方式說:「當心詐騙。」

我們採用一個兩段式流程來評估。我們總是聘請一位法證調查專家來評估公司所有者或高階經理人的過去是否可疑。在這段期間,我們透過搜尋媒體、研究過去的年報、聽他們的電話會議錄音、閱讀他們的訪談,以及與那些和他們有過個人和商業往來的人交談,對推動者和管理者進行平行的盡職調查。在幾乎一半的情況下,我們要求外部公司進一步調查在我們盡職調查期間出現的問題(例如,大型資本支出合約的財務洩漏,或是支付現金給高階經理人)。這種由外部外包和內部採購提供的雙重檢查,多年來為我們避免了許多困擾。更重要的是,這為我們的投資人節省大量的資金。

但這不是應該很明顯嗎?

聲稱在承諾投入資金之前,需要檢查推動者的誠信並不是什麼特別深入的見解。沒錯。在印度,企業管理檢查應該是理所應當的,但實際情況並非如此。接下來我就要以投資基礎建設和房地產業為例。在印度,這兩個產業受到嚴格監管,涉及大量現金交易,需要大量的批准;

因此，多年來這兩個產業吸引了一批能夠成功「應對」制度的企業家。比起在基礎建設和房地產業中尋找不會詐騙小股東的企業，在大海裡撈針還比較容易。所以，我們選擇完全避開這兩個產業。

納蘭達資本在 2007 年成立時，房地產和基礎建設業募集資金正值繁榮時期。根據麥肯錫的一份報告，從 2005 年到 2008 年，房地產吸收了幾乎所有私募股權投資的四分之一，而基礎建設的占比幾乎達到 30%[15]。這些投資中的相當大部分最終以慘敗告終，私募股權和公開市場投資人損失數十億美元。賣出房地產的報酬率只有 2%，能夠賣出能源業投資只占 9%。這種不幸結果的關鍵原因之一，就是基金管理界選擇了不良的企業家。

但是當我曾經因為同樣的陷阱而上當，就不能抱怨別人上當，否則就太虛偽了。

回到我在華平投資的故事，當時我總共投資目標公司 5000 萬美元，因為看起來一切都符合我們的標準。我在本章一開始沒有告訴各位的是：外包公司的管理檢查確認了推動者沒有問題，但我們的內部團隊聽到一些關於他的非正式負面「傳聞」。這些傳聞不是很強烈或明確，但確實存在。我當時無視這些傳聞。我仍然不確定為什麼。也許我不應該這麼信任外包的供應商，也許是因為我之前的成功而變得傲慢，也許我被那位舌粲蓮花的推動者迷惑了，也許我在經過了幾個月的盡職調查後已經陷入太深，或者以上皆是。

在這個階段，我應該回到我們的服務提供商那裡，要求他們更深入調查。我也應該更深入挖掘對推動者的批評的真實性。我沒有做這兩件事情。當我們發現這個人的花招時已經太晚了；他已經把公司搞得一文不值，華平幾乎損失所有錢。自從這件事發生之後，我在華平投資和納蘭達資本都格外小心。除非我們對管理標準完全滿意，否則我們不會投資。到目前為止，納蘭達資本沒有在可疑的推動者身上虧損任何一分錢，但這並不表示我們永遠不會因此虧損。但如果我們真的虧損了，也絕不是因為我們沒有盡全力。

一些投資人可能會反對，認為如果公司的生存不受推動者不良行為的威脅，以非常便宜的估值投資於一個有些陰暗的業務，可能是一種中長期賺錢的好方法。事實是印度有一些眾所周知的不誠實業務，過去幾年來的股價表現相當不錯。但我們從未參與過這種投資，也永遠不會這麼做。我們一貫持有的信念告訴我們，只和最高誠信的推動者合作。所以我們就是這麼做的。

避開敗部復活的公司

想像你在觀賞一場網球比賽，羅傑‧費德勒（Roger Federer）的對手是世界排名 500 名的約翰。我要求你將財富的 5% 拿來賭約翰會贏得比賽。你拒絕了（我也希望如此），但約翰希望你賭他贏。因此，在比賽開始之前在與你親自會面時，約翰熱情地要求你忽略他的排名並認識到他的天賦。他能言善道，還做了簡報說明他擊敗費德勒的計畫。約翰說，過去 2 年一直在密切關注費德勒的比賽，他相信自己的計畫堪稱典範。為了支持他的主張，約翰邀請一位世界級的網球教練，他承認約翰的計畫值得稱讚，並且他確實有機會擊敗費德勒。現在是你做出決定的時候了。你願意把 5% 的財富押在約翰身上嗎？

這正是投資界中經常發生的事。那些長期表現不佳的管理團隊，只憑著花俏的承諾和麥肯錫報告，就能夠說服投資人把錢押注在他們的業務上。我既不責怪管理團隊，也不責怪麥肯錫，因為樂觀並不是一種罪。但我對投資人感到很困惑，儘管他們可以獲得大量資料，清楚顯示現任管理團隊的無能,卻願意拿客戶的錢來賭,期望這些經營團隊會在不久的將來突然變成行業的佼佼者。但情況通常是,管理團隊炒作的夢想情節,最終變成一場噩夢。

偶爾,董事會或業主會解雇前任執行長,並聘請一位新的執行長來扭轉一間陷入困境的企業。新的執行長通常擁有令人佩服的履歷,許多人的資格真的都非常好。但我們也不會押注這些敗部復活的公司。一位優秀的執行長在某個特定情境和某個特定企業中表現傑出——**這個情境和這個企業是不同的**。我們怎麼知道,這位新的執行長面對幾乎肯定從未遇到過的一連串挑戰,真的能辦得到他們承諾會辦到的事?我們無法得知。

我知道你在想什麼。如果我們能夠發現真正敗部復活的公司,好處將會非常大。我同意這個說法。接著,我們就來評估以下兩種情況。

案例一:一間過去幾十年獲利非常好的公司,最近卻輸給規模更小、更靈活的競爭對手。過去 2 年來,這間公司遭受巨大損失。公司將其高技術性的產品銷售給中型和大型企業。董事會開始尋找一位新的執行長,並找到一位有前途的候選人。然而,這個選擇有幾個令人擔憂的問題:這位候選人並不了解技術,也不了解如何向企業銷售,因為他曾經營過一間賣餅乾給消費者的公司!而且他也沒有使任何公司營運敗部復活的經驗,更不用說像這樣一間複雜的科技公司了。

當這位新執行長接任時,你會投資這間公司嗎?

案例二:一間擁有百年歷史的知名百貨公司,最近面臨業績下滑的困境。過去 4 年來,業績從 200 億美元下降 10%,降至 180 億美元;營收從11億美元暴跌約65%至3.8億美元；股價從81美元暴跌至32美元。董事會任命了世界頂尖的零售專家擔任這間企業的新執行長。他過去幾年有過兩次巨大成功。身為美國最大零售商之一的商品副總裁，他將店面改造成吸引年輕時尚的消費者。他還與幾位設計師合作，結果非常成功。他接下來的工作是在一家大公司負責開設零售店。他的表現非常出色，這些店鋪每平方英尺營業額現在甚至超過像LVMH這樣的精品零售商。他在這些店的設計和服務的創新非常受歡迎，因此世界各地許多城市的購物者現在需要提前好幾天預約。

你會在這位執行長接手後，投資這家企業嗎？

我不會購買第一間公司的股票，但會大量購入第二間公司的股票。親愛的讀者，我假設你也會這樣做。但你我都將錯失第一間公司未來10年股價漲7倍的機會。而第二間公司的投資，馬上就會完全虧損——是的，損失100%。

第一間公司是IBM，在1990年代末的著名敗部復活故事，是由美國食品和菸草公司納貝斯克（RJR Nabisco）的前執行長路易斯・葛斯納（Lou Gerstner）所帶領[16]。IBM的全名是國際商業機器公司（International Business Machines），是一間在二十世紀中末期主宰科技世界的巨頭。在1990年代初，大約有一半營收來自銷售大型主機電腦給企業。這些主機將硬體與軟體結合成為一個系統。然而，世界正在迅速轉向使用微處理器的小型和中型電腦。科技領域正見證硬體和軟體分開，不同的供應商專門從事每個部分。像惠普（HP）、昇陽（Sun）、康柏（Compaq）和戴爾（Dell）這樣的公司正在搶占IBM在硬體的市場，微軟（Microsoft）和甲骨文（Oracle）則開始主宰軟體領域。

更糟糕的是,消費者開始購買個人電腦,而 IBM 在這個領域沒有專業知識也沒有經驗。該公司內部還有非常嚴重的官僚主義,阻礙決策進行。IBM 在 1990 年時還是世界上第二大利潤最高的公司,到了 1991 年至 1993 年則虧損 160 億美元。

董事會雇用葛斯納似乎是個奇怪的選擇。但是這個決定非常好。葛斯納採取大幅度刪減支出、裁員,出售許多資產以募集現金、改變組織文化、鼓勵各業務部門合作而不是競爭、將高階經理人的薪酬連結公司的整體表現、為 IBM 所有部門建立單一品牌等措施。在他任期內,從 1993 年 4 月 1 日到 2002 年 12 月 31 日,IBM 股價從 13 美元飆升至 77 美元,漲了 7 倍。如果你想了解更多葛斯納的事蹟,我推薦閱讀他的著作《誰說大象不會跳舞?:葛斯納親撰 IBM 成功關鍵》(*Who Says Elephants Can't Dance? Inside IBM's Historic Turnaround*)。

第二間公司是廉價服飾製造商傑西潘尼(JCPenney),隆恩・強森(Ron Johnson)於 2011 年底被任命為執行長,該公司因改造商場塔吉特(Target)並建立標誌性的蘋果專賣店而受到讚譽。[17] 消息傳出後,股價上漲 24%!市場押注強森將成為傑西潘尼的靈丹妙藥。他改變了公司的一切──商標、商店設計、廣告、定價模式和流行的自有品牌。傑西潘尼以優惠券和清倉促銷而聞名,但強森卻結束了這些措施,結果證明是一大錯誤。2012 年,由於大量流失顧客,營收大降 25%,從 170 億美元降至 130 億美元。更令人擔憂的是,該公司公布 13 億美元的虧損。董事會於 2013 年的年中解雇強森,他成為該公司執行長的時間只有 17 個月。在他短暫的任期內,股價重挫 60%。傑西潘尼再也沒有從這次慘敗中恢復過來,並於 2020 年 5 月申請破產。

如果我們無法預測看似絕對會成功的大復活案例(如 IBM 和傑西潘尼),那麼看似不那麼明確的情況,我們還有可能猜得到結果嗎?企業界的競爭極為激烈。即使是最佳的公司也必須全力以赴，才能不落後。一間經營陷入困境的公司反敗為勝的機率絕對是微乎其微。既然如此，我們為什麼要沉迷於幻想呢？

▍債務厭惡

在1990年代初期擔任顧問時，我幾乎總是專注於損益表的資料。營收、成本、獲利。幾乎沒有其他事情是重要的。

值得注意的是，顧問對損益表仍非常執著。我的侄女目前是倫敦的一名顧問，主要為私募股權客戶提供服務。她只注意損益表的一個方面：EBITDA（息前、稅前、折舊、攤銷前獲利）。並非只有顧問才會對損益表非常執著。閱讀任何分析師報告或聽取討論季報法說會錄音的人，都會被淹沒在關於營收、成本和獲利的各種評論和問題中。

經過多年的投資，我發現我需要盡可能多關注公司的資產負債表。應收帳款、存貨、應付帳款、固定資產。最重要的是債務。公司財務理論對槓桿很感興趣。對於那些不熟悉的人來說，金融學者聲稱公司需要擁有「最佳」槓桿才能提高報酬率。[18]如果一間公司可以借錢購買資產，其股東權益報酬率和每股收益應該會提升。從數學上來說，這絕對是正確的。但事實上，這麼做絕對很危險。

對企業來說，還有什麼比提高短期股東權益報酬率和每股盈餘更重要的呢？我認為有兩件事。

先從最簡單的開始談起：**生存**。如果犧牲了長期的生存，就算提高股東權益報酬率幾個百分點，也沒有意義。新冠肺炎危機清楚地顯示，陷入困境的公司都是那些槓桿很高的公司。以下是一些2020年第二季宣布破產的知名公司：金牌健身（Gold's Gym）、赫茲租車（Hertz）、國際衛星通訊公司（Intelsat）、J. Crew、傑西潘尼、尼曼馬庫斯百貨（Neiman Marcus）和 Sur La Table。[19] 這些公司有一個共同點：全部都有大量債務。雖然沒有負債的企業不是不可能破產，但肯定是相當困難的。如果我列出美國 20 大破產案[20]，你會注意到這些案例——從第一名的雷曼兄弟（Lehman Brothers）到第 20 位的利安德巴塞爾（LyondellBasell）——全都是債臺高築的公司。

有些人可能會辯稱，這些公司只是運氣不佳，如果沒有新冠肺炎，一切都會很好。有些人可能還會主張，管理不善或其他因素導致他們倒閉的程度比債務更大。而且，「有相關性不等於因果關係」。也許吧，但這絕對是一個強烈的相關性。身為一名長期投資人，我從來不希望公司破產——無論經濟是好是壞。我可以接受稍低的股東權益報酬率和較低的每股獲利成長率，但至少我會活下來。

沒有高槓桿可能對每個人來說都很合理，但以下情況可能不會：我是無槓桿的倡導者。我們超過 90% 的投資標的擁有且一直擁有過多的現金。我們的投資標的中，約 30 間企業中只有 3 間有一些債務，但即便如此，這筆債務也相當小——這三者之中債務／股本比率最大的是 0.3。

當債務比例適度，不會危及企業生存時，我為什麼會要求公司要零債務？答案就在以下《商業內幕》（*Business Insider*）的標題：〈不裁員，亞洲油漆（Asian Paints）將加薪以提振員工士氣〉。[21]

亞洲油漆是印度最大油漆公司，可能是全國經營最佳企業之一。順便說一句，可惜我們的投資組合中並沒有這間公司。在 2008 年的全球金融危機期間，我有機會買進，但我拒絕多付 15% 的價格，來擁有這檔超棒、會創造複利的股票。我真是個傻瓜。我們回到正題吧。

在正常時期，這個「不裁員，加薪」的消息不會成為新聞焦點。但這是在 2020 年 5 月 15 日公布的消息。當時，由於新冠肺炎大流行，印度自 3 月中以來幾乎完全封鎖。每間公司都發生營收和利潤如災難般的下滑。此外，當時沒有人能夠預見情況何時會好轉──請記住，2020 年 5 月時都還不知道有沒有疫苗可以打。亞洲油漆本身也正在度過一個災難性的季度──從 2020 年 4 月到 6 月這段期間，公司營收比 2019 年同期下降 43%，淨利潤下降 67%。這段期間加薪的決定很愚蠢嗎？不是的，公司只是現金充裕。在 2020 年 3 月疫情爆發初期，這間公司手上握有 2.2 億美元的現金（截至 2020 年 3 月結束的財政年度營收為 29 億美元）。

這也是我討厭任何債務的第二個原因。這個答案常被投資人和管理團隊低估甚至忽視，那就是：**債務降低了策略的靈活性，進而減弱了長期價值創造的可能性**。對於當沖交易者甚至持有期間在 3 到 5 年之間的投資人來說，合理的槓桿可能並不重要。但對於像納蘭達資本這樣的長期投資人來說，任何阻礙企業進行有計畫的策略投資的限制，都不是好事。

亞洲油漆是印度競爭激烈的油漆業龍頭，其競爭對手可以、也的確會模仿該企業所做的事。但每隔幾年，該公司都有機會進行一項投資或採取一個策略性賭注，這是其競爭對手很難模仿的。加薪就是其中之一。但公司做的還不只這些。該公司為其經銷商的油漆店提供免費清潔，為其油漆工提供醫療保險，給予其經銷商支付款項的 45 天展期，並宣布向其承包商提供價值超過 500 萬美元的紓困措施。執行長阿米特‧辛格爾（Amit Syngle）指出：「我們多年來一直沒有負債，即使經濟不確定性持續 4、5 個月，我們也處於非常安全的地位。」[22]

在短期內可能感受不到公司慷慨的影響，但長期影響可能會很大。

亞洲油漆之所以能夠採取這些極不尋常的行動，除了其非凡的策略願景外，也是因為公司沒有負債。

疫情全球大流行是一個極端情況，有些人可能會認為，為了一個百年一遇的事件保留過多現金，太愚蠢了。但這個前提是錯誤的。壞事在企業中發生的頻率是非常有規律的。在任何資本主義社會中，企業面臨嚴峻現實——而且一定要保留現金——的原因，不是因為事情可能出錯，而是因為**事情的確會出錯**。企業在各種情況下都會遭遇逆境：總體經濟環境可能變得十分不利，如2008年的全球金融危機或經濟衰退、產業可能遭遇周期性下滑、資金充足的競爭對手可以開始花太多錢打廣告或提供折扣、公司一些最優秀的員工可能會被競爭對手挖角、一個或多個重要客戶可能會離開或破產、消費者的品味可能會突然改變、一個大型策略性收購或投資可能不會有報酬、工廠可能發生火災或供應商可能陷入危機、貨幣在對企業營收貢獻重大的外國市場的波動可能對公司不利、法規可能成為阻礙、公司可能因涉及重大金額的訴訟而被起訴。各種可能的情況多到不勝枚舉。

這些問題都不是假設性的，在超過二十多年的投資歷程中，我見證了這些問題全部都發生在我們的投資標的公司身上。偶爾，兩個或更多問題可能同時出現，給企業帶來龐大壓力。管理團隊要擔心流失市占率、供應商承諾不足、競爭對手侵略性及員工不滿意，利息支付是他們最不擔心的事。根據我的經驗，只有在財務風險較低時，管理團隊才能專注於減輕業務風險。

一些企業金融理論學者主張，企業需要擁有槓桿的「最佳」資本結構觀念，我一直堅持這不只是錯誤而且是很危險的觀念。一個強大的資產負債表不是將債務放到最大以降低資金的成本，而是**將債務降至最**

低，才能將資產負債表的資本安全性提升至最高。

幸好，納蘭達資本投資的標的公司，經營者都沒有在知名商學院學習金融知識。

離併購遠一點

在運作良好的企業中，每天都不會發生什麼特別的事情。抱歉，確實發生了很多事情，但大多是平凡、重複、乏味、單調的事。而且本來就應該這樣。想像一下一間售賣肥皂的企業的日常運作。這是一個典型的日常、每週、每月或每年的情況：工廠生產數千塊肥皂並進行品管檢查以拒絕瑕疵品、包裝部門將肥皂條堆疊在盒子裡、物流確保按照預先談定的成本及時出貨、倉庫將盒子存放在指定位置；最後的送貨部門及時將肥皂送達、財務部門記錄從零售商收到的付款。沒有新聞可發布。沒有什麼刺激的事。

對於這樣的企業或任何企業來說，要被《華爾街日報》（*The Wall Street Journal*）或《金融時報》（*Financial Times*）報導的最好方式，是進行併購。在行業術語中，就是「購買與合併」。由於某種原因，媒體喜歡報導一間企業合併或收購另一間企業的消息。那些賺取豐厚費用的投資銀行家和金融家更是喜歡這些消息。在出現這類公告之後，執行長通常會被邀請到消費者新聞和財經頻道進行訪談，他們會讚揚「戰略契合」「協同效應」「文化契合」等老套的話，每一次併購案都會被提及到。但這些言論幾乎總是錯誤的。大多數併購案都以失敗告終。

以下是美國線上（AOL）和時代華納（Time Warner）的執行長在2000年1月10日宣布價值3500億美元的併購時所做的聲明。美國線上共同創辦人史帝芬・凱斯（Stephen Case）自豪地宣稱：「這是個歷史性時刻,新媒體真正成熟了。」時代華納執行長傑瑞德・萊文(Gerald Levin)也不甘示弱,他激動地表示,網際網路已經開始「為每一種媒體形式創造前所未有的即時取得,並釋放了巨大的經濟增長、人類理解和創造表達的可能性。」這段合併的結果是什麼?這是企業史上最大的失敗併購案[23]。2年內,美國線上這筆交易虧損了990億美元。是的,就是990億美元。美國線上的市值從2000年的2260億美元,下跌到2002年只剩200億美元。到2015年6月就以區區的44億美元價格被電信公司威訊通訊(Verizon)收購。

各位大可以說我專挑最失敗的來說嘴。確實沒錯,但請仔細想想,美國線上和時代華納在各自的產業中是無可爭議的領導者。兩間公司擁有受人尊敬的執行長、董事會表現出色、財務狀況穩若泰山、公司聘請極具才華和動力的員工,可以找到最好的顧問,但結果合併還是失敗了,非常悲慘的失敗。如果這兩間公司都搞不定,其他大多數公司還有什麼機會呢?可悲的事實是,媲美美國線上和時代華納災難性的併購事件,每年都在上演成千上萬次。更可悲的事實是,每個人都知道。

有大量文獻探討併購的高失敗率[24]。克萊頓・克里斯汀生(Clayton Christensen)等人在《哈佛商業評論》(*Harvard Business Review*)的一篇題為〈重大點子:新的併購策略〉的文章中聲稱,7成至9成的併購結果都宣告失敗;安侯建業的一項研究聲稱,83%的併購交易沒有創造價值;康乃爾大學的一篇研究宣稱:「大量實證研究檢驗各個產業的併購企業之表現,通常未能找到在收購後價值提升的一致證據」;托比・泰譚邦(Toby J. Tetenbaum)在《組織動態》(*Organizational Dynamics*)的一篇研究文章中斷言,6至8成的併購案造成財務困境;企管顧問公司Great Prairie Group的一項研究引用麥肯錫、哈佛商學院、貝恩和華頓商學院的研究,聲稱併購的失敗率超過7成。在這些研究中,失敗的原因包括文化不相符、支付過高價格、機會評估錯誤、外部因素及整合問題等。

但這些都沒有指出我們厭惡併購的最大原因：**機會成本**。我們來看看德國巨頭拜耳（Bayer），以理解這個原因。

2015 年，拜耳公司董事長馬里恩・德克斯（Marijn Dekkers）博士有充分理由感到自豪。在他擔任董事長的 5 年期間，這間生物科技公司的營收從 350 億歐元成長到 460 億歐元，每股盈餘從 1.6 歐元增至 5 歐元。公司維持著德國證交所最大公司的地位，市值約為 1400 億歐元。2015 年的財報裡充滿了好消息。對德克斯博士的卓越評論清楚地指出，這間公司是在世界領先的生物科技企業之一。

財報中唯一的壞消息被藏在第七頁。德克斯博士寫道：「這是我擔任拜耳執行長寫的最後一封致股東信。」德克斯博士的這個消息有多嚴重呢？營收從 2015 年的 460 億歐元降至 2020 年的 410 億歐元；2015 年時，拜耳是一間獲利能力極高的企業，股東權益報酬率為 18%，淨虧損 100 億歐元，但 2020 年時其每股股利比 2015 年低了 20%。對了，到了 2021 年 6 月，離光輝的 2015 年不到 6 年時間，拜耳市值就已下跌 65%，降至 500 億歐元。

發生了什麼事？德克斯博士離職不到 10 天，拜耳就提出收購美國農業化學巨頭孟山都（Monsanto）。拜耳最終支付 630 億美元用於收購，這超過了拜耳在 2021 年 6 月時的市值！

如果你讀過有關這場災難原因的新聞，大多數都會集中在拜耳輸掉多起訴訟，因為原告成功讓美國法院裁定孟山都的除草劑「年年春」（Roundup）會致癌，而支付數十億美元的賠償。這些報告並沒有錯，但是卻忽略了拜耳—孟山都交易中真正的價值毀滅者，以及我們幾乎對所有併購深感厭惡的原因：**機會成本**。簡單來說，大多數關於併購失敗的分析都聚焦於發生的不利事件，而不是那些沒有發生的好事。

我們就來看看拜耳可能因為進行了一項龐大的收購案，而錯過了哪些機會。這些作為（以及不作為）可分為三類：**分拆有吸引力的業務、對現有業務的關注減少**，以及**錯過的機會**。

收購孟山都後，拜耳不得不分拆許多核心業務，原因有兩個。首先，監管機構強迫他們這樣做，因為兩間公司在農業化學領域都是大型參與者；其次，拜耳不得不償還他們為完成這筆交易而所產生的巨額債務。拜耳的淨債務從 2017 年的 36 億歐元增至 2018 年的 360 億歐元，增加了 10 倍！

2017 年，拜耳分拆其大部分種子和除草劑業務，售價為 60 億歐元。2018 年以 10 億歐元的價格出售其高獲利公司科倫塔（Currenta）的 60% 股權，並出售消費品牌 Coppertone 和 Dr. Scholl's。2020 年，拜耳以 70 億歐元退出了領先業界且高獲利的動物健康業務。如果我們將這些分拆出售的所得相加，這至少是 150 億歐元，相當於拜耳在 2021 年中市值的 30% 左右。這些業務曾經由拜耳擁有和經營了數十年，因此當這些事業仍在拜耳內部時，市場可能給予它們遠高於 150 億歐元的價值。但是這些有吸引力的業務的未來收益永遠消失了。拜耳為了買一隻不肯下蛋的母雞，卻把這些下金蛋的鵝給宰殺了。

第二個主要機會成本是因為糟糕的收購，導致沒那麼專注於現有業務上。我們可以在拜耳的 2018 年、2019 年和 2020 年的年報中看到這一點，其中大量篇幅用於解釋併購的合理性，以及採取的措施來化解災難。一如以往，數字可以說得更清楚，接下來我就要進一步解釋。

拜耳有三個業務部門：製藥、消費者健康和農作物科學。從 2016 年到 2020 年，其製藥部門的營收維持在約 160 億歐元至 170 億歐元左右（儘管 2020 年是新冠肺炎肆虐的一年，但大多數全球製藥公司的營收並沒有下降）。這種停滯會是因為收購分心所造成的嗎？從 2010 年到 2015 年，製藥的營收從 66 億歐元增至 137 億歐元以上。從 2015 年到 2020 年，我們不假設營收倍增，而是考慮在管理團隊未受到迫使應對危機的情況下，營收成長了 50% 的情況，這將使製藥銷售額達到 210 億歐元，而實際數字是 170 億歐元。我認為可以合理地假設，由於收購孟山都，拜耳的製藥部門「損失」了 40 億歐元的營收。全球製藥公司的市值約為營收的 3 至 5 倍。我們保守估計 2.5 倍。這至少是 100 億歐元的機會成本。

拜耳的消費者健康部門的營收，從 2015 年的 12 億歐元下降到 2019 年的 8 億歐元（我們沒計算 2020 年，當時許多消費性產品受到新冠肺炎的影響）。在此期間，大多數全球消費性產品的營收都成長了。同樣地，拜耳的農作物科學部門的營收也從 2015 年的 21 億歐元下降到 2019 年的 19 億歐元，而其競爭對手的表現要好得多。別忘了，孟山都的收購計入了農作物科學部門，因此儘管進行了 630 億美元的收購，該部門的營收在 2015 年至 2019 年之間也下降了！

2015 年，消費者健康與農作物科學部門的營收加起來，略高於拜耳合併營收的一半。因此，我們可以保守地假設，拜耳 2015 年的價值至少有三分之一來自這兩個部門。由於拜耳 2015 年的價值為 1400 億歐元，因此我們可以估計這些部門於 2015 年是至少 450 億至 500 億歐元的價值（這是拜耳 2021 年 6 月的總價值）。這兩個部門表現不佳的機會成本是多少？如果高階經理人沒有被孟山都無止盡的麻煩所困擾，而且如果他們在未來 5 年內將 2015 年的價值提高 30% 至 50%，那麼我們估計公司可能錯失約 150 億至 250 億歐元的獲利。

接著我們就來討論第三個，也可能是最大的機會成本：錯失的機會。

對拜耳來說，並不是生產新冠肺炎疫苗。

想像一下 2019 年底的拜耳。自 2017 年以來，公司的槓桿已經增加 9 倍以上，達到 340 億歐元，美國的訴訟案每個月都在變得更嚴重且成本更高，資本報酬率從幾年前超過 15% 剩下不到 4%，幾年下來股價腰斬令投資人感到非常憤怒。

然後，2020 年初爆發了新冠疫情。各位認為在公司總部聚集在一起的高階主管會說：「讓我們花費數十億美元，來開發一種我們根本不知道會不會成功的疫苗」嗎？因為他們悲慘的營運和財務狀況，拜耳的管理團隊是否願意對不確定的結果進行賭注？我們永遠無法知道，任何人都有可能猜對，但這間長期陷入困境的公司，真的會進行一場不確定有回報的冒險嗎？不太可能。

拜耳的 2020 年年度報告提到，他們與一間生物技術公司簽署一項協議，開發和生產一種新冠肺炎疫苗，該疫苗將於 2022 年推出。與此同時，拜耳的 4 間競爭對手——阿斯特捷利康（AstraZeneca，簡稱 AZ）、嬌生（Johnson & Johnson）、莫德納（Moderna）和輝瑞（Pfizer）——到了 2021 年 7 月已經接種了約 50 億劑疫苗。

新冠肺炎疫苗幾乎占了莫德納的所有營收和利潤，因此莫德納的情況很適合用來評估拜耳可能損失多少。從 2019 年 12 月（疫情爆發之前）到 2021 年 7 月，莫德納的市值增加了約 1200 億美元（1000 億歐元）。如果我們假設拜耳的成功率在 50% 到 75% 之間（畢竟，他曾是全球業界龍頭之一），那麼由於拜耳未能（或者是不願意？）開發疫苗，拜耳已經放棄 500 億歐元到 750 億歐元的價值創造。

如果我們將所有這些數字相加起來，孟山都收購的機會成本可能在 900 億歐元到 1000 億歐元的範圍內。換句話說，到了 2021 年 6 月，拜耳的價值本來可以達到 1400 億歐元到 1500 億歐元。我們怎麼知道這不是過於誇大？因為拜耳在 2015 年的價值是 1400 億歐元。此外，這個機會成本計算是一個顯著的低估，因為其假設幾乎沒有自 2015 年以來的額外價值創造，而自 2015 年以來，每一間其他主要的製藥、消費品和農業化學企業，價值都已經顯著提升了。

我不了解拜耳的管理團隊，但在 2016 年之前拜耳是家非常成功的企業，甚至可以合理假設是世界一流的企業。如果是這樣，為什麼會掉進這樣一個收購陷阱呢？因為和世界上大多數收購方一樣，他們真心相信**這次不一樣**。管理者，尤其是高效能的管理者及他們的顧問，在評估一個目標時心中都會有一種無敵感和傲慢。他們堅信**自己**會打破企業界一個世紀以來的**趨勢**。大多數人一直到為時已晚才發現自己的愚蠢。

如果一間企業不斷在收購，我們就不會投資這間公司，因為我們知道無法對這間公司的風險做估價。如果我們曾在 2016 年對拜耳進行新的投資評估，我們會放棄，直到確信管理團隊不會重蹈覆轍。

我們投資的一些公司偶爾會進行收購。我們向這些公司提供的建議是對所有情況都保持高度懷疑，懷疑其潛在的價值創造。我必須承認，我們的建議成功率並不是很高。幸好，我們投資的任何一間公司都沒有對併購上癮，而那些進行收購的公司從來沒有賭上公司的未來。我深信，即使成本只是一點點，分心的代價也是不值得的。如果其中任何一間公司開始不斷收購其他公司，我們就會馬上賣出。

▎不預測冰上曲棍球的圓盤會落在哪裡

十九世紀中葉的鐵路，和二十世紀末的網路公司有什麼共通點？

十九世紀初時，鐵路改變了英國[25]。第一條利物浦至曼徹斯特的客運鐵路於1826年獲得國會授權，並於1830年開通。鐵路使人們能以比其他交通方式更低的成本、更短的時間，旅行更遠的距離。鐵路還以更便宜、更快速的方式運輸人們和建築材料，而促進了城市的成長。許多企業家紛紛加入這場競爭，到1844年已開通超過2200英里的鐵路線。股市喜愛這些公司，因為他們承諾永久的成長。在1843年至1850年間，有442間鐵路公司發行股票。從1843年1月1日到1845年8月9日，鐵路股票指數漲了一倍。但泡沫終究還是破了，這是必然的。從1845年到1850年，鐵路指數下跌超過67%，許多公司因能力不佳、糟糕的財務規畫或欺詐而倒閉。

與1840年代的鐵路熱潮相似，在1990年代中期網際網路普及後，風險投資家和公開市場在這個快速變化的環境中資助數百間公司[26]，這被稱為網路的繁榮時期。在1995年至2000年間，科技股那斯達克（NASDAQ）指數成長5倍。在最近的資本市場歷史上，虧損似乎變成了成功的關鍵。1999年10月，泡沫破滅前僅6個月，摩根士丹利（Morgan Stanley）的網路分析師瑪麗·米克（Mary Meeker）追蹤的199間網路公司的市值達到4500億美元。這些公司基本上都是新創公司，只成立2到5年。更值得注意的是，這些公司的總營收只有210億美元，而累計虧損卻高達62億美元。在討論網站Priceline.com的首次公開發行新股（IPO）時，一位風險投資人承認：「在這樣的環境中，公司不必成功，我們也能賺到錢。」

2000年時這種瘋狂的行徑結束。到了2005年，矽谷的上市公司市值已從市場高峰下跌三分之二，相當於驚人的2兆美元股東財富損失。風險投資的資金遽減，從2000年約1050億美元降到2004年只剩210億美元。那斯達克指數在2000年3月創下新高，後來那斯達克指數花了超過15年時間才重新站回這個價位。

現在，你可以猜到我在這一節開頭提出的問題的答案了：十八世紀的鐵路，和二十世紀的網路公司的共同特點就是，**快速變化的產業可能造成巨大的價值破壞**。

印度有許多類似的例子，各種新興產業吸引了投資人的興趣。2007年成立納蘭達資本時，印度的基礎建設正處於高峰期，一些領先企業的股價評價達到數十億美元。印度政府終於開始專注於建設道路、機場、發電廠和港口，私人和公共股本投資人對這些公司的興趣似乎沒有止盡。但是，印度的基礎建設業務在2000年代後期處於萌芽狀態，監管條例尚不成熟且未經測試，長期成功的基礎尚不清楚。隨後的價值毀滅達到驚人的程度。受影響的基礎建設企業中，Reliance Power 和 Jaiprakash Power Ventures 是其中兩家，兩間公司在2008年初的市值分別為290億美元和230億美元。到2021年底，各自的市值都不到7億美元，跌幅超過97%。

印度公開股票市場在零售、不動產、教育和小額信貸等其他快速發展的行業也經歷類似的繁榮和蕭條。私募股權投資對於非銀行金融公司（NBFC）、食品和雜貨配送等新時代電子商務企業、軟體即服務和數位教育公司等來說都非常熱門。

在快速變化的行業中，一些公司最終確實會創造出大量價值，但是這些公司**非常少**。從網路泡沫時代中真正創造出顯著價值的公司，就只有亞馬遜和谷歌（臉書成立於2004年）。如果你的標準寬一點，還可以加上 eBay 和 Priceline（後者現在改名為 Booking Holdings），但就只有這些而已。我們先停下來，靜下心來思考一下。從1995年到2000年的泡沫中，只有少數幾間企業真的成功了。光是在1999年就有546間公司透過掛牌上市，成功募到690億美元，這樣你就能大致了解泡沫破滅造成的金額損失規模有多大了。找到下一個贏家的機率是多少呢？

在快速發展的行業中，創造財富的道路上充滿陷阱，我們拒絕走上這條路。曲棍球傳奇韋恩・格雷茲基（Wayne Gretzky）說過一句話，許多投資人都中了這句名言的陷阱：「我溜向圓盤會到的地方，而不是已經到過的地方。」[27] 我不是這樣的人，我沒有那麼聰明。在快速變化的行業中，我不知道誰會贏、何時會贏、如何贏。就像曲棍球一樣，由於我不知道圓盤會落在哪裡，所以我拒絕參與。

我們在納蘭達資本喜歡穩定、可預測、無趣的行業。我們要的是電風扇而不是電動汽車、我們要的是鍋爐而不是生物科技、我們要的是衛浴設備而不是半導體、我們要的是酵素而不是電子商務。我們喜歡那些贏家和輸家基本上已經被分辨出來了，每個人都清楚看到遊戲規則的產業。

我們不要其他的，謝謝。

不要利益與股東不一致的企業主

身為外部和被動的投資者，我們在納蘭達資本希望企業主將自己的利益與股東的利益保持一致。身為任何企業的股東，我們只有一個目標：**長期價值創造**。公司必須以一種有道德的、可持續的方式來實現這一目標，這種方式對所有利益相關者，包括員工、供應商、供應商和客戶來說都是公平的。聽起來雖然有些奇怪，但並不是每個企業主都有相同的目標。為減輕我們的第一類風險，我們避免與大致上分為三類的企業主打交道。

首先是**國營企業**。與西方世界不同，印度有大量上市的國營企業。這種企業的股價幾乎總是很便宜，而且就我記憶所及，對價值投資人來說，這些公司一直是令人不愉快的投資標的。我說「不愉快」是因為，這些便宜的企業大多數幾乎永遠這麼便宜。一些基金經理人可能已經找到一種成功投資於國營企業的方法，但我們不會以任何價格投資。政府希望透過國營企業實現多個目標，其中一些目標可能不是提升價值和利潤。

例如，印度的邦和聯邦政府定期採取農業貸款免除措施。[28] 這包括免除向國有銀行借貸的農民貸款。貸款免除的趨勢始於 1990 年（第一筆免除的金額為 14 億美元），並持續至今。過去 30 年來，幾乎每個邦政府和聯邦政府都跟上這股潮流。這可能對政府和甚至農民來說有利（我說「可能」，因為農民下次再去銀行借錢，可能就會很困難），但對小股東來說則可能具有破壞性。

印度政府通常會透過將一位高級官僚任命為國營企業的高級職位，來當作獎勵，這並不罕見。再次強調，這可能對官僚有利，但對股東來說則不是。我們對官僚沒有任何偏見，但在競爭激烈的環境中成功經營一間公司所需的技能，與管理一個地區或為一個州設計合理的社會政策所需的技能是不同的。一些企業，尤其是國營的石油公司，偶爾會變得資金充裕，然後政府會把這種公司當成撲滿，用來減輕財政赤字。這對政府有利，但對股東有什麼好處？並不是說政府的目標「錯誤」──從他們試圖滿足的多個利益相關者的需求來看，這是有道理的。他們只是目標與我們的不同而已。

我們絕對會避免的第二類所有者，是**全球巨頭的上市子公司**。幾十年前，印度政府強迫所有跨國公司（MNCs）在印度股市上市。像康明斯動力（Cummins）、雀巢（Nestle）、寶僑（P&G）、西門子（Siemens）、聯合利華（Unilever）等全球跨國公司在印度都有上市子公司。其中一些公司的規模，以印度的標準來說也相當大，例如聯合利華在印度的子公司——印度聯合利華，市值約為700億美元。

乍看之下，這些跨國公司似乎應該與印度的少數股東利益保持一致，但實際上有許多情況並非如此。幾十年前，一間在印度上市的大型跨國公司設立一間獨立的全資子公司。這在邏輯上是毫無意義的，因為這間全球巨頭只在其母國市場上市。對於印度上市企業的小股東來說這是一記背叛，因為這間全資子公司現在進行大量的業務。那麼母公司為什麼要這樣做呢？難道母公司不關心價值創造嗎？當然關心，但母公司更關心自己的價值創造，而不是印度上市子公司的價值創造。透過建立一間獨立的全資業務，這間全球跨國公司確保價值轉移到其母國市場的股東手中，而以印度少數股東為代價。情況更糟的是，我的朋友在這間跨國公司工作多年，他告訴我，這間公司最優秀的經理人被派往負責私人持有的業務，而不是上市公司的業務。小股東又能做什麼？什麼也不能做。

並非所有跨國公司都會做這樣的詭計，但這麼做的公司也夠多了。即使一間跨國公司過去表現良好，也沒有理由未來不會改變主意。在母公司也擁有上市子公司的安排中有著結構性問題。我們有更重要的事情要做，而不是參與這種內在的衝突。

最後，我們也不喜歡**印度的企業集團**。最著名的就是塔塔集團，由賈姆斯特吉·塔塔（Jamsetji Tata）於1868年成立[29]。截至2022年3月，該集團擁有29間上市企業，總營收為1280億美元，市值為3110億美元。集團生產鋼材、黃金首飾、空調、茶和汽車。對了，這間集團還擁有並經營從孟買到紐約的多間五星級豪華飯店。還有許多其他企業集團，如阿達尼（Adani）、比爾拉（Aditya Birla）、L&T、馬恆達（Mahindra）和RP-Sanjiv Goenka。這些集團通常涉足各種不相關的業務，從事的產業類別相當廣泛。

我們相信，只有持續專注才能創造價值。然而，雖然專注是必要的，但並不能保證在競爭激烈的世界中能成功，大多數專注的企業都不成功，那麼又如何能在完全不同產業中實現卓越呢？這很困難，但並非不可能。全球領先的軟體服務企業之一，是塔塔集團旗下名為塔塔顧問諮詢服務公司（TCS）的公司，其市值約為 1500 億美元，比 2022 年中的 IBM 市值高出約 25%。這間公司贊助每年 11 月舉辦的紐約市馬拉松比賽，你可能曾經看過公司名稱在曼哈頓上空飄揚。TCS 是這個情況的例外。

也許有一天，印度企業集團的各企業個體都能成功締造偉大的業績表現。但我們不願意等待那個美好的未來。

但是這樣就會錯過特斯拉！

沒錯，我們會錯過特斯拉。

我們規避一長串風險。這是我們投資策略的核心要素。我們不投資騙子經營的企業、討厭敗部復活的企業、盡可能遠離槓桿、拒絕與併購成癮者打交道、我們不懂快速變化的產業、不投資利益與股東不一致的業主。既然如此，我們還有什麼企業可以投資嗎？這樣的選擇在印度並不多。大約 800 間市值超過 1 億美元的公司中，被納蘭達資本青睞的企業只有 75 到 80 間。

除了家人的愛，人生中沒有什麼是免費的。納蘭達資本所採用的方法，許多人可能會無法接受。

假設現在是 2017 年底，你被所有關於特斯拉的媒體報導所吸引。因為有廣大粉絲群，這個產品似乎是一個贏家。公司執行長看起來像他所生產的汽車一樣令人難忘。但是在 2017 年，特斯拉的淨負債約為 70 億美元，營運虧損達 16 億美元。該公司燒錢的速度也非常快——那一年燒了 41 億美元。像寶馬、福特、通用和豐田等傳統汽車製造商尚未進入電動汽車市場，但已宣布了重大的計畫。我們通常很討厭負債的公司，尤其是在一間虧損且自由現金流為負的企業，甚至是身處在一個快速變化的產業中，然後有債務？在納蘭達資本，提議投資在這樣一家企業的人，可能會被開除。

如果你聽了我們對這項業務的看法，你應該就不會投資了。那麼你的機會損失是多少？你當時投資的資金，3 年後會增加 10 倍。

當我們於 2007 年成立納蘭達資本時，一位充滿活力的年輕人西德哈塔·拉爾（Siddhartha Lal）經營的一間名為艾克爾摩托車公司（Eicher Motors）引起很多關注。拉爾於 2004 年從父親手中繼承一大堆品質不佳的企業。這些企業生產摩托車、鞋子、服飾、曳引機、卡車、汽車零件，還有一些其他產品，但這些公司中沒有一個是業界領導者。拉爾做了一個非常大膽的策略決定，他出售這 15 間企業中的 13 間，只專注於兩種產品：卡車和摩托車。[30]

幾乎每個分析師都對艾克爾的未來感到非常樂觀，他們都被其充滿活力的領導者所吸引，他當時正在積極地淘汰業務，而印度企業很少會這麼做。然而在 2007 年，這只是一個沒有成功證據的敗部復活故事。該公司最大的成功案例——恩菲爾經典摩托車——直到 2010 年才推出。

我們決定不投資這間公司。到了 2010 年代，該公司的摩托車已在印度消費者心目中享有盛譽。銷售量從 2009 年的 5 萬 2000 輛激增至 2019 年的 82 萬 2000 輛：成長了 16 倍。

如果你當初聽了我們對這項業務的看法，你應該就不會投資這間公司。那麼你的機會損失是多少？從 2007 年到 2021 年，你的初始投資資金會增加 70 倍。

特斯拉和艾克爾摩托車是我們不可避免地會犯的第二類錯誤，因為我們拒絕債臺高築的企業、快速發展的產業特性，以及敗部復活的企業。但我們不會改變這樣的方法。雖然有特斯拉和艾克爾摩托車的成功故事，但更有數百個未經證實的商業模式和敗部復活的故事，全都被歷史無情地遺忘了。我們相信，我們的成功取決於對錯過像特斯拉和艾克爾摩托車這樣的投資機會**不感到惋惜**，因為長遠來看，**避免第一類錯誤通常會帶來奇蹟**。對我們而言確實如此。

大黃蜂是一種多毛的昆蟲，幾乎只有 1 英寸長[31]。這種物種大約已經存在 3000 萬年左右，大約有 300 種。牠們是蟹蜘蛛和鳥類的獵物。倫敦瑪麗女王大學（Queen Mary University of London）的湯姆・英格斯（Tom Ings）博士和拉斯・奇特卡（Lars Chittka）教授進行的一項實驗，完美地展示了大黃蜂的生存策略，該實驗的研究成果於 2008 年發表在《科學日報》（*Science Daily*）上。

科學家建了一個人造花園，裡面還放置一些機器蟹蜘蛛。他們藏起一些蜘蛛，讓其他一些可見。每次有一隻大黃蜂降落在一朵有蟹蜘蛛的花上時，蜘蛛就會用牠的泡沫鉗子「捕捉」住大黃蜂。機器蜘蛛只抓住大黃蜂幾秒鐘就會放開。研究團隊發現，大黃蜂很快就開始犯更多的第二類錯誤：牠們開始迴避花朵，即使花朵上沒有蜘蛛也一樣，但這麼做卻降低牠們的覓食效率。在野外，為了避免危險而餓肚子的本能，必定在大黃蜂種群幾百萬年來非常成功的生存策略中扮演要角。

既然大黃蜂可以這麼做，我們為什麼不行？

本章摘要

演化論教我：重新思考投資這件事的第一步，或許也是最重要的一步，就是學習**如何不投資**。

- 生物將生存置於一切之上。在動物界中，這適用於獵物及掠食者。當生存受到威脅時，植物會透過重新調整資源，放棄生長的機會。
- 數百萬年的演化已經讓有機生命的世界盡量減少錯分誤差，而有利於漏分誤差。
- 巴菲特的兩條投資規則（永遠不要賠錢，並且不要忘記永遠不要賠錢）本質上是消除重大風險的命令。
- 我們在納蘭達資本希望永久持有優質的企業。因此，我們要在報酬率達到最大前，先將風險降至最低。
- 就像在生物世界一樣，如果資金虧損的風險很高，我們就會放棄潛在的豐厚機會。
- 我們透過避免騙子、敗部復活、高債務、連續收購者、快速變化的產業，以及業主與股東利益不一致的企業，以實現第五點。我相信，只有成為更好的「拒絕者」，我們才能成為更好的投資人。
- 這種方法的一個缺點是，我們有時會放棄一個具有潛在吸引力的投資。而我們願意忍受這個缺點。

PART

2

以公平價格買進
高品質企業

BUY HIGH QUALITY AT A FAIR PRICE

本部將說明我們在納蘭達資本的投資買進理念,並使用演化論以提供一個合理的解釋。在對的時間買進對的企業之股票,對許多投資人來說幾乎就是投資的精要所在。打開 CNBC 電視台、翻開一份金融報紙或者閱讀一個財經部落格,你會看到大量時間和墨水花在要買哪檔股票上的分析。這真的很可惜。正如我們已經在第一部看到的,知道**不買什麼**也一樣(甚至更)重要。

大多數基金經理人所倡導的購買策略,也面臨一個深奧的難題。**每個人**似乎都在高呼本部的主題:以公平價格買進高品質資產。但我要提出一個挑戰:找出會以高價買入低品質股票的基金經理人。

那麼為什麼專業投資人的績效差異會這麼大呢?其中一個原因(不是唯一的原因,但卻是一個關鍵原因)在於,我們這一行對於「高」「品質」和「公平」的含義,有著完全不同的看法。在本部中,我將以許多演化論元素為背景,闡明這幾個詞適用於納蘭達資本的含義。我將在第 2 章至第 4 章中討論我們**買了什麼**,以及在第 5 章至第 7 章中討論我們**如何買進**。

那麼,我們就開始前往西伯利亞吧。

第 2 章
西伯利亞的解決之道

無毛狗的牙齒不完美；長毛和粗毛動物往往被認為有長角或多角；腳上有羽毛的鴿子，外腳趾之間有皮；短喙的鴿子腳小，長喙的鴿子腳大。因此，如果繼續人為選擇因而增強任何特徵，由於成長相關性的神祕法則，人類幾乎肯定會無意識地修改人體結構的其他部分。

——查爾斯・達爾文，《物種起源》
第 1 章〈馴化下的變異〉（Variation Under Domestication）

經銷權源自一種產品或服務：（1）是必要或有人想要的；（2）被客戶認為沒有近似替代品；（3）不受價格管制。證明這三個條件的方式，是一家公司能夠定期以激進的價格為其產品或服務定價，並因此獲得高資本報酬率。此外，經營層管理不善並不影響經銷權。無能的管理者可能會降低經銷權的獲利能力，但不會對企業造成致命損害。

——華倫・巴菲特，〈1991 年致股東信〉

柳德蜜拉・卓特（Lyudmila Trut）目瞪口呆。
這一切都始於將近 5 年前，當時她遇到該研究所的著名所長迪米屈‧別利亞耶夫（Dmitri Belyaev）。當她聽教授說起迪米屈的計畫時，便熱情地自願參與。迪米屈的坦率、熱情和智慧立即讓她著迷。令人驚訝的是，在這個由男性主導、女性被視為次等公民的領域，雖然迪米屈比她年長二十幾歲，且是這個領域的知名人士，迪米屈卻把她當成同儕一般談話。

迪米屈當時想要招募一名研究生參加一個祕密專案，但柳德蜜拉甚至還沒完成大學學業。他一定是在這位年輕、才華洋溢的學生身上看到一些獨特之處，才會在只見過一次面後就招募她。她記得他警告說，她將面臨體能上的考驗、長時間工作，最重要的是她正在展開的科學事業也充滿不確定的命運。迪米屈的專案充滿很多風險，可能一無所獲。即使專案成功，他們也不能公開談論，因為過去曾有科學家因為很小的事情而被殺，包括迪米屈的兄弟。

她很感激迪米屈沒有將工作描述得過於美好。但事實證明，這比她想像的要艱苦得多。她生活在鳥不生蛋的西伯利亞，雖然她在莫斯科長大，但她尚未習慣刺骨的寒冷。更糟糕的是，這個專案要求她在寒冷、黑暗和沉悶的火車上遠行，穿越西伯利亞的荒野，而她極為想念正在迅速成長的幼兒瑪麗娜。這裡沒有電話，所以她甚至不能聽到孩子的聲音。5年來她持續不懈地辛勤工作和犧牲，但卻很少有成果可以展示給迪米屈看。

1963年4月，當她走近其中一個籠子時，眼前的景象令她驚呆了。她和其他人從未見過這樣的事情。她是真的目睹了這件事嗎，還是這只是一場幻覺？她的耐心和勤奮有了回報嗎？她是科學家，很清楚自己不能被情感左右。但當純粹的喜悅湧上心頭時，她無法抑制自己的情緒。

這真是令人難以置信又無法想像，安柏竟然在搖尾巴。

該從何開始？

你決定投資上市公司。你重視自己的智慧和紀律，而且似乎你的許多朋友和親戚都是成功的投資人（其實他們說的話大多數是騙人的，但這是另一回事）。如果他們辦得到，憑什麼你不行？

你選擇忽略巴菲特關於投資指數基金的建議[1]，毫不猶豫地投入企業分析領域。你已經閱讀本書的第 1 章，雖然你對作者的風險規避程度有些不滿，但你認為也許說得有道理（謝謝！）。在他的建議下，你盡力避開許多可能在日後害你血壓飆高的公司。

在淘汰了數百家企業後，你現在對選擇高品質的企業感到興奮。你打開筆記型電腦，啟動應用程式或一個提供企業資料的網站，然後呢？你接下來要做什麼？

你可以輕易獲得有關每家公司的眾多資訊：營收成長、獲利增加、債務水準、獲利率概況、股價波動、分析師觀點、債信評等、推特上的評論、股東資訊、高階主管的資歷、法說會文稿、年報、季報、媒體報導、競爭對手概況、資深管理團隊的股票交易情況、應收帳款與存貨水準、執行長聲明、財經網紅的發文、避險基金持有的情況等。而這些只是公司層面的資訊而已。

你已經聽過電視上所謂的專家，其中許多人似乎認為在做出購買決定時，還必須考慮總體經濟因素。你開始沉浸在過往 GDP 成長率、預測 GDP 成長率、通貨膨脹、通膨預期、利率、政府赤字、就業水準、大宗商品價格波動、預測人口統計、貨幣供給、政治和監管力量等以前和即將發生的資料，這些資料被視為對你的買進決策極為重要。

然而你應該研究全部的資料，還是只研究其中一些？你如何開始篩選想要進一步研究的業務？（如果有的話）你應該考慮哪些總體因素？

簡而言之，你要從哪裡開始？一種選擇是在排除從事高風險業務的公司後，分析每家公司。問題是，你的時間是有限的。公司可能多達數百家，你可能需要好幾個月甚至是好幾年時間，才能看完整份清單所有企業的資料。

有一種替代方案是使用我們在納蘭達資本所使用的兩步驟過程。第一步，我們會使用**一個選擇標準來淘汰低品質或品質普通的企業，並得到一個初步的優質公司清單**。第二步，我們**對這個初步清單進行更多研究**，以縮減成最終清單。

我們可投資的範圍約為 800 家印度企業（市值超過 1.5 億美元）。我們已經篩選掉其中接近 350 家公司，以降低前一章所概述的風險。現在剩下約 450 家企業，然後我們得用**一個過濾項目**，將這份清單縮減至約 150 家公司。我把這個過濾項稱為「F」。請記住，F 只是為我們提供一個初步清單，我們還需要進一步研究，以汰除或勾選企業。使用這個過濾項來過濾後，我們的最終清單就只剩下 75 到 80 家企業了。F 為我們提供一個很好的起點，而且我們目前仍繼續這麼做，因為我們不會花時間分析被 F 所淘汰的企業。

這一章是關於過濾項目 F：這是什麼，以及為什麼。你認為 F 是什麼？F 必須滿足三個標準，才是我們要的。首先，F 應該要很容易測量；其次，就算無法淘汰所有劣質企業，也要能夠剔除大多數不佳的企業；最後，就算無法找出所有優質企業，F 也應該要能夠找到大多數這類企業。

我們先來猜測一下。

第一個合理的假設可能是「優秀的管理團隊」。尋找優質企業和優秀的管理團隊，聽起來似乎是廢話。若能找到一個優秀的管理團隊，也許就等於找到一家優質企業。就算不是這樣，這似乎也是我們過濾項目的一個很好的起點。一個出色的管理團隊將確保營收和獲利成長超越競爭者、一張風險很低的資產負債表、可持續的競爭優勢，以及顧客喜愛的產品或服務。看起來很簡單吧？別這麼快下結論。

投資人應該如何找到一個優秀的管理團隊？如果你是一個散戶投資人，你所能做的頂多就是閱讀他們的訪談內容、聽他們的法說會錄音、查看他們的推特動態、觀看一些他們在 YouTube 上的訪談，以及閱讀他們的年報。如果你是一個大戶或是知名的投資人，你甚至可能會有機會與高階經理人會面。然而，根據我的投資經驗，這些活動都無法幫助投資人衡量管理團隊的品質。

接下來有一個鮮明的例子。如果各位有時間，我建議你們觀看安隆（Enron）總裁傑弗瑞·斯基林（Jeffrey Skilling）和他的高階管理團隊在 2000 年 1 月時，關於啟動安隆寬頻業務的 YouTube 演講影片[2]。我敢說，絕對會被他們所震撼。這些人冷靜沉著、充滿自信，而且至少在我看來都非常有能力。他們提出的戰略或願景很難找到缺點，他們對寬頻服務的執行計畫看起來完全正確。然而，在這場令人印象深刻的演講後不到 2 年時間，安隆卻破產了，斯基林因為犯了大規模詐欺罪，在 2006 年被判入獄[3]。除了一些放空者外，就連專業分析師或投資人都沒有猜到安隆內部到底發生了什麼事，但管理團隊對媒體非常開放，並定期接受採訪。

我知道各位在想什麼。我是不是根據像安隆這樣的極端案例，來證明我要說的話？我們不妨從另一個角度來看。我假設你已經讀過許多企業執行長或總裁的訪談。有任何人曾提到他們**不關心客戶**嗎？他們已經**不再創新了**嗎？或是他們聘請了其他公司不要的人嗎？你聽說過公司領導人貶低自家的產品或服務，或是承認他們的競爭對手做得更好，或是他們對公司的政策感到厭倦嗎？你幾乎從來沒有聽說過──或者根本沒有──從管理團隊的話中得到任何有深度的資訊。他們說的永遠是公司教他們說的話，這種話講得好聽一點就是根本沒用的資訊，講得難聽一點就是根本是有害的資訊，因為就像安隆的團隊一樣，他們都是說話非常有說服力的人。根據我的經驗，當有人說：「這是一個優秀的管理團隊」時，他們實際上是在說：「這些都是舌粲蓮花的人！」因此，「優秀的管理團隊」過濾項目，並沒有滿足可測量性的第一準則（容易測量）。

我知道許多專業投資人會不同意我的觀點。在基金管理界，許多人聲稱有能力與管理團隊開過一連串會議之後，便能看出誰好誰壞，並以此能力為傲。有一些人可能真的具有這種罕見的能力，但大多數人不是自欺欺人，就是在撒謊。如果有人能透過和管理團隊見面來評估一家公司好壞，我們可以用旁觀者的立場為他們喝彩，而不會掉入陷阱。

那麼選擇一個可以顯示公司整體品質的單一特徵，這類的猜測又如何呢？這種特徵是營收成長嗎？市場似乎喜歡快速成長的公司。衡量營收成長的問題在於：我們怎麼知道實現這種成長背後的原因是什麼？

我在前一章討論過，在產業快速變化背景下的網路泡沫崩潰。這段時期也與評估高速成長企業有關。在 1990 年代末期，大多數網路公司都在快速成長，但是這些公司實現大幅成長的方式，是透過花費數百萬美元的現金，遠高於他們的營收。可預見而且不幸的是，大幅成長並不是像投資人希望的那樣。他們忽略了成長的代價，並因此遭受損失。幾乎所有網路公司到最後都破產了[4]，到了 2005 年底，這些新興企業的市值蒸發幾乎達到 2 兆美元。

一個比較近的事件是 WeWork 突然倒閉，這就是一個關於透過燒錢實現超級成長的教訓[5]。正如許多人已經知道的，由軟銀集團（SoftBank

Group Corp.）投資的 WeWork 成為全球最大共享辦公室公司之一，一度市值高達 470 億美元。到了 2021 年底，其市值已經跌至約 50 億美元左右。公司營收從 2016 年的 4.15 億美元成長到 2019 年的 35 億美元，只花了 3 年就成長 8 倍。同樣在 2019 年，老牌共享辦公室巨頭 IWG 的營收為 27 億美元，從 2016 年以來只成長 28%。WeWork 燒錢的速度和印鈔機印錢的速度一樣快；光是 2019 年第三季，公司就宣布虧損 12.5 億美元，結果不得不在第四季取消掛牌上市。

許多高成長企業不是透過股權來實現成長，而是靠債務，但這種方式更糟，因為與股權投資人不同的是，債權人需要定期收回他們的資金。還記得快速成長的雷曼兄弟（Lehman Brothers）和貝爾斯登（Bear Stearns）嗎？雷曼兄弟從 2003 年的 170 億美元成長到 2007 年的 590 億美元，年均成長率達 36%[6]。在這期間增加約 400 億美元營收，是由近 900 億美元的額外債務資金支撐。同樣地，貝爾斯登從 2003 年到 2007 年的營收增加 7 **倍**[7]，在此期間約 35 億美元的增量營收，主要是由額外的 420 億美元債務資金所支撐。當 2008 年金融危機爆發時，這些高槓桿企業──槓桿就是造成問題的元兇──無處可藏，兩者在該年都宣告破產倒閉。

我不希望營收成長是主要的選擇標準，也有一個私人原因。根據我的經驗，高成長企業可能隱藏許多問題，從產品或服務品質、員工文化和會計問題到資產負債表過多，無一不是。根據考夫曼基金會（Kauffman Foundation）和《Inc.》雜誌的一項研究，在雜誌列出 5000 家「成長最快」的企業，5 到 8 年後有三分之二的企業已經倒閉、縮小規模，或以不利的條件出售[8]。我希望你也會同意，儘管「高成長」容易衡量，但卻不符合我們的第二個過濾準則（就算不能剔除全部，也要剔除大多數劣質企業）。

我知道，各位會用一家公司來反駁我：蘋果公司。這家了不起的企業從 2004 年到 2020 年，營收成長 33 倍，年化成長率達 25%。但是優質的蘋果公司只有一家，而低質的爛公司卻可能會有好幾百甚至好幾千。

好吧，讓我們回顧一下。我們希望使用一個單一過濾項目 F，來選擇進一步分析的企業。這應該會節省我們很多時間和精力。我們曾想過是否可將「優質管理團隊」或「快速成長」當作我們的起點。我們拒絕用這兩個篩選標準為 F，因為評估管理團隊很難，而快速成長可能事後會令我們消化不良。

第三個用於進一步分析企業的篩選標準的猜測可以是利潤率。高利潤率的企業是否就是優質企業？許多人似乎是這樣認為的。利潤率可以有多種含義：毛利率（營收減去銷貨成本後除以營收）、EBITDA 利潤率（息前、稅前、折舊、攤銷前利潤除以營收）或 EBIT 利潤率（息前、稅前獲利除以營收）。我們應該選擇哪一種作為 F 呢？

我們先從毛利率開始。毛利率衡量的是製造產品或提供服務的直接成本，會計師將其稱為「銷貨成本」。如果一塊香皂的零售價為 1 美元，生產成本為 30 美分，那麼毛利率就是 70%。高毛利率能告訴我們什麼有關這門生意的**品質**嗎？未必。在網路泡沫時代，有幾家網路公司宣稱毛利率超過 90%，但幾乎所有企業都因行銷支出而遭受巨大虧損。

那麼 EBITDA 利潤率或 EBIT 利潤率（又稱營業利益率）呢？測量 EBIT 利潤率可能比較合理，因為它考慮了折舊，這是經營成本的真實成本。但只因為這是一個比較好的衡量指標，並不表示是一個好的衡量指標。

拿 2 家真實的企業來說吧：C 公司在過去 15 年的營業利益率約為

3%，而 T 公司在同一時期的營業利益率則達到 19%。如果你因為比較起來，T「比較好」而汰除 C 公司選擇 T 公司，那你就會錯過好市多（Costco），這是美國經營得最好的企業之一。T 公司是蒂芬妮（Tiffany & Co.），一家經營得夠好的企業，但不如好市多營運得好。是什麼原因讓 3% 利潤率的好市多比 19% 利潤率的蒂芬妮更好？[9] 我很快會說到這一點。簡單來說，將利潤率作為縮小公司列表的起點，可能會導致我們偏離正確方向。這個條件未能滿足我們的第二和第三準則（就算不是全部，也要剔除大多數劣質企業、選擇優質企業）。

我們還沒有考慮用於建構簡單清表的總體因素。但是，我們應該考慮哪一個總體數據來篩選個別企業呢？例如，如果「專家」認為通膨將上升，我們應該只選擇那些能夠將成本增加轉嫁給客戶的消費品企業嗎？如果我們這麼做，如果通膨預期在 6 個月內逆轉，我們應該完全修改清單嗎？我不知道如何考慮總體因素來篩選優質企業。我並不是在暗示這樣做是錯的，我只是說我不知道該怎麼做。因此，我們避免將任何總體因素作為我們的初步過濾項 F。那麼，在制定我們的最終清單時，該如何考慮總體因素呢？這一點我稍後會再詳細說明。

單一篩選準則的演化層級

同時，我們似乎陷入困境。F 可能是什麼呢？也許是柳德蜜拉和她那個搖尾巴的安柏能夠幫助我們。

但是在向他們尋求指導之前，我們先來簡單地回顧一下 1920 和 1930 年代的俄羅斯。約瑟夫・史達林（Joseph Stalin）領導下的殘酷共產主義政權，迫使個別農民放棄他們的土地，將其土地合併到集體農場（kolkhozy）之下[10]。共產黨的中央計畫者設想透過規模經濟和國家對產出的改進控制，實現農業生產和生產力的顯著增加。他們希望能夠供應不斷增加的城市人口及提升出口，但實際發生的情況卻正好相反。

農民強烈抗拒放棄他們的祖傳土地和財產；事實上，許多人選擇摧毀農作物和屠殺牲畜，而不是屈服於集體化。史達林把數百萬人送進牢裡，由於農業生產減少，數百萬人因饑荒而死亡。

在這場災難中，一位名叫特羅菲姆・李森科（Trofim Lysenko）的農業科學家聲稱他發明一種新技術，可以顯著增加農業生產量。這種「新」技術設想植物後天的特徵是可以遺傳的。這與當時已經過實驗證明基因是遺傳單位的孟德爾遺傳學和達爾文主義，形成強烈對比。然而，李森科承諾可以用不科學的技術帶來農業革命，引起了急需一位俄羅斯英雄解決食品危機的史達林的注意。

由於李森科的權力日益強大，他宣稱基因學是一門偽科學，從事基因研究的學者不是要被處決，就是要被送進勞改營。在這樣的社會氛圍下，當局將優秀的遺傳學家迪米屈・別利亞耶夫從中央研究實驗室的毛皮動物養殖部門開除。別利亞耶夫的哥哥當時正在研究蠶的遺傳學，但於 1937 年根據李森科的命令而被處決。

然而，迪米屈仍然私下祕密研究遺傳學。1959 年時，尼基塔・赫魯雪夫（Nikita Khrushchev）上台執政，迪米屈成為西伯利亞新西伯利亞俄羅斯科學院細胞學與遺傳學研究所所長。他擔任這一職務長達 26 年，直到 1985 年去世。在這段期間，他進行了生物學史上最為卓越、持續時間最長的實驗之一[11]，這項研究至今仍在進行中。

迪米屈・別利亞耶夫試圖回答兩個問題：（1）動物的馴化（例如狗、豬、山羊和牛）是如何開始的，以及（2）為什麼大多數馴化的動物都具有相似特徵，包括垂耳、捲尾巴、斑駁的顏色（黑色和白色的斑塊）

和嬰兒般的面孔？他相信動物的馴化，是由於在千年的天擇過程中發生的可遺傳的基因變化所導致。

最大的未解之謎是，到底是**什麼東西**被選擇？天擇和人擇只有在**某個東西**被世世代代選擇留下來時才會發生。舉例來說，雖然獵豹和獅子都是兇猛的掠食者，但在眾多因素之中，獵豹被選擇的是速度，而獅子被選擇的則是體型和力量。換句話說，一頭速度緩慢的獵豹不太可能留下後代，但一頭體型大而強壯的獅子很可能會留下許多後代。

迪米屈假設，當我們的祖先馴化野生動物時，所選擇的關鍵因素是**溫馴性**。因此，選擇的單位與動物的外部特徵無關，而與其**行為**有關。這是一個大膽的猜測，因為當時大多數科學家都認為身體外形是選擇的單位。迪米屈該如何檢驗他的大膽理論？只有回到動物開始被馴化的時候。以狗來說，這表示他要對野生狼進行實驗，但在西伯利亞要找到一匹狼非常困難，因此他選擇了銀狐。他設計一個選擇性的育種實驗，將「溫馴性」作為唯一的選擇因素。

正如之前描述的那樣，他招募莫斯科大學優秀的大學生柳德蜜拉·卓特來領導和管理這場在西伯利亞的實驗。柳德蜜拉的毅力和創造力，將永遠改變行為遺傳學領域[12]。

柳德蜜拉的第一個任務是選擇一個繁殖狐狸的地點。她找了一個名為雷斯諾（Lesnoi）的出售狐狸毛的大型商用農場，距離她和家人居住的新西伯利亞超過 350 公里。她於 1960 年秋季開始實驗，大約有十幾隻狐狸。她還雇用幾位來自附近村莊的婦女擔任照顧者和實驗者。以下就是實驗的運作方式。

實驗者從狐狸出生後 1 個月開始，對牠們進行一系列測試，直到牠們在 6 至 7 個月時達到性成熟。當幼狐狸 1 個月大時，實驗者會伸手給牠食物，同時試圖撫摸牠。實驗者會對幼狐進行兩次測試：一次在籠子裡，一次在更大的圍欄中與其他幼狐一起自由活動時。她每個月都會重複這個測試，直到幼狐達到性成熟。為確保幼狐對這些測試的反應只是根據基因選擇，幼狐沒有接受訓練，除了與實驗者的短暫互動外，沒有任何與人類的接觸。幼狐與母親一起被關在籠子裡直到約2個月大，然後與同窩的幼狐一起。大約3個月大時，就會被放進單獨的籠子中。

當幼狐大約7個月大時，實驗者根據溫馴程度將牠們分為三個類別。第三類狐狸對飼育員不友好，不是逃離飼育員就是表現出攻擊性。第二類狐狸表現中立，對飼育員沒有情感反應。第一類狐狸是最友善的，似乎想要與飼育員互動。

柳德蜜拉和她的團隊選擇一些最溫馴的第一類狐狸進行交配，並且對下一代幼狐進行相同實驗。到了1962年的第三代，柳德蜜拉注意到一些比較溫馴的狐狸開始比以往早幾天交配，並且產下的幼狐體型比野生狐狸稍大一些。除此之外，沒有任何明顯的變化跡象。在1963年4月，當柳德蜜拉走近第四代幼狐的籠子時，她看到一隻名叫安柏的公狐正在熱情地搖著尾巴，這正是小狗會做的事，但無論是在籠裡還是在野外，從沒有人見過銀狐會對人搖尾巴。安柏也對其他人類搖尾巴，與牠同代的其他幼狐都沒有這麼做，但即使一隻狐狸改變了原本行為並且模仿狗，這也是重大新聞。迪米屈在他們第一次見面時就告訴柳德蜜拉，他想把狐狸變成狗。這個過程，已經開始了嗎？

到了1966年，安柏的後代，許多第六代幼狐開始對飼育員搖尾巴。安柏並非異常現象——牠是開路先鋒。柳德蜜拉已經確切證明搖尾巴是遺傳的。到了這個時候，研究人員不得不增加另一類狐狸，稱為IE類：精英。這些狐狸非常友好，渴望與人類接觸，而且會像狗一樣會發出嗚咽聲以引起人類注意。在第六代中，大約有1.8%的幼狐成為精英；

到了第二十代，幾乎有35%的狐狸都屬於精英；大約35代之後，超過70%的狐狸都成為精英。

這是一個極速的演化過程：在不到40年時間，迪米屈和柳德蜜拉的實驗基本上將一個原本會迴避人類的野生狐狸族群，轉變為可當成在任何人家中的寵物狗一樣飼養的生物。這些狐狸非常溫馴，爭著得到人類注意，並與飼育員建立了深厚的情感聯繫。牠們的行為幾乎完全與狗的行為無異。柳德蜜拉和她的團隊幾乎完全消除牠們的野性。但還不要太驚訝，我還沒透露實驗最有趣的結果。

實驗者注意到，這些更加溫馴的第八代狐狸也開始展示一些新的**生理**特徵。第一個變化是毛色：一些狐狸的毛皮呈現出魚鱗狀圖案，這在綿羊、狗、馬、豬、山羊、老鼠和天竺鼠等馴養動物中很常見。當兩種顏色——通常是黑色和白色——在動物的皮膚上形成不規則斑塊時，就形成魚鱗狀圖案。實驗中的野生狐狸都沒有魚鱗狀圖案，但隨著繁殖的世代愈來愈多，牠們開始顯示出這種顏色。進一步出現的身體特徵包括耳朵下垂和捲曲的尾巴——同樣地，這在許多馴養物種中很常見，特別是狗。

柳德蜜拉在1974年決定要和狐狸一起住在同一幢房子裡，把實驗帶到另一個領域。她首先選擇一隻名叫普欣卡的友好狐狸。一天晚上，柳德蜜拉坐在房子外的長凳上，普欣卡像往常一樣放鬆地坐在她旁邊。突然，普欣卡站起來，好像聽到什麼並開始吠叫。原來是一位警衛走過去，當普欣卡意識到這位警衛對柳德蜜拉沒有立即危險時，牠就停止了具攻擊性的姿態和吠叫。柳德蜜拉以前從未觀察到這種如護衛犬般的行為——迅速保護人類免受潛在威脅。

在1990年代初期，團隊還開始注意到，馴養的狐狸的頭顱和下顎開始與野生同類有所不同。馴養狐狸的頭顱高度和寬度變得比較短，牠們的口鼻部變得更短更寬，使牠們看起來像嬰兒一樣——幾乎完全模仿狗與狼之間的差異。

我們不妨來思考一下這一點。請記住，迪米屈和他的團隊只選擇**一個**特徵：狐狸是否願意被馴化。他們對體型、毛色、頭顱形狀、耳朵的硬度或其他任何事情都不感興趣。實驗人員非常小心，確保只是根據馴化程度進行選擇。但是這個單一的**行為**特徵篩選項目，卻引發了動物體內的許多身體變化。這是怎麼發生的呢？

被馴化的銀狐並沒有發生新的突變，但牠們的**基因表現**卻因為馴化程度的選擇而發生變化。這就是一個基因不變，但改變其表現的方式：它會產生更多或更少的化學物質，如蛋白質或荷爾蒙。例如，當一位狗主人愛慕地凝視著他的狗的眼睛時，彼此的生命系統中都會釋放出催產素，進而形成正向的回饋循環，使兩者愈加享受彼此的陪伴。如果同一個主人在街上遇到一隻陌生的狗，就不會釋放出催產素。儘管這是同一個基因，但在不同情況下基因表現是不同的。科學家已經證明，基因表現只需稍微改變，就能對動物的身體和行為產生重大影響。

當柳德蜜拉和她的團隊選擇馴化的狐狸時，他們是在不知不覺的情況下影響了一組特定基因的表現。這種選擇，改變了調節狐狸發育和身體特徵的某些神經化學物質和激素的釋放量和時機。舉例來說，我們已知褪黑激素這種荷爾蒙，可以操縱許多物種交配的時機。研究人員發現，精英母狐釋放的褪黑激素比第二級和第三級的同儕多得多，而且比正常情況提早幾天就準備好交配。這種荷爾蒙的變化情況非常極端，以至於一些母狐狸每年準備交配兩次，這是在野外從未見過的現象。選擇馴化已經影響了這個物種的生殖周期！一種名為 HTR2C 的基因，在精英狐狸中產生比野生狐狸更大量的血清素和多巴胺。血清素是動物早期發育的關鍵荷爾蒙，其增加很可能已經改變馴化狐狸的生理和行為。研究人員還發現，馴化的狐狸的腎上腺素水準比其野生近親還要低得多。腎上腺素調節黑色素的生成，這決定了皮膚和毛皮的色素。

銀狐實驗也解決了先前討論過的，家畜動物之間眾多身體相似性的數百年謎團。迪米屈正確地假設，由於哺乳類動物共享類似的荷爾蒙和神經傳遞調節系統，選擇性馴化會在牠們身上引發眾多相似的發育和身體變化。

這時迪米屈和柳德蜜拉的實驗已經進行六十多年，證明了演化不是逐步發生的。動物的行為和生理有密切關聯。而觀察力敏銳的達爾文早就知道這一點了。本章開頭引述他的話，沒有毛的狗的牙齒不完美，而腳上長羽毛的鴿子，外腳趾之間有皮膚。他預測，如果人類選擇某一個特徵，肯定也會導致其他特徵的轉變，這是因為他所謂的「生長相關性的神祕法則」。

迪米屈和柳德蜜拉，已經證明了達爾文的正確性。

選擇一個，就能免費獲得許多個

身為投資人，你難道不希望只選擇一個企業特徵，就能「免費」獲得許多優質企業嗎？如前所述，這個單一特徵必須滿足三個標準：應該是可測量的、可拒絕大多數劣質企業並選擇大多數優質企業。我要強調，未必能選擇全部，而是**大多數**。我們已經看到，一些因素未必能幫助我們達到這個目的，例如高品質的管理、營收成長和利潤率。

在納蘭達資本，我們在篩選企業時，首先從以下幾個方面下手：歷史資本運用報酬率（ROCE）。

重點在於**歷史**。我用一整章的篇幅來說明這個重要且經常被忽視的詞，但現在我想澄清的是，資本運用報酬率是企業**過去**所實現的數字。我們不會去聽資本運用報酬率未來將如何改善的說法。我們希望純粹根據公司過去實現的資本運用報酬率，來評估一家公司。

接著我們就來看一些定義。資本運用報酬率簡單來說，就是企業的營業利益占總資本投入的百分比。如前所述，營業利益是息前和稅前的獲利，即 EBIT。為什麼我們不使用稅後利潤（PAT）呢？請記住，我們想要了解的是一家企業的**營運表現**，將其與稅和利息等財務指標混為一談，會使事情變得混淆不清。在我們對企業的**整體**評估中，我們不會忽略稅賦或利息支出，但在計算資本運用報酬率時，我們只會看營運表現。

那麼，已動用總資本呢？這通常包括兩個因素：淨營運資本和淨固定資產。在淨營運資本數字中，我們喜歡排除超額現金（也就是如果現金比債務多很多，則用現金減去債務），因為超額現金並不屬於營運資產。此外，高資本運用報酬率公司會產生大量現金，將現金納入資本投入數字將會降低資本運用報酬率，而這是不必要的。如果這會讓你感到不安，可以將一部分現金納入資本投入。如果一家公司經常收購別的公司，我們還會將用於收購業務的資本納入考慮，但是目前我們先簡單一點。因此，非金融公司的資本運用報酬率可定義如下：

息前稅前利潤 ÷（淨營運資本＋淨固定資產）

現在，各位了解為什麼使用營業利益率來篩選企業，可能不是最好的方法了嗎？利益率並不能告訴我們為了獲得那些利潤，我們必須投資什麼。測量資本運用報酬率的優勢在於它考慮了損益表（在分子中）及資產負債表的品質（在分母中）。

我們再回來談好市多和蒂芬妮。

我聲稱營業利益率為 3% 的好市多，比營業利益率為 19% 的蒂芬妮更好。如果我們將「更好」的定義限制在資本運用報酬率的程度上，那麼我就是對的，這是因為好市多在 2014 年至 2019 年（疫情前）的平均資本運用報酬率為 22%，而蒂芬妮則是 16%。好市多比蒂芬妮更有效地運用其資本，這大大彌補了好市多的低利益率。我們以其資本中的一個重要部分為例：庫存。好市多的倉庫和零售店維持庫存的天數大約是 31 天，猜猜看，蒂芬妮的庫存天數是多少。

是 **521 天**，將近一年半！蒂芬妮的營業利益率非常好，但好市多的庫存和其他資產的管理明顯好得多，使其獲得比蒂芬妮更高的資本運用報酬率。

許多投資人更喜歡使用股東權益報酬率（ROE），但我不喜歡。股東權益報酬率是在稅收和利息支付之後計算的，因此將營運表現與融資策略和稅務結構混為一談。身為企業主，我更關心企業的**優越營運表現**。雖然承擔槓桿（這會改善股東權益報酬率但不會改善資本運用報酬率）和「規畫」稅收可能會在短期到中期內使公司受益，但根據我的經驗，只有透過良好的經營才能實現長期成功。這讓我們又回到資本運用報酬率。

高資本運用報酬率告訴我們什麼？舉例來說 20%。這顯示的是一個簡單事實：這家企業每投資 100 美元就賺取 20 美元，這相當於將 100 美元存入銀行並在一年後賺取 20 美元。不，你不是身在一個超級通膨的拉丁美洲經濟體中，而是在「正常」世界裡。我假設如果你擁有這麼高資本運用報酬率的企業，你可能會高興得飄飄然。這種企業非常少，但確實是有的，當你找到這種企業時，你會得到很多的資訊。

高資本運用報酬率很像西伯利亞銀狐的馴化。就像馴化帶來捲曲的尾巴、斑斕的皮毛和垂耳一樣，一個高資本運用報酬率的企業也會擁有許多特徵，對於像納蘭達資本這樣的投資機構來說非常重要。

以下是一些例子。

▎一致維持高資本運用報酬率的企業，
經營團隊很可能非常傑出

什麼？又是「非常傑出的經營團隊」？為什麼要鬼鬼祟祟地加入無法衡量的東西？

雖然我們無法透過面談和討論來衡量管理團隊的品質，並不表示高品質的管理團隊不存在。這種團隊當然存在。我們需要的不是投資人在喝咖啡會面（或視訊通話）時留下的空洞印象，而是一個量化指標。我們不是根據運動員的面試表現，或是表達自己能力有多好來投票選出誰是最佳的板球投手、最佳的美式足球跑衛或最佳的馬拉松選手，既然如此，我們又為什麼要這麼做呢？最佳的投球統計和最佳的完賽時間，才能確定誰是最佳的投手和最佳的馬拉松選手。同樣地，在我看來，衡量管理團隊品質的一個優秀但不是唯一的指標，就是他們**在資本運用報酬率數量方面的過往紀錄**。

任何行業要在任何一段時間內持續維持高資本運用報酬率，都是一件非常困難的事。個體經濟學理論指出，在競爭激烈的市場中，超額報酬應該會被壓縮至零，這表示企業需要非常努力經營，才能獲得其資金成本的報酬。這對大多數企業來說可能是正確的，但是有一組特選的公司卻不受邏輯和競爭的限制，每年、每10年都能實現高資本報酬率。

我們的投資組合中有30家企業，其中大多數企業已有35到40年的歷史，它們的歷史資本運用報酬率中位數約為42%。顯然我有偏見，因為我是這些企業的投資人，但我確實認為這些企業的管理團隊都很優秀。這些是模範，還是只是因為這些企業碰巧資本運用報酬率很高而被稱之為一流企業？我不知道。但那有什麼關係？

我們應該期待優質管理團隊具有以下特點：提供優於競爭對手的產品和服務給客戶、謹慎配置資金、吸引和留住優質的員工、管理成本結構（與其規模和營收相符）、維持高品質的資產負債表，並透過冒著風險來持續創新。這些全都應該——而且確實——與高資本運用報酬率有相關性。

資本運用報酬率一直偏高的企業，可能具有強大競爭優勢

所有長期投資人在巴菲特五十多年的信件和年度會議的指導下，都要求公司擁有「持續的競爭優勢」（SCA）。但如何評估一家公司是否擁有持續的競爭優勢？如果你閱讀商業和投資書，持續的競爭優勢的來源就會是常見的那幾項：品牌、智慧財產權、網路效應、規模經濟和低成本。[13]

我們來分析一下「品牌」競爭優勢的來源。我認識的幾乎每一位投資人，都以品牌和配送作為消費者導向公司在股票市場成功的理由。一個以消費者為中心的投資而成功的偉大故事，始於三十多年前。那是1988年和1989年，當時巴菲特購入可口可樂（Coke）和吉列（Gillette）的股票。波克夏在1988年投資將近6億美元的可口可樂股票，在1989年幾乎用同樣金額投資吉列。到了1993年，這2檔股票的總價值為56億美元，相當於巴菲特所有其他持有股票的總和，而他投資這些企業獲得的報酬約40億美元。他在1993年的致股東信中對可口可樂和吉列的評論如下：「他們品牌的威力、產品的優點及配送系統的強大性質賦予他們巨大的競爭優勢，為其經濟堡壘建立了一道護城河。」

一如既往，巴菲特是對的。在這封信發出將近 30 年後，可口可樂和吉列依然是非常成功，並且由於其市占率仍在不斷提升，依然具有穩固的競爭優勢。但是，巴菲特是因為他們擁有強大的品牌和產品特點而得出他們具有強大競爭優勢的結論，還是根據這些企業長期以來具有高資本運用報酬率和不斷成長的市占率的事實？當然，我們永遠不會知道。我的猜測（其實是我認為？），是後者。

事實是，大多數品牌都沒有任何競爭優勢──更不用說「可持續競爭優勢」了。根據你相信的來源而定，美國每年推出的數以萬計品牌中，失敗率是 8 成至 9 成[14]。這並不像中樂透的機率那麼糟，但也不遠了。各位可能還認為失敗僅限於小型和未經考驗的企業，像可口可樂和百事可樂這樣的企業做得很好。那你就錯了。

以下是一些來自大公司的品牌，迎來失敗悲劇的案例：新可口可樂（可口可樂），水晶百事可樂（Crystal Pepsi，百事可樂），優質無煙菸（Premier，雷諾斯菸草），麥斯威爾即飲咖啡（通用磨坊），超組合湯（Souper Combo，金寶湯的湯和三明治餐結合），和全天然清潔醋（All Natural，亨氏）。

光是擁有一個品牌並沒有什麼大不了的。如果一個像「品牌」這樣容易理解的事物都不一定能帶來競爭優勢（就算確實能帶來優勢，也可能很難明確地說明），那麼我們怎麼知道一家公司是否具有競爭優勢？猜中不會得到獎品。沒錯，就是**持續的高資本運用報酬率**，這是推測出公司可能具有某種競爭優勢的一個很好的開始。如果是像可口可樂這樣的消費品公司，也許是品牌、也許是配送、也許是管理，也許是這些和其他因素的某種組合。

一旦我們根據持續偏高的資本運用報酬率而將一家公司列入候選名單，我們就開始分析其競爭優勢。經過幾周甚至幾個月的研究，我們可能會得出這家公司的高資本運用報酬率是不可持續的結論，該公司只是過去碰巧運氣好。既然如此，我們會選擇保持距離。但是，採取這種方式——只針對高資本運用報酬率公司開始評估其競爭優勢——可以節省我們大量時間和精力。

持續高資本運用報酬率的企業，會把資本配置得好

身為（非常）長期的投資人，當我們選擇買進一家企業的股票時，我們將資本分配給該企業。我們這麼做是希望長期能賺取不錯的報酬。希望我們已經評估了將資金投入的其他選項，並做出正確決定，認為投資在這家企業是最好的。資本配置良好的投資人會有良好績效；資本配置不良的投資人則績效不佳。

企業也不例外，他們也要持續分配資本。企業有很多選擇，而且會盡可能選擇最好的一個。他們也希望獲得不錯的投資報酬。有些企業確實賺到不錯的報酬，大多數則沒有。資本運用報酬率是衡量公司資本配置能力的絕佳指標。高資本運用報酬率代表這些企業**相對於**其部署的資本而言，可以獲得較高的營業利益。偉大的企業既不會嘗試將營業利益放到最大，也不會嘗試將部署的資本壓至最低；他們會試圖為所部署的每單位資本賺取最大的營業利益。

投資人可能沒有發現，但是策略和大多數資本配置的決定是緊密相關的。舉例來說，在密爾瓦基建立製造廠還是外包到中國，這是一個策略性還是資本配置決策？這並不重要；這是一個會明顯影響公司成功的決定。因此，它兼具兩者。

更多在根本不同方式中配置資本的決策的例子還有：建立自家的研發部門，還是模仿市場上最佳的設計；聘請技術長來建立技術部門，還

是要外包；為關鍵零件建立製造單位，還是向供應商買；聘請年輕的畢業生並且花多年時間培訓，還是從成熟的專業人士中招募；透過收購進入新的地理位置，還是任公司自然地成長茁壯；在龐大的潛在市場投資虧損產品，還是要在小市場中投資能獲利的產品；以及在社交媒體上進行數月的廣告宣傳，還是要買廣告在超級盃（Super Bowl）播放一次。

投資人如何知道這些多樣的資本配置決策是否明智？有一種方法，是進行徹底地分析。舉例來說，可採訪市場部門負責人，了解為什麼他們選擇在超級盃播廣告宣傳，而不是將同樣費用分散在幾個星期或幾個月，在谷歌或臉書投放廣告宣傳。然後可以建立財務模型來測試公司成功的可能性，將其廣告策略與其他公司進行比較，然後得出一個支持或反駁其決定的結論。

第二種方法——也就是我們的方法——是**將高資本運用報酬率的公司當成第一個篩選標準**。我們假設一家具有高資本運用報酬率的公司，平均來說能夠有效地配置其資本。這麼做可能會導致一些不良的決策，但整體而言，我們相信這樣的資本配置和策略決策是相當明智的。

而且坦白說，這種方法也比較容易。如果我試圖建立龐大的電子試算表，以測試特定資本決策的各種情景，那我一定會賠得很慘，而且是兩次。第一次是在製作電子表格時，第二次是在得出錯誤結論時。

那麼為什麼要嘗試呢？

▍一家持續高資本運用報酬率的企業，就能承擔商業風險但不承擔財務風險

這會提升企業成功的機會。

資本主義靠冒險才能茁壯，而冒險並不只是在矽谷的車庫中創業的

年輕人才會做的事。所有企業如果要成長和成功，都必須不斷地冒值得承擔的風險。那些不冒險的企業不是衰退，不然就是保持小規模而且不重要；而那些承擔過大風險的企業則會倒閉。**找到值得承擔的風險範圍**，大多數企業就能茁壯成長。高資本運用報酬率使一家企業能夠繼續冒著值得承擔的商業風險。就是這麼做的。

一家具有高資本運用報酬率但營收成長適度的公司，會產生超額現金。這不是一個觀點，而是一道數學。舉例來說，X 公司的營收成長率為 10%，資本運用報酬率為 25%，在 5 年內就可以從零現金，成長到現金餘額幾乎相當於營收的 18%（其他假設：利益率 15%，稅率 30%）。隨著現金增加，X 公司的管理團隊可選擇推出新產品或進軍新市場。即使新的業務失敗，X 公司也可以恢復，因為它能夠從核心業務中持續產生現金。

接著我們來看看它的競爭對手 Y 公司，成長率（10%）、利益率（15%）相同，但資本運用報酬率較低，只有 12%。5 年後，Y 公司的現金餘額變成營收的負 3%。換句話說，Y 公司將必須借錢才能以與 X 相同的速度成長，因為資產負債表較弱且沒有多餘現金，Y 公司將被迫放棄新機會或借更多錢來推出新產品，或進軍新市場。如果投資失敗，Y 公司可能會陷入困境，因為其核心業務無法產生足夠現金，以償還到期的貸款和利息。這將進一步擴大 X 和 Y 之間的差距。一段時間下來，X 公司將變得更大、更成功，使 Y 公司無法望其項背。我們看到這種現象在許多產業中上演，其中一些參與者因高資本運用報酬率而有能力產生現金，因此傾向於變得在產業中擁有主導權。

如果一家擁有高資本運用報酬率的公司遇到困難，會發生什麼事？我來舉個例子說明，Havells 是納蘭達資本自 2011 年以來的投資的公司之一。Havells 是印度最大消費性電氣設備公司，銷售風扇、燈具和照明設備、斷路器、電線、熱水器,以及攪拌機和烤麵包機等廚房電器。[15]

在其傑出的領導者阿尼爾・古普塔（Anil Gupta）帶領下,Havells在2007年至2017年期間實現了驚人的52%的資本運用報酬率！在此期間,其年化營收成長率約為15%；到2017年3月,Havells持有2.3億美元的現金儲備,這相當於當年營收的28%。2017年5月,Havells收購Lloyd Electric的消費品部門,主要是為了Lloyd Electric快速成長的空調產品。

我們對這次收購並不太感到興奮。雖然Havells在收購過程顯然沒有承擔財務風險,但由於其現金餘額大於收購價格,所以承擔的風險超出了令我們感到安心的範圍。

我們認為最大問題在於文化和公司心態的差異。Havells期許生產高品質產品給某些挑剔的印度消費者,其透過建立高科技製造廠、根據消費者需求訂製產品特性、領先技術曲線,並透過在電視和網路廣告來創造品牌吸引力以實現這一目標。在許多方面,Lloyd似乎與Havells截然相反：過去10年來,該公司透過積極推動從中國進口的低價空調器而擴大市占率。Havells試圖吸引消費者,而Lloyd則透過向經銷商提供巨額獎勵和產品折扣來「推廣」其產品。Lloyd似乎只專注於不惜一切代價地成長,而Havells的成長是提供高品質產品,並在過去60年來建立經銷商和消費者的信任。

在收購Lloyd之前,Havells成功的主要來源之一,就是透過其現有銷售管道推出新產品。該公司在許多年中建立一個忠誠且高效的經銷網路。這種共生關係使Havells得以製造和銷售各種消費性耐用品,從風扇到斷路器再到烤麵包機等。然而,由於空調銷售管道與印度的消費電氣管道完全不同,這是Havells第一次無法利用其經銷網路優勢。

不令人意外的是，公司立即開始面臨收購所帶來的問題。在所有權改變的幾個月後，Lloyd 的執行長和許多高階經理人相繼辭職。Havells 發現，Lloyd 只通過少數幾家經銷商銷售其產品，這些經銷商多年來已經變得非常強大，然後開始要求更高的毛利和更多業務占比。當 Havells 拒絕時，許多經銷商離開了，對業務的銷售和獲利能力造成不利影響。此外，在 Havells 管理層試圖協調兩種截然不同的品牌定位方法時，出現了一定程度的不一致：Havells 的高階產品定位與 Lloyd 的激進價格競爭者立場。收購 2 年後，由於 Lloyd 的業績持續令人失望，研究分析師將 Havells 的評等降級。

這個時候，古普塔本來可以採取輕鬆的方式，讓 Lloyd 恢復以往的商業模式。這將保留營收和利潤的成長趨勢，並在同一個企業集團旗下創造兩種不同類型的業務。但他決定走更艱難的道路，對 Lloyd 的組織和商業模式進行長期、徹底的改變。

古普塔重新定位了 Lloyd 品牌，從以往低價、品質普通的產品，轉變為品質優良、功能匹敵或超越市場上最好的產品。Havells 投資約 3500 萬美元建立一個全新的先進空調生產廠，生產高階、功能豐富的空調產品。好幾個月下來，古普塔逐漸用深受 Havells 文化影響的領導者，替換掉 Lloyd 的高階管理團隊。儘管在短期內營收下滑，但公司拒絕被少數強大的經銷商威脅，而建立一個新的、更有彈性的經銷網路。Lloyd 現在已與 Havells 融為一體，與其戰略和組織優先事項完全一致。

Havells 能夠忍受短期痛苦以實現長期目標的一個關鍵，在於資產負債表上現金的可用性。而它累積現金的原因是多年來極高的資本運用報酬率。任何公司都可宣稱自己在「為長期價值創造而努力」，但如果沒有現金的緩衝，這些話就是毫無價值的。如果 Havells 有大量的債務和利息要償還，我們永遠無法知道會發生什麼事，但我懷疑在有銀行家站在背後的情況下，公司是否會有同樣決心繼續走一條艱難、漫長和不確定的道路。

Havells 進行了一筆風險適中的收購，花費時間和精力將其整合，儘管最初出現一些小問題，但將原本可能成為一個重大的錯誤轉化為戰略成功。阿尼爾・古普塔真棒。Havells 真棒。因為 52% 的資本運用報酬率，真的很棒。

投資沒有保證一定獲利

就像在選擇馴化的銀狐幫助迪米屈和柳德蜜拉培育出許多其他特徵一樣，選擇高資本運用報酬率的企業，讓我們得以選擇許多其他具有理想特質的企業。在公司經過風險篩選項目後，正如我在第 1 章中所討論的，我們拒絕那些長期歷史資本運用報酬率低於 20% 的公司。我們的初步名單約有 150 家公司，只有那些在過去 5 到 10 年或更久的時間，資本運用報酬率超過 20% 的公司。

我並沒有說我們**只**看資本運用報酬率來得出我們的結論。這麼做真是太魯莽和愚蠢了。我想說的是，我們透過研究歷史資本運用報酬率紀錄以**開始**評估一家企業。如果你是投資人或打算成為投資人，你將發展出自己的投資方法和風格。但無論你怎麼做，**首先充分了解企業的歷史資本運用報酬率**，將確保你會遙遙領先競爭對手。

選擇一個，就能免費獲得許多。

各位可能已經猜到了，將資本運用報酬率作為第一個篩選條件會有兩個問題。首先，**過去持續偏高的資本運用報酬率，不能保證未來的資本運用報酬率也會偏高**。

舉例來說，如果一家企業在其行業中擁有壟斷地位，例如經營當地公共汽車服務或銅礦，即使管理團隊品質較差，或許還是能夠賺取不錯的資本報酬。然而，一旦壟斷地位結束，我們可能會看到資本運用報酬率開始下降。同樣地，如果產品或大宗商品受到高關稅保護，國內企業製造相同產品或大宗商品可能會輕鬆賺取可觀利潤。還有一種情況是運氣。如果競爭對手是因為自身問題陷入困境，一家公司可以在幾年內實現不錯的資本運用報酬率。

在製作初步的短名單時，我們可以輕鬆地淘汰這類公司，因為很容易找出來。然而，另一種潛在的失敗者（過去資本運用報酬率高的公司）是事前很難識別的。即使是優質企業，如果創辦人分心、公司決定改變策略、管理階層將公司未來押注在失敗的收購計畫上，或是有一個積極進取的新競爭對手使公司陷入困境，就可能迷失方向。儘管高資本運用報酬率在這些意外事件發生時可以提供一些緩衝，但如果一家公司吃了秤砣鐵了心要把自己搞死，縱使有再高的資本運用報酬率，緩衝空間也是有限。

但是請記住，本章說明你可以從哪些地方**開始**尋找優秀的企業，但沒有**保證**你的投資報酬一定會很好（我先爆個雷：沒有什麼方法能保證這一點）。

只列出高資本運用報酬率企業的初步名單會有的第二個問題是，這麼做排除了未來可能非常成功的公司。以網飛（Netflix）為例來說，如果我們在 2018 年初評估網飛，過去 10 年（2008 年至 2017 年）的資本運用報酬率中值為 10%，這個數字對我們來說太低了，所以不會將該公司列入初步名單中。而這麼一來，我們就會錯過一個驚人的創造財富機會：網飛股價從 2018 年 1 月到 2021 年 12 月上漲 2.9 倍。

但這就是問題所在。我們會錯失這個機會，但是我們一點也不後悔。我知道我們會錯過像網飛這樣的企業，我並不介意這種事發生。我們選擇只將高資本運用報酬率公司列入我們初始名單的策略，無可避免地會排除一些潛在的好公司，但也排除了數百家我們絕不想擁有的劣質企業。因此，我認為**平均來說**，這種方法對我們的績效表現很有幫助。

就算其他人使用我們不用的策略而賺到錢，我們也不會因此而改變方法。

人生嘛，這種事是難免的。

2022年初時，我寫信給新西伯利亞細胞學和遺傳學研究所。我有兩個問題要問他們。第一，狐狸實驗還在進行中嗎？第二，柳德蜜拉・卓特還在機構工作嗎？我想這兩個問題的答案幾乎都是肯定的：不是。畢竟柳德蜜拉早在1959年就開始這項實驗，距今已有六十多年歷史了。

當研究所的演化遺傳學實驗室副主任尤里・赫貝克（Yury Herbeck）迅速回覆我的電子郵件時，我很驚訝。驚訝，是好事嗎？是的。

不只實驗仍在進行中，而且現在已高齡將近90歲的柳德蜜拉・卓特仍然在職！她不僅在研究所工作，也不斷發表具開創性的科學文章。赫貝克非常貼心，他附上柳德蜜拉・卓特（和其他人）近年來在著名科學期刊上發表的四篇研究文章。最新一篇於2021年7月14日發表在《神經科學雜誌》（*Journal of Neuroscience*），標題為〈俄羅斯農場狐狸實驗中馴服和攻擊性選擇後的神經形態變化〉（Neuromorphological Changes Following Selection for Tameness and Aggression in the Russian Farm-Fox Experiment）。

我以前覺得我們投資獲利的這15年，很值得我感到自豪。但現在我已不再這麼覺得了。柳德蜜拉・卓特六十多年來一直保持熱情、自律又傑出，讀完她的故事後，我面對一個嚴峻而痛苦的事實。

我們還有一段非常長的路要走。

本章摘要

演化論教我：為了避免被大量數據和資訊淹沒，我們可以一開始就選擇一個能賺錢的高品質單一業務特徵，來重新思考「投資」這件事。

- 在自然界中，只選擇一種特徵，就可以影響生物的許多其他行為和身體素質。
- 迪米屈・別利亞耶夫和柳德蜜拉・卓特在西伯利亞進行的長期實驗顯示，對野生銀狐的馴化選擇，可以在短短幾個世代就將牠們轉變為一種非常近似寵物狗的生物。狐狸變得溫馴並渴望人類的關注；而且還長出鬆軟的垂耳、斑斕花色和較短的鼻子，每年可以繁殖不只一次。
- 投資人可以透過留意某項商業特徵而獲得龐大利益，而且一旦選擇這個特徵，就會帶來許多其他有利的品質。一些很多人喜歡的參考值，包括管理品質、高成長和高利潤等，並不適用於評估，而且也不充分。
- 與許多其他領域的卓越表現密切相關的單一業務品質，是過去的資本運用報酬率。我們首先**只**選擇那些過去一直提供高資本運用報酬率的企業來開始分析。
- 高資本運用報酬率**通常**（但不一定）**代表管理團隊非常出色**，他們有效地配置資本，他們已經建立相對於同業的強大競爭優勢，而且有創新和成長的空間。
- 選擇資本運用報酬率是一個很好的分析**起點**，可以幫助我們**縮**

小選擇範圍。經過初步篩選後，我們做了很多研究來建立有吸引力的企業短清單。
- 但是過去資本運用報酬率較高的企業，並非全部都一定會繼續被視為優秀企業。投資是沒有任何保證的。

第 3 章
麥肯錫與海膽的悖論

此外，當結構的改變主要是由上述或未知的原因所引起時，最初可能對該物種沒有任何好處，但隨後可能被物種的後代，在新的生活條件下和新養成的習慣來利用。

——查爾斯・達爾文，《物種起源》
第 6 章〈本學說之難點及其解釋〉（Difficulties of the Theory）

我們很少使用大量的債務，就算使用也會嘗試以長期固定的方式進行結構化。我們寧可拒絕看來有意思的機會，也不願將資產負債表過度槓桿化。這種保守行為雖然壓低了我們的績效，但因為我們對保戶、存款人、貸款人及許多將其相當大部分淨值委託給我們的股東具有受託義務，所以這是唯一讓我們感到安心的行為。

——華倫・巴菲特，〈1983 年致股東信〉

這個世界縮小到紐約的幾平方英里內：孟買的髒亂、柏林的藝術、巴黎的風格、倫敦的美食、東京的繁忙、上海的俗豔、德里的粗魯、新加坡的購物、摩納哥的墮落、開羅的混亂，以及紐約自己的壯麗。我愛這一切。這就是我們每年 6 月底都在這座城市舉辦納蘭達資本公司的年度投資人大會的原因。

我兒子還小的時候（真是的，他們為什麼要長大？）最喜歡紐約的兩個地方。一段時間下來，那裡也成為我的最愛：中央公園動物園和位於第五大道的史瓦茲玩具店（FAO Schwarz）。我們在那裡最喜歡做的事，就是摸摸小動物和在巨型鋼琴鍵上跳舞。

我會記得史瓦茲玩具店不是因那裡有眾多令人眼花繚亂的玩具，而是因為充滿了驚奇和令人難以置信的氣氛。那裡有魔術師、魔術方塊玩家、巨大可愛的熊貓玩偶、不可思議的雜耍表演者，還有一次，我們看到一群可以登上百老匯舞臺表演的歌手和舞者。在印度的半城鄉長大，我從未去過玩具店，直到今天我仍然不確定我們去這個地方，是我兒子還是我自己比較興奮。

我們公司2016年第九屆年會結束後，我記得沿著第五大道走，等待被店裡的新東西迷住，但卻找不到那間店。在手機上快速搜尋的結果讓我心情低落，因為那間玩具店已經永久結束營業了。

怎麼會發生這種事？為什麼商店幾乎總是擠滿顧客，而且收銀機似乎永遠不夠用，結果卻結束營業了呢？

神祕的麥肯錫

1991年印度開始經濟自由化後，全球策略顧問公司麥肯錫決定於1992年進入印度。[1] 麥肯錫決定從印度的兩所商學院聘用新的實習生。印度在1992年時還沒有策略顧問公司，我們對這個產業一無所知。請記住，當時沒有網路，所以我們甚至無法對產業或公司進行基本研究。我們的教授也一無所知。

我在其中一所商學院就讀工商管理碩士第二年。由於一些無法解釋的原因（內部人口中的），該公司決定支付的薪酬，是薪酬排名第二高的公司（花旗銀行）的兩倍以上。我們那一屆的所有學生都應徵麥肯錫，包括我。沒有人在乎進入麥肯錫要做什麼工作──財富的誘惑力太強大了，令人無法抗拒。

我碰巧在對的時間、對的地方（人生不就是這樣嗎？）遇到了機會，成為五名被錄取的MBA畢業生之一。我在那裡工作了大約6年。麥肯錫是一間了不起的機構。雖然工作相當辛苦──太多的簡報和太多的出差里程數──但我享受著同儕競爭、與企業高階經理人共事的滿足感，以及四海一家的感覺（我在6年內於4個不同國家的國際辦公室工作過）。離開麥肯錫並繼續工作多年之後，隨著公司在業界繼續占據主導地位，使我對公司的欽佩之情日益增加。

麥肯錫成立於1926年，由詹姆斯・O・麥肯錫（James O. McKinsey）創辦，但將公司發展成現今輝煌地位，大部分功勞應歸功於1933年加入的馬文・鮑爾（Marvin Bower），是他將這家小型管理和會計公司轉變為如今的管理顧問巨擘。

麥肯錫成立九十多年來，公司經歷了內外部的重大衝擊。我們先從一些外部衝擊開始談起：大蕭條、第二次世界大戰、殖民地迅速獨立、冷戰、石油危機、美國和其他主要經濟體的多次經濟衰退、人口爆增、大規模貧窮減少、企業集團的建立和消失、美國製造業的空心化、中國的崛起、計算能力和通訊技術（包括網路）的指數級成長、全球金融危機及新冠肺炎疫情等。

隨著外部世界的快速變化，麥肯錫本身也經歷了一些內部衝擊：馬文・鮑爾在1950年代末期將權力轉移給下一代、公司屢次面臨內部壓力要求上市（包括我在公司期間）、安尼爾・庫馬爾（Anil Kumar）和拉賈特・古普塔（Rajat Gupta）的入獄、多年來公司在新地理區域和產業部門的大規模擴展、與南非公用事業艾斯康（Eskom）的費用安排模糊不清，以及與製造鴉片類藥物公司普渡製藥（Purdue Pharma）的合作達成 6 億美元和解協議。

在諮詢產業界快速而混亂的變化中，麥肯錫的競爭對手中沒有多少人倖存下來──還記得摩尼特（Monitor）或博思（Booz）嗎？另一方面，麥肯錫不僅生存下來，而且繼續發展茁壯，這正是其一直以來所做的：擔任企業高階經理人值得信賴的顧問。公司的核心始終頑強地不受外部和內部衝擊的影響。

但接下來是一個有趣甚至是奇怪的現實。雖然公司對變化保持堅韌不拔，但在過去的幾十年中也發生了巨大的變化。麥肯錫起源於美國，但現在也進入開羅、卡薩布蘭卡和成都；直到 1990 年代，公司主要提供策略諮詢，但現在已擴展到營運和技術諮詢；公司早期主要服務對象是製造商，但現在你在谷歌、臉書或是矽谷熱門的新創企業，都可以見到公司的蹤影；在我任職的時候，公司很少從事橫向招募，但根據現在擔任高階合夥人的朋友說，公司現在雇用數百名經驗豐富的產業專家。

有生命的組織，都具有高度的韌性

MBA 學位、管理研討會、暢銷商業書籍和企業巨頭似乎都專注於確保公司適應變化，並讓自己演化得好。如果能將企業對演化的執著裝在瓶子裡，那麼瓶子上的標籤會寫著：「我們該如何改變得更快、更好、更輕鬆？」

我不同意這種說法。商業領袖和投資人應該思考的問題幾乎完全**相反**：我們如何在不改變的情況下改變？

接著我們要把目光轉向演化生物學，以理解其中的原因。

生物學家一直都意識到生物界的一個奇怪難題。有機體——動物、植物、藻類、真菌，甚至細菌——非常複雜。但是有機體並不脆弱。其實正好相反，有機體在持續受到外部環境的激烈和動態侵害的情況下，已經存活且生生不息數億年——而細菌甚至是生存了數十億年，甚至它們的內部環境似乎也以持續不斷突變的形式，不斷地反抗自己。

儘管受到這些外部和內部的干擾，生命不僅存活下來，而且還成功地分化成數百萬個物種。牠們占據了地球上幾乎所有可占的地方，從冰川到沸騰的深海熱泉，到處都是。這個世界上最偉大的奇蹟之一是：生物體對內部和外部變化高度抗拒，同時擁有演化的能力[2]。我把這種在內部和外部干擾下仍能良好運作的能力稱為**韌性**。

如果最初的原始單細胞生物的韌性太強，那麼它在這 35 億年來就會維持原本的形式不變，世界上就不會有蘑菇、狐獴或曼哈頓島。但是另一方面，如果它的韌性不足，在早期地球充斥火山爆發的惡劣環境中很快就會滅絕。你、我，以及我們周圍看到的所有生物之所以存在，是因為有機生命能夠在維持現狀與在需要演化之間取得微妙平衡。這是如何發生的，以及我們身為投資人可以從中學到什麼？

這種既改變又維持不變的雙重技巧，源自兩個分離但密切相關的現象。首先，生命系統在多個層面上都具有韌性；其次，這種韌性有助中性突變成為未來創新的來源。

什麼多個層面？什麼中性突變？這聽起來像是一堆胡言亂語嗎？讓我們從開始談起。我們的母親、創造我們的人、DNA（去氧核糖核酸）分子。

任何有機體中的 DNA 分子——無論是植物還是人類——都有兩個關鍵功能。它攜帶建構有機體的身體部位（例如皮膚、腎臟、花瓣、葉子）的資訊，並傳遞給下一代。以 DNA 為主的遺傳密碼決定了我們是誰，以及我們的孩子將成為什麼樣子。DNA 分子呈雙螺旋狀，並由四種類型的單元組成，稱為核苷酸：A（adenosine，腺苷酸）、C（cytosine，胞嘧啶）、G（guanine，鳥嘌呤）和 T（thymine，胸嘧啶）。如圖 3.1 的最上層所示，一個基因包含一條可以從幾百個到幾百萬個不等的核苷酸鏈！我在圖中展示了 9 個核苷酸作為示例。這些 DNA 核苷酸總是以稱為鹼基對的形式存在。T 核苷酸總是與 A 成對，而 C 核苷酸總是與 G 成對。圖 3.1 顯示的只是一對鹼基對的一半，序列為 ACGGATCGA。

所有有機體的 DNA 都包括同樣的四種核苷酸（A、C、G 和 T）。想一想：蘭花和猩猩的 DNA 密碼中都有這 4 種相同的核苷酸，只是在每個生物體中的排列不同而已。人類有 30 億個核苷酸對。不是在我們的整個身體中，而是在我們身體幾乎**每一個**細胞中。我覺得這相當令人驚訝。雖然人類統治世界，並不表示我們擁有的基因體數最多。人類的基因體數量很普通。低等的單細胞生物雙鞭阿米巴原蟲（*Amoeba dubia*）的 DNA 中，有多達 670 億個鹼基對——這形成的基因體比人類大 220 倍[3]。

我們只專注討論製造蛋白質的基因。我們基本上都是一袋蛋白質。蛋白質建構身體，並調節、防衛和監控身體的功能。我們的身體部位之所以不同，是因為各部位具有不同的蛋白質，例如角蛋白製造皮膚，血紅蛋白在血液中負責攜帶氧氣，而免疫球蛋白則負責保護我們免受寄生蟲的侵害。

DNA 製造蛋白質的過程有兩個步驟：第一個步驟是**轉錄**，第二步是**轉譯**[4]。首先，一條具有長鏈 A、C、T 和 G 核苷酸的 DNA 單股，被**轉錄**成一個互補的信使 RNA（核糖核酸）序列，稱為 mRNA（是的，這種分子就是輝瑞 - 百泰〔Pfizer-BioNTech〕和莫德納〔Moderna〕

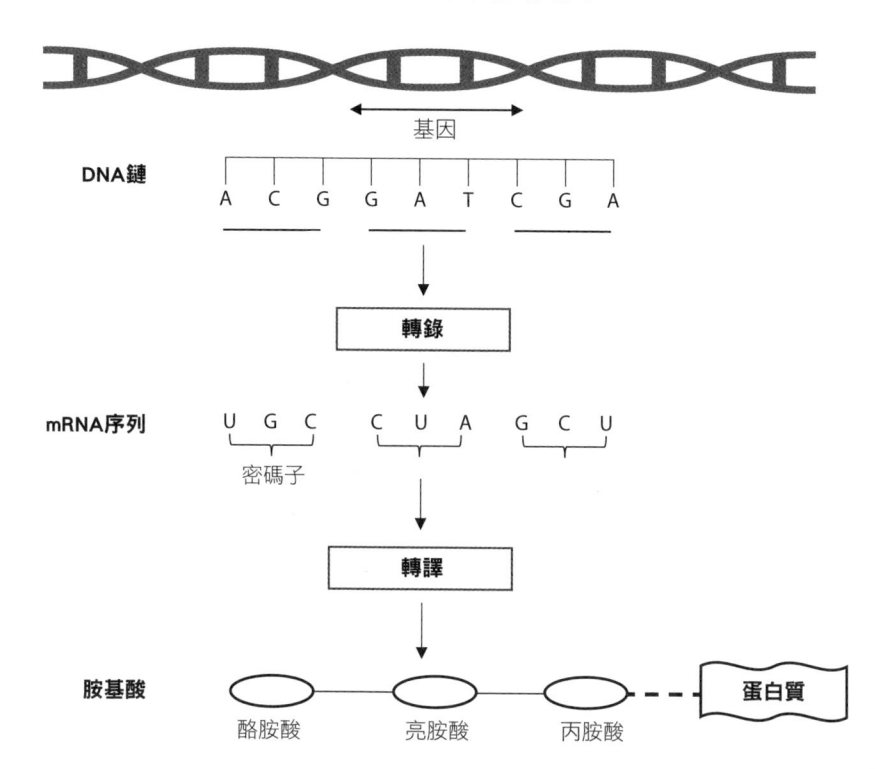

圖 3.1　DNA 組成 mRNA，mRNA 組成蛋白質

製造的新冠肺炎疫苗的基礎）。因此，圖 3.1 中所示的 DNA 序列 ACGGATCGA 將被轉錄成 mRNA 序列 UGCCUAGCU。這個新的字母 U 是什麼？在轉錄的過程中，DNA 核苷酸 A（腺苷酸）被轉錄成 mRNA 核苷酸 U（尿嘧啶），正如之前所描述的，C 與 G 配對，T 與 A 配對。

DNA 序列已經產生了**對應的** mRNA 序列。接下來呢？在第二步中，一系列 mRNA 分子的序列被**轉譯**成一系列合成蛋白質的胺基酸序列。mRNA 是一個單鏈分子，由三個核苷酸組成的密碼子所組成，這些密碼子編碼特定的胺基酸。在圖 3.1 中所示的 mRNA 序列 UGCCUAGCU 中，第一個密碼子 UGC 使胺基酸成酪胺酸；第二個密碼子 CUA 編碼成白胺酸，第三個密碼子 GCU 編碼胺基酸成丙胺酸。一連串的胺基酸折疊成一個蛋白質。大功告成！DNA 製造 mRNA，然後再製造蛋白質。

如果你是生物學家，希望不會因為看到上面的說明而心臟病發作──我知道這幾句話並沒有完全涵蓋到放諸四海皆準的遺傳密碼運作的複雜和微妙。我們還沒有談到 rRNA、tRNA、非編碼 DNA 或酶。反正這不是一本生物學教科書，我只是想確保我們在繼續討論下去之前，讀者都對遺傳密碼大致上有所理解。

若要更了解生物體的韌性，我們要先從底層開始：通用遺傳密碼。

遺傳密碼具有韌性

如前所述，由 3 個鹼基組成的密碼子形成 1 個胺基酸。因此，密碼子 AGC 讓胺基酸形成絲胺酸，而 GGC 則形成甘胺酸。由於任何 4 種核苷酸（A、C、U 或 G）都可以占據 3 個鹼基中的一個位置，因此有 64 種可能的胺基酸（4×4×4）。但是在自然界中只存在 20 種，為什麼？這是因為 2 個或更多的密碼子可以編碼相同的胺基酸，例如 GGU、GGC、GGA 和 GGG 都是甘胺酸。因此，對於具有前兩個位置 GG 的密碼子的第三個位置的任何突變，都一定會形成甘胺酸，這些被稱為同義突變。因此，甘胺酸的形成對於第三個鹼基上的突變具有很高的韌性。整體而言，透過這種同義突變，適用於任何生命的遺傳密碼，將 64 種可能性縮減為只有 20 種[5]。

同義突變只是韌性的第一層而已。科學家發現，轉譯錯誤──在密碼子形成的過程中發生的錯誤──最有可能出現在第三個位置，而最不可能出現在第一個位置。驚人的是，韌性的程度在密碼子的第三個位置也最高,就像前面甘胺酸的例子一樣[6]。因此,即使在轉譯過程中,第三個位置最容易出錯,但對於形成的胺基酸類型卻不會產生任何影響!換句話說,演化確保了遺傳密碼對於突變和轉譯錯誤非常具有韌性。很酷吧!

蛋白質具有韌性

在了解遺傳密碼之後,我們進一步來看看蛋白質是否對胺基酸序列的變化具有韌性。

正如先前的討論,蛋白質是由特定的胺基酸序列組成的大分子。所有生物體中都有這些,直接參與了創造和維持生命所必需的所有化學過程。因此,由於生命形式的穩定性,人們會期望蛋白質表現出高度韌性,而這正是我們所看到的。

蛋白質的韌性有三種類型。首先,科學家發現大多數胺基酸變化對蛋白質的功能沒有影響。例如,大腸桿菌有一種叫做乙內醯胺酶(β-lactamase)的蛋白質,能夠賦予抗生素抗性。這種蛋白質是由263個胺基酸組成,其中84%的胺基酸會發生突變(也就是它們可以被改變成另一種胺基酸)而**不**改變酶的基本功能。想一想,這就好像接受一個數學測驗,100題中錯了84題,卻還是能拿到A!

第二種韌性是由於具有類似功能和結構的蛋白質,能夠由不同的胺基酸序列製造而產生。例如,肌球蛋白和血紅蛋白是脊椎動物中的氧結合蛋白質,在無脊椎動物(如螃蟹和蜘蛛)和植物中也有許多遠親。鯨魚肌球蛋白和蛤蜊血紅蛋白的三維結構幾乎可以完美地重疊!儘管具有這種神奇的結構和功能相似性,但兩者的胺基酸序列卻非常不同,鯨魚肌球蛋白和蛤蜊血紅蛋白的胺基酸只有18%重疊。

第三，科學家發現，絕大多數的胺基酸序列會折疊成非常少的結構。不，我是認真的——非常少。我們來看看有多少。一個小蛋白質可能有 100 個胺基酸，因此可能的蛋白質折疊數量是 20^{100} 個，這比宇宙中的原子數還要多[7]。那麼有多少蛋白質存在呢？大約有 1 萬個（或 20^3 個）。因此，蛋白質的結構和功能極度有韌性。

身體很有韌性

接著我們以海膽為例，從蛋白質升級至討論身體。

海膽是在 2.5 億年前演化而成，大約有 1000 個不同的物種。現在，我們只談在澳洲淺海中發現的兩種海膽：瘤太陽頭帕海膽（Heliocidaris tuberculata）和太洋頭帕海膽（Heliocidaris erythrogramma）。以下我會將這兩種分別稱為物種 T 和 E。牠們的身體結構維持一致；換句話說，雖然兩者看起來相同，但是發展方式卻截然不同。

T 會生產幼蟲（稱為浮游幼蟲），與成年個體在外觀上完全不一樣，這些自由游泳的浮游幼蟲在生長成熟的過程中以浮游生物為食。另一方面，E 則是直接從卵發育而來，中間不會經歷幼蟲階段。但是 T 和 E 關係非常密切，在約 500 萬年前才分化（幾乎和黑猩猩與人類分道揚鑣的時間相同；這就好像黑猩猩產生了外觀不像成年黑猩猩的幼獸！）。這兩個物種的整個發育過程——卵的形狀和大小、各個身體部位細胞形成的位置、控制發育的基因的啟動——都有如此顯著的不同，令人幾乎難以相信這兩個物種 500 萬年前有共同祖先。雖然有著這麼巨大的發展變化，但如果在谷歌上搜尋 T 和 E 的圖片，你會注意到牠們看起來幾乎一樣。

海膽在改變許多基本的發育方面時，是如何保持其身體結構？海膽保持高度韌性的身體結構，同時演化出截然不同的發育途徑，這實現了什麼樣的成就？我們稍後將會探討這些問題，但是現在我要先總結一下我們到目前為止所學到的。

我們已經看到，生物體和物種的穩定性，是透過許多層面的韌性來維持的：在遺傳密碼、蛋白質，甚至身體結構的層面。為了簡化內容，我選擇省略了許多其他層面的韌性細節：例如 RNA 的二級結構變化、基因的調控區域變化及酶活性的劇烈變化，這只是其中幾個而已。

突變改變了基因的 DNA 序列？沒問題，它會產生相同的胺基酸。由於突變或重組，胺基酸序列發生變化？沒問題，它會產生相同的蛋白質。蛋白質排列發生變化？沒問題，相同的酶活性仍然存在。依此類推。生物體被建構成具有彈性和抗變性。

可演化性的演變

這讓我們進入我在本章開頭提到的悖論。因為有多層次的韌性，所以物種到底是如何演化的？物種不應該維持不變嗎？是什麼驅使細菌演化成了倭黑猩猩？

一個簡短而令人難以置信的答案是：**韌性本身會帶來可演化性！**

我們需要簡短討論一下分子生物學史的一個面向，以解開這個悖論。1968 年，日本遺傳學家木村資生（Motoo Kimura）提出分子演化的「中性理論」（neutral theory）[8]。木村主張，在 DNA 和胺基酸層級的大多數變化不會影響分子的功能，因此也不會影響有機體的生存和繁殖能力。他認為，一小部分突變是有利的，天擇會保存這些突變。有一些突變被拒絕，因為這種是有害的，但大多數的突變並不真正影響有機體。根據木村的觀點，大多數突變是中性的，這導致有機體的韌性。

那麼中性突變是如何導致演化的呢？雖然中性變化不會改變主要功能，但是可以改變次要功能，進而成為未來創新的來源。

假設基因 A 具有主要功能 F。因為突變的關係，基因 A 變成了基因 B，但是因為這是一個強大的系統，基因 B 繼續執行功能 F。但基因 B 會影響次要功能 F^S。F^S 不會改變生物體的適應性，但可以被生物體的後代用來實現全新的功能，進而導致演化。因此，儘管遺傳密碼是穩健的（因為基因 A 變成基因 B 並不影響功能 F），但**額外的功能 F^S 使得有機體能夠演化**。

在一個有韌性的生物系統中，可演化性是不需要付出代價的！

我們再回到海膽的例子。T 和 E 保持其體型的韌性，同時透過數百萬年的中性突變改變牠們的發育周期。例如，T 胚胎的 32 個細胞中有 16 個成為外胚層（皮膚的外層），而 32 個 E 胚胎細胞中有 26 個成為外胚層。海膽的身體結構對胚胎發育的多種變化保持韌性。因此，牠們利用一個全新的生態特點和一種新穎的生活方式。例如，E 在 T 無法生存的深海和極地緯度地區很活躍，這是因為 E 是直接發育的，不需經歷非常依賴浮游生物才能生存的幼蟲階段。

過去一個世紀以來，麥肯錫也發生過類似情況。今天的麥肯錫與馬文·鮑爾的麥肯錫，包括地理分布、組織流程、客戶工作類型和專業知識廣度方面，完全沒有任何相似之處。但是，在文化、團結、解決問題，以及與企業高階經理人合作的某種基本層面上，該公司仍然頑固地保持著鮑爾的風格。它一直在變化，但也沒有改變。這就是我們身為企業主所追求的：**在維持韌性的同時，還能不斷發展的能力**。

企業必須有韌性才能演化

我們來摘要一下到目前為止的討論。我們消除了嚴重的風險（第1章），並根據資本運用報酬率（第2章）選擇了幾間公司。現在，我們要根據企業的韌性來做選擇。

以下是我們在納蘭達資本所學到並內化的一些事。

韌性有多種形式

投資人如何衡量企業的韌性？我希望我有一個簡單的量化答案，但我沒有。就像幾乎所有的投資一樣，解決方案有點主觀、有點模糊、有點爭議，但它對我們有用。理解韌性的最佳方法，是對照表3.1中列出的兩個極端。

表 3.1　企業韌性的例子

最有韌性	最沒有韌性
歷史資本運用報酬率長期維持高水準	成立以來大部分時間或完全處於營業虧損狀態
客戶群分散	需依賴極少數客戶
沒有債務並且有多餘現金	槓桿比率很高
建構較高的競爭壁壘	無法阻止競爭者
擁有分散的供應商基礎	依賴少數供應商
穩定的管理團隊	管理團隊流動率高
產業變化緩慢	產業正在快速發展

以下並非完整的清單，但我希望各位能大致了解我說「有韌性的企業」的意思。企業的韌性介於下表描述的兩種極端之間，且偏向靠左。

各位或許會注意到，不同於第 2 章中我們使用資本運用報酬率的量化標準來選擇公司，許多有助企業韌性的因素都是量化的。此外，根據我的經驗，幾乎沒有業務完全屬於左欄或右欄。企業韌性並不是一個非黑即白的衡量標準。或者說，好的投資人與了不起投資人之間的差異是什麼？

不同的投資人對表 3.1 所列因素賦予不同權重。例如，許多投資人並不認為客戶集中度對企業來說是一個問題，我們卻這麼認為。納蘭達資本成立幾個月後，我們就善用這些相反的觀點。

WNS 是一間在美國上市的印度業務流程外包（business process outsourcing，BPO）公司。像 WNS 這樣的業界龍頭為其客戶提供許多關鍵任務的服務，而且內部團隊的品質極佳，收費卻相當便宜。例如，他們幫助客戶結算帳目、管理應付帳款和應收帳款、及時進行消費者分析、處理抵押貸款申請以及解決客戶問題。自從納蘭達資本於 2007 年成立以來，我們一直在追蹤 WNS。儘管其資本運用報酬率高、零債務、強大的競爭優勢和穩定的管理團隊，但我們不喜歡這個業務，因為這間公司過於依賴少數客戶。2006 年，WNS 的前五大客戶占營收的 41%；而到了 2007 年，這個數字已飆升至 55%[9]。我們擔心公司的韌性低且不斷下降。但市場似乎並不在意，WNS 的股價在 2007 年中站上 35 美元。

在 2007 年下半年，WNS 失去一個重要客戶，還有另一個客戶威脅要終止合約。這對短期來說並不是好消息，市場也嚴厲地懲罰 WNS，股價在 2008 年初暴跌至 13 美元。然而，我們得出的結論是，只要能擁有更分散的客戶群，公司將變得更加強大。從 2008 年 1 月到 3 月，我們購買了該公司大約 6% 的股份。快轉 13 年後，到了 2020 年，WNS

的前五大客戶僅占營收的 25%。在 2007 年被認為是壞消息的事，到了 2020 年看起來卻相當不錯！

▍透過直接測量企業韌性，間接評估可演化性

身為企業長期的投資人，納蘭達資本的成員渴望找到那些能夠成功實施中立策略，以應對環境不斷變化的企業。我們想要的是演化的能力。不對，我們需要可演化的能力。身為投資人，我們需要企業能夠在人工智慧或其他技術的攻擊下生存下來、超越愈來愈多的線上和實體競爭對手、抵禦多次經濟衰退、克服氣候變遷帶來的不良影響、應對管理團隊的更替，以及更多其他挑戰。我們需要**有適應能力**的企業。

然而，就像演化生物學家努力衡量演化能力一樣[10]，我還沒有找到一種可靠方法來事先直接評估一間公司適應變化世界的趨勢。許多投資人認為，與管理團隊進行面談和討論，是評估企業未來適應能力的一個很好的方法。也許是吧，但我認為這樣的面談是浪費時間──稍後在第 7 章，我會再進一步討論這個問題。

但有一個間接方法可以滿足我的需求──而且我認為是相當可靠的方法。那就是**衡量組織的韌性**。韌性為生物的演化奠定基礎，在企業中也是如此，韌性是企業成功演化所必需的條件──不過這個條件並不足夠。

就像活的有機體一樣，**有韌性的企業也具有可演化能力**。

以一個產業的 2 間企業為例。公司 A 是產業領導者，營收為 100 美元，利潤率為 20%。假設其資本投入（固定資產、應收帳款和存貨）為 50 美元。公司 A 的資本運用報酬率非常健全，是 40%（100 × 20%

÷ 50）。如果一間公司的成長率低於其資本運用報酬率，就會持續產生自由現金流，因此公司 A 沒有債務。公司 B 是產業中的弱勢參與者，營收只有公司 A 的一半，即 50 美元，利潤率為 15%。由於他與供應商（要求提前支付）或客戶（延遲支付）沒有足夠議價能力，其資本投入與公司 A 相同（50 美元）。公司 B 的資本運用報酬率為 15%（50 × 15% ÷ 50），公司 B 有 10 美元的債務（由於其營業利益為 7.50 美元，所以債務並不算多），其債務成本為 5%。

因此，2 間公司的資本運用報酬率都不錯，並擁有相當強勁的資產負債表——A 公司比較好，但 B 公司也不差。

一切看起來都很好。直到有一天不再好了。

新冠疫情爆發，全國封鎖。2 間公司的營收減少了一半，營業利益也減少了一半。身為領導者的 A 公司可以收取現金並出清存貨，使其資本投入減少到 25 美元。另一方面，B 公司雖然遭受與 A 公司相同的營收和利潤下降，但在向客戶收款時卻被客戶拒絕支付，也無法在需求不足的環境中銷售現有成品，其資本投入保持不變為 50 美元。A 公司的資本運用報酬率現在是 20%（50 × 10% ÷ 25），而公司 B 的資本運用報酬率是 4%（25 × 7.5% ÷ 50）。

因此，即使在疫情期間，A 公司也獲得相當不錯的資本運用報酬率，使其能夠進行投資以實現成長。在資本運用報酬率為 20% 的支撐下，如果有需要，A 公司也可以在市場上借款，因為債務成本僅為 5%，且該公司沒有債務。在疫情前的時代可以輕鬆度日的平庸 B 公司，現在面臨被市場遺忘的可能，因為 B 公司再也沒有錢投資於生產、行銷和配送。以 4% 的資本運用報酬率來計算，公司將會很難支付利息為 5% 的債務。由於 B 公司脆弱的資產負債表和日益下降的利潤，貸款人是否再次向其提供資金也會顯得猶豫不決。

至少在短期內，一個可能的結果是 A 公司增加市占率，而 B 公司進一步失去其市場。由於 A 公司具有較高的韌性，這要歸功於其高資本運用報酬率，該公司能夠在不利的外部環境中適應和演變。

我所描述的不是一個理論概念。我們在許多投資的企業中，都見證這個故事的發展。當疫情爆發時，普遍的觀點是所有印度企業都將受到影響。2020 年 3 月和 4 月的股市急遽下跌反映了這種觀點。然而，幾個月過去，**企業韌性程度不同，對業務影響的差異變得非常明顯**。在新冠危機期間和之後，我們看到了這些差異的結果在許多企業和產業中發生，無論是在油漆、內衣、空調、輪胎、管材還是電池等領域。

在我們的投資組合中經營得最好的公司之一就是 Page Industries，我們非常幸運在 2008 年底雷曼兄弟倒閉後幾天就買進這間公司。Page Industries 是 Jockey 品牌在印度的獨家特許經營者，也是印度最大的內衣銷售商[11]。在疫情期間，Page Industries 積極推出新產品並開設新店，而許多競爭對手不是消失了，就是明顯變弱了。

印度有 4 間上市的內衣公司，另外三間是 Maxwell、Rupa 和 Lovable。2018 年 12 月，Page Industries 在上市的同業中的市占率已經是相對較高的，達到 66%；然而到了 2020 年 12 月，Page Industries 的市占率成長到了 70%。我們沒有數十間未上市公司的資料，但從一些個案證據和產業人士的意見回應來看，在疫情期間，Page Industries 在這些公司中的市占率成長幅度甚至更大。

我相信 Page Industries 的韌性是公司在疫情期間持續成功的重要因素——甚至可能是主要或唯一的因素。我們用表 3.1 列出的各種影響韌性的因素，來看看 Page Industries 的分數。截至 2020 年 3 月，資本運用報酬率為 63%，而且沒有債務。公司擁有高度分散的客戶和供應商基礎。在我看來，公司在品牌和配送方面已投資長達 25 年之久，建立了一個深厚而廣闊的護城河。自 1995 年以來，公司一直是由同一個經營者擁有。所處的產業變化也非常緩慢，產業的龍頭這十多年來一直沒有改變。

韌性愈大，可演化性就愈大。

▎我們要求投資的企業必須在許多層面上具有韌性

從我們與 35 億年前的「最後共同祖先」（科學家稱之為 LUCA，last universal common ancestor）之間有一條連續的生命鏈[12]。這個不斷發展的連續體的每一個部分，都具有多個層面的韌性性：基因、蛋白質和體型，這只是其中三個而已。同樣地，我在二十多年的投資中發現，**更多層面的韌性，會帶來更多的可演化能力。**

我們再來看一次表 3.1 裡列出的 7 個韌性因素。正如我之前提到的，還有更多因素可以考慮（例如，併購的傾向、治理），但我們暫時只考慮這 7 個。我的目標是指導各位朝特定方向前進，而不是直接給答案。

我們希望我們投資的公司，在表 3.1 中的所有因素上都偏向左側。因此，我們希望企業在**資本運用報酬率程度**，還有**客戶群集中度**，還有**槓桿比率**，還有**競爭優勢強度**等方面都具有韌性。

這樣的要求很嚴格嗎？當然。我們是長期投資人——「長期」是關鍵。如果一間企業無法長期存在，我們就不想擁有。如果沒有多個層面的韌性，要怎麼確保企業能夠長期生存下去？我希望能確切地回答一個問題：**這是一間有韌性的企業嗎？**身為投資人，我知道評估韌性是一個判斷問題，沒有捷徑可循。在多年的投資活動中，我已經得到某種啟發。顯然，在韌性方面有明確的黑白兩個極端（例如，只有兩個客戶的企業），但在許多甚至大多數企業中，我們所面臨的是灰色地帶。

例如，一間負債／權益比為 2.0 的公司，是否有韌性？可能不是。那麼負債／權益比為 0.2 或 0.5 的公司呢？也許是。對我來說，答案取決於韌性的其他因素。我們的投資組合中幾乎所有公司都沒有債務。然而，2010 年我們投資了印度塑膠管道業務的產業領導者（用於家庭和農業）Supreme Industries，其負債／ EBITDA 比率為 0.6。雖然不高，但也不是零。儘管該公司有債務（反正不多），但我們得出結論認為該公司具有韌性，因為它是產業領導者、市占率超鬆競爭對手、資本報酬率逾 30%、在過去 10 年中成功設計並推出許多產品、擁有數千個在印度各地的經銷點、能夠與供應商協商出最好的條款並且沒有浪費時間和金錢進行不必要的收購。這間公司並非韌性絕佳，但是具有足夠的彈性。現在這間公司沒有債務，而且仍然遙遙領先業界。**韌性的層面愈多，我們愈喜歡。**

具高度韌性的企業演化方式，就是承擔值得承擔的風險

正如我們所了解的，中性突變使生物體變得有韌性，同時也播下了演化的種子。在商業世界中，中性變化可能沒有短期影響，但可能在長期內具有轉變性的影響。在企業界，與生物學中的中性突變相當的現象，可用一個詞來概括說明：**值得承擔的風險。**

全世界有數百萬間極其有韌性但仍然保持小規模的小型企業。然後還有一些企業不斷測試韌性的極限，最後卻倒閉。前者不冒任何風險，而後者冒所有的風險。在這兩個極端之間的理想區域，就是我所謂的「值得承擔的風險」。這是使管理者感到不舒服但不會太不舒服的風險程度；冒險會迫使組織創新，但不會過多；冒險促使企業進行投資，但

不會過多;冒險能帶來潛在成長的領域,但不會過多。

對我來說,最能表現出有計畫的侵略性和冒險精神的公司,就是沃爾瑪。

稍微離題一下。我們來看看各位是否知道這個問題的答案:山姆・沃爾頓(Sam Walton)在幾歲時創辦沃爾瑪?如果你的答案開頭是 1 或 2,那麼你的答案和我當初想的一樣,而且你也和我一樣錯了。山姆・沃爾頓於 1962 年在阿肯色州羅傑斯市成立他的第一間沃爾瑪門市時,已經 44 歲了(沃爾瑪原文是 Wal-Mart,在 2018 年改名為 Walmart)。[13] 並非所有現代偉大的企業創辦人都是來自矽谷,並非全都是年輕氣盛的青少年,也不是每個人都想要「改變世界」。

大學畢業後,沃爾頓於 1940 年在傑西潘尼公司開始擔任業務員,然後於 1942 年入伍參戰。1945 年,他開始管理阿肯色州紐波特的一間班富蘭克林加盟店(當時該地的人口為 7000 人)。到了 1950 年,他在紐波特經營兩家店鋪,透過實驗和創新而相當成功。他的一個創新想法非常受到客戶喜愛,那就是冰淇淋機。正如他在自傳中寫道:「當然不是我們嘗試的每一個瘋狂想法都像冰淇淋機那樣成功,但我們沒有犯下任何無法迅速修正的錯誤,也沒有犯下任何會威脅公司的大錯誤。」

值得承擔的風險,有沒有更好的定義?

沃爾瑪在羅傑斯市初步成功後,山姆・沃爾頓開設更多門市[14]。到 1967 年,他已經開了 24 間店,總計創造約 1300 萬美元的營業額。該公司在 1980 年的營業額達到 10 億美元,擁有 276 間門市和約 2 萬 1000 名員工。值得注意的是,從 1967 年到 1980 年,透過開設新店面和在同一間店面銷售更多產品而推動成長。在這 13 年中,每間店的營業額增加了約 7 倍。沃爾頓是如何做到的?透過**不斷嘗試新事物、擴大產品供應範圍、擴大客戶群**。

並非所有的實驗都成功。舉例來說，1980年代初期時，沃爾頓在達拉斯的沃斯堡地區開設兩間Hypermart——巨型商店，出售食品雜貨和一般商品。但這個概念失敗了。他也嘗試過折扣藥品（英文名稱為dot Discount Drug）和家居修繕（Save Mor），這兩個業務也都結束了。然而，他的一個實驗卻創下驚人的成功。公司於1983年將業務集中在喜歡大批採購的消費者的沃爾瑪會員商店（Sam's Club），10年內營收突破100億美元。沃爾瑪會員商店驚人的成功，顯示了承擔值得承擔的風險的微小缺點和龐大優勢。

　　正如在第1章中討論的，大多數企業併購最後都失敗，而其中一些規模比較大的併購甚至可能摧毀一間企業。沃爾瑪管理併購的方式是正確的：將目標保持在小型且可管理的規模，而且在不承擔大量債務的情況下提供資金。該公司在成立15年後進行首次併購。當時公司的營業額接近5億美元，正如山姆·沃爾頓在自傳中所說，他對公司未來感到非常有信心。即使如此，他還是以謹慎的態度收購一間規模較小的折扣連鎖店Mohr Value，該連鎖商店的規模約為沃爾瑪的十分之一。正如他在書中所說：「我們關閉了5間門市，並將其餘的16間改建為沃爾瑪，對我們的體系來說這並不是什麼沉重的打擊。」

　　到了1991年，沃爾瑪已經遍及全美國49四個州，管理團隊便開始探索在外國的機會。在第一間門市開幕近20年後，沃爾瑪開始首次進軍國際，與墨西哥最大零售商CIFRA進行合併，到1997年，它已經收購CIFRA的大多數股權。這是一個「中性」的變化嗎？事後回想起來似乎是這樣——墨西哥的合資企業從小規模開始，不會對沃爾瑪的美國業務產生影響。此外，在外國的合資企業讓沃爾瑪可以小心地試水溫，一旦公司適應了新的環境之後，它就有信心透過收購CIFRA的剩餘股份，更加投入這個市場。從1991年從頭開始，到了2020年，沃爾瑪的國際業務營收達到 1200 億美元，占公司營收的 23%。[15]

沃爾瑪在推出其網路業務時，也採取類似的策略——小規模、謹慎和低風險。沃爾瑪在 2000 年時與矽谷頂尖投資公司 Accel Partners 攜手推出 Walmart.com。順便提一下，Accel Partners 因為在 2005 年向一間新創公司臉書投資 1270 萬美元而聞名（並獲得一筆巨額財富）[16]。在大約 18 個月後的 2001 年中期，沃爾瑪收購了 AccelPartners 的少數股份，完全擁有 Walmart.com。截至 2020 年，沃爾瑪的電子商務營收已達到 240 億美元，Walmart.com 的銷售額將近沃爾瑪美國整體營業額的 10%。在 2000 年開始的「中性」策略，現在迅速成為沃爾瑪獲得市占率的核心。

我們最大的一個投資人，是美國一所知名大學的捐贈基金會。該基金會已經在全球各地的基金投資數十年了。它的財務長在 2011 年造訪我們的新加坡辦事處，在他結束詢問我們相關的法規遵循和其他事項後，我想知道他是否能與我們分享一些經驗教訓。他說，基金會的基金經理人所做的投資中，不分年代和地點，唯一投資虧損的產業就是零售業。在這種情況下，沃爾瑪的成功實在令人敬畏。

到了 2020 年底時，沃爾瑪多有韌性？我只想指出其中的兩個指標。其有形資本運用報酬率為 46%，因此到了 2020 年的日常營運，公司部署了 497 億美元的資本，獲得 229 億美元的營業利益。其淨債務水準只有 268 億美元，遠低於其 520 億美元的股權價值和 380 億美元的 EBITDA（息前、稅前、折舊、攤銷前利潤）。其持續的韌性有助管理團隊在美國及全球各地進行謹慎的風險評估。

我不想假裝沃爾瑪的成功只是其穩健的成長和擴張策略的結果。沃爾瑪之所以蓬勃發展，絕對有許多原因。除了山姆·沃爾頓是創辦人之外，我不知道還有哪些因素導致它的成功。我可以列舉出各種關於沃爾瑪的商業書籍和文章中提到的事項，但我不知道那些是成功的原因還是結果。但我確實知道，**謹慎地承擔風險並保持健全的韌性，與其 60 年來的成就有著很強的相關性。**

納蘭達資本所投資的幾乎所有公司都是如此。當我們在 2008 年首次投資於 Page Industries 時，這間公司主要生產和銷售男士內衣。以下是自那時起 Page Industries 達到的一些里程碑和實施的中性策略：

2008 至 2009：主要是男士內衣公司

2009 至 2010：推出女士休閒服飾、男士運動服飾

2010 至 2011：在德里開設第一間女士服飾店，為生產人員建立第一個培訓中心

2011 至 2012：男女童裝系列，與 Speedo 簽署獨家授權協議

2012 至 2013：女士睡衣系列，男士運動彈性系列，保暖內衣

2013 至 2014：新的國際型零售店，女士無縫睡衣

2014 至 2015：在杜拜阿布達比開設專賣店

2015 至 2016：男童系列（7 至 12 歲）

2017 至 2018：女童內外衣，男女運動休閒服

2018 至 2019：青少女產品系列

2019 至 2020：第一個擁有即時生產資料的數位化製造部門

這份清單中引人注目的地方是它沒有包括的內容。沒有收購、沒有不相關的多元化、沒有改變世界的「有遠見」計畫，也沒有財務工程，只有衡量的風險。例如在 2009 到 2010 年，該公司推出男士運動服飾，透過現有的配銷管道和人員、現有的生產單位及相同品牌名稱來進行。

隨著運動服飾部門多年來的擴展，現在已擁有自己的供應鏈、自己的業務部門和自己的廣告。你會發現，公司在2011到2012年推出童裝系列。Page Industries 在財報中對 Jockey 品牌擴展的描述如下：「隨著 Jockey Kids 推出，該品牌觸及了未來的消費者。舒適成為我們的首要任務，我們推出一系列使用100%純棉、超柔軟、吸汗力佳的布料，為男女兒童製作服飾。」身為 Page Industries 的投資人，我們對這個新的目標市場感到興奮，因為這將使 Jockey 品牌的可服務市場增加一倍。

在印度經過了17年之後，Page Industries 已經可以有能力將其品牌擴展到一個新領域。出乎意料的是，這次卻失敗了。童裝系列並不成功，公司取消這個產品。這是否對公司的財務或營運產生負面影響？沒有，這是因為這是一個值得承擔的風險。這是一種中性策略，不會影響企業的韌性。2011年到2012年的營運資本運用報酬率為59%，2012到2013年（當時兒童系列失敗）更高，達到64%。在2012年到2013年，總營收成長26%，利潤成長24%。在這2年內，公司的債務幾乎可以忽略不計。擁有札實基礎的優勢使公司能夠進行小規模的投資，這一點非常顯而易見。

Page Industries 回到起點，並於2015年到2016年僅推出男童系列。即使在這個產品類別，公司也只為7到12歲的男孩推出產品。為什麼不為5歲或13歲的男孩推出產品？我不知道，我不了解產品行銷，但幸運的是 Page Industries 了解。公司在一年後推出女童內衣與外衣產品。到2020年，男童裝和女童系列產品已經成為熱門商品，開始提升企業的整體營收和利潤成長。從2011年到2012年的一次小型實驗開始，終於開始見到成果。

由於新冠肺炎大流行，印度在2020年3月中進入全面封鎖狀態，使該公司截至 2020 年 3 月的年度營收僅成長 3%。利潤下滑 15%，但其資本運用報酬率仍維持在 63% 的程度，並且仍然沒有負債。我們相信，這種韌性將使公司能夠在未來多年，仍能持續承擔值得承擔的風險策略投資。

韌性代表演化和商業成功，但並不能保證成功

恐龍是一個多樣化的物種，種類有超過 1000 種，統治地球長達 1.8 億年[17]。相較之下，人類存在的時間不到 20 萬年。除非牠們非常健壯和適應能力強，否則恐龍不可能存活和壯大如此之久。分子證據顯示，許多現代哺乳類動物——食肉目、靈長目、長鼻目——在白堊紀時期（約 1.45 億至 6600 萬年前）與恐龍同時存在了至少 3000 萬年，甚至可能更早。在恐龍時代，哺乳類動物體型很小，和松鼠差不多大，可能是食用昆蟲的動物。如果外星人在 6500 萬年前降落在我們的星球上，他們永遠不會預測到，完全不重要的哺乳類動物的一個小分支，有朝一日會成為地球的統治者。

6500 萬年前，在尤卡坦半島（Yucatan peninsula）發生的一次小行星撞擊，造成的災難性後果導致恐龍滅絕。但是哺乳類動物倖存了下來，沒有人知道真正的原因。恐龍絕佳的韌性並沒有保證牠們的可演化能力。

一般來說，韌性愈強，演化能力就愈強。但有時候即使一間企業非常有韌性，也無法幫助企業適應。我們從廉價服飾商 Gap 未能實現成長這件事，就可以看得出來。儘管該公司的資本運用報酬率十多年來一直保持在 20% 以上，而且沒有負債，但其營收從 2005 年到 2020 年保持在約 160 億美元左右。一般而言，多層面的韌性比單一層面更好。但

有時，就算有多層面的韌性也無法保障企業的未來，這正是全球成千上萬的報社所面臨的情況。一般而言，具有高度韌性的企業承擔值得承擔的風險來演化。但是有時候，在極少數情況下，企業可以透過承擔巨大的風險並獲致成功，就像網飛那樣。

在納蘭達資本，我們從來不會逆風而行。因此，儘管存在一些罕見的反例，我們始終將**韌性**置於我們投資方法的核心，而且會繼續這麼做。身為長期投資人，我們尋求企業的韌性，以做為評估企業是否有可能在長期內適應並生存下來的最佳可用標準。可能還有其他更好的衡量標準，但我不知道是什麼。我們**只投資於具備高度韌性的公司**，其中有許多公司在幾十年內維持韌性，並提升營收與利潤。但我們的投資紀錄並不完美。我們遇到了採取這種方法的兩個主要問題。

首先，**一間企業可能會失去其韌性**。我們看到了這種情況發生在我們投資的一間以消費性產品為主的公司身上，我們仍然不知道該公司是如何，或為什麼迷失方向。我們是在這間企業成立近20年後投資的。在那段時期，管理團隊已經成功讓公司成為業界最大的品牌。當我們剛開始進行投資時，該公司沒有債務，過去5年的營收每年都成長20%，而且資本運用報酬率超過50%。在我們投資的那幾年，公司的庫存和應收帳款急遽上升，這是潛在營收問題的主要指標之一。儘管公司繼續顯示獲利，但它開始消耗現金——而在之前的幾年一直會創造現金流。因此公司不得不開始借錢，而償債能力卻在下降。身為長期投資人，我們對營收、利潤或市占率的下降採取寬容態度，但我們不會冒著無法生存的風險。隨著公司韌性急遽下降，我們認賠賣出該公司的股票。這間公司至今仍然持續營運中，但已經不如當年輝煌。自2007年成立以來，這種無法解釋的韌性降低，只在我們的投資組合中發生過一次，但這確實發生過。

第二個問題是**韌性太強**。納蘭達資本的投資組合中有一間高品質企業，其韌性實在太強。這間公司無法或不願意實施任何中性策略來擴展其客戶群、產品範圍或市場。因此，該公司的營收在過去 10 年來，每年的成長不到 5%，獲利在此期間保持平穩。公平地說，它所處的產業經歷了一個惡性下滑周期，而這間公司是業界唯一持續獲利和產生自由現金流的企業，而且公司一直沒有債務。這也是我們的投資組合中唯一透過不去承擔值得承擔的風險，而將韌性推向極端的企業。也許它所處的產業不能或不應該這麼做。也許當產業周期回溫時，最後會實現成長。或者也可能不會。我們將繼續投資這間公司。儘管我們獲得正報酬，但是卻低於平均水準。但我愛這些投資──這些公司的處境非常艱難，但是表現非常好。我們願意為了韌性而犧牲成長。

到目前為止，我們已經進行了將近 40 次投資，而在所有這些投資中，韌性都是主要但不是唯一的選擇標準。我們的假設是，韌性將帶來成長和演化。這個假設在兩次情況下都讓我們失望：一次是公司失去韌性，另一次是公司過度關注韌性而損害成長。我對這個策略的低失敗率感到驚訝。我們非常幸運，儘管在我們的整個投資組合中，韌性這個條件應該會繼續獎勵我們，但長期下來，我們還是會繼續遇到第一或第二類型的失敗。

▌防止失去韌性的唯一方法，就是進場時的股價評價

「面對將投資的祕訣濃縮成四個詞的相同挑戰，我們的座右銘就是**安全邊際（MARGIN OF SAFETY）**」（原文即為粗體及大寫）。這是

巴菲特的老師、也是他的精神指引，史上最佳投資書作者班傑明・葛拉漢的著作《智慧型股票投資人》（*The Intelligent Investor*）中，對投資人的最佳建議。這一章的標題是〈「安全邊際」是投資的中心概念〉。葛拉漢知道企業界充滿不確定性，而對投資人來說最好的保護，就是他們為一間企業支付的價格。

另一位投資界傳奇賽斯・卡拉曼（Seth Klarman）在其著作《安全邊際：對於深思熟慮的投資人而言的風險回避價值投資策略》（*Margin of Safety: Risk-Averse Value Investing Strategies for the Thoughtful Investor*）一書中提供以下建議：「價值投資是一種證券投資策略，以明顯低於基本面價值的折扣價買進，長期下來的下跌風險極低，因而提供了優秀的投資結果。」

我在本章使用「韌性」這個詞，將安全邊際的概念擴展到公司的許多其他方面。我們要求高資本運用報酬率和寬廣的競爭護城河，以確保業務品質的安全邊際、要求資產負債表的強勁性、要求無債務、要求客戶和供應商的議價能力分散，以及要求產業變化必須緩慢以確保經營的可持續性。

但即使是這些多層面的韌性或安全邊際，也可能因為經濟、產業或公司營運等不可預測的變化而受到影響。新冠肺炎大流行已嚴重影響看似非常有韌性的連鎖飯店集團；英特爾在半導體晶片領域的主導地位已被超微半導體（AMD）、輝達（Nvidia）和三星等公司擾亂；亞馬遜已經摧毀了許多中小型和大型零售公司；美國和歐洲的監管機構似乎對谷歌和臉書以目前的存在形式構成威脅。

我們會盡力根據企業目前和潛在的韌性程度來選擇投資對象。但**壞事一定會發生**——我們只是不知道是什麼、何時或如何發生。因此，我們轉向投資中唯一完全受我們控制的一個方面：**我們支付的價格**。

我們知道，由於我們追求的企業所具備的性質——風險極低且業務品質優異的企業——這些公司股價幾乎永遠不會便宜。市場並不笨，市場幾乎總是有效率的。重點是，**幾乎**總是有效率，並非總是。我們在等待那些少數情況下，支付我們所謂的「合理」價格。不會太低，但也不會太高。

「公平」是什麼？與其描述它，不如讓我列出實際數字。納蘭達資本的投資組合進場時，12 個月落後本益比中位數（median trailing twelve-month，TTM）為 14.9。對於印度主要指數 Sensex，2005 年至 2020 年期間的 12 個月落後本益比中位數為 19.7，而中型股（Midcap）指數則為 23.8。因此，我們以相對於指數還要低 25% 至 30% 的價格，買進我們認為的優質企業股票。

在將近四分之一世紀的投資生涯中，我知道自己在許多情況下都錯了。而我們進場價格的安全邊際，彌補了我的判斷錯誤。

領先者變成失敗者

在《新約聖經》中，拉撒路（Lazarus）是一位奇蹟般被耶穌復活的人物[18]。查爾斯·拉撒路（Charles Lazarus）則是透過將「玩具反斗城」（Toys "R" Us）打造成全球最大、最知名的玩具專賣店，實現了現代資本主義的奇蹟。拉撒路也是《路加福音》中的一個寓言中的乞丐，這是《新約聖經》四本福音書中的第三本。一度被視為拉撒路奇蹟的「玩具反斗城」，最終面臨與拉撒路乞丐相同的命運。

查爾斯·拉撒路於 1957 年成立他的第一間「玩具反斗城」商店[19]。在那個時代，父母通常會去百貨公司購買玩具。玩具銷售是季節性的，聖誕節前的六個星期占了一年整營收的大部分。大多數玩具店都是小型家庭經營的商店，只販售少量玩具。拉撒路在1948年至1957年間經營一間嬰兒傢俱業務，並因此了解父母的購物習慣，他因此決定冒險嘗試一種新策略。他希望一整年都賣玩具，給父母和孩子們帶來新奇的購物體驗。他的第一間店面積占地2萬5000平方英尺，裡面存放數千種玩具商品。這間店並不像競爭對手將玩具陳列在展示櫃中，而是像雜貨店中的商品一樣排成一排。

由於規模、種類和低價，使得玩具反斗城非常成功。儘管一開始就成功了，但拉撒路起初的行動緩慢，直到1966年才開了4家店。1973年，玩具反斗城開始用一隻名叫傑佛瑞的可愛長頸鹿吉祥物在電視上打廣告。拉撒路還開始與日本製造商合作生產廉價玩具，並談判大量採購的優惠價格。公司於1978年上市，並在接下來的10年以每年超過20%的速度成長。摩根士丹利的零售分析師在1982年將玩具反斗城與尊貴的IBM相提並論：「我認為玩具反斗城是一間獨特的企業──唯一在概念上可與IBM媲美的獨家商品公司。」《華盛頓郵報》（*Washington Post*）將玩具反斗城與另一具代表性的美國品牌麥當勞相比，該報宣稱：「就像麥當勞一樣透過制式化的服務和標準化的漢堡和薯條，玩具反斗城已成為美國的一間大型企業。」

玩具反斗城透過穩步而謹慎地開設店面，不斷提升市占率。它沒有被「轉變性」的併購所吸引，不過我相信，每個星期一定都有無數銀行家來找拉撒路提議收購。但是公司繼續冒著值得承擔的風險之一，就是在1983年開設一家玩具反斗城兒童服飾店。該公司還開始在海外擴展，1984年在加拿大和新加坡開設第一間海外店面。1985年時，公司在英國開設5間分店，1991年與麥當勞以80比20的合資形式進入日本市場。玩具反斗城在英國只花3年，就占據9%的市占率。在初期成功後，公司繼續在海外市場擴張，《華爾街日報》在1988年大膽預測：「業界龍頭玩具反斗城不會停止成長」。彷彿是被烏鴉嘴觸了霉頭，這時問題就開始出現了。1988 年沃爾瑪的市占率達到 17.4%，僅略高於玩具反斗城的 16.8%。玩具反斗城在領先了 15 年後跌至第二名。玩具反斗城面臨雙重壓力：一方面是塔吉特（Target）和好市多（Costco）等折扣連鎖店；另一方面是像 Zany Brainy、Noodle Kidoodle 和 Imaginarium 等所謂的教育娛樂公司，提供價格較高的特殊玩具和更好的服務。

公司於 1998 年推出了其網站 ToysRUs.com 和第一本郵購目錄。但公司當時已經陷入困境，1998 年成為公司「重組」的一年，這通常是企業終止其專案和虧損計畫的委婉說法。公司宣布大幅減少庫存，關閉了在美國、法國和德國共 59 間店面，以及 39 間玩具反斗城商店，並裁員 3000 人。重組成本如此之高，以至於該公司宣布自上市以來首次淨虧損。

在困境中的企業經常會試圖用收購來解決問題，玩具反斗城也不例外。公司在 1998 年收購 Imaginarium Toy Centers。此外，公司也嘗試頻繁更換管理團隊——從 1994 年到 2000 年，公司共換了 3 位執行長。但隨著亞馬遜也在玩具領域大展拳腳，玩具反斗城的下滑趨勢依然持續。玩具反斗城的營收在 1997 年至 2004 年保持在 110 億美元，而這段期間的營業利益則下降約 65%。1997 年的營運資本運用報酬率為 15%，而 2004 年下降至 4%。情況糟糕到宣布令世人震驚的消息：公司可能完全退出玩具業務，轉而專注於寶寶反斗城（Babies "R" Us）連鎖店。

好，我們先暫停，來摘要一下 2005 年的情況。

玩具反斗城從 1950 年代末期到 1990 年代末期，約 40 年的時間非常成功。然而到了 2000 年代中期，公司不再成長、市占率正在下降、獲利能力遭受嚴重打擊。無論出現問題的原因是什麼，毫無疑問確實是遇到麻煩。公司的穩健性受到顯著影響。也許是運氣不好，也許是管理上的失誤，或者可能兩者都有一點。

　　各位可以這樣看待這種情況：想像一下一名頂尖馬拉松選手，最近幾個月的表現已經下滑。這個人曾經是健康和活力的典範，但現在他看起來筋疲力竭，甚至無法以之前的速度跑完 10 公里。他現在站在波士頓馬拉松的起點。在比賽開始之前，你會期待他的教練做些什麼？如果我是教練，我會建議他退賽，休息幾個月，然後慢慢恢復體力，再重新累積里程。也許你的建議會有所不同——你可能會建議他放輕鬆一點，只要完成比賽就好，不要去想登上頒獎台，把對身體的損害降至最低。如果我告訴你，教練不只要求他全速衝刺，還讓他背上 10 磅的重物，你可能會感到非常震驚！

　　然而，這正是玩具反斗城發生的情況。2005 年，私募股權巨頭 KKR 與貝恩（Bain）及房地產公司 Vornado 以 66 億美元收購玩具反斗城[20]。然而，它們的股本貢獻僅為 13 億美元，而其餘 53 億美元是透過貸款買進的。然後，它們將這筆貸款轉嫁給了玩具反斗城！如果各位對槓桿收購（LBO）產業一無所知，你可能會拚命地揉眼睛不敢相信。私募股權人士以一筆龐大金額收購玩具反斗城，借了這筆金額的 80%，然後把這筆貸款轉嫁給公司來資助他們的收購？就是這樣沒錯，歡迎來到金融業的奇妙世界。

　　雖然從企業財務的角度來看，槓桿可能是有利的，但從我的角度來看這是不好的。但我希望各方都能同意，對於一個陷入困境的企業來說，**槓桿非常可怕**。玩具反斗城這個生了病的頂尖馬拉松選手，被要求背負 10 磅的重量參加波士頓馬拉松，與世界級選手競爭。請記住，資本主義世界就像一場永無止境的波士頓馬拉松比賽，真正的馬拉松在艱苦地奔跑 2 小時後就結束了，但資本主義的世界並沒有休息的機會。比賽持續著：一年 365 天，一星期 7 天，一天 24 小時，永不休息，絕不留情。

　　大量的債務負擔代表到了 2007 年，公司 97% 的營業利益會被利息支付所壓垮。這時公司還會有錢用來進行創新、投資店鋪、廣告宣傳、招募和培訓最優秀的人才，以及做所有任何企業需要做的事情，以保持競爭優勢嗎？在《大西洋月刊》（Atlantic）關於玩具反斗城失敗的一篇文章中[21]，一位接受採訪的評論員說，這間公司被迫綁手綁腳，無法進行投資。另一位評論員正確地指出：「他們確實無法應對亞馬遜。但你必須問自己為什麼。」喬治城大學（Georgetown University）麥唐諾商學院金融教授凱瑟琳‧沃爾多克（Katherine Waldock）在《華爾街日報》的一篇文章中表示：「每年要償還 4 億美元的債務，實在是限制了他們在競爭中的發展。」

　　玩具反斗城在很多層面上已經失去韌性，而私募股權擁有者進一步增加的槓桿，最終成為最後一根稻草。該公司於 2017 年 9 月申請破產，執行長大衛‧布蘭登（David Brandon）坦承：「公司過度槓桿的資本結構，限制了進行必要的營運和資本支出，包括對店面進行改造的投資。因此，公司在各方面都落後一些主要競爭對手。」這還用說嗎。

　　玩具反斗城於 2009 年 5 月收購了史瓦茲玩具店。這 2 間公司都在與折扣零售商和像亞馬遜這樣的網絡銷售商競爭中苦苦掙扎。大多數收購都會損害買方的韌性，對於像玩具反斗城這樣已經很虛弱的公司來說，成功機率甚至更低。因此，該公司於 2015 年 7 月關閉了位於曼哈頓那間極具代表性的史瓦茲玩具店[22]，其實並不奇怪。但是真令我感到心痛。

　　親愛的亞馬遜，你已經在曼哈頓開設了實體書店。有空開一間實體玩具店嗎？

本章摘要

演化論教我：我們可以透過只擁有對內部和外部震盪具有韌性，同時還能持續演化和成長的強大企業，來重新思考投資這件事。

- 生物的世界有一個悖論：有機生命高度複雜，但並不脆弱。生物在不斷變化的外部環境中存活數億年，並經歷了大量內部突變。這是因為生命在許多層面上都具有韌性。
- 因此，DNA 序列的意外變化不會影響所產生的胺基酸；胺基酸或其序列的變化不會影響蛋白質的合成；而蛋白質的變化也不一定會影響生物體的體型計畫。
- 中性突變能產生新的功能和適應性，而不會干擾現有的功能。
- 我們要投資的企業要有能力模擬生物界的韌性：在外部動態環境中生存和繁衍，承受內部戰略和組織變革的動盪，並透過承擔值得承擔的風險而演變。
- 因此，我們選擇只投資在多個層面上表現強勁的企業。一間有韌性的企業擁有較高的資本運用報酬率、債務最低或完全沒有債務、具有強大的競爭優勢、分散的客戶群和供應商群、穩定的管理團隊，並且處於變化緩慢的行業。
- 就算一間企業今天的表現強勁，並不表示會繼續強勁下去。我們防止業務韌性喪失的唯一保護措施，就是對價格敏感。除非市場提供我們有吸引力的股價評價，否則我們不會投資，但這種情況很少發生。

第 4 章
你覺得市場會怎麼樣？

> 每個物種出生的個體數量更多而導致無法生存；結果，由於不斷為了生存而競爭，因此，任何生物，如果在複雜且有時變化的生活條件下，以任何對自身有利的方式發生就算只是輕微的變化，都將有更好的生存機會，進而被自然選擇。
>
> ——查爾斯·達爾文，《物種起源》〈引言〉（introduction）

> 在我們看來，因為對經濟或股市的短期擔憂而放棄買進一間長期前景可預測的優秀企業的股份，是愚蠢的做法，因為我們知道經濟或股市是不可預測的。為什麼要因為一個無知的猜測，而放棄一個明智的決定呢？
>
> ——華倫·巴菲特，〈1994 年致股東信〉

你快要禿頭了，不是因為年紀大了，而是因為你把頭髮拔光了。

幾個月前，你承諾向一位基金經理人投資 10 萬美元。這位基金經理人當時並不想募集資金，他說如果看到市場上有吸引人的投資機會，他才會向投資人募資。他藉由一份引人入勝的投影片進行強力說明推銷，就像行業中的每個人一樣，他承諾會以長期為導向。他還聲稱自己不喜歡虧錢（說得好像其他人喜歡虧錢似的！），並且他會仔細評估企業的品質，並在其他人都在賣出時他會買進。非常像巴菲特。非常老派。你聽過每個人都說過同樣的話，但他似乎很誠懇，或者至少他演得很好。

幾季過去了，他從你手中募集了 4 萬美元。那一季結束時，你的 4 萬美元的投資價值變成 3 萬 8000 美元。你知道最近市場有些疲軟，所以你忽略這筆小虧損。你是一個有耐心的人，不像你的許多朋友那樣每天都為了投資的價值而苦惱。

但是你在下一季查看投資績效時，你會看到你的投資組合價值現在只有 3 萬 2000 美元。你在一季內就損失 15%。更讓你感到痛苦的是，基金經理人要求你再多支付 1 萬 5000 美元。他有權這麼做，因為你已經和他簽署一份協議，承諾你會繼續投資，直到總共投入 10 萬美元限額為止。於是，你又加碼投資 1 萬 5000 美元。

又過了一季，你震驚地發現你的 5 萬 5000 美元投資，現在只剩下 3 萬 9000 美元。6 個月內你的投資已經虧損 30％！基金經理人重複同樣的口頭禪：「我們的投資是長期的、有耐心的，等等……」，同時還要求你再加碼 1 萬 5000 美元！你向一些看似是股市專家的朋友請教。所有人都建議你停止再投資，盡快撤回剩餘的資金。不幸的是，你的律師告訴你沒有辦法退出。你不只無法贖回資金（因為你已經同意鎖定多年），而且你必須遵守投資的承諾。你心不甘情不願地再加碼 1 萬 5000 美元。現在你的總投資金額是 7 萬美元。

你讀過巴菲特精彩的年度致股東信，也聽過他在電視訪談時說的話。你記得他建議投資人不要過度檢查自己持有的股票。所以這一次，你決定等待 6 個月，再查看投資組合的表現。我要為你的耐心喝采！

這一天終於來了。自從第一次用假證件進入酒吧以來，你從未感到如此緊張。你打開帳戶報表，愈來愈擔心。你最害怕的事發生了。你的 7 萬美元投資現在幾乎腰斬，只剩下 3 萬 6000 美元。過去 6 個月來，你的投資組合已經損失大約 40%。對了，而且你的基金經理人還說他會要求你再加碼。

除了繼續抓狂拔頭髮，你還能做什麼？

也許你可以從糞金龜的角中，找到答案。

如何與為何

糞金龜喜歡糞便。還用說嗎？糞金龜的種類多達 8000 種，是昆蟲世界的清潔隊。牠們吃動物的糞便、用糞便建造巢穴、住在這些巢穴中、在其中產卵以維持幼蟲的生存[1]。請看圖 4.1，這只是種類繁多的糞金龜之中的少數幾種而已。這種昆蟲具有一個獨有的特點：牠們會照顧自己的幼蟲，爸爸提供食物、媽媽照顧巢穴。

多年前，我在肯亞的馬賽馬拉野生動物保護區的戶外上大號時（不要問我為什麼）曾聽過牠們的聲音，然後才看到牠們。牠們敏捷速度的令我驚訝，嘈雜地匆匆從我面前經過。公的糞金龜擁有令人難忘的角，而這 8000 個物種的角長的樣子幾乎各不相同。牠們的形狀類似犀牛角、象牙、鹿角，甚至有些像鋸齒刀；角的尺寸有的非常小，有的非常大，有些甚至比整隻糞金龜的身體還要大。

為什麼牠們會長出這些角？演化生物學家描述，這是透過激素、發育和遺傳機制。例如 2019 年《科學》（Science）雜誌的一篇文章提供證據，指出糞金龜使用翅膀基因來長出角[2]。這些翅膀基因在角生長的早期階段被啟動。後來這些基因關閉，然後另一組基因則會長出並塑造角的形狀。《昆蟲生理學期刊》（Journal of Insect Physiology）的

136 | 跟達爾文學投資 What I Learned About Investing From Darwin

圖 4.1　糞金龜驚人的多樣性（A-F）

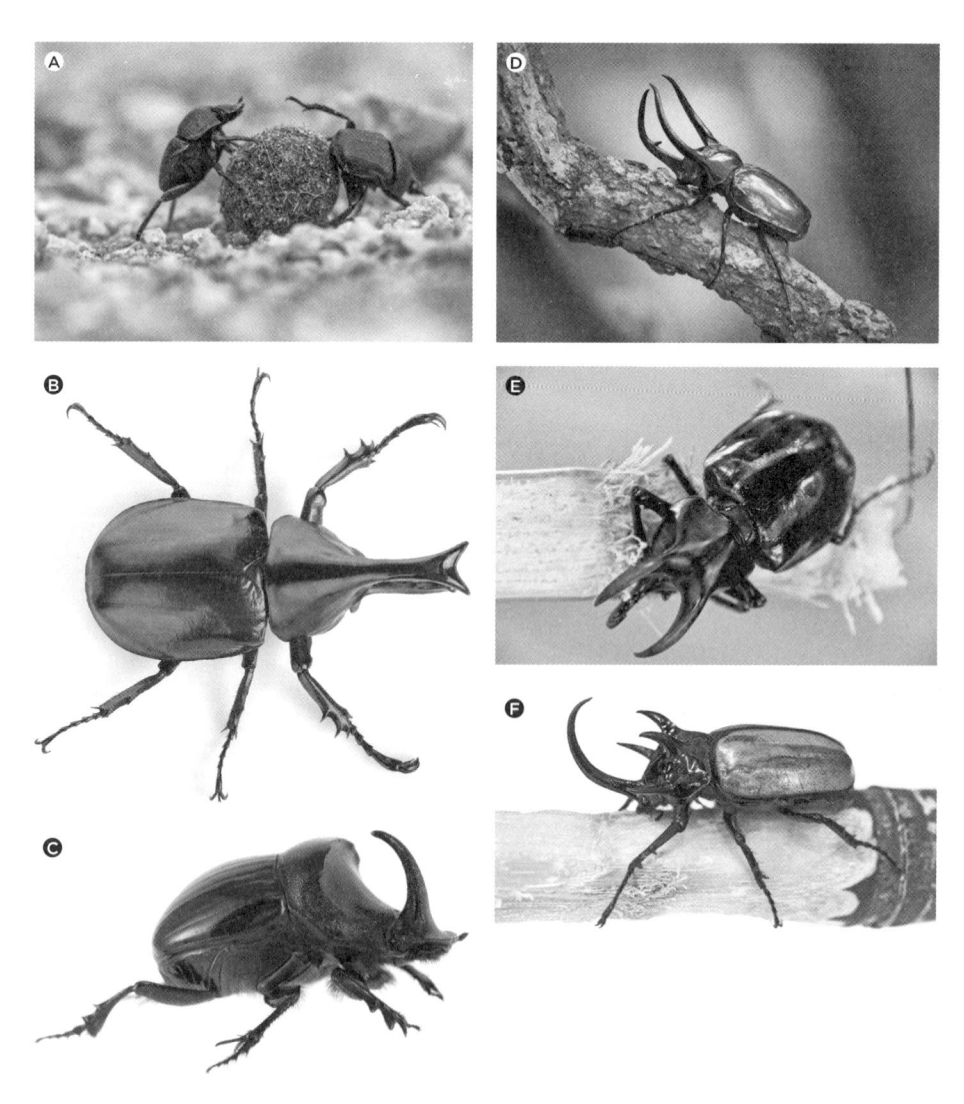

資料來源：Licensed from iStockphoto (Getty Images)。

一篇文章探討控制雄性角長度的荷爾蒙類型與數量[3]。研究顯示烯蟲酯（methoprene）這種荷爾蒙對角的生成會造成顯著影響。這些科學家正在提出許多「如何」問題。角是如何生長的？角的長度如何不同？

探究角的原因的另一種方法，就是理解牠們的**適應性**本質。這些是「為什麼」的問題：為什麼會出現角？角如何提升糞金龜的適應能力？為什麼角可以被視為一種適應？選擇主義的解釋認為，公糞金龜的角讓糞金龜能夠獲得更多資源、保衛自己的巢穴，並爭奪最好的雌性，所以比沒有角的公糞金龜更容易繁殖。例如，一篇《昆蟲行為學期刊》（*Journal of Insect Behavior*）的文章描述一個實驗，提供證據指出角比較大的公糞金龜能夠優先和母糞金龜交配，因此角可以視為是糞金龜的適應性。同一篇文章還描述了一些角較小的公糞金龜的適應能力值。這些公糞金龜的活動能力更強，可以偷溜經過體型較大的公糞金龜身旁，然後與母糞金龜交配！

對於糞金龜角的第一類解釋，也就是回答「如何」問題的解釋，被稱為近因（proximate cause）；而第二類解釋，也就是回答「為什麼」問題的解釋，則被稱為遠因（ultimate cause）。近因機制探索對特徵的即時、物理影響。有機體的歷史確定了遠因，尤其是天擇在支持一種特徵與另一種特徵之間所產生的作用。

接著我們來談談性別，以進一步說明。

或是更精確地說，是在掠食性蟎屬物種的加州小新綏蟎（*Neoseiulus californicus*）中的雌性多配偶現象[4]。這個現象是指一個物種的雌性與多個雄性交配，相反的情況則是一個雄性成功與多個雌性交配的一公多母制。以一位英國遺傳學家的名字命名的貝特曼原則（Bateman's principle）主張，動物界中普遍存在一公多母的交配制。他認為，由於雌性花在後代上的資源比雄性還要多更多，這是雄性競爭的限制因素，導致了一公多母制。然而，多配偶現象比貝特曼所認為的更普遍；許多物種的雌性不會只是等待雄性來讓牠們受精——雌性會積極尋找多個伴侶，而其中一個物種就是加州小新綏蟎。

不過，當動物界的主要趨勢是一公多母制時，是什麼導致這種蟎採取一母多公制呢？彼得‧舒柏格（Peter Schausberger）和他的同事在《公共科學圖書館：綜合》（*PLoS One*）的一篇文章中就探討這個問題，並提出兩種不同的解釋：一個是「近因」，一個是「遠因」。

科學家發現，加州小新綏蟎一母多公交配現象的遠因，包括直接和間接的適應性優勢。比起只進行一次交配的雌性，進行多次交配的雌性可以生產的後代更多，而且這些後代也會存活更長時間。至於近因，這篇文章的作者確定了一個關鍵因素：第一次交配持續時間。如果雌性的第一次交配持續時間低於一定時間（150分鐘），那麼牠們繼續尋找雄性伴侶的可能性就會增加。雌性尋求更多性行為的直接原因是缺乏性行為。誰說科學很無聊？

二十世紀最偉大的演化生物學家之一恩斯特‧邁爾（Ernst Mayr）於1961年在《科學》雜誌發表一篇代表性文章〈生物學中的因果〉（Cause and Effect in Biology）中，就提出近因和遠因兩個解釋[5]。

以鳥類遷徙為例，他提出以下問題：「為什麼夏天在新罕布夏州的北美黃林鶯（warbler）在8月25日晚上開始南遷？」他對這種遷徙提出四種原因。首先是生態原因：北美黃林鶯如果留在新罕布夏州過冬就會挨餓。第二個是經過數百萬年的演化而形成的遺傳原因，誘使北美黃林鶯對外界刺激做出反應，並且比不遷徙的北美黃林鶯更有選擇性優勢。第三個是內在生理原因，當白天的時間降到一定水平以下時，促使北美黃林鶯離開。最後是外在生理原因，即8月25日氣溫突然下降。

北美黃林鶯在生理上已經準備好遷徙，而這場突然的寒潮使牠當天就離開了。邁爾將前兩種解釋稱為遠因，後兩種稱為近因。

聚焦於近因的問題

在我們從演化生物學中得知的所有哲學性問題中，發現近因和遠因之間的差異是最重要的。

我們希望我們所投資的企業在長期內增值，而唯一的方式就是企業經歷多年良好表現，理想的情況是持續幾十年。對當沖交易者或短期投資人來說，投資成功可能與企業的成功無關；但對於我們來說，一個投資的長期成功，幾乎完全取決於企業的長期成功。

如果各位接受這個前提，那麼身為長期投資人，我們應該專注於長期的業務品質與表現。而我們就是這麼做的。

但是這說的比做的簡單。現在的世界充滿臉書、Instagram、Reddit、推特、WhatsApp 和其他毀滅靈魂的發明，要擺脫周遭噪音的喧囂並不容易，因為這些噪音會淹沒人們尋求最終成功來源的欲望。當希臘違約、美國就業成長放緩、石油輸出國家組織（OPEC）談判破裂、聯準會暗示低利率時代結束、公司營收下滑等陰霾出現時，股市可能會下跌。同樣地，國際貨幣基金組織（IMF）對世界經濟成長的樂觀預測、中國的銀行業資本重組、成功推出創新產品，或全球大流行造成疫苗接種的速度加快，這些都可能導致股價上漲。

這些全都是股價波動的近因，而且這些全都與最終導致企業成功或失敗（因此使企業的市值變得更高或更低）無關。我們投資人很少提出，但是應該提出的問題則相對簡單：**這個近因與最終企業成功的原因，有任何關係嗎？**

關於近因的有趣之處在於，在顯眼的報紙標題和聳動的電視新聞中，幾乎總是很容易看到近因。但是，幸好遠因對媒體報導來說太過無趣。為什麼我說「幸好」？我稍後會解釋。

接下來的章節將描述股價波動的四種近因：**總體經濟、與市場有關、主題式投資**，以**及與公司有關**等因素。這四項並非全部，因素太多了，無法完整列舉。但希望各位在讀完之後，能夠辨識出近因。

最近的總體經濟

我們生活在一個充滿不確定性的世界，但是其實情況比這更糟。我們生活在一個充滿不確定性、**高度相連**的世界中。整體而言，高度相連對人類有好處（我可以在新加坡吃到挪威的鮭魚）。我說「情況其實更糟」，是指對我所處的產業——也就是對基金經理人的影響。在 1998 年成為投資人之前，如果有人告訴我，通貨膨脹或美國就業數據會影響印度一間油漆公司的股價，我得出的結論應該會是：這個人根本不知道自己在說什麼。但事情真的就像他說的那樣。

1997 年 10 月 27 日，道瓊工業平均指數遭遇有史以來最大的單日跌勢。道瓊工業平均指數下跌 554 點，跌幅 7.2%。紐約證券交易所史上首次停止交易。世界所有主要市場都受到影響：香港恒生指數下跌 6%，英國金融時報指數（FTSE）下跌 6%，澳洲股市下跌 7%，德國的 DAX 指數跌了將近 6%。簡而言之，如果你想知道金融恐慌的定義，這就是了。

造成這場混亂的近因是什麼？是亞洲金融危機的擴散[6]。一切都始於 1997 年 7 月 2 日，因為沒有外匯來支撐泰銖匯率，導致泰國政府放棄支撐泰銖緊盯美元的政策。印尼、韓國、馬來西亞和菲律賓的貨幣也遭受重創急遽下跌。這些國家有許多公司都以美元借款，結果導致這些公司的付款開始違約。

表 4.1 記錄當時的美國和英國股價指數，以及一些著名企業的股價。美股的資料是從 10 月 24 日（星期五）到 10 月 27 日（星期一）的跌勢。因為時差關係，英國股市的反應比美股晚一天，因此英股的資料是從 10 月 24 日（星期五）到 10 月 28 日（星期二）的跌勢。

表 4.1　1997 年 10 月 27 日後的美股與英股指數

指數	1997 年 10 月 27、28 日	6 個月後
美股		
道瓊工業平均指數	－7％	＋25％
沃爾瑪	－6％	＋57％
花旗	－11％	－7％
波音	－11％	＋16％
微軟	－5％	－35％
艾克森	－7％	＋26％
英股		
英國金融時報指數	－6％	＋23％
英國石油	－5％	＋14％
勞斯萊斯	－4％	＋29％
帝亞吉歐	－7％	＋50％
聯合利華	－8％	＋40％
匯豐	－7％	＋23％

第一欄中的所有數字都是負數。為什麼？為什麼美國本土企業沃爾瑪還有跨國企業波音在10月27日下跌？為什麼泰國債券違約會影響到聯合利華和跨國石油公司英國石油？聯合利華在1997年大約7成的營收和利潤，都是來自已開發國家，而英國石油是一間跨國石油公司。

投資人搞混近因的恐慌與最終的現實。

證據在第二欄中，1997年10月27日後6個月的指數水平和股價。道瓊斯工業平均指數及金融時報指數上漲了25%，而沃爾瑪、帝亞吉歐和聯合利華等公司的暴漲，可能會使一些在10月27日因恐慌而賣光手上持股的基金經理人被解雇。

各位大可批評基金管理界衝動和輕率，但請不要責怪我們的行為前後不一致。每當市場因為總體經濟事件而大幅波動時，基金經理人的行為都是可預測的，他們會跟著股價的近因浪潮起舞，事後則追悔莫及。

基金經理人對總體經濟或市場數據有一種制約式的反應。央行會升息嗎？賣。通膨會降低嗎？買。財政赤字飆高？賣，還是應該買才對？大多數企業應該相對不受短期總體經濟波動的影響（而且實際上也是如此）。如表4.1所示，因為一些無法解釋的原因，公司的股價卻不是這麼一回事。

有人認為，對於某些類型的企業，例如靠貸款和吸收存款的銀行或金融公司，利率應該會對長期表現產生重大影響。因此，利率變動應該是企業表現的近因和遠因。我們來看看下面這3間印度大型銀行，從1999年12月31日到2019年12月31日的20年間股價變化數據。

HDFC 銀行	81倍
ICICI 銀行	33倍
印度國家銀行（State Bank of India）	16倍

在這 20 年內，印度央行已經調整利率超過 50 次[7]。利率在 5% 和 12% 之間波動，中間還出現劇烈的波動。更重要的是，這些銀行全都受到相同利率和其他總經因素的影響。如果你是 HDFC 銀行股東，利率是多少或印度央行改變利率的速度有多快，這些對你有影響嗎？

HDFC 銀行的業務及其股價表現非常驚人，都要歸功於公司執行長阿迪亞·普里（Aditya Puri），他是印度企業史上最傑出的領袖之一。2020 年 10 月，《經濟學人》（The Economist）雜誌稱他為世界上最好的銀行家[8]。利率、經常帳赤字、匯率和其他晦澀難懂的術語，並沒有妨礙普里實現卓越的成就。

我並沒有特地挑選能證明我論點的例子。長期而言，無論總體經濟環境如何，經營良好的企業都能創造大量價值。我們真的認為亞馬遜、摩根大通、米其林、雀巢、西門子、特易購、沃爾瑪、Zara 等傑出的企業，業務和股價表現會受到通貨膨脹和財政赤字的影響嗎？**如果優秀企業的業務和股價表現對總體經濟干擾免疫，那麼身為這些企業的投資人的我們，不是更應該忽略經濟因素？**

在分析個別企業時考慮總體經濟數據，還有另一個大問題。讓我們用輪胎的例子來看看這個頭痛的問題。印度有許多上市的輪胎企業，所以這對我們來說應該有很多股票可以選擇。假設世界銀行（World Bank）宣布印度明年的 GDP 將成長 8%。對於印度來說這似乎是個好消息。那麼輪胎業呢？有人可能會認為 GDP 成長將帶來個人財富的增加，進而導致消費者購買更多汽車，所以輪胎的需求會增加。

那麼我們應該買進輪胎公司嗎？但等等。營收增加，不等於利潤增加。輪胎公司的主要原料是橡膠，占營收約 60%。如果橡膠價格飆升，預期印度的輪胎企業明年將需要購買更多橡膠呢？這變得太複雜了。你需要一個能夠進行資料分析，而且具有很強計算能力的分析師。

你的超級聰明分析師經過幾星期的熬夜後，建立一個 100 GB 的試算表模型，並預測橡膠價格將保持穩定。太好了。所以我們現在應該買進輪胎企業了嗎？等等。我們怎麼知道在良好的環境下，十幾間輪胎企業將採取什麼策略或戰術？如果其中一間較小的企業決定發動價格戰以鞏固市占率呢？有些企業以前就是這麼做的。或是如果龍頭企業大幅增加其廣告預算，贊助國際板球比賽呢？

假設同一位敏銳的分析師預測，沒有任何公司會「做錯事」（這位分析師實在太厲害了！）好了，我們現在準備好投資了嗎？完全不是。我們怎麼知道各種輪胎產品部門的相對成長，對整個行業獲利的最終影響？卡車輪胎部門的規模最大但利潤最低，而摩托車輪胎是利潤最高但只占這一行營收的一小部分。因此，如果卡車輪胎部門的成長速度超過其他輪胎市場，輪胎公司的利潤可能會下滑。

你請分析師預測各個部門的成長。在他們（又）給出答案後，你回到起點。現在你感到不安，因為你發現一個令人不舒服的事實。由於輪胎業是高度資本密集的產業，可以顯著影響企業的負債程度，進而影響其韌性和股價。你要怎麼預測哪一間輪胎公司會進行多少投資呢？我知道了，再回去找那位聰明絕頂的分析師！

我可以一直舉例下去，但是情況還會變得更糟（對那位領加班費的聰明分析師來說是更好）。請注意，在這個輪胎的例子中，我試著只透過分析 GDP 的成長來預測企業的表現。但是總體經濟數據包括更廣泛的一連串指標，例如就業情形、匯率、通膨、政府赤字、貨幣供應、經常帳餘額等。我們如何在輪胎業務的背景下，評估全部的因素？而且基金經理人不只會投資於輪胎。我們是否應該對所追蹤的數十個產業和數百間公司，重複這個複雜的過程？此外，有鑑於全球經濟相連，我們是否還應該將其他國家的總體經濟數據納入我們的決策過程中？

我們準備好放棄了嗎？

我們已經看到了將總體經濟因素視為關鍵的近因變數，會產生兩個問題。首先，我們注意到**即使是重大的總經事件**（如亞洲金融危機），**跟較長期的股價表現也沒有關聯**。其次，以印度輪胎業為例，我們得出結論：**就算可以用近因經濟數據來評估產業和公司獲利，也是非常困難的一件事，甚至是不可能辦到。**

使用經濟數據的第三個問題最明顯。沒有人知道任何事情。好吧，這麼說有點誇張，但只是有點。因為即使是專家經濟學家也非常不擅長預測經濟，既然如此，我們投資人為什麼要浪費時間認為預測有任何重要性呢？

我假設各位會同意這句話：經濟分析師最重要的任務是預測經濟衰退。這將使政府能夠採取必要措施以防止普遍的痛苦和磨難。2018 年 3 月時，國際貨幣基金發表一篇名為〈經濟學家如何預測經濟衰退？〉的文章[9]。幾位作者比較了從 1992 年到 2014 年間 63 個國家的實際 GDP 預測與實際成長數據。他們指出，儘管 GDP 在衰退期間平均萎縮了 2.8 個百分點，但在衰退的前一年的共識預測是成長 3%！更糟的是，即使是衰退的那一年平均預測也是萎縮 0.8%，但其實真正萎縮卻達到 2.8%。

這篇文章的作者之一普拉卡許・倫加尼（Prakash Loungani）在接受《衛報》（*The Guardian*）採訪時表示，根據他的分析，經濟分析師在過去 150 次經濟衰退中，有 148 次沒有預測到！他說：「沒有預測到經濟衰退這件事，分析師的紀錄簡直是完美。」我們以為，隨著資料量的增加、計算能力的提升和更好的演算法，多年下來我們的預測能力會有所改善。才怪。在同一篇《衛報》文章中，位於巴黎的經濟合作暨發展組織（Organisation for Economic Co-operation and Development，OECD）副主任馬克・皮爾森（Mark Pearson）表示：「我們的預測準度愈來愈差，因為世界變得更加複雜了。」說得好，馬克。

我知道許多投資人花費大量時間分析經濟數據。也許他們已經找到一種方法，可以將匯率變動或國家外債程度納入他們的決策過程中。但是我沒那個本事，我不知道如何將任何經濟指標，轉化為特定企業的前景。

我們忽略所有近因總體經濟資訊。我們不相信這些數據能幫助我們評估一間企業最終成功或失敗。我們沒有經濟顧問，我們不與銀行或證券公司的經濟分析師交流，我們在團隊會議上也不討論任何經濟指標。

這些在我們的投資決策中的權重為零。

最近的市場相關原因

我不與金融服務業的人往來以交換想法或資訊。但是當我在1998年在華平投資開始投資工作生涯時，我花了相當多的時間，與印度股市相關的基金經理和金融專業人士在一起。我有諮詢業的背景，想要了解資本市場及其參與者的運作。我以為我有很多需要學習的地方。我是對的，只不過我需要學習的東西和我想像的不同。

在華平投資待了幾個月後，我已經可以預測金融業專業人士問候的準確措辭。不是「你好嗎？」或是「近來如何？」或只是「你好」。他們幾乎總會彼此問候「Kya lagta hai？」，這句印地語的股市行話意思是「你覺得市場會怎麼樣？」我記得當時我感到很困惑。當時我還是一個新手，試圖了解市場的運作，但這位「專家」卻在尋求我的意見？難道他們不知道嗎？我花了一段時間才得出結論，他們不知道。根本沒有人知道。

前一節解釋了市場下跌是由於最近的總體經濟問題：亞洲金融危機。也許你沒有注意到我的手法——我聲稱知道市場調整的原因。事實上，我並不知道市場為什麼會出現調整，但看起來亞洲貨幣的崩潰扮演了一定的角色。我建立了市場走勢和經濟數據之間的關聯，無論這種關聯有多不真實。

但是市場還有許多情況會因為市場自身而動，這就是市場的本質。市場走勢的近因是未知的，而且我認為也是無法知曉的。我們回到2002年7月24日。道瓊工業平均指數飆漲489點，是有史以來第二大漲點，也是自1987年以來最大漲幅百分比[10]。原因是什麼？即使閱讀許多新聞文章，我也不確定原因。無論如何，根據各種媒體來源，這次市場反彈是由於國會談判代表，針對企業舞弊達成某種形式的協議。此外，一些涉嫌欺詐有線電視公司艾德菲亞（Adelphia）的高階經理人被捕。反正就是這些。

接著我們來看表4.2的市場狀況，以及美股和英股對這個「超棒」消息的反應。

正如各位所看到的，接下來的6個月，美國的道瓊工業平均指數回吐2002年7月24日的漲幅，而且還跌了2%。像沃爾瑪、花旗和波音這樣的大企業的股價大漲，也跟不上這一天的狂熱。波音股價在後來的6個月跌了四分之一。

更加引人注目的是英國股市的表現。各位可能會認為，美國所謂的腐敗調查不應該影響英國市場。我們基金經理人永遠絕對不會令你失望。在美國市場上漲6%後隔天，金融時報指數上漲1.5%，正如表4.2的第一列所示，大型企業的股價上漲2%至9%。對於市值較大的公司來說，這些都不是小幅波動。這種狂熱並未持續下去。大漲後僅6個月，勞斯萊斯的股價下跌將近三分之一，英國石油和帝亞吉歐的股價則下跌至少 15%。

表 4.2　2002 年 7 月 24 日後的美股與英股指數

指數	2002 年 7 月 24、25 日	6 個月後
美股		
道瓊工業平均指數	＋6%	－2%
沃爾瑪	＋6%	＋2%
花旗	＋10%	＋16%
波音	＋6%	－26%
微軟	＋7%	＋11%
艾克森	＋10%	＋1%
英股		
英國金融時報指數	＋1.5%	－14%
英國石油	＋6%	－18%
勞斯萊斯	＋2%	－31%
帝亞吉歐	＋9%	－15%
聯合利華	＋7%	＋6%
匯豐	＋2%	－7%

為什麼英國的基金經理人在 7 月 24 日美國股指大幅上漲後，在 7 月 25 日開始搶購英國石油、勞斯萊斯和帝亞吉歐的股票？我認為的解釋是偉大經濟學家凱因斯（John Maynard Keynes）提出來的，他認為股市參與者在玩一場複雜的猜測遊戲[11]。他要我們想像一場遊戲，參賽者

從100張照片中挑出6張最漂亮的臉。獲勝者不是挑選最漂亮臉孔的人，而是選擇與所有競爭者的平均值相符的人。

你會如何玩這樣的遊戲？我的方法是**不選擇最漂亮的6張臉**，而是把時間花在**猜測其他玩家會選擇哪6張照片**。在開始對我的第二級策略感到自滿之前，我又會發現，更具洞察力的競爭對手會再進一步達到第三級。他們會試圖猜測一般人普遍對中等美貌的期望是什麼。依此類推至更高的層級。

凱因斯從痛苦的經驗中學到，這種市場猜測遊戲非常浪費時間。在1920年代，他使用一個詳細的經濟模型來預測市場，但未能預測到1929年的大崩盤。在這段時期，他的市場表現也表現不佳。他轉而選擇個股，他像巴菲特一樣避免了多元分散的投資。他宣稱：「投資的正確方法，是將相當大的資金，投入到自己認為有所了解的企業中。」

難怪他最後成為一位出色的投資人。凱因斯在1924年至1946年管理劍橋大學國王學院（King's College, Cambridge）的捐贈基金。在這22年內，他將學院的財富以每年近14%的速度成長。如果有人在1924年初對凱因斯投資100英鎊，到凱因斯於1946年去世時，可能價值約為1675英鎊。同樣的金額如果投資在英國股市指數上，到那時只值424英鎊。令人驚訝的是，這段時期包括1929年的大崩盤、大蕭條和第二次世界大戰。

金融業不應該學習凱因斯的觀點嗎？別傻了！

2019年12月看起來和其他年分的12月一樣，華爾街的股市策略分析師又開始了──預測2020年的市場成長。自從2000年以來，華爾街的中位數預測從來沒有預測到下一年的股市會下跌。是的，你沒看錯。預測者從來不認為股市會下跌。事實呢？市場有6次是下跌的。從2000年到2020年的中位數預測，與實際數字之間的偏差為12.9個百分點──這是這些年平均年成長率的 2 倍以上！

我們把時間拉回到 2019 年 12 月。記住當時沒有人意識到新冠肺炎大流行。預測者中位數的一致意見是，市場在 2020 年將上漲 2.7%[12]。如果當時預測者知道從 2020 年 3 月到 12 月將有一場全球大流行，各位認為他們對 2020 年的預測會是什麼？我們永遠不會知道，但我打賭他們會預測市場會大幅下跌。無論如何，2020 年標準普爾 500 指數上漲了 16.3 個百分點。但 2020 年的大流行是一個百年一遇的事件，我們不應該因為預測者差了 13.6 個百分點而對他們持有偏見。

如果我們評估一位公認的主要預測者在 2020 年 5 月初的預測呢？2020 年還剩下 8 個月的時間，大流行已經肆虐 4 個月，對經濟的嚴重影響似乎相當明顯。我會認為在這個階段，「專家」可能會出錯，但可能不會錯得太嚴重。

小哈利·S·丹特（Harry S. Dent Jr.）被一些人稱為「逆向投資人中的逆向投資人」，他準確地預測日本的經濟崩潰、2000 年的網路股泡沫破滅，以及川普當選總統[13]。在哈佛商學院取得 MBA 學位後，他加入貝恩策略顧問公司（Bain & Company），現在經營一間獨立的研究公司。他經常受邀至 CNBC、CNN、福斯、福斯商業台、《早安美國》節目（Good Morning America）和美國公共電視台 PBS 上擔任嘉賓。他還曾在《霸榮周刊》（Barron's）、《財星》（Fortune）、《商業周刊》（Business Week）、《華爾街日報》等許多刊物上發表文章。此外，他還出版一份名為《丹特預測》（HS Dent Forecast）的月報。簡而言之，丹特擁有專家所能擁有的專業知識。

在 2020 年 5 月初接受財經網站《ThinkAdvisor》採訪時，丹特預測市場將在 2020 年 8 月達到頂峰，投資人可能會獲得 5% 到 10% 的回報。他建議他們「出場」，並建議不要買進。他錯得多離譜呢？市場一直持續上漲，直到 12 月 31 日，在丹特 5 月初的訪談以來，標準普爾 500 指數上漲 32%！即使將丹特的報酬範圍中最高的 10% 回報計算在內，這也是 8 個月內 22 個百分點的誤差。計算成年化的誤差率就是 33%。糟糕！

先別急著指責我選擇一位被證明是嚴重錯誤的預測者，各位可以試著找出誰在 2020 年 5 月，斷言市場到 12 月底會上漲 25% 至 30% 的專家。我找不到。相信我，我試過了。

說句公道話，我從沒遇過金融專業人士聲稱可以預測市場。那麼為什麼業界的人要花那麼多時間去關注未來市場的結果呢？為什麼基金經理人要花大量時間和精力，去關心其他基金經理人的想法和行為？錯誤的獎勵制度、虛假的安慰、比較心態，你想得到的都是。但這真的不重要。

我們忽略所有市場預測。好吧，其實我們並沒有忽略所有的預測。當我想大笑一場的時候，就會去看一看。

最近的主題

在可怕的 2020 年年底時，我發現自己犯了一個價值 60 億美元的錯誤。

在 2020 年 9 月初，電動卡車製造商 Nikola 是股市寵兒。這間新創公司在一年前以 40 億美元的估值掛牌上市。這時價值已經漲了近 5 倍，市值到了將近 200 億美元。由其富有魅力的創始人崔弗・密爾頓（Trevor Milton）所領導，他常常被拿來與馬斯克相提並論。Nikola 計畫開發使用氫燃料電池驅動的半掛式卡車。公司剛宣布與通用汽車達成合作協議，通用汽車將以 20 億美元價格獲得 11% 的股份，並取得 Nikola 半掛式卡車的工程與製造合約。

在 2020 年 9 月 10 日，一間聲譽良好的投資基金兼作空機構興登堡研究公司（Hindenburg Research）發表了一份語氣尖酸刻薄的報告，標題為〈Nikola：如何用一連串的謊言，騙取與美國最大汽車原始設備製造商合作〉（Nikola: How to Parlay an Ocean of Lies Into a Partnership with the Largest Auto OEM in America）。報告的第一句話就說，Nikola 是「由其創辦人和執行主席崔弗・密爾頓在其職業生涯中數十次謊言所構建的一個複雜欺詐行為。」[14]

2017 年時，為了證明其技術可行，Nikola 分享了一段名為「Nikola One 移動中」（Nikola One in Motion）的影片，展示其原型半掛式卡車在道路上疾速行駛。興登堡研究公司聲稱，Nikola 只是將一輛普通卡車拖到偏遠地區的山頂，然後拍攝它沿著山坡駛下的過程。在這份報告發表之後，Nikola 覺得有必要承認這件事，於是聲明說「Nikola 從未聲稱影片中的卡車是自動駕駛的。」不然咧？一輛高速行駛的卡車還能展示什麼？展示道路嗎？

這個赤裸裸的謊言的揭露，只是冗長報告的開始。興登堡研究公司也發現更多問題。雖然密爾頓說有，但其實 Nikola 並沒有電池技術，也不具備氫燃料電池專業知識；密爾頓以前就會拿別人的技術然後聲稱自己擁有。密爾頓也曾有過與合作對象產生爭執的紀錄，最後合作失敗、雙方互告、相互指責。密爾頓聲稱 Nikola 的公司總部完全不使用電力網，並使用 3.5 兆瓦的太陽能板，但這個總部根本不存在。我還可以繼續說明興登堡研究公司那份非常長的報告中列出的更多指責，但上述種種就足以說明 Nikola 似乎毫無前景可言。

崔弗・密爾頓在報告發布後幾天內辭職，通用汽車結束與該公司合作夥伴關係的討論。美國證券交易委員會和司法部各自展開調查。不出所料，公司股價開始暴跌。

我的問題是：你認為在興登堡研究公司揭露 3 個月後，Nikola 在 2020 年 12 月底的市值是多少？請記住，這間公司沒有電池或燃料電池技術、沒有原型產品、其創辦人黯然下台、通用汽車已終止合作夥伴關係、政府已開始調查欺詐行為。我的答案是：接近零。

錯了。市值高達 60 億美元！

興登堡研究公司的報告看起來是以事實為基礎的：他們用文件、照片、簡訊、影片和訪談來支持他們的所有主張。我無法查證他們的研究，然而密爾頓辭職和通用汽車終止合作夥伴關係的事實似乎顯示，報告至少有部分甚至可能全部都是真的。如果是這樣，那麼如何解釋一間像 Nikola 這樣的公司價值 60 億美元呢？這是一個不公平的問題，因為我懷疑根本沒有人完全理解企業的價值是如何確定的。但是在這種情況下，我想提出一個答案。

主題式投資（thematic investing）。

主題是「新時代汽車公司將主宰世界」。自 2020 年以來，汽車新創公司風靡一時[15]。根據《金融時報》2021 年 1 月的一篇文章，這些公司已經累積了 600 億美元的市值，但大多數公司甚至連一分錢的營收也沒有。為什麼他們沒有任何營收呢？因為，就像 Nikola 一樣，他們根本連產品也沒有！有句俗話說「事實比虛構更奇特」，正好適合用來描述新時代汽車新創公司的估值。

《金融時報》的文章列出 9 間上市新創公司，其中最大的是 QuantumScape，估值達 190 億美元。這間公司預計在 2024 年將開始首次獲得營收，達到 1400 **萬**美元。到了 2028 年，也就是首度有營收 4 年後，預計將達到 100 億美元營收！我們來比較一下，特斯拉在 2008 年首度有營收後，花了 9 年時間才超過 100 億美元。

請記住，特斯拉在那幾年的市占率最大。QuantumScape 的官方網站宣稱，該公司的使命是「革命性地改變能源儲存，實現可持續的未來」。其投資人包括凱鵬華盈（Kleiner Perkins）和光速創投（Lightspeed）等知名風險創投公司，還有福斯集團和上海汽車集團等汽車公司。

還有許多其他公司。Hyliion 的市值為 26 億美元，計畫生產混合動力卡車；Velodyne Lidar 市值 39 億美元，提供自動駕駛車輛的感知解決方案；Fisker 市值 41 億美元，專注於電動汽車；Luminar Technologies 市值 101 億美元，提供物體偵測技術；Canoo 市值 40 億美元，生產電動車。你懂我的意思了吧。

查看搜尋引擎中特定主題或概念的興趣程度，有一個不會錯的方法就是使用 Google Trends 搜尋趨勢。如果你在 2014 年 1 月至 2019 年 1 月期間搜尋美國「電動車」這個詞，你會看到一個相對平穩的趨勢。然而，在 2019 年 1 月至 2021 年 2 月期間，對電動汽車的興趣增加了 4 倍。現在，看看這些提及的公司何時上市：

Nikola	2020 年 6 月
Velodyne Lidar	2020 年 9 月
Fisker	2020 年 10 月
Hyliion	2020 年 10 月
QuantumScape	2020 年 11 月
Canoo	2020 年 12 月
Luminar	2020 年 12 月

我不知道這些公司股票掛牌上市是否提高了搜尋字詞的興趣程度，或者「電動車」搜尋次數的增加是否是公開上市的領先指標。也許他們

只是在一個正向的回饋循環中互相加強。無論情況如何，正如各位看到的，電動車主題與這些企業股票掛牌上市之間有著很強的相關性——這是強大的近因機制發揮作用的典型例子。

此外，2021年1月時至少還有8到10家私人新創公司準備上市，而且公司名都很明顯，例如Charge-Point（充電點）、EVgo（電動車）、Lightning eMotors（閃電電動車）、Lion Electric（獅子電動）和Motiv Power Systems（動力系統）。如果上市公司的市值維持的話，我敢說未來幾年這個題材的上市公司還會有幾十家。

營收連幾百萬都不到，估值卻高達數十億的這些公司，就是以近因為主題的投資策略之縮影。就像之前和之後幾乎所有的相關主題一樣，汽車技術主題具有三個屬性：它誇大了**整體潛在市場**（total addressable market）、**容易理解**且**可操作**。

首先，整體潛在市場。從1998年開始我的投資生涯以來，我遇到的每個主題都與龐大的整體潛在市場有關。而且規模通常如此之大，使當時該產業或主題的企業相形見絀。難怪這通常是主題式投資失控的最顯著近因。

在2021年3月，瑞銀（UBS）的一份報告稱零排放卡車市場可能達到1.5兆美元的規模，目前的製造商和新創公司爭相爭奪主導地位。特斯拉在2020年的營收「只有」320億美元，當時並未製造卡車。

根據我的經驗，追逐以整體潛在市場為主的近因主題只有一個問題，那就是：這麼做根本沒用，就算是占星預測也比這個高尚。**整體潛在市場沒有意義，因為它並不能告訴我們是否會有利潤**，即使一間企業可以獲利，整體潛在市場也無法告訴你誰會賺錢。

其中一個最大的整體潛在市場之一是服裝和鞋類[16]。美國服裝和鞋類市場約為 3700 億美元，但這也是最難賺錢的地方之一。這一行的不穩定性在疫情期間也變得明顯，當時數十間服裝和鞋類公司宣布破產：包括布克兄弟（Brooks Brothers）、品牌管理公司（Centric Brands）、Century 21、G-Star、傑西潘尼、J. Crew、John Varvatos、Neiman Marcus、Tailored Brands 等。

　　即使是在疫情前，大多數服裝品牌都很辛苦才能成長並賺取可觀營收。以像 Gap 這樣的知名品牌為例。自 2007 年以來在美國幾乎沒有成長，營收維持在 150 億至 160 億美元之間，最高淨利潤在 2014 年達到 13 億美元。Guess 的營收在 2009 年至 2020 年間波動在 20 億至 26 億美元之間，其資本運用報酬率自 2016 年以來就沒有超過 10%。Abercrombie&Fitch 在 2006 年的營收為 33 億美元，到 2019 年只成長到 36 億美元，而且這間公司從 2014 年來，資本運用報酬率也沒有超過 10%。

　　全球服裝和鞋類市場總值約為 1.9 兆美元，整體潛在市場非常龐大。但似乎唯有 H&M、Uniqlo 和 Zara 這些服裝公司能夠持續銷售成長並賺取利潤。其他產業如航空公司、餐飲業、基礎設施、銀行業和零售業也是如此。它們的整體潛在市場相當高，但大多數產業參與者並未獲利。那麼對於長期投資人來說，整體潛在市場有什麼用呢？

　　第二個近因主題式投資有吸引力的原因，是其簡單性。即使是偶爾閱讀商業新聞的人，也會注意到像電子商務、可再生能源、電動汽車、金融科技、食品配送、人工智慧、自駕車、基礎建設和生物科技等主題。與充斥像「GDP」和「貨幣供給」之類術語的經濟預測不同，普通人都能理解這些主題。任何人都能理解可再生能源是什麼，而且國家需要更多的基礎建設投資。對於汽車新創公司來說，簡單的論點如下：電動和自動駕駛汽車將征服世界，而且由於特斯拉的市值為 7000 億美元，難道這個主題不應該在不久的將來上看數兆美元價值嗎？如果是這樣，為什麼一間新創公司不能被估價為數十億美元呢？這個前提很吸引人，因為它很簡單明瞭。

　　第三，這是可行的。如果你相信這個主題，也就是消費者會因為買外送比外出用餐更便宜、更方便，就會訂購更多外送餐點，那麼你就可以投資 DoorDash 或 Deliveroo。你對真的有營收的電動車公司感興趣嗎？那就看看特斯拉吧。你相信的是科技供應商而不是汽車嗎？Velodyne Lidar 正在召喚你。你認為卡車的商機更大嗎？Nikola 期待著你的投資。就算有些公司的創辦人可能是騙子，那又怎樣？

　　我不知道汽車新創公司的主題，在 2025 年或 2030 年將走向何方。但我肯定知道，根據資本市場的歷史及像鐵路和網路等新時代技術，這個主題總有一天會面臨應有的檢視。

　　許多讀者（不太開心地）記得 2000 年代初盛行的主題，那就是房價會漲個不停。任何跟上這個主題的銀行或金融公司，都曾因股價上漲而獲得報酬。現在我們知道房價不會一直上漲，而且用大額貸款購買的昂貴住宅，只要房價稍微下跌就會引發恐慌。當初投資於「房產是無敵投資」的主題的人怎麼也沒想到，後來這幾間知名大企業竟然會破產，或需要政府提供巨額紓困：雷曼兄弟（資產 6910 億美元）、華盛頓互惠銀行（Washington Mutual，資產 3280 億美元）、花旗集團（CIT Group，資產 800 億美元）、松柏格房貸公司（Thornburg Mortgage，資產 390 億美元）、通用成長房地產（General Growth Properties，資產 300 億美元），還有好幾間其他公司。

　　印度市場也不例外。自從我於 1998 年開始進入投資業以來，我曾多次目睹以下主題，在資本市場中創造接著蒸發數十億美元價值：房地產、基礎建設、教育、微信貸、消費者信貸和技術服務。此外，直到

2022年初，以下主題在印度私募市場的帳面上創造大量的價值（但是還沒蒸發）：教育科技、金融科技、電子商務、軟體即服務（SaaS）、物流和社交媒體。根據歷史，這些概念中的許多個將會崩潰，我只是不知道哪些或何時發生。

在主題出現狂熱或悲觀情緒時，我們應該如何將近因與遠因分開呢？不幸的是，我不知道有一種百分之百可靠的方法。但以下是我們所採取的做法。

我們清楚地將分析的單位定義為**公司**。不是經濟，不是市場，也不是主題。我們在乎的是公司的**基本面**，其他事都不重要。我們從來沒有因為某個主題而投資，也永遠不會這麼做。

同樣地，我要說明我並不是暗示主題式投資有缺點，也許有些基金經理人可以做得很好。

如果我們有本事，就會這麼做，但我們沒那個本事，所以不會。

最近的企業

2016 年 12 月時，在 Vaibhav Global 持續表現不佳近 3 年後，我們第一次積極討論是否應該完全退出這筆投資。我們是否混淆了遠因和近因？

Vaibhav 是一間在美國和英國，透過電視和網路銷售低價珠寶和其他配飾的零售商。你可以在美國的 https://www.shoplc.com 或英國的 https://www.tjc.co.uk 購物。各位可以試試看，你會發現其優惠無與倫比。Vaibhav 的主要競爭對手是像 QVC 和 HSN 這樣的家庭購物巨頭，以及其他數百間線上和實體零售商。

我們於2007年底投資了Vaibhav。在幾年不怎麼出色的表現後，該公司從2011年到2014年的年化成長率約為30%，其營收和營業利益都有所成長。2014年7月，股價達到每股174印度盧比的歷史高點，我們的購入價格為48盧比。創辦人兼執行長蘇尼爾・阿賈沃（Sunil Agarwal）近年來的表現非常優異。

然而從2014年4月開始，該公司的銷售和利潤開始下降，主要原因是三個自我造成的失誤。首先，Vaibhav沒有回應美國競爭對手的一項重大戰略舉動。Vaibhav的每個主要競爭對手都開始為客戶提供分期付款選項。然而，Vaibhav拒絕跟隨他們的腳步。蘇尼爾不想冒不必要的財務風險。此外，與競爭對手每件50至100美元的平均售價相比，Vaibhav的平均售價只有20至25美元。蘇尼爾認為，如果客戶以足夠低的價格獲得優質產品，他們就不會在意是否能分期付款。結果證明，顧客的確在意。

第二，公司在設計和實施強大的技術平台方面出現問題。該公司在面對客戶的網站和應用程式品質上，落後所有同行非常多。甚至一些後端技術平台（例如，在選擇何時推出產品方面）也已經過時且僵化。Vaibhav的網路銷售額占公司營收16%，而QVC的占比則為51%。公司解雇了技術主管，但新的主管需要時間來解決問題。

最後，Vaibhav失去了一些主要的高階經理人。蘇尼爾解雇了其中一些人，但有些人離開是為了更好的發展機會。他也發現很難吸引優秀人才來填補這些空缺。

從2014年到2016年的幾年，營收下降2%，但利潤下降近70%。資本運用報酬率從2014年的55%下降到了2016年的13%。股市做出適當的反應：Vaibhav的股價在2016年12月為54印度盧比，比其2014年7月的高點下跌近70%。

我們現在陷入兩難。這些問題——對競爭的反應遲緩、缺乏強大的技術平台、缺乏高階經理人——是股價下跌的直接原因嗎？還是這些令人頭痛的問題反映了公司更根本、更長期的問題？這些問題是「可以解決的」，還是我們應該放棄任何恢復的希望？我們是企業的長期投資人，除非企業遭受不可挽回的損害，否則我們不會輕易出售。究竟這些失誤是暫時的，還是公司能夠克服這個逆境？

正如我在本章中討論過的，我們忽略與經濟、市場甚至產業相關的近因問題。但是當問題的近因與公司本身有關時，要解決這個困境，就會更加棘手。假設公司過去幾季的營收成長和獲利能力雙雙下降，而其主要競爭對手則沒有出現這樣的困境。在這種情況下，要如何判斷績效問題是否與近因（因此是暫時的）還是遠因（因此更為永久）有關？根據我的經驗，**當與公司事件相關的失敗或成功的近因和遠因需要分辨時，制定一種方法和直覺來分辨兩者，對於長期投資人來說是非常重要的。**

我擔任投資人超過 20 年了，而這正是我最常遇到困難的地方。通常在極端情況下，決定很直截了當。如果股價下跌是因為一、兩季衰退，我們會忽略這種下跌，認為這是一個近因事件；但如果股價下跌是由於連續 3 年市占率下滑，我們會問自己，公司是否有什麼根本問題。在這兩種極端狀況之間的灰色地帶，給我們造成的問題最麻煩。我不知道有什麼百分之百可靠的方法可以解決這個難題，答案幾乎總是與公司本身有關。

Vaibhav 的情況就是在這個灰色地帶。也許近因會指出遠因，也許不會。

我們決定繼續支持這間企業。在蘇尼爾的領導下，該公司直到 3 年前仍表現十分出色，而且市場自那時起沒有任何變化。沒有新進入者，客戶行為也保持不變。更重要的是，在艱困的那幾年，Vaibhav 以 20 至 25 美元的價格範圍出售珠寶和配飾的競爭地位維持不變。沒有一個競爭對手能夠或願意與 Vaibhav 的價值主張相同。此外，隨著時間的推移，我們看到蘇尼爾及時採取措施解決問題。到了 2014 年底，他開始提供分期付款方案而不再流失客戶。儘管利潤下降，他積極投資於建立一個技術團隊和基礎建設。最後，他從內部拔擢員工至主管職，而不是從外部徵才。我們可以從這些舉動中看到一些有所進展的跡象。

對我們來說，幸運的是，蘇尼爾及其團隊確實扭轉了局面。從 2016 年截至 2020 年年度，營收每年成長 11%，但更令人印象深刻的是，營業利益率成長近 5 倍。在此期間，資本運用報酬率從 13% 增至 45%，年度自由現金流量增加近 4 倍。股價從 2016 年 12 月的 54 印度盧比飆升至 2022 年 9 月的 352 印度盧比，成長 6.5 倍。

對我們來說，Vaibhav 可能最後會有很好的表現（暫時是如此）。但這是一個步步為營的決定，結果可能成功也可能失敗。身為長期投資人的直覺幫助我們堅持下來。最重要的是，我們非常幸運。

頭條新聞騷擾的痛苦與收穫

讓我們回到本章開頭所提出的問題。你已在一檔基金中投入 7 萬美元，目前價值 3 萬 6000 美元。基金經理人所投資的一切資產似乎都在下跌。現在，你除了繼續抓狂拔頭髮，還能做什麼？

什麼辦法也沒有。

這個故事的結尾是 2009 年 3 月。如果什麼都不做，繼續持有這檔 3 萬 6000 美元的基金，到了 2022 年 9 月底，基金價值將略高於 77 萬美元，這表示你的投資在 13.5 年增值 21.4 倍。相較之下，主要的股票指數在這些年只成長 6 倍。

各位可能已經猜到了，這並不是一個假設情況。我描述的是曾在納蘭達資本所發生的事。從我所給出的數字中，各位看到的是我們在 2008 年全球金融危機期間積極買進的結果，以及這麼做對基金長期績效的戲劇性影響。唯一需要做的修改，是將美元轉換為印度盧比[17]。你的耐心，會帶來巨大回報。

印度市場從 2008 年 3 月開始下跌，我們開始買進高品質的企業，直到 2009 年初我們都沒有停止。市場跌得愈深，我們買的力道愈強。到 2008 年 12 月，該基金的年化報酬率（在投資術語中稱為內部收益率〔internal rate of return，IRR〕）為負 55%！我們繼續能投資多少就投資多少。截至 2022 年 9 月，該基金的年化印度盧比報酬率為 20.3%（扣除所有費用和開支後）。

是什麼原因讓我們在世界似乎即將終結時，選擇進行投資？我們忽略了所有導致股價下跌的近因，專注於為一間企業帶來成功的遠因。接著我要舉一個例子來說明。

到目前為止，我們最成功的投資是 Page Industries。在 2008 年 10 月，該公司擁有超過 10 年的優秀獲利紀錄，是全國第一的內衣品牌。它已超越在 1995 年進入印度之前就已經開始經營數十年的競爭對手。過去 5 年來，公司營收以每年 32% 的速度成長，並實現了 57% 的資本運用報酬率。

2008 年 10 月 7 日，雷曼兄弟公司倒閉三周後，我們以每股 455 印度盧比的價格買進 Page Industries 8% 的股份，這比當時的股價每股 370 印度盧比還高出 23%。我們在買進的第二天就計入帳面虧損。事實上直到 2009 年 4 月，也就是我們買進 6 個月後，股價才上漲超過我們的成本價。到了 2022 年 7 月底，Page Industries 的股價為 48873 印度盧比，是我們的成本價的 107 倍。在這段期間，Sensex 指數則是漲了 5.5 倍。

我們對於 Page Industries 及我們在金融危機期間收購的其他 7 家企業的看法是，全球事件可能會影響優質公司的**股價**，但不會影響其**業務實力**；投資人拋售股票這件事並不是問題，而是機會；企業的市場估值可能會受到打擊，但其**內在價值**不會受到打擊；**在艱困期不投資**的機會成本，遠超過帳面虧損而造成的短期痛苦。我們在 Page Industries 所獲得的成功，部分歸功於我們在市場恐慌時期選擇積極買進；這很大程度上是因為我們不願意以任何價格出售一間好企業。但這一點稍後會再詳細說明。

本書第二部的標題是「以公平價格，買進高品質企業」。這聽起來是一個很好的策略，但要實踐卻不容易。問題在於優質企業很少以公平價格出售。大部分時候，市場都是非常有效率的。然而，當近因與遠因脫節時，市場甚至會以公平價格出售優質企業。我們充分利用這種暫時性的瘋狂，加碼全力投資。我們買進 Page Industries 的過去 12 個月（trailing twelve-month，TTM）*本益比是多少？18 倍。你相信嗎？

這種不該有的好運，就是我所謂的「標題騷擾」（headline harassment）的直接結果。當我們在 2008 年和 2009 年初忙著買進優質企業時，以下這些新聞標題（以及類似的其他標題）出現在印度最多人閱讀的商業日報《經濟時報》（*Economic Times*）上[18]。

---

* 編按：是指以公告日期起計過去 12 個月。以最近 12 個月的每股盈利計算本益比，不受季節性周期影響。

「按市值計算的損失令印度企業擔憂」（2008 年 7 月 18 日）
「經濟活動迅速放緩」（2008 年 8 月 25 日）
「金融危機：跨國公司的工作安全嗎？」（2008 年 9 月 26 日）
「Sensex、Nifty 指數創下 2008 年新低」（2008 年 10 月 16 日）
「經濟衰退，裁員轉移權力平衡」（2008 年 11 月 15 日）
「Sensex 指數為什麼從 2 萬點跌到 1 萬？」（2008 年 12 月 20 日）

眾所皆知，壞消息比好消息更容易吸引眾人的注意力[19]。雖然我們可以指責媒體存在報憂不報喜的偏見，但心理學家已經證明，人們比較喜歡閱讀壞消息，並且更容易記住。媒體只是利用一種現有的偏見。在《心理科學》（*Psychological Science*）期刊上發表的一篇名為〈關於牛羚和人類：對負面刺激的偏好偵測〉（On Wildebeests and Humans: The Preferential Detection of Negative Stimuli）的文章中，研究人員指出，受試者更快且更經常記住負面詞語，而不是正面詞語[20]。

在危機時期，這種偏好更會加強。想像一下，在雷曼兄弟倒閉後的幾個星期和幾個月閱讀報紙和看電視——世界各地都有標題騷擾的問題。難怪優秀的企業股票，最後總以我們無法拒絕的價格出售。

在這段期間，我們投資組合中正在成為優質公司的企業，卻沒有出現對日常業務的慶祝，形成強烈對比。沒有新聞標題大肆宣揚我們投資的公司：「WNS 再次處理一份抵押申請」「Triveni 工廠今年已製造第 39 台渦輪機」「Page Industries 今天在奧蘭加巴德市又增加兩家零售商」，或是「Carborundum 工廠在清奈完成了另一個班次。」

我先前寫過：「幸好遠因對媒體報導來說，太過無趣。」現在你知道原因了。

我們可以採取與 2008 年許多同業完全相反的態度，還有一個更重要的原因。我們很幸運，擁有長期投資人——主要是美國大學捐贈基金及美國和歐洲的家族辦公室——當世界末日似乎即將到來，他們都支持我們的加碼行動。連一個違約的投資人也沒有。沒有人（我希望）抓狂扯掉頭髮！我知道許多私募股權和避險基金在 2008 年時，都無法說服投資人投入更多資金。

我們非常幸運。

我不做預測，但在 2008 年的全球金融危機之後，我告訴自己很可能未來幾十年內不會再看到同樣程度的股市恐慌了。結果我真是大錯特錯。

在 2020 年 3 月新冠肺炎大流行的恐懼達到高峰時，印度市場跌了 23%。我們買個不停，而我們在那個單月的投資，比前 4 年加起來還多了 12%。強烈的對照之下，外國機構投資人在 2020 年 3 月從印度股市撤資 87 億美元。我們一直保持超高活躍狀態，直到 2020 年 9 月才停止，因為我們感興趣的企業價格急遽上升。2020 年我們投資的總金額，超過 2007 年至 2019 年間長達 13 年的累計投資的三分之一以上。

我不知道自己做的決定是否正確，但我確信對於如輪胎、酵素、鍋爐、診斷服務、車輛貸款和衛浴用品等企業的潛在憂慮，與成功的遠因是脫鉤的。我們已經追蹤這些公司大約 10 年了，對這些產業能夠在更長時間內克服任何短期痛苦充滿信心。無論如何，我們很快就會知道答案。

2030 年並不遠。

本章摘要

演化論教我：我們可以忽略股價波動的近因，而專注於企業成功的遠因以重新想像投資。

- 演化生物學透過尋找近因和遠因來探索自然現象。近因機制解釋了對一個特徵的即時影響。而天擇所產生的作用，解釋了生物在環境中成功或失敗的遠因。
- 因此，為了理解驚人的糞金龜角的大小和多樣性，演化生物學家提出近因問題（例如，哪個基因網路被啟動了？），以及遠因問題（例如，角的適應價值是什麼？）。科學家了解，這些是不同類型的問題，有不同類型的答案，而且兩種問題都必須被提出。
- 投資界也必須區分近因和遠因。股價變動的近因可能來自總體經濟、市場、產業或企業本身。由於近因非常顯著（例如聯邦準備理事會宣布降息，或是企業宣布營收增速放緩），投資人可能在其決策過程中錯誤地過度看重這些資訊。
- 在分析企業時，我們忽略所有近因。我們專注於企業的基本面，也就是企業成功或失敗的遠因。
- 在 2008 年的金融危機和新冠肺炎大流行初期，我們是積極的投資人。因為擔憂近因，迫使市場參與者忽視許多高品質企業成功的遠因。

第 5 章
達爾文與折現現金流

當我們不再像野蠻人看待一艘船那樣看待有機生命體，而是將之視為完全超出自己理解範圍的東西；當我們把每一個自然產物都視為一個曾經有過歷史的產物；當我們把每一個複雜的結構和本能都視為許多機械的總和，每一個對擁有者都有用，幾乎就像我們會把任何偉大的機械發明，都看待是許多工人的勞力、經驗、理性甚至錯誤的總和一樣；當我們這樣看待每一個有機生命體時，從我的經驗來看，自然史的研究將變得有趣得多！

——查爾斯・達爾文，《物種起源》
第 15 章〈重述與結論〉（Recapitulation and Conclusion）

我們偏好表現出持續的獲利能力（我們對未來的預測不感興趣，對「敗部復活」的情況也不感興趣）。

——華倫・巴菲特，〈1982 年致股東信〉

這是千載難逢的環遊世界之旅機會。但是有一個重大障礙。

這位 22 歲的年輕人深夜回到家，驚訝地發現有一個寄給他的大信封。裡面有兩封信，一封是他的大學導師寫的，另一封是他最喜愛的老師，約翰‧史蒂文斯‧漢斯洛（John Stevens Henslow）牧師寫的。第一封信告訴他，為期2年的環遊世界航程將在一個月後啟程，第二封信則試圖說服他接受這個邀請。

對於這位年輕人的富有父親羅伯特來說，這次旅行的費用不是問題。問題在於這位年輕人已經換過兩次工作，並且沒有定下來的跡象；他知道父親對他的情況感到沮喪。羅伯特認為兒子對這次環球航行的興奮表現，證明了他追求的是鋪張娛樂。此外，羅伯特要求，這位年輕人既然有資格當牧師，為什麼有人會提供他這次航行的「博物學家」職位？整個計畫似乎很可疑。這位年輕人的三個姐妹，蘇珊、卡羅琳和凱瑟琳，與父親羅伯特意見一致，使得情況變得更糟。他帶著深深的哀傷，拒絕了這個邀請。

第二天，他帶著羅伯特的密封信去找叔叔約斯。約斯是羅伯特的親密朋友和知己。在信中，羅伯特寫道，他兒子對環遊世界的著迷是一個錯誤，但他也補充道：「如果你的看法與我不同，我希望他能聽從你的建議。」

對於這位年輕人來說，幸運的是，約斯與羅伯特意見不同，全力支持這次旅行。在他回信給羅伯特的信中，約斯主張這次旅行將培養這位年輕人的性格，絕對不會是浪費，這將對他有很大的好處。約斯的關鍵論點是，旅行能為這位年輕人做好接任教堂的準備，因為「自然史⋯⋯非常適合牧師」。羅伯特於是同意了這趟旅程。

1831年12月27日，一個陽光普照的美麗早晨，「小獵犬號」（Beagle）從普利茅斯起錨。查爾斯‧達爾文的環球旅行將帶他到巴西、阿根廷、烏拉圭、智利、秘魯、紐西蘭、澳洲、模里西斯、馬達加斯加、南非和加拉巴哥群島。小獵犬號的航行將持續5年。這將改變這位年輕人，改變科學，改變世界。

基金經理人績效落後大盤的一個被忽視原因

在這本書的介紹中,我們遇到兩個殘酷的現實:大約 9 成基金經理人的績效無法超越大盤,而且他們的表現隨時間推移而惡化。

為什麼基金經理人會績效不佳?

與十幾個內部人士交談,你會得到十幾種這個令人遺憾的狀態的不同原因。其中一個常被提及的抱怨,是基金經理人的獎勵不一致。基金管理公司的報酬,是根據基金的規模而不是其績效來支付的。但很多研究人員發現,長期下來,基金規模的增加可能導致績效下降。例如,2009 年發表在《金融和量化分析期刊》(Journal of Financial and Quantitative Analysis)上的一項研究,分析從 1993 年到 2002 年在美國主動管理式基金,顯示了「基金規模與基金表現之間顯著負相關。[1]」同樣地,1996 年發表在《金融服務評論》(Financial Services Review)期刊上的一篇文章中,作者寫道:「一旦基金規模變大,股票基金就無法超越其同業的績效。[2]」因此他們建議投資人,投資規模較小的基金。

基金經理人績效不佳的另一個原因是,基金不喜歡績效落後大盤。是的,這有些諷刺,不是嗎?在努力不讓績效落後大盤的過程中,基金最終卻落後大盤!這是為什麼?為了簡單起見,讓我們假設一個指數中有 10 檔股票,每檔股票的權重都是 10%。如果基金在市場上投資 100 美元,每間企業投資 10 美元,那麼它就是完全複製這個指數。在這種情況下,這檔基金的主動比例就會被認定是零;如果基金完全沒有投資這些股票,那麼主動的比例就是 100%。

因此,主動的比例是衡量基金經理人勇氣和信念的一個指標。那些不願冒險犧牲自己的職涯,但樂於為投資人妥協報酬率的人,基金的主動比例就會很低。而願意冒險、不去模仿指數的勇者，主動的比例就會很高。

在 2013 年的《金融分析師期刊》（*Financial Analysts Journal*）上，作者安提・佩塔吉斯托（Antti Petajisto）計算了 2009 年美國 1380 檔共同基金的主動比例，並得出結論：「不願承認自己模仿指數的主動型基金，我們可以預期其績效不會太好。[3]」他還指出，主動比例偏高的基金為投資人創造價值。在他查看的共同基金中，只有 44% 的基金的主動比例超過 80%。

不知各位有沒有聽過一句話？「雇用 IBM 的人，不會被解雇。」基金管理業似乎也有類似情況。如果一個基金經理人的主動比例低，績效就不太可能落後大盤太多，而且因為大家也都這麼做，所以他們被解雇的風險相對較低。至少基金經理人從野外的草食性動物那裡學到一點，那就是團結力量大。

基金經理人績效落後大盤，還有許多其他原因。例如，差勁的績效也與更高的投資組合周轉率、持有流動性較高的股票、投資成長股、更高的費用比率及許多其他因素相關。我們可以在許多知名金融期刊的研究文章中找到所有原因，以及更多導致基金經理人績效不佳的原因。

但你在這些文章中卻**找不到**本章主題。我認為基金經理人績效持續不佳的一個重要原因，在於他們專注於**未來的**報酬，卻忽略了**過去的寶藏**。

我們在納蘭達資本使用與演化生物學家的方法來做投資：**我們會用歷史背景來解釋當下發生的情況**。演化生物學不像物理學和化學那樣，對未來進行預測。我們也不會這麼做。相反地，我們的投資方法試圖透過解釋過去發生的事，來解釋現在發生的事。

已故哈佛大學古生物學家史帝芬・傑伊・古爾德（Stephen Jay

Gould）在一篇關於演化論的文章中寫道：「唯有當我們能夠總結當前過程微小的影響以產生觀察到的結果時，現在才會變得有意義，過去也因此變得科學。[4]」他寫的，根本就是我們的投資方式。

沒有想到這一點，真是太愚蠢了

我們來看看踏上這趟改變一生旅程的年輕達爾文，他登上小獵犬號[5]。儘管達爾文以動物學家和植物學家聞名，但他登上小獵犬號時是一位熱情洋溢的地質學家。達爾文的第一次科學探索是與他的教授亞當·賽吉克（Adam Sedgwick）一起，他們試圖在1831年夏天對北威爾斯的地質進行地圖繪製。他在這次旅行之後得出結論：「科學在於將事實分組，以便從中得出一般法則或結論。」在小獵犬號的遠征結束時，他的動物學筆記只有368頁，而地質學筆記卻有1383頁。[6]

著名地質學家查爾斯·萊爾（Charles Lyell）對達爾文帶來非常大的啟發。他在小獵犬號上帶著萊爾的《地質學原理》（*Principles of Geology*）第一冊。他在航程中後來收到第二冊，並在回家後閱讀了第三冊。萊爾堅定地支持「均變論」（Uniformitarianism）是地質學的核心理念；達爾文後來將其採納為演化理論的指導原則。均變論主張地球上所有重要的變化，都是由於數百萬年來緩慢穩定的自然過程所引起。

由於對地質學的興趣和接觸，達爾文預先形成對大多數人難以想像的、非常長時期的概念。他是第一個理解演化中深遠時間重要性的人。他寫道：「我總是覺得我的書有一半來自萊爾的大腦，但我從未充分承認這一點……。我一直認為《地質學原理》的偉大之處在於，它改變了一個人整個思維的調性。」

達爾文寫了超過25本書[7]，還有數百本書關於他及其作品。本書所談的只是他的才華的一小部分而已。在本章中，我只想聚焦他的方法的其中一個方面，這個方面在他開創性的著作《物種起源》中顯示得很清楚：他專注於歷史資訊，並以此來推斷正在進行的演化過程。

達爾文在《物種起源》中不只提出一、兩個，而是提出三個革命性理論：**物競天擇**、**性擇**和**共同祖先**。我們就來大致看一下這些理論是什麼，以及他如何運用歷史，在這些理論中得出他對所有有機生命體的激進解釋。

首先，我們要討論的是他最著名的理論：物競天擇。

以我這個門外漢的觀點來看，達爾文的最高成就——物競天擇論——之所以沒有早一點被發現，並在他有生之年及之後仍然被許多權威人士所拒絕，是因為很少有人理解長時間累積的微小變化所產生的強大影響。但對於那些了解歷史相關性的人來說，這個理論是如此強大和直接，以至於著名生物學家湯馬斯‧赫胥黎（Thomas Huxley）曾嘆道：「沒有想到這一點，真是太愚蠢了。」[8]

天擇需要三個關鍵要素[9]。首先，生物的後代之間需要存在隨機變異。請注意「隨機」這個詞。變異並不追求任何目標。其次，這些變異體之間需要存在**差異的適應能力**，這樣有害的變異體就會被淘汰，而有利的變異體則會被保留下來。最後，有利的特徵必須是可遺傳的，才可以傳遞給下一代。然後，這三個元素將在數百萬，甚至是數十億年中無限重複。結果就是從原生動物（protozoan）演化到成為穿山甲。用達爾文自己的話來說就是：「這個保存有利的個體差異與變異，以及毀滅那些有害的個體，我將此稱之為天擇。」

我們來看看長頸鹿，以了解達爾文的見解。長頸鹿是偶蹄目的成員，並在大約 3400 萬年前與其他成員（牛、羚羊、鹿和羊）分離。[10]

現今長頸鹿的祖先可能因為一個隨機突變，而生下一頭頸部略長的幼鹿。這個突變並沒有什麼特別原因；這隻動物並不是在尋找讓頸部變長的方式，就只是這麼發生了。

　　這種長頸生物在成年後，可能比其他草食動物競爭對手更能得到更好的營養，因為牠可以伸長頸部以吃到更高樹木上更多汁的嫩芽和葉子。更好、更多的食物可能會讓這頭長頸鹿更加健康和強壯，幫助牠逃避掠食者。因此，比起頸部較短的競爭對手，牠可能會更頻繁地交配，並生下比較多的後代。這些後代通常也會有長長的頸部，但頸部長度會有所不同。頸部更長的後代可能會獲得更好的營養，被掠食的機會較低，而且比頸部較短的手足有更多交配機會。由於長頸是可遺傳的（達爾文不知道基因負責遺傳，但他知道某些東西是），這些長頸鹿的後代中有些也會有著較長的頸部，並且代代相傳，比頸部較短的同類和競爭對手更具有優勢。這場長頸的武器競賽持續幾千年，造成了現今的長頸鹿。

　　達爾文整理了大量歷史線索，得出他的物競天擇理論。由於本書無法列出所有線索，所以我只分享其中的一些。

　　當達爾文登上小獵犬號展開旅程時，他是一位創造論者。「在小獵犬號上，我是相當正統的」，他在自傳中如此寫道[11]。在劍橋大學，達爾文曾研究過威廉‧佩利牧師（Reverend William Paley）的書籍，佩利曾用著名的手錶比喻，來證明上帝的存在[12]。佩利的論點是這樣的，他斷言如果有人在地上找到一個帶有所有複雜機械結構的手錶，就會得出這樣的結論：有人用知識製造了這只手錶，手錶的各個零件完美地協同工作，這不可能是意外組裝成的。因此佩利認為，由於大自然比手錶更加複雜得多，所以我們必須得出結論：創造宇宙的幕後推手，是一位智慧的設計者。

當達爾文航行到世界各地觀察大自然、蒐集標本並寫下大量筆記時，他開始心存懷疑。1832 年時，他在阿根廷蓬塔阿爾塔海灣發現第一塊化石遺跡。大腿骨和牙齒化石似乎來自一種已滅絕的巨型樹懶。

古生物學創始人喬治・居維葉（Georges Cuvier）指出，地球曾經歷過許多滅絕事件，並提出兩個無可辯駁的事實。[13] 首先，過去的化石遺骸沒有活著的同伴；第二，化石愈古老，與現存物種的差異就愈大。然而，居維葉對這些事實的解釋是上帝，他聲稱上帝在每次滅絕之後，又再使地球上出現了新的物種。

達爾文心想，如果真是這樣的話，為什麼今天的樹懶與過去已滅絕的樹懶有著非常相似的骨骼結構？如果上帝是獨立創造這些動物的，那麼為什麼已滅絕的巨型樹懶和目前世上的樹懶物種看起來有親屬關係？在航行期間，他發現了更多的化石，這個問題繼續困擾著他。

創造論的核心原則之一，就是上帝在相似的氣候和物理環境中，造就了類似的植物和動物。但是達爾文發現並非如此。加拉巴哥群島上的生物，和世界其他熱帶地區的植物和動物並不相似。相反地，那裡的動物似乎與南美大陸上的生物密切相關。正如他在《物種起源》中寫道：「對我們來說，最引人注目且最重要的事實是，居住在島嶼上的物種與最接近的大陸上的物種之間存在親緣關係，雖然兩者實際上不完全相同。」[14]

達爾文的鳥類學家朋友約翰・古爾德（John Gould）在 1837 年 3 月告訴他，加拉巴哥群島的 26 種鳥類中，有 25 種是特有的，只有在這個群島才有，其他地方找不到[15]。創造論一直主張上帝個別創造物種，所有物種在創造後都保持不變[16]。但是該如何解釋加拉巴哥鳥類物種的多樣性呢？牠們都與本土的物種相似，但也有很大的不同。達爾文得出一個完全不同的結論：一種來自大陸的鳥類在幾個世紀前意外抵達加拉巴哥群島，然後分化為許多占據不同生態地位的物種。

對我來說，達爾文驚人的能力之一是他在《物種起源》第 1 章中對家鴿的討論。他對家鴿進行多年仔細的研究。他買下他能夠找到的每個品種，並親自飼養。他還從波斯等遠方取得家鴿的皮膚。他與許多聲譽良好的倫敦養鴿人交朋友，並加入兩個鴿子俱樂部。十九世紀的英格蘭家鴿產業是一門大生意，達爾文也對此深深著迷。

在《物種起源》中，達爾文花了 6 頁篇幅概述各種品種的獨特性。他開始寫道：「比較英國信鴿和短臉不倒翁鴿（short-faced tumbler），看看兩者鳥喙之間的驚人差異，這導致牠們頭骨上也有相對應的差異。」接下來，他描述各種品種的鳥喙、大小、形狀、顏色和飛行模式的多樣性。與當時的大多數博物學家一樣，他相信這些品種全都是從一種祖先原鴿（Columba livia）演化而來。在《物種起源》中，他還提供大量證據支持這個想法。

達爾文的朋友卡爾‧理查‧萊普修斯（Karl Richard Lepsius）教授告訴他，人類已經豢養家鴿數千年了——在公元前 3000 年的埃及第五王朝就有飼養家鴿的紀錄。在羅馬和印度蒙兀兒王朝時期，家鴿也享有很高的聲望和金錢價值。顯然，人類多年來已經改變了家鴿以迎合人類獨特的品味。他將這個現象稱為**人擇**（artificial selection）。

然後，他大膽地做出以前沒有人敢做的事。他斷言：「儘管選擇的過程可能很緩慢，但是既然渺小的人類能夠透過人擇的能力做很多事，那麼所有有機生物之間、彼此之間及其物理條件之間的相互適應的無限美麗和無限複雜性，我認為這樣的變化是無窮的，這些變化可能會在漫長過程中受到自然力量影響的選擇。」[17]

如果人類可以徹底改變鴿子，而大自然的時間這麼長，憑什麼說大自然不能改變有機生物體，創造出我們今天所看到的生物多樣性？對現在的我們來說，這種看法似乎非常明顯，但當時沒有任何一個博物學家將人擇所創造的各種鴿子、狗或植物，與自然界普遍存在的自然異質性關聯起來。

孔雀尾羽的拼圖

達爾文在《物種起源》中，第二個大膽的臆測是性擇。

達爾文曾寫道：「每當我凝視孔雀尾羽時，總是使我感到不適。[18]」他認為，像孔雀那樣華麗的雄性裝飾，與天擇理論相矛盾，因為這對孔雀的生存來說是一種負擔。為什麼孔雀會演化成危及其壽命的方式呢？達爾文所得出的結論是，天擇的價值不只是為了生存，還包括**繁殖**。

任何能夠使動物生產更多後代的特徵，在長遠來看都是有利的，因為這些後代又能夠繼續繁衍更多後代。一隻尾羽更華麗的孔雀能夠吸引更多的母孔雀，一生中就能繁衍更多後代。因此，就會出現對於更加華麗尾羽的競爭。在《物種起源》中，達爾文寫道：「這種選擇形式不是為了與其他有機體或外部條件的生存競爭，而是一個性別個體（通常是雄性）之間為獲得另一個性別個體的擁有權。」公孔雀透過豔麗的尾羽互相競爭。這種競爭不是為了生存，而是為了交配伴侶。

達爾文的看法賦予母獸主控權，震驚了維多利亞時代的讀者，他認為：「我找不到任何理由懷疑，成千上萬個世代的母鳥透過選擇聲音最悅耳，或是根據牠們對美的標準選擇外觀最豔麗的公鳥，可能產生了顯著的效果。」他聲稱孔雀美麗的尾羽，是由母孔雀所控制的；是母孔雀主導了尾羽的美學標準。

性擇當然不只限於鳥類。與他之前的幾代自然學家一樣，達爾文觀察到公鹿、公雞、甲蟲和掠食性物種之間，為了母獸而激烈鬥爭的現象。他正確地指出：「一頭沒有角的公鹿或是沒有爪子的公雞，會很難留下許多後代。」他將像獅子的鬃毛或鮭魚的鉤狀下顎這樣的雄性附屬器官，拿來和劍或矛來相比。一頭擁有笨重鹿角的公鹿，可能更容易成為獅子的獵物，但最後也可能會比鹿角不起眼的公鹿生育更多後代。

正如達爾文對天擇的觀察一樣，他以新的角度檢視確立的事實，然後創生了性擇論。

我們是一體的

達爾文在《物種起源》中，關於共同祖先的第三個觀點，以我外行人的角度來看，是顯示他的才智出眾最清楚的一項。

用他的話來說：「我相信動物最多只有四、五個祖先的後代，而植物的祖先數量相等或更少。類比會讓我更進一步，也就是我相信所有動物和植物都是從某種原型演化而來的。」許多維多利亞時代的人甚至不接受黑人和白人是同一血統的後裔，而達爾文卻聲稱不同物種的來源是相同的。

《物種起源》的第14章提供大量證據支持他的觀點，也就是大多數物種都是從非常少數的共同祖先演化而來。他將這種現象稱為「演化的衍生」。他首先指出一個顯而易見的事實：有機生物是屬於群體的[19]。階層級別由小到大的排列如下：種、屬、科、目、綱、門和界。

因此，狗屬於犬種（Canis familiaris），犬屬（Canis）。而當狗和狼及胡狼一起分類時，狗屬於犬科（Canidae）。當犬科與其他科動物（如貓科〔Felidae〕、熊科〔Ursidae〕、鼬科（Mustelidae）等）一起分類時，則是屬於食肉目（Carnivora）。食肉目與鯨豚類（Cetacea）、奇蹄目動物（Perissodactyla）、海牛目（Sirenia）、兔形目（Lagomorpha）等組合成了哺乳綱（Mammalia）。哺乳綱、爬蟲綱（Amphibia）等綱合併，就組成了脊髓動物門（phylum Chordata）。脊髓動物門、軟體動物門（mollusks）、線蟲門（nematodes）等許多其他門，就組成了動物界（Animalia）。

瑞典植物學家卡洛勒斯·林奈(Carolus Linnaeus)於1735年在《自然系統》（Systema Naturae）中奠定了這個分類系統的基礎[20]。林奈之前的博物學家曾進行過相互獨立的分類畫分；而林奈的天才之處在於，他將生物視為一個環環相扣的等級體系。林奈是一位虔誠的人，他相信自然的層次體系是上帝的計畫所致。令人驚訝的是，現代生物世界的組織方式遵循林奈的系統，只有少量修改。

正如各位所看到的，這個系統似乎有一種特定的自然秩序；狗被正確地分類在一起，與胡狼並列；犬科和貓科在家族層級上處於同一層；除了在哺乳類動物下，還有什麼其他方式可以將馬和海牛分類在一起呢？但是，正如達爾文在《物種起源》第14章中寫道：「我們的分類中包含了比外觀相似還要更深層次的關聯。我相信這是事實，而血緣相近（已知是有機體之間相似性高的原因，雖然可看得出來相似程度有高有低）就是這種關聯，而我們的分類部分揭示了這樣的關聯。」

達爾文提出一個極具原創性的觀點。這個分類系統對我們來說看起來正確，因為它反映了地球上所有生物的演化過程。林奈證明了所有有機生命之間的聯繫。他將這種自然秩序歸功於上帝；達爾文則得出結論，唯有當所有生物都有一個或只有很少共同的祖先時，這種自然的秩序才能存在。

達爾文提供兩個額外證據來支持共同祖先的觀點。首先，看似無關的動物群體，如哺乳類動物、鳥類和爬蟲類動物的早期胚胎非常相似，所以很難區分牠們。我敢說圖 5.1 中的相似性會讓你感到驚訝。在早期胚胎階段，很難區分圖中的五種物種。在發育的較後階段，蠑螈看起來像一條魚，而人類看起來像海龜。為什麼會有這樣的情況？達爾文寫道：「因此，胚胎結構的共同性，揭示了血緣的共同性。」

其次，他提出動物的原始器官，是其祖先和現存形式之間親屬關係的證據。達爾文所謂的「原始器官」是指存在於生物體內但已失去功能的退化器官。他提供許多例子：雄性哺乳類動物的乳房、甲蟲已融合且無用的翅膀、普通蠑螈的陸棲蝌蚪的鰓、小牛口中從未突出上顎牙齦的牙齒，以及蟒蛇的後肢和骨盆的殘跡。達爾文認為，曾經有功能的部分如果不再被使用，可能就變成退化的器官。因此，退化的身體部分建立

圖 5.1　五個物種的發育階段

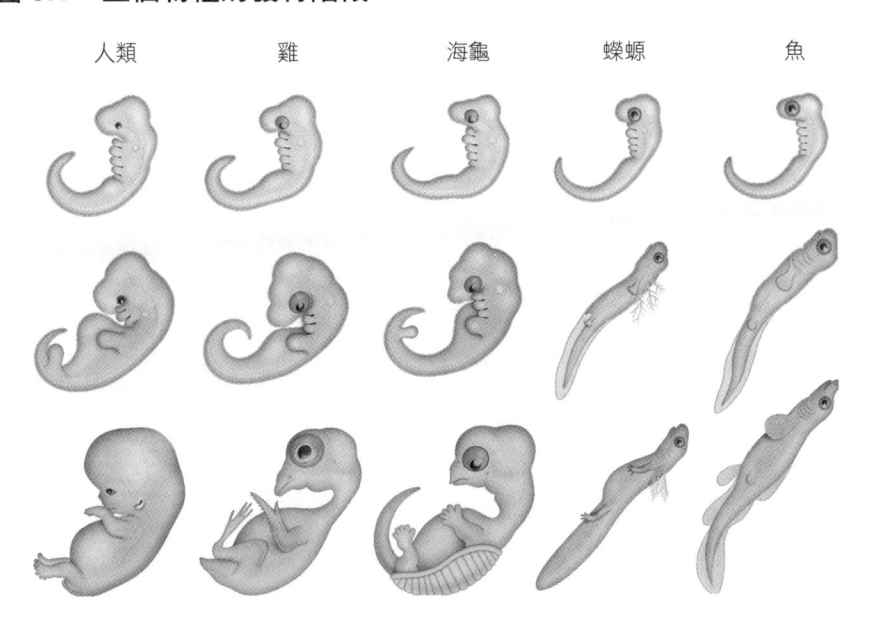

人類　　雞　　海龜　　蠑螈　　魚

魚、海龜和人類的早期胚胎有差異嗎？
資料來源：Licensed from iStockphoto (Getty Images)

了生物與遠古共同祖先之間的直接關聯。一隻在陸地呼吸但具有無用鰓的蝌蚪，應該與水生動物有共同祖先。蟒蛇隱藏的後肢顯示，牠與有腿的動物具有共同祖先；甲蟲已融合的翅膀顯示，牠是從具有翅膀的昆蟲祖先演化而來，依此類推。

當然，達爾文是正確的。科學家們得出結論，我們的「最後共同祖先」出現在大約 35 億至 40 億年前[21]。「最後共同祖先」隨後演化成了生命的六個重要界：動物界、植物界、真菌界、原生生物界、真細菌界和古細菌界。雖然達爾文當時還不知道這六個生物界中的四個，但我覺得令人驚嘆的是，他仍然得出正確的結論。真是天才。

「投資」這門歷史學科

投資界邀請各種各樣的預言家。有些人很可疑，但大多數都是意圖良善的專業人士，他們花費大量精力預言未來會發生的事。而我們不是這樣的人。

在我們繼續之前，我想澄清一個重要觀點。達爾文及其理論是無與倫比的。在我看來，沒有任何科學家能與他相提並論；也許只有愛因斯坦，但可能甚至連他也不及。當我將達爾文的科學過程與我們的工作進行比較時，我充分意識到這就像比較一個巨大的蘋果和一個微小的橘子，完全是不同層次。整體來說，我認為我們這些金融投資人對這個世界來說並不重要，但達爾文很重要。

再把話題拉回到向達爾文學到的教訓。和達爾文一樣：

- 我們只會在歷史的背景下解釋現在。

- 我們看到的是與所有其他人相同的歷史事實。
- 我們沒有興趣預測未來。

我們研究一間企業的歷史以了解其財務狀況、評估其策略、衡量其競爭地位，最後確定其價值。那麼，我們就一一來看這些方面。

了解企業的財務狀況

在金融業工作的人一定看過分析師報告。然而，如果你不是金融從業人士，或者以前沒有看過分析師報告，我可以簡要描述一下。證券經紀公司（如摩根大通、摩根士丹利和高盛）聘請研究分析師，他們對上市企業進行詳細研究，並發布報告給客戶（投資人）。一份典型的分析師報告會描述一間公司的業務和財務狀況，表達了其整體戰略和方向，並建議客戶買進、持有或賣出某間企業。根據證券公司的不同，分析師使用各式各樣的詞語來推薦給客戶——例如「落後大盤」「加碼」「增持」「中立」，以及其他晦澀的術語。但是他們的建議基本上可以分成買進、持有或賣出這幾個類別。

除了業務評論之外，大多數分析師報告通常包含最新財務年度的盈虧及資產負債表，以及未來2至5年的財務預測。在許多這類報告中，你可能找不到過去2至3年，甚至過去5至10年的財務狀況。如果你想了解公司過去5年的營收成長情況、利潤率的長期歷史趨勢，或是資本運用報酬率和自由現金流在10年內的波動情況，那就只能自己動手搜尋了。

在我寫這篇文章時，我手裡拿著5間券商針對塔塔諮詢服務公司（Tata Consultancy Services）的分析師報告。這間公司是印度最大的科技服務企業，市值約1500億美元。這些報告都提供未來2至3年的財務預測及過去一年的實際財務數據。只有一份報告提供3年的歷史財務資料。沒有一份報告包含5至10年的財務歷史紀錄。

　　有一個真實事件可以解釋這種狀況的原因。幾年前，我們三個人拜訪了我們投資組合中的一間公司。我們與執行長和財務長見面大約一個多小時。就在我們準備離開時，財務長的手機響了，他看起來對電話中的人感到很不滿，並驚呼道：「我不能說什麼，幾個星期後才會公布結果。」結果，來電的人是一位知名投資人，他正在查看當季營收和獲利資料。

　　既然投資人總是追問公司經營團隊下一季的業績，他們不會對研究分析師也有同樣要求嗎？那麼，為什麼分析師要關心長期的歷史紀錄呢？分析師做預測，是因為他們的客戶要求他們預測。我相信許多分析師知道這麼做是白費力氣。以下是原因所在。

　　假設我需要預測明年的財務狀況。我需要預測至少10個（甚至更多）數字，包括銷售單位、每單位價格、銷貨成本、營業費用、應收帳款、資本支出等。假設我猜得很準，我有90%的機率猜對每個數字，因此，正確猜測明年這10個數字的機會只有35%（0.90^{10}）。有人可能會質疑，這10個數字並非全都是獨立變量，所以我們不應該將這些相乘。沒錯，但是變量的數量遠大於10，這些至少都是半獨立的。無論你預測明年財務狀況是好是壞，正確的機率可能比猜對硬幣正反面的機率還要低。

　　但這只是明年的預測，我還需要預測之後的一年和再之後的一年。各位認為，我的估計有多準確呢？

　　我們唯一準備的財務資料，是過去10年或更久的資料。我們的財務追蹤資料沒有預測值。正好相反，我們使用的是每個人都可以取得的相同、且是真正的財務資訊。這和達爾文所做的事是一樣的。

達爾文在發展理論時，並沒有特別獲得任何機密數據或資訊。小獵犬號的航行確實讓他接觸到新的土地和生物，但他並沒有任何發現。在 5 年的航行中，達爾文確實蒐集了 1529 種生物標本和 3907 件皮膚、骨骼和其他標本[22]。但在我所有的研究中，我並不覺得他偶然發現了任何科學界未知的重要發現。

有時專家向達爾文提供有關他蒐集的標本的新事實。例如在 1845 年，達爾文的植物學家朋友約瑟夫·胡克（Joseph Hooker）鑑定了達爾文及其團隊在加拉巴哥群島蒐集的 200 多種植物[23]。其中大約 150 種植物是單一島嶼上獨有的，但它們與其他島嶼上的植物相關，這些植物在地球其他地方都找不到。一些植物的祖先，就像鳥類的祖先一樣，很久以前以某種方式來到加拉巴哥群島，隨著時間過去，它們逐漸適應了當地環境並分化成許多物種。

鳥類學家和博物學家觀察孔雀的求偶儀式好幾個世紀，但沒有人像達爾文那樣，認為母鳥對於挑選公鳥羽毛方面具有主導地位。即使是業餘博物學家也知道，只有公鳥會有華麗的羽毛，而在所有鳥類物種中，羽毛的大小、形狀和顏色的多樣性確實令人驚嘆。但沒有一位鳥類學家像達爾文那樣，以性擇來解釋他們的觀察。

同樣地，林奈的《自然系統》並不是什麼祕密。這個系統以植物的雄性和雌性的分類系統為基礎，使林奈獲得聲譽和名望。林奈在隨後的著作《植物屬》（*Genera Plantarum*）中修改他的植物性別分類系統。《植物屬》根據他所稱的「自然特徵」來分類植物：花和果實的形態特徵。然而，除了聲稱這是上帝的計畫外，他和其他人都無法解釋這種自然秩序的來源。林奈過世後 80 年，達爾文才透過他的共同祖先理論，解釋了這種自然秩序。

正如各位所看到的,在每個案例中,達爾文和其他人一樣擁有相同的歷史事實。唯一不同的是,他提出的解釋是全新、截然不同的。我希望相信我們的方法也是這樣。

如果我們不預測財務資料,那歷史數據對我們的用途是什麼?有很多用途。身為長期投資人,我們對投資組合中企業的財務表現非常警惕。以下是我們使用歷史財務資料評估我們投資組合公司的方式。

接著我要以印度第二大油漆公司柏格油漆(Berger Paints)為例說明。我們從 2008 年以來就一直持有柏格油漆的股份。當柏格油漆公布季報時,我們會進行兩個主要的歷史分析:**絕對值分析**和**相對值分析**。

例如,為什麼過去一年柏格油漆的營收成長率降到 10%,而長期平均成長率為 15% 至 16%?連續 3 年高獲利率的原因是什麼?公司是否開始在銷售和行銷方面的花費比平常少?本季應收帳款大幅下降的原因是什麼?過去一年的資本支出是否高於平常?過去 2 年資本運用報酬率比之前 5 年增加的原因是什麼?

我們不只是在長期歷史的背景下分析柏格油漆的業績。作為長期投資者,我們希望投資於相對表現良好的企業,也就是表現優於整體競爭對手。我們將柏格油漆的財季、過去 12 個月和長期表現與競爭對手進行比較,比較的參數包括營收和獲利、市占率、資本運用報酬率和自由現金流等。我們主要將柏格油漆與四間競爭對手進行對比:亞洲油漆(Asian Paints,業界領導者)、關西塗料(Kansai Nerolac)、阿克蘇諾貝爾塗料(Akzo Nobel)和深藍油漆(Indigo)。此外,我們還尋求市場的意見回應,了解可能開始快速成長的規模較小或私人企業的情況。透過財務資料進行的競爭分析可以讓我們了解,柏格油漆在當季和去年的市占率是否下滑或提升。是什麼帶動關西塗料在過去 2 年的營收占比增加?阿克蘇諾貝爾塗料的市占率下滑,誰從中獲得最多?深藍油漆是否能夠在喀拉拉邦以外擴展業務？柏格油漆的廣告支出與競爭對手相比的趨勢如何？

正如各位所看到的，我們對歷史財務資訊進行大量分析。我在此概述的是我們對投資組合公司提出的一些問題範例。在評估新業務時，分析方式並無不同。我們要求任何可能投資對象的實際財務紀錄，絕對和相對財務表現都必須卓越。

我們已經有公司的歷史資訊了，何必浪費時間做一些無用的預測？

評估企業的策略

「策略」是一個有很多意義的詞。為了本章說明，我將這個詞簡單地定義為「企業在不確定條件下，為達到某個目標而採取的一切行動」。對字義挑剔的人可能會對「戰略」與「策略」的定義而爭論。就讓他們去吧，身為投入實際資金的人，我們可以把心力放在更實際的問題上。

我猜各位已經可以「預測」我接下來要寫什麼了！是的，我們**評估歷史策略以了解企業**。我們關注的一小部分策略問題包括：你的目標客戶群是誰？你的產品或服務如何滿足客戶的需求？你與競爭對手有何不同？你過去如何分配資金？你的資本結構是什麼，為什麼這樣設計？

在各位閱讀這些問題時，可能會注意到兩件很明顯的事情：這些涉及公司過去的策略行動，以及這些是連大一新生都可以提出的問題。這些問題有什麼了不起的地方嗎？沒有。我們提出這些問題並不是為了客觀評估答案，而是主觀地評估是否符合我們對成功或失敗**預先做的假設**。是的，我們在提出第一個問題之前，就知道我們想要的答案是什麼了。

如果多年來我們的投資做得不錯，不是因為我們問了這些平凡的問題，而是因為我們根本的偏見要求答案必須符合我們的樣板。我們有成功和失敗的樣板，我們的目標是評估公司的策略是否符合其中一個模式。很少有公司會符合模式——在第 6 章中會有更多關於這一點的介紹。

這種方法與達爾文的方法非常相似。達爾文在 1861 年寫給亨利‧福塞特（Henry Fawcett）的一封信中寫道：「真是奇怪，竟然沒有人發現，所有的觀察都必須支持或反對某種觀點，才能有任何用處。[24]」達爾文獨特的能力在於將客觀資訊（所有人都可以取得的資訊），與他的主觀假設相結合以進行評估。

來看看他對於生存必須奮鬥的觀點。英國經濟學家湯瑪士‧馬爾薩斯（Thomas Malthus）於 1798 年發表一篇關於人口成長原理的文章[25]。馬爾薩斯認為，人口呈指數暴增，而食物資源的成長則是線性的，因此除非對生育實施嚴格限制，否則人類將不可能繁榮地發展。此外，馬爾薩斯認為，除非人類開始生育較少的孩子，否則無可避免的食物短缺將使人類永遠陷入對生存的悲慘掙扎，只有饑荒、戰爭和疾病才能抑制人口成長。這是一個對人類生存抱持黑暗且悲觀的觀點。

達爾文在 1838 年讀到馬爾薩斯的論文，並將馬爾薩斯原則的應用範圍擴展到整個生物界[26]。之前沒有人做過這樣的事。大師自己說得很對：「每一個在其自然生命期間產下多個卵或種子的生物，在其一生中的某個時期或某個季節或偶爾某一年，必然要遭受毀滅；否則，按照幾何成長原則，這種生物的數量將迅速變得過於龐大，任何國家都無法支撐這樣的產量。因此，由於生物繁殖的個體數量超過了生存的可能性，每一種情況下都必然存在生存的競爭。這種競爭可能是同一物種中的個體彼此之間，或與不同物種的個體，或與生活的物理條件之間的競爭。」

儘管許多動物或植物物種產生了數百或數千的種子或後代，但達爾文和他身邊的每個人一樣，不認為任何動物或植物主宰我們的星球。但沒有任何其他人像他那樣解釋歷史。在馬爾薩斯的啟發下，他用不可想像的生物歷史毀滅和消滅的假設，來解釋有機世界的當前狀態。他的觀察符合生存競爭的模式。

也許用投資界的一個真實例子，更適合解釋這一點。我們是一間名為 NRB 軸承公司的股東。公司的老闆暨執行長哈許比娜·扎韋里（Harshbeena Zaveri）畢業自衛斯利學院（Wellesley）人類學系。她可能是我們投資組合中最出色的策略思想家。NRB 公司為汽車業生產針狀滾針軸承，在印度的市占率約 65% 至 70%，全球巨頭舍弗勒（Schaeffler）則占其餘部分。軸承僅占汽車成本的 1% 至 2%，但卻是極重要的零件——軸承故障可能導致嚴重事故。

我們避免投資汽車零件業，因為一般而言，汽車零件公司的客戶，也就是汽車公司，不讓它們的供應商獲利。例如，2021 年美國前五大汽車公司的市占率大約是三分之二[27]。這種集中度使它們能夠向供應商（汽車零件公司）要求很好的價格。毫不奇怪，沒有多少零件供應商能夠持續地獲得可觀利潤。印度市場甚至比美國還要集中——印度的主要汽車公司馬魯蒂鈴木（Maruti Suzuki）控制印度市場的一半市占。印度的摩托車市場只有三家公司的寡頭壟斷。零件供應商的客戶集中度非常高是很常見的——一個頂級客戶通常占營收的 30% 至 50%。

因此，我們的偏見是拒絕投資幾乎所有汽車零件業。但也有例外情況，但是這個例外必須符合以下模式。首先，零件供應商需要生產一種需要專有技術的關鍵組件，並且多年來客戶集中度較低。公司只能有一或兩個競爭對手，而產業的競爭動態應該長期保持穩定。最後，這個行業多年來沒有新的進入者，而且公司過去的財務表現必須良好。請注意，這裡沒有一個標準是關於未來的。

NRB 符合所有條件，因此當公司的股價評價達到我們喜歡的程度時，我們馬上就出手了，買進該公司 10% 股權。我們研究過公司歷史、建立假設、不去預測，而且從 2013 年以來一直是對這間公司感到滿意的股東。

評估一間公司的策略沒有用，除非我們有一個策略，能夠幫助我們理解那間公司的策略。

▎衡量企業的競爭地位

達爾文發現，一個物種的成功不在於它是最好的，而只是要**比競爭對手更好**。有個笑話更適合用來解釋這一點：兩個朋友在森林散步時看到一頭獅子，其中一個開始換上跑步鞋。他的朋友問道：「你在幹嘛？你不可能跑得比獅子快。」那個人回答：「我知道，但我不需要比獅子跑得快，我只需要跑得比你快！」

有背痛、疝氣，或想要用槓桿加密交易的人都會承認，人類不論是身體或大腦都不是最理想的。但是人類這個物種，絕對比同樣是人屬（Homo genus）的其他幾十個姐妹物種更優越，使得超過 80 億的人類能夠統治這個世界。

投資人、分析師和學者已經對「**可持續競爭優勢**」這個詞耳熟能詳了。然而，就像演化理論一樣，真正的問題不只是關於可持續競爭優勢，而是關於**持續優於競爭對手**。那麼更好的含義是什麼？對我們來說是有關可衡量的參數，如資本運用報酬率、市占率、自由現金流、資產負債表強度、財務一致性及其他類似指標。

我們會針對這些進行歷史資料評估。因此，對我們來說，問題從來不是「你會比競爭對手更好嗎？」，而是「你是否**一直比競爭對手**

更好?」

讓我們以市占率為例來說明。如果一間公司持續失去市占率,而且如果軟銀、Tiger、阿里巴巴或Naspers未向其競爭對手提供10億美元,讓該公司可以不思考地燒錢,就沒人能說服我這間公司擁有可持續競爭優勢。另一方面,如果一間公司的市占率持續擴大,那麼該公司很可能建立了一道具有防禦性的護城河。我們希望我們的企業長期下來能贏得市占率,但也清楚地認識到短期內可能偶爾會出現趨勢反轉。

針對這一點,分享一個早期我在基金公司工作時犯過的錯誤,可能對讀者會有所幫助。有一間規模不大的企業處在一個零散型的產業,大多數企業的資本運用報酬率都表現不錯。這間企業的資本運用報酬率超過30%,在前3年內的年成長率為29%。該公司沒有負債。我們以為投資價格很有吸引力,於是進行投資。但在5年後以大約40%的虧損出售後,我得出結論:價格是最不重要的問題。我在評估該企業的競爭優勢時,犯了錯誤。

這間公司在過去幾年表現還算不錯,但長期下來卻失去很多市占率。該產業2間最著名的企業,成立時間與這家公司相同,但營收是這家企業的20倍以上。第三大企業在我們公司成立12年後,營收已經是11倍了。

在我們的盡職調查過程中,我們從管理團隊、客戶甚至是競爭對手那裡,得到許多關於公司策略和發展方向近年來開始取得成效的量化資訊。該公司近年來表現不錯,但從長期角度來看,我應該看出這間公司長期以來一直是表現不佳的。此外,自成立以來,同一個管理團隊一直在經營這家企業。那麼未來5年的結果怎麼可能有所不同呢?

我犯了一個大錯誤。在評估競爭地位時,除了一些例外情況,幾乎沒有比長時間衡量產量、營收和獲利的市佔比更好的方法。

活到老，學到老。

▎判斷企業的價值

幾年前，我和一位基金經理人朋友見面喝咖啡時，他想知道我們投資組合的表現，我就開始對我們持有的企業股價評價過高有點怨言。我想要買更多股票，但價格似乎已經大幅上漲。我的朋友很驚訝，並說這些股價看起來還算合理。我說：「A 公司的本益比是 45 倍。」他則反駁說：「不，只有 25 倍。」然後我抱怨 Y 公司的本益比是 55 倍，他看起來也很驚訝，然後指出這間公司的本益比只有 28 倍。我覺得很沮喪，而他則顯得相當驚訝——難道我不知道我持有企業的股價評價嗎？

然後我才想到。

當我說「本益比 45 倍」時，我指的是**落後**本益比 45 倍。而當他說「本益比 25 倍」時，他指的是**預估**本益比 25 倍。他的預估本益比不是指明年的預估獲利，而是指未來 2 年的預估獲利！對於不熟悉我們行業術語的人來說，我是根據過去一年的實際獲利，來估值我們投資的公司之本益比；而我的朋友則是根據業界對公司未來 2 年獲利的平均預期，計算出預測獲利的本益比。

以下的例子將更清楚地說明這點。假設一間公司過去 12 個月的稅後利潤為 1000 萬美元，其市值為 4.5 億美元，這樣會計算出落後本益比為 45（450÷10）。如果分析師的共識估計這間公司明年的獲利為 1400 萬美元，後年為 1800 萬美元，那麼該公司的 1 年預估本益比就會是 32（450÷14），而 2 年預估本益比就是 25（450÷18）。

45、32、25，這三個數字哪一個才是正確的本益比？這取決於投資人的觀點。對我們來說，正確的數字是落後本益比45；而對我的朋友來說，正確的是預估本益比25。大多數有關本益比或其他評價比率（如股價/淨值比，或企業價值/EBITDA）的討論都是未來的。我們**只討論**與過去交出的獲利有關的本益比，可能是過去12個月，也可能是過去3年，如果是一些受週期性影響很大的企業，甚至可能是過去10年的平均本益比（也就是目前的市值除以過去10年的平均獲利）。我們還會使用其他股價評價指標，但這些全都是根據過去的績效來評估目前企業的價值。

我可以理解一些投資人會去預估一、兩年內的收益，因為那是在不久的將來。這並不理想，但我可以理解。我無法理解的是，為什麼投資人會做出更糟糕的事情，而且非常糟。

那就是**折現現金流分析**（DCF）。

有一個簡單的方法可以理解。假設現在是2000年，你的媽媽答應未來2年每年都給你100美元。但是你急需現金，於是向媽媽請求提前給你現金。她不會給你200美元，因為2001年和2002年的100美元價值，低於2000年（對，媽媽很斤斤計較，而且她也是個很好的數學家）。那麼她應該給你多少錢？你需要使用折現現金流分析來計算出答案。

在這個過程中，你需要一個折現率或資本成本[28]。媽媽決定折現率應該是5%（也許因為這是銀行利率）。因此，2001年的100美元，在2000年的價值是95美元（100 ÷ 1.05）；2002年的100美元，在2000年的價值是91美元（100 ÷ 1.05^2）。因此，如果你選擇今天拿到所有的錢，她應該會給你186美元（95美元＋91美元）。這就是一個簡單的折現現金流分析。

目前為止都還好。

問題在於把你媽媽換成一間公司。哇！我真的這麼說嗎？你懂我的意思。如果你不懂的話,我來詳細解釋一下。根據企業財務理論,一間企業的價值只是**所有未來現金流量的總和,折現到現在的時間**。這在學術上是合理的,從數學上來說也是正確的。但以實際的投資來說,這根本沒道理,我們來理解一下為什麼。一個折現現金流試算表有兩個主要項目:**折現率和現金流預測**。

我們先從折現率開始。

折現率,是權益和債務成本的加權平均值,相當於我們在媽媽的例子中使用的 5%。我理解債務成本,但權益成本是什麼?這時企業財務理論就派上用場,提供我們一個乾淨俐落的正式計算公式。公式如下:

(無風險利率)+ β × (預期市場報酬率 - 無風險利率)

看起來很不錯吧?只需帶入數字就可以得到答案。但是不要被它迷惑了,因為這掩蓋了幾個巨大的問題。

讓我們從希臘字母 β(貝他)開始,這表示風險,衡量股票相對於市場的波動性。因此,一檔與市場完全同步移動的股票的貝他值為 1。但同樣地,用波動性來代表風險的概念是否相當愚蠢?正如我在第 1 章中討論的,風險性與波動性有什麼關係呢?對於投資人來說,企業的風險程度,與投資該企業可能承受的資本損失機率成正比。潛在的虧損愈大,風險就愈高。我從來不在意貝他值,也永遠不會去在意。

如各位在公式中所看到的,我們需要一個**預期市場報酬率**的數字。問 10 個專家,我們會得到 10 種不同的預期市場報酬率數字。我應該選擇哪個數字?平均值、中位數、我喜歡的任何數字都行?這個公式無法提供建議。

各位在公式中看到任何有關公司負債情況的資訊嗎？你認為負債比高的公司，權益成本應該和無負債的公司一樣嗎？這個公式並不這麼認為。這種情況奇怪到可笑。因為股權投資人要求高權益成本，所以高槓桿、財務有困難的公司，股價會非常低。

如果這樣還不夠的話，我們再來看看，假裝一個看起來很厲害的數學公式可以避免我們犯下嚴重錯誤，實際上會有什麼破壞性的影響。

我們再回來看看媽媽給你 200 元的例子。如果她決定折現現金流的折現率應該是 7% 而不是 5%，那麼她就只會給你 181 美元，而不是 186 美元。但如果她以 3% 折現率計算，那麼你就會多收到 5 美元，也就是 191 美元。折現現金流分析假設現金流是永遠的，因此這種公式的現值對折現率的敏感度，遠高於媽媽所使用的公式。例如，假設一筆 100 美元的現金流在 25 年內成長 10%。使用 10% 的折現率，那麼這段時間的折現現值為 2273 美元。如果我們將折現率降低 1 個百分點，現在是 9% 會如何呢？這個值將增加 **13%**，達到 2565 美元。同樣地，折現率增加 1 個百分點，將使現值減少 11%。

告訴自己折現率計算到小數點後兩位數的精確度比猜測更好，這樣自欺欺人有什麼用？

不管你相不相信，接著就要討論到使用折現現金流的真正問題。沒錯，我們還沒開始討論問題呢！

再回到媽媽的例子。她承諾未來 2 年，每年會給 100 美元。公司能夠無限期地做同樣承諾嗎？當然不行。但折現現金流分析卻要求我們預測現金流量，所以所有人都這麼做。

理論上，我需要無限期地做這些預測，但為了方便起見，我只會在第 10 年底使用一個「終值」來讓我的工作輕鬆一點。我們還是別深入討論終值這個東西，那就像化糞池一樣。相信我，你會覺得很噁心。

即使你不是金融界的人，可能也讀過或聽過個別企業股價突然大跌或大漲的消息。讓我們以 Snapchat 為例，這是一款每個有智慧型手機的青少年，似乎都在使用的應用程式[29]。2017 年 5 月初，Snapchat 的股價在一天內下跌近 25%，因為該公司公布財報顯示成長速度不如預期，並出現 22 億美元的巨額虧損。關於該公司有很多公開資訊，而且由於 Snapchat 才剛上市，投資人和分析師已經鉅細靡遺地分析其未來的現金流。但是顯然他們並沒有預期到這樣慘淡的財報。

如果投資人甚至無法提前幾天或幾個月預測現金流量，又如何能夠預測未來幾年的現金流呢？但這正是折現現金流方法所要求的。投資人和分析師很擅長建立龐大而複雜的財務模型，以評估數十個因素、預測未來多年的現金流量。Excel 真是太棒了！

並不是這些試算表模型的建構者（無論是分析師、銀行員、顧問或投資人）沒有發現其中的陷阱。但是因為某種原因，對展望未來以得出確切數字的強烈願望，使得警告人們別再假裝他們在做任何有用的事的理性聲音被壓制了。

要了解這種對未來的著迷，最好的方法之一是**閱讀公司季報法說會的錄音文稿**。大多數公司都會在網站的「投資人關係」中公布這類聽打稿。我分析三份法說會錄音文稿，分別是沃爾瑪（2018 年第二季）、寶僑（2017 年第四季）和通用汽車（2017 年第二季），結果非常明顯。

在沃爾瑪的法說會上，分析師和投資人提的 49 個問題中，有 28 個聚焦於未來（例如，「財測內隱含的息前稅前獲利率方向」）。在寶僑的法說會中，20 個問題中有 14 個要求管理團隊做出某種預測（例如，「公司是否有更多新計畫即將推出？」）。而通用汽車的 33 個問題中，有 27 個是關於未來（例如，「我們應該如何看待重組行動預期節省的節奏？」）。

分析師和管理團隊之間的拉鋸戰有時令人痛苦：分析師試圖確定營收和獲利的準確預測（以便他們將數字代入折現現金流模型中）。管理團隊深知，本質上未來是不可預測的，因此試圖用一些廣泛的通用評論來迴避這個問題。

例如，在通用汽車 2017 年第二季法說會中，一位分析師想要了解 OnStar 的營收預測，OnStar 是安裝在通用汽車車輛中的先進通訊系統。財務長的回答是：「正如我們之前所討論的，是的，OnStar 正在產生營收。我們不會單獨揭露它的資訊。它在持續成長。」我很同情公司的管理團隊，他們知道自己並不知道未來會有什麼發展。但是另一方面，大多數分析師和基金經理人從來沒有在企業界工作過，所以他們以為管理團隊的工作就是了解未來，不然他們要怎麼把數字代入折現現金流模型呢？

我曾任職逾 25 間公司董事會多年，而且我從未見過管理團隊完全達成其預算。有些超出他們的預測，有些則未達標。這種超出或未達預期的情況偶爾會出現很大差距。如果公司管理團隊無法正確預測，投資人又怎麼能預測呢？這是沒辦法的。更重要的是，投資人不應該嘗試這麼做。

我們從來沒做過折現現金流分析，將來也不會這麼做。但是我知道許多投資人和分析師會做這種分析。也許他們已經找到一種預測未來的方式，而且超越我能理解的範圍。無論如何，我們的方法很直接。

我要以一間增速穩健的非周期性企業為例來說明。我們已知市場落後本益比大約是 19 或 20 倍。如果是一間極具競爭力的企業、具有高資本運用報酬率、廣闊的護城河、低業務和財務風險，我們願意支付的本益比會符合或略低於市場的本益比。偶爾出現一間真正獨特的企業，我們也會願意支付 20 倍左右的本益比，但這種情況很少，偶爾才會出現一次。我們在買進這些公司時，投資組合的落後本益比中位數是 14.9。

對於周期性企業或是獲利未顯示穩定成長的企業（例如，過去 5 年獲利持平或去年倍增的企業），我們會微調這種方法。但大原則是，我們根據過去的財報結果，來確定公平的股價評價。

對了，關於股價評價的最後一點。這永遠是我們最後才討論的事情。在評估一間企業時，**風險第一，品質第二，股價評價最後**。

必要的東西不一定是充分的

根據紐約州立大學石溪分校（the State University of New York at Stony Brook）教授道格拉斯・富圖瑪（Douglas Futuyma）的說法，「演化生物學的核心包括描述和分析演化的歷史，以及分析演化的原因和機制[30]。」因此，自然界提出一些問題，如果不推斷歷史的過程，我們就無法回答這些問題。例如，為什麼在某些物種中，母獸會為了公獸而打鬥？為什麼有兩性而不是五性？為什麼我們的基因體中只有極少部分編碼蛋白質？為什麼雄獅會殺害幼獅？鳥類是如何從恐龍演化而來的？

身為長期投資人，我們已經不再執著於「未來會發生什麼事？」，我們重視的是「**真正發生了什麼事？**」前者是一長串臆測和意見，而後者在很大程度上是由事實所組成。當然，事實本身是空洞的，重要的是我們對這些事實所建構的看法，但至少事實為我們的討論奠定了基礎。

舉例來說，如果一間公司在過去 10 年的歷史中，資本報酬率為 40%，兩位投資人對這個「事實」可能看法完全不同。一位投資人可能會認為這間公司有著大好將來，而另一位則可能認為個體經濟學理論要求這些報酬將會被競爭所消除。了解公司過去曾經有過非常高的回報，讓投資人將注意力集中在這些報酬的來源和持續性上。例如，公司是否因為受到來自海外競爭的監管保護而獲得這些報酬，如果是，我們是否願意支持一間從來沒有面臨真正競爭的企業？還是這些報酬是在激烈競爭中取得的？相對於競爭對手，該公司做了什麼事使自己如此獨特？

我們專注於在歷史的背景下解釋現在，並不是完全沒有問題的。我要分享兩種問題，兩種都涉及過往績效的必要性與充分性。

曾經風靡一時的公司諾基亞（Nokia）是第一類問題的典範。在1990年代末期，諾基亞是一間非常知名的公司，就像今天的iPhone一樣主宰手機市場[31]。中國和印度等大型新興市場在1990年代，手機普及率極低。從過往績效看來，諾基亞將會征服全世界。

投資人買諾基亞的股票怎樣也不嫌多，到了2000年的高峰期，諾基亞的市值約為3250億美元。自那時以來，它已經失去超過9成的市值。在2000年，來自諾基亞的所有歷史資訊——財務表現、競爭地位、聲譽，以及經銷商和客戶的意見回應——都會明顯指出「這是一間了不起的公司。」但在接下來的10年，諾基亞完全無法與蘋果、三星或數十間中國和印度的本地競爭對手競爭，如今諾基亞手機已成為博物館展示的古董了。

只靠諾基亞的過往紀錄的人，一定會遭受巨大損失。重視過去的表現，是投資成功的必要條件，但這並不足以保證成功。特別是在快速變化的產業中，這點尤其真實，而這些產業可能屬於科技業，也可能不是。因此，在諾基亞的案例中，儘管大多數歷史資料都會讓人得出該公司曾經非常傑出的結論，但以科技業的本質來說，快速變化是常態，任何投資人都應該停下來思考。

我們像避開瘟疫一樣避免快速變化的產業，其中許多甚至不是科技業。例如零售、小額信貸、食品外送和電子商務等產業，在印度的演化仍處於早期階段。這些產業的動盪太大，讓我們無法放心地只靠歷史資訊來進行投資。

投資人應該避免投資科技公司和其他快速變化的產業嗎？我們避免投資於這些產業，主要是因為我們無法解讀這些產業中企業的歷史訊號。但許多投資人已經找到評估這些產業的方法。我不知道如何分析快速演變的產業和企業，所以我不會投資。當遇到類似諾基亞的企業時，我會非常自在地說：「我無法理解，所以不要，謝謝。」

我們可以用一個詞來摘要歷史分析的第二個問題：星巴克（Starbucks）。

在這個案例中，靠歷史資料**無法**幫助我們看出一個了不起的敗部復活情況，因此使我們失去一個可能帶來巨大獲利的機會。霍華德·舒茲（Howard Schultz）於1982年買下星巴克，從西雅圖只有四間店開始，到2000年時營收達到約20億美元。可惜的是，他在2000年因疲累而離開了星巴克，不久之後，星巴克就開始表現不佳。

當舒茲在2008年回到公司時，壞消息四起[32]。營收已經下滑一段時間。麥當勞和Dunkin' Donuts透過推出自己的精品咖啡品牌，給星巴克帶來巨大壓力，結果星巴克股價較前一年下跌近一半。從2008年開始，在舒茲的帶領下，公司減少擴張、關閉數百間門市、建立新的即溶咖啡品牌，以及重新關注消費者，使星巴克的命運發生了戲劇性轉變。投資人再次愛上這間公司——從2008年12月到2019年12月，股價上漲超過18倍。

我們回到 2008 年，當時星巴克的一切似乎都在崩潰。所有的歷史訊號——客戶意見回應、市占率、同店銷售成長——都顯示這間公司正在努力恢復失去的榮耀。雖然舒茲是 8 年前的執行長，但是自那時以來，公司已經發生很大變化。數千間新門市、管理方式不同、顧客和競爭對手的行為也不同。舒茲雖然重振了公司，但沒有證據顯示創辦人是最棒的轉虧為盈的人。2008 年，由於缺乏顯示轉虧為盈的歷史資料，所以我不會投資該公司，因此而失去巨大的潛在獲利。

那麼該怎麼辦？我不知道有什麼辦法，但如果你能以某種方式在快速變化的產業中，釐清一間公司的未來，或者押注於能轉虧為盈的公司，那麼你就握有很大的勢力。

對於我們這些平凡人來說，依靠歷史是一種經過時間考驗的方法，可以讓我們的成功機會更高。當然，這並不能保證每次都能贏——沒有任何投資方法能做到這一點——但是能讓我們贏得夠多次。

因為我父親在軍隊服役的關係，軍方每 2 年就會調動他一次，所以我曾在 12 年內轉學七次。這些都是公立學校，教師的素質通常不怎麼樣，這麼說還算是客氣的。但是我認為就算是最好的私立學校，也找不到像神奇的拉瑟德老師那樣的人才。

我念七年級時，我們剛搬到一個叫做詹納加爾的小鎮。我感到非常痛苦，因為我必須和前一個城鎮（德胡羅鎮）的朋友們告別，而且我很難融入這所新學校的社交圈。但是拉瑟德老師和他的歷史課幫助我撐過那一年。他不按照教科書上的內容來教授歷史。反而要我們利用學校圖書館，閱讀有關古代和現代印度歷史的書籍和流行漫畫。然後他要求每位學生選擇一個主題，向班上同學解釋他們所讀到的知識。當然，其他同學可以對演講者提出異議，而拉瑟德老師鼓勵我們在爭辯時要有方法和邏輯。我清楚地記得，一群 12 歲的孩子在討論英國對印度的影響時，差點打了起來。

在遇到拉瑟德先生之前，對我來說，歷史是客觀、無爭議、永恆不變的。在他之前，每一位歷史老師都教我，任何問題都只有一個正確答案。拉瑟德老師教導我們，歷史考試中大多數問題的答案，開頭都應該是「視情況而定」。在整個七年級，他直接和間接地讓我們知道，歷史教我們的不是**別人**是誰，而是**我們**是誰。

認為只憑歷史判斷，我們就可以成為優秀的投資人，這種想法很荒謬。雖然歷史分析對我們的投資過程非常重要，但這之所以對我們有效，是因為我們的特點。因此，我會把我的偏見和偏好帶入到一個看似簡單的歷史資料表中。有時候，對於如何解讀過去會存在激烈分歧。即使在我們這個多年合作的小團隊內部，這種分歧也時有發生。在這些激烈的辯論中，我常常渴望拉瑟德先生在這裡，為什麼他不能在這裡裁決呢？

本章摘要

演化論教我：若要重新思考投資這件事，投資人可以透過研究和了解企業和產業的**歷史**，而不是不斷沉迷於未來。

- 現代演化論的創始人達爾文比他之前的任何人都更明白，現在是過去累積效應的結果。
- 他從新的角度解釋歷史，提出三個開創性的理論——天擇、性擇和共同血統。
- 不同於物理和化學，演化生物學不做預測。不是回答「人類會發生什麼事？」這個問題，演化生物學思考這個難題：「雙足人類是如何從祖先四足猿演化而來的？」
- 投資界著迷於未來。研究過去，不如做出大膽預測。
- 借鑑演化生物學的經驗，我們專注於公開、可取得的歷史資訊來分析業務。我們不花時間進行預測。
- 我們透過分析**已經**發生的事，不關心**將要**發生的事，形成對公司財務、策略、競爭地位和股價評價的看法。
- 不過，專注於過去確實有兩個主要缺點。我們可能會錯誤地認為（1）歷史上成功的企業，未來仍將繼續成功；或是（2）失敗或正在失敗的企業，也將繼續失敗。

第 6 章
細菌與商業趨同性

> 我傾向相信，就像兩個人有時獨立地完成同一個發明一樣，天擇為了每個人的利益並利用類似的變異，以非常相似的方式修改兩個有機生物的兩個部分，即使它們的結構與同一祖先的遺傳關係不大。
> ——查爾斯・達爾文，《物種起源》
> 第 6 章〈本學說之難點及其解釋〉

> 查理和我有很多理由感謝我們與時思糖果（Chuck and See's）的合作。一個明顯的原因是，我們獲得了非凡的回報，並在過程中度過了愉快的時光。同樣重要的是，擁有時思糖果這間公司，教了我們很多關於特許經營權評估的知識。在時思公司學到的經驗教訓，幫助我們在某些普通股上賺了很多錢。
> ——華倫・巴菲特，〈1991 年致股東信〉

提姆・庫柏（Tim Cooper）在 2003 年 1 月一個寒冷而風大的星期六早晨，毫無頭緒地在密西根州立大學（Michigan State University）的實驗室裡度過，完全沒有意識到這將是他一生中最重要的時刻之一。

提姆開始執行他很熟練的例行動作。3 年來他已經這麼做數十次了，但他知道必須非常小心。他也的確很謹慎。這項實驗已經連續進行了 14 年，他絕對不要造成任何事故。

首先，他拿了一組 12 個新的燒瓶，為每個燒瓶中的液體準確地量了 9.9 毫升。接下來，他來到培養箱前，取出 12 個舊燒瓶。他將從這 12 個舊燒瓶中在每個燒杯注入 0.1 毫升液體，為新燒瓶接種。但他需要先檢查舊燒瓶。

他拿起其中 2 個並看到他期望看到的。接下來的 2 個燒瓶似乎也可以接受。但在第三組的 2 個燒瓶中，在標有「Ara-3」的燒瓶，他發現裡面的液體變得不透明，而不是像其他舊燒瓶那樣稍微渾濁。這是不應該發生的，這間實驗室過去也曾因汙染而發生類似問題。實驗室對於解決這類問題有嚴格的標準程序，而提姆也非常熟悉。

提姆更換了「有問題的」舊 Ara-3 燒瓶，並於星期日回來檢查結果。當然，他期待著一般會見到的結果。但他也遇到了同樣的意外：新的 Ara-3 燒瓶也變得渾濁。

若不是有事情出了大差錯，就是他做對了什麼。

驚人的變色蜥

我們的投資策略，有一個不尋常的特點。我們**不投資個別企業**。雖然看起來我們是這麼做的，但其實並沒有。

那我們投資的到底是什麼？

我們來做一個演化思想實驗，以回答這個問題。想像一個與地球類似的星球，它與自己的恆星的距離，和地球與太陽的距離相似。這並非完全不可能，因為宇宙中有 10 億兆（10^{21}）顆恆星。這個行星會演化出與地球上相同的生命形式嗎？這顆星球擁有金銀花和犀鳥的可能性有多大？

哲學家可能已經思考這個問題幾千年了，但是第一個嘗試回答這個問題的現代科學家，是已故哈佛大學古生物學家和演化生物學家史帝芬・傑伊・古爾德。古爾德在他的傑作《美好生活》（*Wonderful Life*）中提出的立場是，演化是不可預測：「把錄影帶重播 100 萬遍……我懷疑宇宙是否會再次演化出像智人（Homo sapiens）這樣的生物。」

如果「演化錄影帶」被重播 100 萬次，每一次結果都將取決於兩股相對的力量。一方面，天擇的非隨機力量，將確保環境施加的障礙，會使生物體發展出一小部分可預見的解決方案。另一方面，偶然的突變和罕見的環境事件，導致根本無法做任何預測。哪一方會勝出呢？「壞消息是，我們根本無法進行這個實驗。」古爾德沉思著。

好消息是，雖然我們無法進行實驗，但大自然可以，而且已經做到了。想要證據嗎？我們先從蜥蜴開始吧。

在七百多個加勒比海島嶼上，共有大約 150 種被稱為變色蜥的蜥蜴（屬於 Anolis 屬）。所有加勒比海的種類，都是數百萬年前從美洲大陸來的兩種蜥蜴的後代。華盛頓大學（University of Washington）生物學教授強納森・洛索斯博士（Dr. Jonathan Losos）自 1980 年代後期開始在古巴、牙買加、海地和波多黎各這四個較大的加勒比海島嶼上研究變色蜥[1]。

洛索斯教授發現，這四個島嶼上的 150 個物種大致分為六類，又稱為「生態形態」：樹幹、樹枝、樹冠巨樹、樹幹樹冠、樹幹地面和草叢。這種分類是根據體長、尾長、四肢長度、皮瓣（變色蜥腳上的鱗片，幫助牠們貼在表面上）、顏色和棲息地。

例如，樹幹生態型生活在樹幹上，平均體長約 5 公分、短尾、體呈灰色。草叢是一種非常不同的生態形態，生活在草叢和灌木叢中，平均體長為 4 公分、尾巴很長、體呈棕色。

各種變色蜥生態型的行為和外貌特徵，都非常適應其獨特的當地環境。因此，草叢生態型的長尾巴可以幫助變色蜥在狹窄且不穩定的表面上（如草葉）保持平衡，而其棕色的體色與灌木和草葉的顏色融為一體。樹幹生態型非常不同，因為牠的腳下大部分時間都是堅實的樹幹——牠不需要長尾巴來保持平衡，但是牠需要灰色的體色，這就像迷彩一樣，幫助牠隱身在灰色的樹幹中，欺騙其捕食者和獵物。樹枝變色蜥的腿短，可以幫助牠在生活的小樹枝上行走。最後，樹幹地面生態型演化出長腿，可以在樹幹和地面上迅速奔跑。

這些都不奇怪——達爾文的天擇，在景色優美的加勒比海島嶼上仍清楚可見。

然而令人驚訝的是，在這四個島嶼上可以看到相同的生態型。因此，古巴的樹幹生態型之外觀和行為方式，與海地的樹幹生態型非常相似；而波多黎各的樹冠巨樹生態型和牙買加的樹冠巨樹生態型完全一樣。

我知道各位在想什麼：在古巴和海地的樹幹型變色蜥，是同一物種嗎？DNA分析顯示牠們不是！古巴島上的6個生態形變色蜥彼此之間的親緣關係，比牠們與其他島嶼上的變色蜥更為密切。因此，古巴的樹幹生態型變色蜥與古巴的樹枝生態型變色蜥的親緣關係，比與海地的樹幹生態型變色蜥更密切。生活在古巴和海地樹幹上的變色蜥，是兩種非常不同的物種，但在面對相似的環境時，卻已經發展出相同的生理和行為特徵。這6種生態型全都是如此。當面臨特定問題時，不同島嶼上的加勒比海變色蜥已經獨立演化出相同的解決方案，如尾巴長度、身長和顏色。令人驚訝的是，牠們是彼此獨立發展的。

變色蜥蜴是演化「趨同」的教科書例子，也就是在相似環境中，不相關的生物體獨立地發展出相同的身體形態和適應性。[2]

趨同性無所不在

　　加勒比海變色蜥的趨同現象這個引人入勝的例子，是自然界中的規則而不是例外。

　　海豚和我們一樣是哺乳類動物，而鯊魚是魚類，但牠們的紡錘形身體形狀非常相似，更有趣的是牠們的體色也相同。兩者的下腹部顏色較淺，背部顏色較深，因此從上方和下方很難發現牠們。古生物學家喬治・麥吉（George McGhee）認為，鯊魚、海豚、鮪魚和已滅絕的魚龍之所以看起來相似，是因為快速游泳的動物只有一種演化方式。[3]

　　在脊椎動物中，鳥類、蝙蝠和（現已滅絕的）翼龍演化出動力飛行。牠們的共同祖先是陸地四足動物並沒有翅膀。牠們的翅膀看似相同，但卻是分開獨立演化的。在這三者中，前臂都修改成翅膀，並且都以相同方式飛向天空：向下拍打翅膀以產生向上的推升力和向前的動力。[4]

　　澳洲在體育界的影響力，遠超過其實力。這個只有 2500 萬人口的國家，在（2020 年東京奧運之前）夏季奧運會贏得 547 枚獎牌，超過許多人口數量更多的國家。[5] 例如，它的獎牌總數是美國的五分之一，而美國的人口則是澳洲的 13 倍（我還是別說印度得過多少獎好了）。

　　運動不是這個國家唯一獨特的事物。澳洲曾經是超大陸──盤古大陸（Pangea）的一部分，以及其南部分段岡瓦納大陸（Gondwanaland），大約在 1 億 8000 萬年前開始瓦解。因此，澳洲已經成為一個獨立的大陸約 3500 萬年。在此期間，這個巨大島嶼上的哺乳類動物一直走著獨特的演化道路。

　　澳洲的哺乳類動物都是有袋動物，牠們生下未發育成熟的幼獸，並將幼獸放在外部育兒袋中撫養。世界上大部分地區都有胎盤哺乳類動物

（像我們一樣），這種哺乳類動物會生下發育完全的嬰兒。那麼有袋動物的生活史和發育過程的巨大差異，是否代表有袋動物看起來與胎盤動物有很大不同？令人驚訝的是，並非如此。

我們來比較一下澳洲的有袋類動物和胎盤動物的圖片（請參閱圖6.1）。[6]如果我們將牠們放在一起，就很難區分狼和（現已滅絕的）袋狼、袋鼯和老鼠，或是袋熊和土撥鼠這幾種動物。儘管在基因上無關聯，但牠們的外形很相似，因為牠們在世界不同的地區，以相似方式解決類似的問題。

現在讓我們以一種主要以白蟻為食的生態棲位掠食者（niche predator）為例。你會如何設計這樣的生物？牠應該擁有哪些特徵？我相信你會同意，牠應該要有一條長而有黏性的舌頭，用於捕捉和吃白蟻；牠應該要有堅固的前爪，用於挖掘白蟻丘；頭部應該小巧，並且應該擁有一個長而能夠輕鬆進入白蟻丘的長吻。恭喜你，你設計出「袋食蟻獸」（numbat）及胎盤食蟻獸。如你所料，牠們的外形非常相似。透過趨同演化，牠們在沒有親近的共同祖先的情況下，發展出相似的外貌和身體部位，因為這兩種動物都需要解決捕食白蟻的問題。

達爾文發現到**趨同**的力量，他斷言：「屬於兩種截然不同的血統的動物，很容易適應相似的條件，進而呈現出密切的外觀相似性。」[7]達爾文說的沒錯，但不完全正確。

趨同現象無所不在，而且不僅限於動物的外觀或形態。在動物行為、植物、真菌甚至細菌中，也被廣泛觀察和記錄這種情形。

我們先從行為方面開始談起。各位認為以下4種物種——眼鏡蛇、刺背魚、章魚和蜘蛛，有什麼共同之處？與加勒比海變色蜥不同，這4種物種的身體形態沒有趨同。但是，牠們卻出現一種行為的趨同，使得這4個物種都繁衍得相當成功：這些物種是由**雌性守護卵**。

圖 6.1　胎盤哺乳類動物

(A) 狼、(B) 老鼠和 (C) 土撥鼠，以及有袋哺乳類動物的 (D) 袋狼、(E) 袋鼬和 (F) 袋熊之間，有著明顯的趨同性。

資料來源：(A) 和 (F) 由 Wikimedia Commons 提供；(B)、(C)、(D) 和 (E) 已獲得 Science Photo Library 許可。

趨同行為中最好的例子之一,就是人類和……螞蟻!我親眼見證這種趨同情形。我在秘魯壯麗的亞馬遜雨林旅遊時,偶然發現了切葉蟻這種微小的生物,切葉蟻比我們的人類祖先還要早數百萬年發展出農耕的能力。

我等待了很多年才目睹這個奇蹟,完整而連續地呈現在我眼前。數千片大片綠葉形成一列長長的行列,彷彿奇蹟般地自動在森林地面上完美同步移動著。每片大片葉子都被一隻小螞蟻運送,牠們有目的地消失在地下,將戰利品傳遞給牠們的專業姐妹們。這些螞蟻啃咬葉子,種植一個真菌花園,用於整個螞蟻群的食物。這些螞蟻也像人類農民一樣,牠們會生產肥料(氨基酸和酶)來幫助真菌生長、清除可能阻礙農業產出的汙染物、對牠們種植的東西極為挑剔,並持續照料著這座巨大的花園[8]。

就像農業幫助我們成為這個星球上的主要物種一樣,切葉蟻已成為新世界的主要草食動物:熱帶雨林中產生的所有葉子,有將近六分之一都被牠們拿去使用。人類和切葉蟻透過朝著類似的解決方案趨同,跨越了時間和物種的界限,解決了食物問題。

接著我們來談談植物。大多數的人都喝過咖啡、茶和源自可可的巧克力。巴西人都知道,由亞馬遜雨林中的瓜拉納植物製成的飲料瓜拉納汽水(Guarana Antarctica)。這4種植物都產生人類想要的一種化學物質:甲基黃嘌呤化合物(英文化學式 1,3,7-trimethylpurine-2,6-dione)——簡稱就是咖啡因[9]。

這4種植物看起來似乎密切相關,但其實並非如此。茶和咖啡的共同祖先可以追溯到1億年前。可可與楓樹和桉樹的關係更為密切,但是和茶及咖啡卻沒有。奇怪的是,咖啡的祖先產生了馬鈴薯和番茄,卻沒有產生茶！植物對抗捕食者有許多防禦機制，似乎一些植物朝著相同的解決方案趨同：產生咖啡因。

許多植物要靠鳥類來傳遞它們的花朵。因此，如果一種植物依賴蜂鳥進行授粉，它應該做什麼？它應該發展出紅色的花朵，因為蜂鳥會被紅色所吸引。因此，有 18 種蜂鳥授粉的植物都演化出艷紅色的花朵。

其他植物則發展出一種不同的策略，以利用蒼蠅和甲蟲喜歡在散發惡臭的腐爛動物屍體上產卵的傾向。有 7 種植物──包括屍花（corpse lily，又稱巨花魔芋）和大花犀角（或稱腐肉花〔carrion flower〕）──演化出會產生類似腐爛肉類氣味的氣味。這種氣味可以欺騙昆蟲，當昆蟲在這些植物上產卵時，牠們就會將花粉從一朵花轉移到另一朵花上。[10]

自然界中的趨同演化不勝枚舉，我可以一直舉例說明直到寫滿一整本書。科學家現在一致認為，趨同是自然界的規律，而不是一個例外。趨同性最著名倡導者、劍橋古生物學家賽蒙・康威・莫里斯（Simon Conway Morris）將這種觀點表達得最好，他曾針對這個主題撰寫了兩本書。他這樣解釋：「當然，不是每一個類地球行星都會孕育生命，更不用說孕育出人類了。但如果你想要一種精緻的植物，它會非常像一朵花。如果你想要一隻蒼蠅，只有幾種方式可以做到。如果你想像鯊魚一樣游泳，只有幾種方式可以做到。如果你想要發明溫血動物，例如鳥類和哺乳類動物，就只有幾種方式可以做到。」

自然界中的趨同，象徵一個發人深省的事實：**成功和失敗都會有一種模式。**

加勒比海變色蜥、鬃尾袋鼬和咖啡因，能給我們的投資帶來什麼教訓？

商業中的趨同，象徵一個發人深省的事實：成功和失敗都會有一種模式。

我們不投資個別企業

在本章前面，我聲明了我們的投資策略：我們不投資個別企業。

那麼，我們投資的到底是什麼呢？

我們投資的是**趨同模式**。我們尋找重複出現的模式。正如先前提到的，「重播生命的錄影帶」通常會產生相同結果。我們的觀點是，商業界也一樣。「我喜歡這間公司」和「我喜歡這門生意的**構想**」，兩者之間是非常不同的。我們支持後者的觀點，而不是前者。我們在乎的不是一間企業，但是卻深受**企業模式**的吸引。

與自然界相似的是，當面臨相似環境時，我們發現全球的企業採取的行動會很相似。雖然並非總是如此，但經常是。從一開始就提出這個簡單的趨同問題：「我們是否在其他地方看到過這種模式？」我們因此受惠良多。

忽略模式的代價，通常以痛苦的個人經歷來說明的效果會最好。

1999 年或 2000 年時，有一間投資銀行向我們展示一項「熱門」的私募股權交易。許多投資人對此表達濃厚興趣（或是銀行讓我們這麼認為！）。這間公司處理信用卡業務，在過去幾年顯示溫和的成長。結果不出所料，投資銀行的預測顯示，從隔年開始將出現劇烈成長。一開始我抱持懷疑態度，但後來我和公司的管理團隊見面，與業界參與者和投資人討論。接著我發現印度的低信用卡普及率，所以我讓自己相信，雖然管理團隊和銀行的預測非常樂觀，但這樣的預測並不會太誇張。所以我們就以非常高昂的股價投資這家企業。

我不只是犯了錯，而且是犯了災難級的錯。這間公司過了五年多都沒有實現預測的結果。當年所預測的 J 形曲線式的成長從未發生。我想強調的是,這既不是銀行的錯,也不是管理團隊的錯。他們做的是自己該做的事。但不幸的是,我忘了做我該做的事。

在那場災難幾年後,我回顧那個預測時發現,如果我當時應用趨同原則,提出幾個簡單問題,我們就可以省下寶貴的資本。我應該提出但卻沒有提出的問題如下:「沒錯,印度的信用卡普及率很低,但每一種消費產品的普及率也很低。在印度,有哪些消費品長期以來出現這樣的成長率?有沒有其他國家的例子顯示如此迅速的信用卡成長嗎?如果有,那麼它們的發展階段是否與印度現在的情況類似?」我應該向對方要求一個趨同模式,但我沒有提出這個要求。

那麼我們就來看看,如果我當初提出這樣的要求,會發生什麼事。我們在 2013 年底投資 Info Edge,該公司旗下擁有印度求職網站龍頭 Naukri,公司負責人是山吉夫・畢坎達尼(Sanjeev Bikhchandani)和海特許・歐柏洛(Hitesh Oberoi),他們是印度最受尊敬的企業家。我們之所以投資,並不是因為山吉夫和海特許,而是因為 Naukri 代表的趨同模式。

Naukri 允許求職者免費刊登履歷,然後向企業收取訂閱費以取得這些個人履歷,以及刊登公司的職缺。我們在 2013 年投資時,Naukri 占據市場龍頭地位,這間公司的流量占比為 65%,是第二名 Monster India 的 4 倍。由於 Naukri 具有市場龍頭地位,如果你是印度的求職者,幾乎肯定會在那裡刊登履歷。如果你是一間正在招募員工的公司,你幾乎非訂閱 Naukri 不可,因為它擁有最廣泛和多樣化的求職者資料庫。這代表了典型的網路效應:Naukri 之所以成為第一名,因為它就是第一名。

我們對 Info Edge 非常有信心,因為它代表的不只是一個趨同模式,而是兩個。首先是古早的黃頁簿業務。許多讀者可能從來沒聽說過這個救命的發明,但在 1990 年代初以前,它可是我的生命線。在網際網路和行動電話時代之前,在使用旋盤式撥號電話的時代,黃頁簿就像電視或冰箱一樣,是每個家庭必備的。黃頁簿很笨重,是一本厚厚的電話目錄,通常使用黃色的紙印刷,裡面列出所有的當地企業及其提供的商品或服務。

黃頁簿會提供數十甚至數百個選擇,無論你要找的是語言老師、水管工、婚禮策畫師、汽車經銷商還是錄音室。這份目錄是免費分發給消費者的,企業則需支付費用以列出自己的資訊。因此,任何城市或地區中最大的黃頁簿公司,通常獲利都非常好,因為它們享有虛擬壟斷地位,擁有網路效應:消費者找上它們是因為它們列出最多企業,而企業跟它們合作是因為它們吸引最多的消費者。

這些業務非常具有防禦性,對於具市場主導地位的企業來說,網路效應確保了長時間會有很高的利潤。黃頁業務的市場龍頭獲利率超過40%並不罕見[11]。雖然Naukri的經營屬於不同的時代和媒介,但我們的觀點是,它具備擁有市場領導地位的黃頁業務的許多優良特徵。

我們注意到的第二個趨同模式,就是其他國家求職網站龍頭的表現。這個模式比黃頁簿還要強大。我們在全球至少找到其他7間求職網站,營業利益極高(超過30%至40%),而且資本運用報酬率無上限,就像Naukri一樣;例如,澳洲有Seek、美國是Dice和CareerBuilder、中國的51Job、日本的EN、台灣的104、新加坡和馬來西亞則有JobStreet。這些占主導地位的公司,市場主導地位每年都變得更強。這些公司的利潤和報酬情況持續提升,全都是賺錢機器。此外,在這些市場中排名第二的公司並沒有追上來的跡象;LinkedIn和其他非網路的競爭對手,對這些公司完全沒有造成影響。換句話說,這些都和Naukri一樣。

當我們第一次看到Naukri的營業利益高達49%、資本運用報酬率無限時，我們抱持懷疑態度。誰能賺到那麼多錢？但在研究了黃頁簿和其他市場的公司後，我們得出的結論是，這並非僥倖。到2021年，Naukri的營業利益達到55%。

我們投資Naukri，不只是因為山吉夫和海特許是了不起的人物（他們確實如此），也不只是因為Naukri很賺錢（它確實很賺錢），也不只是因為它已經消滅了競爭對手（對手的確被消滅了）。相反地，我們投資Naukri是因為黃頁簿和全球求職網站的趨同模式讓我們相信，Naukri的**模式**很難被超越，應該說是幾乎不可能被超越。

我可以提出兩個反事實，來突顯這種投資方法的重要性。首先，如果山吉夫和海特許雖然很厲害，但經營的卻是印度排名第二或第三的求職網站，我們會不會投資？我們不會碰這個業務。分類廣告產業是勝者獨尊的業務，我們永遠不會違反這個模式押注資金。第二，如果山吉夫和海特許在網路發展初期來找我們，當時這種業務模式還沒有證據可以證明，我們會不會投資？同樣地，我們會選擇放棄，因為「這在其他地方有沒有用？」這個問題，答案會是「不知道」。

儘管如此，一些風險投資家確實在Naukri初期提供資金支持。我要向他們致敬。他們看出山吉夫和海特許是天才，所以有資格得到令人垂涎的報酬。

我們痛恨「這次不一樣」和「直覺告訴我這會成功」這樣的話。我們需要看到證據，顯示我們的投資論點在其他地方成功過。如果沒有，我們就不太可能去碰。我們與風險投資界完全相反，他們的生意是押寶在未經考驗、未經證明的企業上。我敬畏成功的風險投資公司，但我對他們的欣賞，永遠不會轉化為仿效他們的欲望。

康納曼的外部觀點與趨同性

我是透過投資，和觀察其他投資人來學習投資的。我真希望能夠從學術界的金融和經濟學者那裡學到東西。各位曾試著閱讀金融期刊或經濟學和金融學的研究報告嗎？我試過，我得承認大部分我都無法理解。這種報告中充斥希臘符號、複雜數學方程式和深奧論點。這些東西讓我困惑不解，不知道對像我這樣的實務操作者有什麼用。但是，偶爾會有一位知識分子令我讚嘆。

丹尼爾・康納曼（Daniel Kahneman）就是這樣一個人。他的巨作《快思慢想》（*Thinking, Fast and Slow*）應該成為所有投資入門課的必讀書籍。如果各位已經是投資人，那麼最有價值的就是第 23 章〈外頭的看法〉，值得（一再）閱讀。

康納曼在那一章描述他在以色列領導一個團隊，他們要設計高中學生判斷和決策的課程，並編寫教科書的經歷。一年後，團隊有了合理的進展。他們已經準備詳細的課程大綱、寫了幾章，並進行一些課堂教學。

有一天，康納曼請同事預估，團隊提交教科書草稿給教育部需要多少時間，並寫下來。團隊中的每個人，包括康納曼的同事，教學大綱發展專家西摩・福克斯（Seymour Fox）估計，完成這項任務大約需要 2 年時間。過去幾年來，福克斯看過許多其他團隊開發類似教科書和課程的情況，康納曼問福克斯通常需要多少時間，才能完成他們的教科書專案。

福克斯的回答，讓康納曼大為震驚。看起來有些尷尬的福克斯承認，這種團隊有 40% 從未完成任務，而完成的團隊則需要 7 至 10 年不等的時間。而康納曼的團隊實際上花了多少時間才完成任務呢？答案是 8 年，這與他們最初估計的 2 年差太多了。

康納曼將團隊最初估計的 2 年時間稱為「內部視角」。這是根據團隊成員的具體情況、對自己能力的信心、根據最近實現的目標，以及對未來的模糊概念所做的推斷。結果與實際情況相去甚遠。

康納曼將類似專案 40% 的失敗率，以及和完成時間為 7 至 10 年的估計，稱為「外部視角」。正如他所描述的，他對福克斯提出的問題，揭示了兩個重要見解。首先，儘管福克斯知道這個外部視角，但在最初寫下自己估計所需時間時，他甚至沒有考慮過外部視角。第二，儘管包括康納曼在內的其他團隊成員，都無法獲取福克斯所掌握的資訊，但是當專案開始時，竟然沒有人試著理解外部視角。

但應用趨同思維或外部視角，既不是自然的行為，也不容易做到。正如康納曼本人所言：「當統計資訊與個人對案例的印象不符時，『呆板的』統計資訊通常被遺棄。外部視角根本沒有機會與內部視角競爭。」

諷刺的是，投資界完全不會考量外部視角，因為基金經理人和分析師都很精明。當他們面臨要選擇投入人力以預測一間企業未來 10 年的利潤，還是要退一步問這麼做是否有意義時，優秀的人通常會選擇前者。在我從顧問工作轉型投資的那段日子裡，我非常相信投入更多工作可以為投資人帶來更好答案。但事實並非如此。

接著我要概述 2 種分析航空公司潛在投資的方法，以說明康納曼外部視角的威力。

假設我在 2019 年 1 月乘坐超舒適的 A380 客機飛往新加坡。降落後，我拿起一份財經報紙，讀到一篇關於亞洲航空業巨大潛力的有趣的報導，特別是在印度和中國。報導還提到幾年前，印度著名的塔塔集團（Tata Group）成立了不只一間，而是兩間航空公司。記者對亞洲大陸的無限成長可能性讚不絕口。在剛剛度過一次美好的飛行體驗，並對快速成長的亞洲航空市場的潛力感到興奮後，我決定開始認真研究這個話題，評估對亞洲航空公司的投資。

如果你不是從事金融業，請不要以為這個例子很輕率。信不信由你，有時候基金經理人對企業就是這樣產生興趣的。

乍看之下，航空業有很多值得喜歡的地方。但是我可以用兩個詞來形容這個產業，對基金經理人來說，聽起來比貝多芬的交響曲還要好：「龐大」和「成長」。除非各位住在世界某個偏僻角落的修道院，否則在現代世界裡，你的生活會直接或間接受到航空業的影響。而且航空業開始影響非洲和亞洲——過去 10 年來，杜拜和新加坡擔任航空樞紐的驚人成長，證明了這兩個地區的潛力。

在這個階段，我有兩個選擇：

- 對一間亞洲航空公司進行詳細分析，或是
- 專注於了解航空業的外部視角。

如果我選擇第一個選項，而且許多基金經理人也都會選擇這一項，我將會浪費時間進行以下耗時且徒勞的任務。

我和團隊會在一間高級餐廳和執行長與財務長會面。然後我們會去他們的辦公室，高階管理團隊會對他們獨特的公司文化和系統大談特談。最後，我們會閱讀數十份分析師報告（其中大多數會是好評的；你真的覺得航空分析師貶低他們的產業嗎？），並建立一個精心設計的電子試算表，其中包含對未來幾年燃料價格、乘客里程、平均票價、載客率、毛利率、資本支出、庫存水平、租賃成本、人員開支、行銷費用、機場費用、貨運營收的預測，天知道還有哪些項目。

結果？經過數周或數月的會議和深夜，我們會買進，或是如果我們

認為股價過高,就會選擇我們打算買進的價位。

如果我們選擇了第二個選項,又會採取什麼行動呢?

我們想要更深入地分析這個產業,因此我們從麻省理工學院對 2000 年至 2013 年美國航空業的一項廣泛研究開始。這項研究的結論被記載在一份長達 81 頁的文件中,可以免費在網上獲得。[12] 這些結果令人感到渺小。

令人驚訝的是,儘管美國航空業是一個成熟市場,在這段時期內仍然保持成長:載客里程營收成長約 20%,從 7.09 億增至 8.48 億。然而在這段時期累計約 1.4 兆美元的總營收中,航空公司虧損 440 億美元。因此,在接近 1000 億美元的年營收中,從 2000 年到 2013 年,航空業每年虧損約 30 億美元。

但這些平均數字掩蓋了一個更令人遺憾的故事。這 14 年中有 8 年時間(也就是將近 60% 的時間),航空公司並沒有賺錢;也就是說,航空業不是宣布財務虧損就是只有賺到微薄利潤。在有獲利的那 6 年,總淨利潤只有大約 400 億美元。

然而真正的悲劇在於,光是兩個糟糕的年分——2005 年和 2008 年——航空業經歷 540 億美元的損失,比整段時期 400 億美元的累計利潤,還要多出 140 億美元。人們普遍認為,2001 年 9 月 11 日的悲劇對航空業造成嚴重影響,這是事實;美國航空公司在 2001 年和 2002 年共損失約 190 億美元。但是在 2005 年,在這場悲劇發生 4 年後和 2008 年的金融危機爆發前 3 年,航空業宣布總淨虧損 280 億美元,比 911 事件造成的損失還要高得多。

航空公司持續虧損,這麼顯著的一致性並不僅只發生在美國。國際航空運輸協會(International Air Transport Association)的一份報告顯示,從 2000 年到 2014 年,這個產業連續 15 年賺不到一個股本[13]。連一年也沒有!

各位可能正在想著我在想的事。這個產業整體可能很糟,但是頂尖航空公司呢?會不會比整個產業好呢?讓我們看看根據《航空周刊》(Aviation Week)列出的全球10大航空公司(按照營收排名)的情況:漢莎航空、全日空、西南航空、澳洲航空、中國國際航空、美國航空、新加坡航空、土耳其航空、俄羅斯航空和瑞安航空。我使用晨星網站計算這些公司從2004年到2013年的股東權益報酬率(ROE)和資產報酬率(ROA),結果非常糟糕。這些航空公司在10年內的股東權益報酬率中位數為6.8%,資產報酬率中位數為2.5%。在這個要求嚴格的產業中,規模並不能保證成功。

總結:非常糟。

研究航空業的歷史規律,我們可以非常有把握地得出以下結論:

1. 美國航空公司不賺錢。
2. 全球航空產業並不賺錢。
3. 世界10大航空公司不賺錢。

這個詳細而遺憾的產業**外部觀點**相當令人不安。航空公司對消費者來說很棒,但對投資人來說卻不是。這種悲觀的觀點建議我們遠離航空業。相反地,我們應該選擇將多餘的現金放在銀行存起來,連一股航空公司股票都不要買。

我相信許多人現在都會問一個很明顯的問題。我們是否可以根據對美國和全球航空公司的經驗,來決定是否要投資亞洲的航空公司?如果我們得出的結論認為亞洲與美國並沒有太大不同,也許我們就能接受亞洲的航空公司命運與其美國同業無異。乍看之下,由於所有權和國際航線的原因，亞洲的航空業似乎與美國大不相同。首先，包括新加坡航空在內的大多數亞洲航空公司，所有者都是該國政府；而在美國，航空公司則是私人企業。其次，亞洲大多數繁忙航線是國際航線，而不是國內航線（新加坡或杜拜都沒有國內航班！）。

但如果我們更深入地調查**競爭**動態，就可能會得出亞洲與美國並無不同的結論。在疫情爆發前，旅遊訂票網站 Expedia 就曾經顯示，如果想從新加坡飛往紐約，可以選擇的航空公司多達 22 間！激烈的競爭並沒有因為是國際航班而減弱。由於所有權結構的關係，亞洲的航空業競爭可能比美國更加激烈。由於政府對財務的關注程度遠低於私人投資人，私人投資人可能對持續的財務虧損不會感到不安。此外，大多數國家似乎把國有航空公司視為代表國家的象徵，所以儘管關閉國有航空公司這個對國庫來說可能明智的做法，但在亞洲根本是不可能的事。因此在我看來，引用趨同理論來理解亞洲航空業，是一種合理的投資方法。

在這種情況下，將外部視角應用於投資，給我們帶來兩個重要的好處。首先，我們避免投資於賺錢機會確實非常渺茫的公司和產業。我並不是在暗示說，投資航空公司不可能賺錢——如果以足夠低的價格（我無法定義多低才算是「夠低」）買入一間航空公司股票，然後幸運地以一些利潤賣出，那就太好了。但「我會為我的爛資產，找到一個更大的傻瓜」，只是「投機」比較客氣的說法，這不是「投資」。這種做法不適合我們。

第二個好處是節省了時間、金錢和精力。我們不會花費時間進行冗長而無用的管理會議、拉攏投資人關係部門的人、支付高額顧問費用、花好幾個星期建立一個超占電腦容量的 Excel 試算表。我們只要在網路上花幾個小時下載幾份報告，在幾分鐘內就能做出決定，還有足夠時間早點回家陪家人。

應用趨同性原則的一些實用方法

上面關於航空公司的討論不應讓任何人相信，只要透過應用趨同性原則或外部視角到特定的投資情況，就能解決所有問題。趨同性並不是萬靈丹，也不能取代深思熟慮的分析和綜合思考。但是，如果能明智地運用，就可以成為一種強大的投資工具。

我不知道其他地方是怎樣，但是在印度，已婚者的配偶之原生家庭就會成為自己的家人，不管他們是否喜歡，就是如此。如果你不喜歡配偶一表三千里的親戚，那麼長期下來你與配偶相處融洽的可能性相對就會比較低。我要公開說明，我岳父家的親戚都超讚的。

投資公司也是如此。投資一間公司，也代表同時投資那間公司所屬的**行業**。例如，我可能認為我正在投資一間生產和銷售衛浴設備的**公司**，但我同時也承擔衛浴設備**行業**的所有利弊。沒有哪一間公司是獨立於世的。我們永遠不能忽視周邊的企業。

我們以趨同性原則投資的一個原則是，如果某個行業中的企業**持續獲利**，那麼我們就喜歡它；否則，最好要有一個絕佳的理由讓我們花一點時間分析像航空公司這樣的企業。畢竟人生苦短。

對於一個行業的吸引力和獲利能力的問題，有三種潛在的答案。首先是公司所屬的行業很勉強地維持生意，就像航空公司的案例一樣。像電信塔、服裝製造和大宗化學品等行業都是名聲很差的價值破壞者。這些產業中的大多數公司幾乎沒有賺到資本額。我一再強調的是，任何戰略的重大價值（包括投資戰略在內）就是告訴我們**不要**做什麼。趨同性原則要求我別投資這些行業。如果業界大多數企業都擺脫不了趨同性，那麼我為何要相信某間公司會不一樣？

　　第二個結論可能是，某個行業對其參與者來說普遍具有吸引力。舉例來說，在資訊科技（IT）外包業，像是安永（Accenture）、高知特（Cognizant）、資訊科技公司（Infosys）和塔塔顧問等公司的資本運用報酬率超過 40% 至 50%，並且已經維持數十年。如果像我們一樣接受趨同性投資，各位應該會喜歡評估資訊業的公司。舉例來說，當我們評估 Mindtree 這間領導級的印度中端資訊科技服務公司時，我們知道這間公司多年來獲利一直非常高。但我們如何確定公司會持續獲利呢？透過觀察該行業中其他公司的趨同結果，多年來這些企業的營收全都有成長，而沒有犧牲獲利能力。換句話說，既然**那間公司**是這樣，所以其他條件相等的情況下，**這間公司**也有很高的機率會是這樣。

　　我的態度樂觀，並不表示我會投資於資訊科技服務業的任何公司。正好相反，我的實際投資將取決於股價、財務風險、管理團隊的資歷、資本配置、客戶集中度、市占率等因素。但這個行業中的公司將會成為我關注的焦點，就像 Mindtree 一樣。

　　各位可能認為某些行業中賺錢的公司很少——至少這是個體經濟理論所主張的。但實際上並非如此。我們的投資組合中充滿了在理想行業中的公司：酵素、油漆、鍋具、業務流程外包、軸承、壓縮機、消費者電器、衛浴設備和蒸汽渦輪，這只是其中幾個例子。

　　最後，趨同性也會告訴我們，在特定產業中只有少數公司賺錢，大多數其他公司則不賺錢。舉例來說，走在曼哈頓第五大道時，我被時尚精品店的豪華和精緻所震撼。但時尚界是一個殘酷的地方，很少有公司能使營收和利潤穩定成長。大多數都是短暫閃耀的流星，轉瞬即逝，從此消失無名。零售業和餐廳來說也是如此。這些是我們所評估最棘手的公司。我們應該在一個不太吸引人的行業中押寶一間公司，還是直接放棄呢？如果我們評估這些行業中的某一間公司（我們很少這樣做），我們會要求格外嚴格——我們只會投資於無可爭議的行業領導者。

我們在許多其他業務領域中使用趨同性原則，不只是在評估行業吸引力。我們主要是為了**弄清楚不該做什麼事**。

接著，我要請各位回想第 1 章，因為那一章專門討論避免重大風險的重要性。我認為，對大多數投資人來說，避免創投比做出良好的投資更重要，也更困難。

我摘要成以下幾點，以提醒各位我們絕對不考慮的六種業務類型：

1. 業主和經營者是騙子。
2. 敗部復活的公司。
3. 負債比率高。
4. 併購狂。
5. 快速變化的產業。
6. 業主利益與股東不一致者。

我是如何得出這個清單的呢？透過重新體驗不好的經驗（1、2 和 5）、進行一些事實數據分析（4、5 和 6）、觀察他人的失敗（2、3 和 6），以及向投資組合公司的擁有者學習（4 和 5）。貫穿其中的共同主題，就是渴望發現模式和尋求有趣同性的結果。

投資人可以發現（或製造）跨企業的大量模式。這裡不是討論這些問題的地方。相反地，本章要提出一個簡單主張：投資人可以問的最重要問題之一是：「這在其他地方還有效嗎？」在繼續之前，讓我討論一下趨同性投資的另一方面，我認為對我們的成功極為重要。

我們對價格很敏感。我們投資時，投資組合的落後本益比中位數不到 15 倍,而印度市場的本益比約為 19 至 20 倍。我們極少買進落後本益比超過 20 倍的公司。最重要的是,我們從來沒有說過:「這是一間了不起的企業,即使本益比高達 30 倍也是合理的。」

正如我在之前的章節中明確指出的,我們不會以任何價格,投資於低質量或平庸的企業。我們投資的公司確實是根據可驗證的實證數據,包括歷史財務資料、產業市占率、資產負債表品質,以及客戶滿意度等方面。此外,市場通常是相當有效的——像這樣的企業很少以低價出售。由於我們選擇專注於世界級的企業進行投資,我們有兩個選擇:

- 投資於高評價的個股,希望價格進一步上漲,或是
- 很長一段時間不出手,直到得到我們想要的價格。

我們一直都是選擇第二個選擇。為什麼?因為**趨同性**。長遠來看,估值對於不同年分、不同國家和不同公司規模的股權報酬率極為重要。估值愈低,預期長期報酬就愈高。這麼做很長一段時間、對各個產業都很有用,那我們有什麼資格反抗它呢?

有大量關於股票估值和報酬的實證研究。關於這個主題我最喜歡的文章,是由錢路易(Louis K. C. Chan)和約瑟夫・拉科尼夏克(Josef Lakonishok)共同執筆的〈價值和成長投資:回顧和更新〉(Value and Growth Investing: Review and Update)[14]。我喜歡這篇文章有兩個原因。首先,它是一篇統合分析研究文章,概括了多年來許多其他研究人員在多個國家的研究結論;第二個原因是,雖然兩人都是學者(來自伊利諾大學厄巴納—香檳分校〔University of Illinois Urbana-Champaign〕),但拉科尼夏克也是一間名為 LSV 資產管理公司的執行長暨投資長,管理 1000 億美元的基金。聽從那些研究結論對自己的銀行存款有高度相關

的人的意見,永遠是件好事。

這篇文章有許多包含大量資料的表格,如果各位沒有太多時間,我建議只看表格 2 就好。其顯示 20 年(從 1975 年到 1995 年)內,在 13 個國家中以 4 個估值指標為基準的「價值股」(股價評價低)和「誘人的股票」(股價評價高)的報酬。結果非常明顯。價值投資組合在幾乎所有國家都超越「誘人的」投資組合。而且超額報酬不容忽視:從瑞士的 1.5 個百分點到美國的 6.7 個百分點(以本益比為股價評價指標)。

他們結論的第一段,值得完整節錄:

> 大量的實證研究顯示,價值股平均而言比成長股獲得更高的回報。價值投資的報酬在小型股之中更加明顯,但是大型股也是。美國以外的股票市場中也存在價值溢價。

當我們知道**平均而言**結果會很差時,為什麼我們要冒著在高估值下投資的風險呢?各位可能會察覺到這裡存在一個悖論。與 LSV 資產管理不同,該公司依靠複雜的量化分析,我們則對行業和企業進行深入的質化研究。因此,我們很了解投資組合中的公司及其所在行業。因為我們對這些非常了解,所以當機會出現時,我們不是應該會願意支付更高的價格嗎?

並不會。

為什麼?因為我更重視股價和潛在報酬率的趨同原則,而非我的智力。我也希望自己更聰明一點,但我並不是。

現在,我們思考一個顯而易見的問題。在什麼情況下,我們不應該應用趨同原則?

比表面聽起來更複雜

　　有些人說是愛因斯坦說的，也有人說是別人說的，總之有一位智者曾經說過：「所有事都應該盡可能簡單，但不要簡化過度。」人生很複雜，投資也是。趨同性似乎很容易理解（我希望如此），而且應用趨同性原則也很容易。但是很抱歉讓各位失望，這個看似容易應用的工具，卻產生了一連串棘手的問題。

　　如果你給我一個你想要的結論，我有理由相信我會根據趨同性原則來合理解釋。幾個軼事可能會看起來像是一種模式，而一個模式可能會被忽略，而另一個可能被接受，或是人們可以編織一個看似融入外部觀點的故事，但其實根本沒有外部觀點。

　　如果你是位投資人，或打算成為投資人，你必須學到痛苦的教訓。不過，根據我的經驗，這裡有一些指南可以提供給你。

　　如果生物在遺傳、發展和生態方面有相似性，那麼牠們發生趨同演化的機率就會更高[15]。不意外地，在投資中使用趨同性原則的效益，就必須取決於企業環境的相似性程度。這裡的「環境」可以指行業結構、地理位置、競爭動態、企業發展階段、業務模式的相似性，還有更多。舉例來說，我們觀察到加勒比海的變色蜥在島嶼之間的環境條件相似時，具有相同的身體特徵。因此，企業應該根據相同的原則運作。

　　我以三種類型的業務為例，來解釋應用趨同性原則的複雜性。

　　假設我正在評估一間在德國建造住宅大樓的公司投資。為了採納外部視角，我會首先深入了解德國住宅物業市場的動態情況──包括行業參與者、成長和獲利能力的歷史紀錄、整合程度，以及其他能讓我對整個德國住宅市場有深入了解的因素。我寧願不要將德國的商業或零售房地產市場來做類比，因為這些行業的結構和參與者類型通常是不同的。

　　我應該研究法國、西班牙還是巴西的住宅房地產市場呢？這要視其他市場是否與德國的行業結構類似（例如，行業是分散還是集中？）或者規定是否相似（例如，若政府提供公民房貸補貼，將顯著影響消費者行為）。直覺上，有鑑於法國和西班牙住宅市場的文化和歷史上較為親近，我比較傾向從這些市場中汲取經驗教訓，而不是巴西的市場。但也許有人能夠找到一種方法，從巴西市場中獲取經驗教訓。至於美國的住宅房地產市場呢？我不確定，我需要做一些研究，以了解德國和美國市場之間是否有任何相似之處。

　　以一間德國製造工業機器人的公司為例。這些機器人供應給世界各地的製造業使用。因為這是一個全球性業務，我就不會過於關注德國的角度。我反而會研究全球各地提供相同或類似設備的企業，無論是中國、義大利還是新加坡的企業，以了解它們業務的成長、獲利能力和市占率趨勢。我還會更上一層樓，分析供應先進工業設備的全球企業的表現。雖然我可能不會太重視第二項分析，但我還是會進行研究，如果有任何明顯的趨勢就設法找出來。

　　有些人可能會認為，我太快否定德國工程公司大致的情況。也許德國的工程實力在某些方面，可以當成工業機器人界的範例。我持懷疑態度。但也許你是對的，那就去做相關的研究吧。

　　第三個例子是德國的醫院業務。我們應該透過評估英國、義大利和荷蘭的醫院經濟和行業結構，來使用趨同性原則投資嗎？大多數市場的醫療保健都受到嚴格監管，這可能會對醫院的經濟產生重大影響。評估每個國家的地方法律對醫院的影響，這麼做會過於繁瑣。相反地，我們可以採取簡化方式，看看整體醫院經濟情況──或是如果行業數據不可用，則看看前5到10間醫院的情況──各國之間的資料是否可以比較。

由於醫院是一種服務業，我們是否可以利用德國的其他服務業（例如飯店）的資訊，來調整我們的評估？想一想這個問題。

我們從不應用趨同性的一種情況，就是當**行業是新的或快速變化**的時候。趨同演化在植物和昆蟲中更為明顯，因為它們在地球上存在的時間，比鳥類和哺乳動物要長[16]。趨同性需要一段時間才會發生，在商業界也是如此。

我們注意到比較老的行業（例如油漆、服裝、引擎、渦輪機、汽車）中有更多的趨同性，而在較新的行業（例如虛擬現實、機器人技術、電動車、生物技術）中則較少。在公司有足夠時間規畫和執行戰略、優勝者和落敗者大致確定後，行業才會趨於類似的命運，並且變化的速度會逐漸放緩。因此，如果我們正在考慮投資一間德國的油漆公司，研究西方世界的油漆業將會很有幫助。但如果是在 2000 年，從美國電子商務業中尋找投資中國電子零售商的相似之處，可能就扯太遠了。

正如各位所看到的，趨同性原則投資並不是一種客觀、不帶偏見、總是產生相同答案的數學算式。因此，各位可能對我的一個或多個結論有不同看法。這就是投資的樂趣和挫折所在。

這就要讓我們回到提姆‧庫柏和神祕的渾濁 Ara-3 燒瓶。

蘭斯基的教訓

1988 年 2 月 24 日，李察‧蘭斯基（Richard Lenski）教授在 12 個裝有 10 毫升葡萄糖溶液的無菌燒瓶中放置了大腸桿菌這種常見細菌。

蘭斯基開啟了一個至今仍在進行的實驗，而且已經產生數百篇研究文章、數十個博士學位，並且獲得全球性的讚譽。[17]

他開啟的是一個長期演化實驗，類似柳德蜜拉・卓特和迪米屈・別利亞耶夫對銀狐進行的實驗，但有兩個關鍵的不同之處。首先，他想使用微生物，這些微生物的一代時間僅為 20 分鐘，因此可以在人類一生中演化出數萬代。其次，不同於對狐狸（或狗或小麥）進行的人擇實驗中是由實驗者選擇誰（或什麼）進行繁殖，在蘭斯基的實驗中，他希望是由實驗環境自行進行選擇。

當實驗開始時，12 個瓶子裡的大腸桿菌基因全都是相同的，因為所有細胞都來自同一個母細胞。每一個瓶子裡含有數億個細菌，因此出現突變的機會很多。實驗的一個重要變化是食物供給是有限的。每天大腸桿菌的數量會增加約 6 個小時，直到葡萄糖耗盡。這時，細菌就會停止分裂並等待。第二天，實驗室成員（像提姆・庫克這樣的人）會從每個瓶子中取出 0.1 毫升（瓶子內容的 1%），接種到含有 9.9 毫升新葡萄糖溶液的新瓶子中。然後開始新的循環，第二天再重複相同程序。就這樣周而復始，月復一月，年復一年。

蘭斯基用這 12 個瓶子所做的事，就是高爾德的生命錄影帶名言。他並沒有選擇細菌，也沒有改變培養基。正好相反，他讓生命在成千上萬代中自行發展。他所發現的情況令人驚嘆。2011 年，在經過 5 萬代的演化後，他說：「令我驚訝的是，演化是相當可重複的……儘管這些族系在許多細節上確實分歧，但我對它們的演化平行軌跡非常驚嘆，許多我們檢驗的表型特徵甚至基因序列都有類似變化。」

這並不是說細菌沒有演化，正好相反，它們已經演化了很多。不同瓶子中的大腸桿菌透過不同方式適應饑餓飲食，它們不是生長速度更快，就是長出比早期的世代更多。但是普遍趨勢很明顯：平均而言，這些細菌族群的成長速度比祖先要快 70%。此外，研究人員還發現另一個趨同演化的例子。這 12 個細菌族群全都失去合成 D- 核糖的能力,因為它們經歷的都是相同的基因變化。

不同於高爾德的預測,生命錄影帶的重播開始出現不同的結果。

直到實驗開始後 15 年的某一天,提姆‧庫柏發現異樣。

Ara-3 瓶子變得不透明的原因是,與其他瓶子不同,它經歷了細菌數爆增。Ara-3 的細菌族群數量是其他瓶子中的 10 倍。在所有瓶子中的葡萄糖都是有限的情況下,這是怎麼發生的呢?

Ara-3 細菌已經發展出食用溶液中其他成分的能力。唯一其他選擇是一種叫做檸檬酸鹽的分子,從第一天起就存在於所有葡萄糖溶液中。但是在實驗開始時就已經知道大腸桿菌在有氧環境中不會合成檸檬酸鹽。因此,這種無法合成檸檬酸鹽的特性被用來識別一種細菌是否為大腸桿菌!

蘭斯基的細菌在第 33127 代,已經顯著偏離了那個乾淨而簡單的不可避免趨同的故事。這是生物學實驗中,到目前為止最大的**分歧**案例。蘭斯基的實驗室後來發現,Ara-3 細菌消化檸檬酸鹽的能力,是在大約 2 萬代之後由一系列突變所產生的。可惜的是,每個突變都很罕見,因此在其他瓶子中都沒有細菌發展出這種能力。

值得注意的是,從蘭斯基的長期實驗中可以得出兩個重要教訓:

- 趨同性是自然界中的主要模式。
- 偶爾會出現例外。

對於我們投資人來說,我們可以只更換一個詞,就可得出相同的兩個重要教訓:

- 趨同性是商業界中的主要模式。
- 偶爾會出現例外。

我一直在讚揚趨同性原則是一種強大的投資工具，因為確實如此。當然，企業要成功的方式並不多。而身為投資人，找出成功或失敗的趨同性原則模式，幫助我們做出一些（我們認為是）很棒的投資決定，避免許多不好的投資決策。

但我也痛苦地發現，模式可能會中斷，偶爾會出現像 Ara-3 這樣的成功突變體。可惜的是，我們可能會錯過投資的機會。

如果我們重播商業史的錄影帶，跨越不同時期和國家，會有一個壓倒性的趨同性原則，那就是企業專注於特定業務就能帶來成功。我們的投資組合大部分由只有一種產品或服務，或一小組相關產品和服務的企業組成。我們拒絕投資於多角化的企業或企業集團。當我們投資企業的管理團隊中有任何人試圖偏離原本的路線時，我們也會感到失望。

如果我是一名遵循這種投資理念的美國投資人，那我就會錯過亞馬遜。亞馬遜的市值大約是 1 兆美元。這間企業最初是一間網路書店，後來公司多角化發展，推出日益成長的產品和服務，其中許多業務幾乎毫無關聯。

各位可以用 Kindle 購買雜誌，然後閱讀對 Prime Video 電影的評論，然後觀看該電影。各位可以穿著舒適的 Amazon Essentials 服飾，透過對 Alexa 下指令訂購牛奶和雞蛋。Amazon Logistics 會透過 Ring，把訂購的雜貨送到家門口並發出通知。在播放 Amazon Music 的同時，Amazon Web Services 為意見調查公司土耳其機器人（Mechanical Turk），你可以填寫意見調查表賺錢。而且亞馬遜在全球 58 個國家都提供服務，你不需要是美國人，只要是這 58 國中任一國的公民都可以。

如果 Ara-3 有大腦，它一定會非常嫉妒傑夫・貝佐斯（Jeff Bezos），因為他似乎打破了所有商業規則，變異出最終的變種人。2017 年時，巴菲特在 CNBC 新聞頻道的《財經論壇》（Squawk Box）節目上承認早知道就應該投資亞馬遜。我沒有這樣的疑慮。我知道過去的我會錯過亞馬遜，未來也還是會錯過類似亞馬遜這樣的公司。但沒關係。

這次失敗的唯一可取之處是什麼？我懷疑我一生中會不會再遇到另一個像貝佐斯的亞馬遜一樣的機會。

當我主張趨同性原則投資時，是承認自己的無能。我其實是在說：「我不知道如何評估這一間公司。」也許這就是為什麼，這個業界沒有廣泛採用外部觀點或趨同性原則的方法，直接了當地投資。然而自從 2007 年以來，我們一直在做我們喜歡的事：提出能夠引導我們了解企業成功與失敗模式的問題。

在我們這一行，得到正確的答案很容易。但可惜的是，**提出正確的問題**並不容易。

本章摘要

演化論教我：重新想像投資的一個重要元素，是將商業世界中**反覆發生的**成功和失敗模式內化。

- 趨同性原則（對類似的問題，不相關的生物體都發展出相同的解決方法）在自然界中無所不在。這種現象在動物、植物、真菌甚至是細菌中都可以觀察到。在自然界中，每個問題似乎只有一小組解決方案。

- 舉例來說，獨立於其他洲陸的澳洲，其動植物已經獨立演化了 3500 萬年（當澳洲成為一個獨立的大陸時），但是每一種澳洲有袋動物似乎都有一種對應的胎盤動物。
- 商業界也有趨同性原則。企業的成功和失敗具有明確的模式。我們利用企業界的這個特性，透過提出一個簡單的問題，來選擇優秀企業並拒絕劣質企業：「我們在哪裡也看過這種情況？」
- 我們投資的不是單一企業，而是投資於經過驗證和成功的**商業模式**。
- 我們非常喜歡康納曼所說的「外部觀點」，這在概念上類似於趨同性原則，令我們在做出投資決策前，先在其他地方尋找相似模式。
- 然而，應用趨同性原則有點棘手，因為我們人類可能會在不存在模式的地方看到模式。同時我們也可能錯過像亞馬遜這樣只有一次的投資機會，因為它違反了專注是成功關鍵的趨同性原則。

第 7 章

別把綠蛙當成孔雀魚

很多動物在繁殖季節會不停互相叫喚，並且在不少情況下，雄性動物試圖用這種方式來引誘或激勵雌性動物。事實上，這似乎是聲音最初的用途和發展方式，正如我在《人類的起源》中所說的。

——查爾斯·達爾文，《人與動物的情緒表達》
（*The Expression of Emotion in Man and Animals*）
第 4 章〈動物的表達方式〉（Means of Expression in Animals）

費奇海默（Fechheimer）正是我們喜歡買進的那種企業。它的財務表現非常出色。你可能會覺得有趣的是，查理和我都沒有去過費奇海默位於辛辛那提的總部，去看過他們的經營情況。如果我們的成功取決於在工廠實地考察所獲得的見解，波克夏將會陷入麻煩。其實正好相反，在考慮收購時，我們會試著評估一間公司在經濟方面的特徵——競爭優勢與劣勢，以及將要成為我們員工的人才素質。

——華倫·巴菲特，〈1985 年致股東信〉

這位奧馬哈的先知，絕對是全世界最厲害的投資人冠軍。他從 1956 年開始為親朋好友管理資產，起始資金為 10.5 萬美元，現在這筆錢已經成長到 5000 億美元。

那麼最佳投資人第二名是誰？

安東尼‧波頓（Anthony Bolton）雖然沒有那麼家喻戶曉，但在我看來，他是整個投資大師殿堂中唯一位居第二的人。他是英國超級明星基金經理人，投資紀錄可以與巴菲特相媲美。波頓自 1979 年至 2007 年長達 28 年間管理富達特別時機基金（Fidelity Special Situations Fund），年化報酬率達到 19.5%，而大盤平均報酬率只有大約 13.5%。在他管理的期間，1000 英鎊的投資增值至 14 萬 7000 英鎊。我想沒有辭典能對「出色」一詞提出更好的定義了。

在 2010 年，他從退休生活復出，成立一檔 4.6 億英鎊的基金。但是這檔基金在接下來的 3 年表現落後大盤，虧損 14%。波頓在 2014 年黯然離開這檔基金。

一位打敗大盤將近 30 年的天才投資人，怎麼會遭遇如此慘淡的結果呢？只是運氣不佳，還是他疏忽了什麼？如果是，那麼是出了什麼問題？如果波頓遇到了這種情況，那麼有誰能避免這樣的命運呢？

訊號的好處和危險

如果你像我一樣熱愛《國家地理頻道》（National Geographic），以下部分或全部場景應該對你來說很熟悉。一頭雄獅怒吼以表明他對獅群的優勢；母狒狒展示鮮豔、腫脹的臀部，以顯示牠們已經準備好交配；蜜蜂用舞蹈向同伴指示花朵的方向和距離；一頭母象撫摸幼象以安撫牠；深海烏賊發出光來吸引獵物；一隻狐獴尖叫，警告家族有企圖掠食的老鷹靠近。

這些都是**訊號**的例子，任何一本演化論的教科書如果沒有對訊號進行詳盡討論，就不算完整[1]。從「發送者」發出的訊號刻意發展成可以改變「接收者」的行為，用於與獵物、掠食者、伴侶、競爭對手、朋友和家人進行交流並影響行為。訊號可以有多種形式：觸摸、聲音、顏色、動作、光線、氣味或這些的某種組合。沒有任何生物可以在沒有發出和接收訊號的情況下生存，但錯誤的或被誤讀的訊號也可能導致死亡。儘管動植物已經在數百萬年的演化過程，磨練發出和接收訊號的技能和本能，但是為了欺騙掠食者或擊敗競爭對手以爭奪食物或伴侶的競爭，永遠不會停止。

本書是關於金融服務業中一個不可或缺的部分──這是一個以不誠實和欺騙聞名的行業。很少有人能比佛雷德·施韋德（Fred Schwed）深刻、永恆的經典作品《客戶的遊艇在哪裡？》（*Where Are the Customers' Yachts?*）更仔細地描述我們這一行的悲慘狀態。曾因為2008年全球金融危機而受害的人，可能都曾把所知道的髒話用來罵我們這些金融從業人員。如果你不是演化生物學家，你可能認為只有我們這種狡詐的生物才會欺騙人。但是，並非如此。

我們就先從綠色的青蛙開始談起。

與大多數動物一樣，綠蛙的交配期很短。在這個關鍵時期，公蛙需要積極保衛自己的領土，才能將繁殖成功率提到最高。體型較大的公蛙發出的呱呱叫聲，頻率比體型小的叫聲更低，藉此宣傳自己的體型和統治地位。因此，公綠蛙在演化過程中會避開體型更大、更壯的綠蛙，所以不會進入充滿低頻呱呱叫聲的範圍。牠的大腦認定低頻呱呱聲，等同牠無法打敗的對手。

如果你是一隻體型小的綠蛙，你會怎麼做？過著沒有伴侶的生活，從未交配就死亡嗎？不是，一些小綠蛙找到一種方法降低牠們的訊號音調，以顯示牠們的體型比實際上更大[2]。這種能力使牠們能夠藉此欺騙體型比自己大的公蛙,以保護自己的領土。一些小綠蛙利用低頻率的呱呱聲來發送欺騙訊號,而獲得演化上的優勢。這種欺騙的訊號很容易產生,發出訊號的小綠蛙所付出的代價非常小。

如果各位認為綠蛙是狡猾的小傢伙,那麼神奇的招潮蟹的惡作劇,一定會讓人非常難忘。

招潮蟹(又譯提琴蟹)比綠蛙更進一步,發展出能力以欺騙母蟹和其他公蟹[3]。公招潮蟹都有一只大而強壯的螯,既可以用來與其他公蟹打鬥,又可以吸引母蟹。研究人員發現,母蟹特別偏好螯較大的公蟹,而這些螯較大的公蟹也能成功威懾其他公的競爭者。當一隻公蟹在戰鬥中失去大螯,通常會長出一只新的螯,這只新螯比較輕、沒那麼粗壯,也更脆弱,但是它的尺寸仍可能很大,看起來和之前那只更重、更致命的螯一樣有力。

這些再生的螯成功地欺騙了公蟹和母蟹。母蟹無法區分這些冒牌貨和擁有較重的「真螯」的公蟹。甚至擁有「真螯」的公蟹,也不會和那些較輕、較弱,但外觀看起來很了不起的再生螯公蟹發生衝突。研究人員發現,在招潮蟹族群中,高達 44% 的公蟹可能有再生的螯。千萬別以為只有我們這些金融從業者不值得信任!

如果各位以為只有動物會發出欺騙訊號,那就錯了。

植物是騙術大師。由於植物無法奔跑或躲藏,所以許多植物的生存策略就是欺騙其他植物或動物。澳洲某些品種的蘭花就是其中一個最好的例子(對黃蜂來說則是最糟糕的例子)[4]。澳洲有大約 1400 種蘭花,其中大約有 250 種蘭花採取欺騙公黃蜂以實現授粉的策略。

它的欺騙策略是這樣的。當一隻母黃蜂(一生中大部分時間都生活在地下產卵)準備交配時,牠會從地下出現並釋放出一種獨特的費洛蒙來吸引公黃蜂。許多公黃蜂通常會降落在母黃蜂身上並開始瘋狂交配。這沒什麼奇特的。好吧，這確定有點令人不安，但你懂我的意思。

這時蘭花出場了。許多蘭花品種發現了一種方法，可以釋放與母黃蜂相同的費洛蒙。結果呢？公黃蜂與蘭花交配，因此接觸到花粉，受騙的公黃蜂將花粉帶到其他花朵上再次「交配」，然後留下前一朵花的花粉！

我不想讓各位覺得生物的世界充斥騙子和謊言。不同於綠蛙、招潮蟹和澳洲蘭花，公孔雀魚和珊瑚蛇（又譯麗紋蛇）的生活方式比較正直。

孔雀魚棲息在委內瑞拉、千里達及托巴哥的山間森林溪流中。母孔雀魚看起來樸素而單調，而公孔雀魚卻是色彩豔麗，每一隻公孔雀魚身上的顏色和圖案都不一樣。各位可以上網搜尋公孔雀魚的圖片，看看牠們有多耀眼美麗。

科學家透過實驗證明，母魚明顯偏愛具有更多類胡蘿蔔素（carotenoid）色素，更明亮、更顯眼的紅色公魚。我稍後會再詳細說明類胡蘿蔔素。但是，顯眼的顏色會給公魚帶來巨大的代價——牠們的生命[5]。顏色更豐富多彩的孔雀魚也更容易被捕食。如果公魚的顏色暗淡就比較難成功交配，但如果牠們的顏色鮮豔就很可能遭到獵殺。還真是左右為難。因此，孔雀魚中較亮的顏色是對女性有吸引力的誠實訊號。高登（Godin）和麥唐諾（McDonough）曾簡潔地指出：「與公孔雀魚明亮顯眼的顏色相關的生存成本，可能強化了母魚的認知，以為這種性擇特徵是可靠的指標，顯示公魚的品質良好。」[6]

相較於公孔雀魚以誠實的方式吸引母魚卻可能因此吸引掠食者，而致命的珊瑚蛇則是以鮮豔的顏色阻止了潛在的掠食者[7]。這些色彩鮮豔且有劇毒的蛇中，約有 90 種原產於熱帶地區。牠們身上有 3 種顏色的圖案：紅色、黑色、黃色或白色。這種具有警戒性（aposematic，生物學的用詞真好聽！）或顯眼的顏色，常見於許多有毒的植物和動物身上。牠們基本上是在誠實地向潛在的掠食者廣播：「最好別吃我！」

但演化本來就是既古怪又迷人，不是嗎？被當成寵物飼養的無毒牛奶蛇（milk snake），身上的色彩和斑紋圖案幾乎和珊瑚蛇一樣。我敢說，把這兩種蛇的照片放在一起，各位絕對無法區分哪一種有毒，哪一種無毒[8]。不信的話，試試看吧。

這種不誠實的交流被稱為「貝氏擬態」（Batesian mimicry），最早是在1860年代由亨利‧華特‧貝茲（Henry Walter Bates）在巴西的蝴蝶之中發現的[9]。在貝氏擬態中，無害的物種模仿有毒或難吃的物種的顏色，以抵禦掠食者。天擇使牛奶蛇成功演化到模仿珊瑚蛇，進而確保了牛奶蛇的生存。

我想在此提出一個必要的說明，而且為了避免把動植物擬人化而造成讀者誤解，我之後還會再多說幾次。到目前為止討論中的「誠實」和「欺騙」這兩個詞，並不表示傳達訊息者的意圖。這兩個詞只是指出訊號對接收者所造成的影響。當一個訊號愚弄接收者時，就是欺騙；當接收者了解訊號原本的意思時，就是誠實的。孔雀魚和牛奶蛇都沒有決定其體色的能力。蘭花不是故意釋放特定的費洛蒙，招潮蟹也不是有意識地製造一個假的大螯。這些生物都是經過數百萬年天擇的磨練，所創造出來的產物。

舉例來說，無害的牛奶蛇的祖先，可能因為隨機突變而發展出毒珊瑚蛇的顏色。這些突變個體的存活率，會比未突變的同類還要高，並且生下更多具有相同模式的牛奶蛇寶寶。結果這些牛奶蛇寶寶更安全，不會被掠食者吃掉，並且會成功地繁殖更多具有相同彩色圖案的後代。經歷過許多代之後，所有的牛奶蛇都擁有與珊瑚蛇相同的顏色與斑紋。在這個過程中，牠們的欺騙訊號臻至完美。

拘束理論澄清一切

雖然我自稱為投資人，但是如果演化生物學家將我稱為「訊號解碼器」也沒有錯。投資人唯一能依靠的，就是評估企業所發出的訊號——有些是直接的，有些是間接的；有些是可理解的，有些很奇特的；有些是持續的，有些是延遲的；有些是量化的，有些是質化的。

企業透過新聞稿、媒體訪問、分析師會議、財報法說會、年報、股利、實施庫藏股、收購、美國證券交易委員會（SEC）的文件申報、報紙哄抬等形式，發送訊號給投資人。大多數投資人從公司接收到的訊號都是一樣的，因為資本市場監管機構確保了溝通的標準化和透明度。那麼，為什麼在看似充滿非凡智慧的一小部分投資人中，不同投資人的長期表現差異如此明顯呢？在眾多原因之中，我認為一個重要的原因，就是**投資人解讀誠實訊號和欺騙訊號的能力**（見圖 7.1）。對欺騙的訊號採取行動、忽略誠實的訊號，可能導致在自然界中饑餓或死亡，這與基金的績效命運有些相似。

但是投資人應該如何區分誠實的訊號和欺騙的訊號呢？

讓我們轉向以色列演化生物學家阿莫茲·查哈威（Amotz Zahavi），以尋找一個非常優雅的答案。

但是我要先簡要介紹一下訊號的背景。在二十世紀早期和中期，動物行為學家（ethology，動物行為學是對動物行為的研究）認為，訊號本質上是發送者潛在動機的誠實指標。但是在 1970 年代，兩位英國科學家，理查·道金斯和約翰·克雷布斯（John Krebs）採取了幾乎完全相反的觀點，他們認為最好將訊號當成是發送者為了自身利益而進行的欺騙性操作，以改變接收者的行為[10]。另一方面，接收者試圖了解發送者的真正動機，並制定自己的策略。根據道金斯和克雷布斯的說法，這

圖 7.1 趾高氣揚的雄性

誰的訊號比較誠實,商人還是鹿?

資料來源:Licensed from Shutterstock。

樣的情形導致一場發送者和接收者不斷試圖超越對方的軍備競賽。

但是阿莫茲・查哈維(Amotz Zahavi)不願以這種悲觀方式來看待訊號。他在 1975 年提出著名的「**拘束理論**」(handicap principle,又譯「障礙理論」「累贅理論」),解釋在自然界中動物可能試圖欺騙彼此的情況下，誠實的訊號如何及為什麼演化[11]。查哈維深刻地觀察到，當特定特徵的訊號產生的成本很高（他將這種訊號稱為「拘束」，可說是相當正確），而且其他品質較低的特徵無法匹敵時，這種訊號就可以被視為「誠實的」。這聽起來可能很合邏輯，但科學與投資產業不同，需要實證證據來支持這種說法。直到查哈維發表這個原則的文章後15年，科學界才完全接受拘束理論[12]。蘇格蘭生物學家艾倫・格拉芬（Alan Grafen）在1990年發表的兩篇文章最終扭轉態勢，贊成拘束理論。

了解拘束理論的最佳方法，就是類胡蘿蔔素。類胡蘿蔔素是一種從黃色到橙色再到紅色的色素。類胡蘿蔔素還可以充當抗氧化劑和增強免疫系統，為我們的健康帶來益處。動物無法在體內自行合成類胡蘿蔔素，所以必須攝取植物、細菌或真菌來獲取類胡蘿蔔素。類胡蘿蔔素扮演著很強的訊號作用，科學家廣泛研究類胡蘿蔔素在3個物種中的作用：家朱雀、三棘刺魚和孔雀魚。

如果拘束理論很精確，那麼我們應該能夠確認以下3個假設：

- 色調較紅或較亮的雄性，對雌性有不同吸引力。
- 顏色較紅的雄性，比顏色較蒼白的雄性更健康。
- 健康雄性產生深紅色色素的成本很高。

研究人員在被研究的物種中明確發現，雌性比較偏好類胡蘿蔔素色素較深的雄性。例如，雄性家朱雀的身體上有三塊類胡蘿蔔素色素：頭頂、喉嚨和臀部。每個斑塊的顏色從淡黃色到鮮紅色不等。實驗清楚地顯示，母雀比較喜歡與較紅的公雀交配，不論這種紅是天然飲食還是人造染料所造成的。這個發現支持第一個假設：**接收者反應**。

為了證實第二個假設（**訊號誠實**），科學家證明了，相較於被餵食營養較少食物的家朱雀，餵食較健康的家朱雀會呈現出更深的紅色。當研究人員讓三刺棘魚接觸寄生蟲時，身上較多傳染性纖毛蟲的魚，身上的紅色顯著減少。其他像前面描述的高登和麥唐諾的實驗，已經在孔雀魚中發現了相同現象的證據。因此，更深的類胡蘿蔔素色素，似乎確實代表著整體的健康更好。

接著我們就來討論最後一個，也是最關鍵的假設：**誠實的訊號，是否讓發送者付出更大的成本**。多年來，生物學家已經發現了類胡蘿蔔素色素更深的四種可能成本。首先，魚鱗或鳥羽毛中的類胡蘿蔔素的量，與動物腸道中的類胡蘿蔔素的量有直接關聯，因此動物花費攝取營養豐富食物的時間愈長，色素就會愈紅，但成本也會愈大。第二，由於類胡蘿蔔素對健康有好處，而且動物需要用這個來抵禦疾病和寄生蟲，所以將類胡蘿蔔素從腸道轉移到鱗片或羽毛等死的組織以進行展示，對動物來說是一個代價很高的行為。第三，展示類胡蘿蔔素色素必須在腸道中處理類胡蘿蔔素，然後將其運輸到羽毛或鱗片的成本，因此只有那些吃了足夠營養食物的動物才能這麼做。第四個明顯的成本是死亡風險：深紅色素會吸引雌性和敵人。實驗室實驗已經證明，鱒魚更有可能攻擊顏色更紅的三棘刺魚，而巴西藍珠母麗魚則更有可能殺死類胡蘿蔔素色素更豐富的孔雀魚。

因此根據拘束理論，顏色較紅的公家朱雀能吸引更多伴侶，可能是因為牠們向母家朱雀傳達的訊息是：「看看我多健康、多有活力；我那麼紅！」而對虛弱或生病的家朱雀來說，要生產更多類胡蘿蔔素色素的代價非常高，甚至可能是自我毀滅的行為，因為這需要轉移大量資源。

顯然，公家朱雀並非有意識地「決定」產生更紅的色素；健康的鳥就只是有足夠的營養資源來產生色素，而較弱的鳥則沒有。前面提到的例子中，顏色鮮豔的公孔雀魚也是如此，或某個開著閃亮紅色法拉利的男人。他們都是在炫耀生產或採購成本非常高的裝飾品，因此準確地傳達了發送訊號者的健康或財富。

這就是查哈維給我們投資人的教訓：**只信任那些製造成本高昂的公司，所發出的訊號。**

但是這說的比做的簡單。在企業環境中，「製造成本高昂」的東西是什麼意思？從企業的角度來說，什麼東西相當於孔雀燦爛的尾羽？是一座閃亮的新總部大樓、一個產業的獎項、不斷成長的市值、企業執行長接受《富比士》（*Forbes*）的專訪文章，還是其他東西？我是一名實務投資人，不是金融學術研究員。我無法提供一個被證實具有統計相關性的回歸模型，但我可以提供我和團隊區分誠實和欺騙訊號的實用方法。

大量不誠實的訊號

我們先從現實生活中的欺騙的訊號開始，也就是那些不能可靠地傳達他們應該傳達的訊號的人。「騙人的」訊號並不表示發送者不誠實（不過發送者可能真的不誠實），它只是代表**訊號可能無法傳達它應該傳達的內容**。就像在自然界，在商業環境中誠實的人可以發出不誠實的訊號，但未必有惡意。

當我們評估一間企業以進行投資或撤資時，我們會忽略以下類型的訊號，或在整體評估中給予**非常低**的重要性。

▋新聞稿

2014 年 7 月 29 日，蘋果公司的新聞稿宣稱已將 MacBook Pro 更新為「視網膜螢幕」（Retina Display，請注意英文原稿用大寫字母 R 和 D）

[13]。投資人應該在乎這則新聞嗎?

如果你是一位有眼光的消費者,你可能會覺得很厲害,但這則新聞稿如何幫助投資人決定是否應該買進蘋果公司的股票呢?你可以說這個新聞稿顯示蘋果公司的實力,能跟上最新技術的趨勢,所以這則新聞稿其實提供很好的訊息。但是有多少投資人——或者一般不懂技術的人——甚至知道或理解「視網膜螢幕」是什麼意思呢?我自己是不知道。

不管「視網膜螢幕」是什麼,就算最後證明這是一項很酷的新技術,從這些資訊中又如何得出結論,認為 MacBook Pro 會大賣呢?再進一步說,即使投資人真的了解「視網膜螢幕」的含義,並且從各種來源得出這項技術可能會大賣的結論,那麼這種知識又如何幫助他們決定是否買進蘋果公司的股票,除非他們能夠準確預測,這項技術為 MacBook Pro 帶來銷量增加所產生的獲利和現金流?

新聞稿可能是公司發出的最常用的訊號,或者應該說是「被濫用」的訊號,為什麼呢?因為除了支付公關公司的費用外,公司定期發布新聞稿並接受採訪幾乎不需任何成本,而公關公司的費用通常是固定的年度支出。許多公司都會定期發布新聞稿和接受採訪,以分享產品推出、管理團隊的變動、策略轉變和組織變化的消息。

首先,我對經常出現在新聞中的公司深感懷疑(他們沒有更重要的事要做嗎?)。對於長期投資人來說,即使是不擅長透過公關公司來管理媒體消息的公司,也很少有什麼有用的資訊可以提供。

其次,新聞稿可能(而且經常)很狡猾,不像 MacBook Pro 的公告看起來那麼簡單。許多新聞稿看似揭露長期投資人必須得知的重要資訊,但其實說好聽點只是空洞的吹噓,嚴重一點的是故意混淆視聽。

以 2015 年 1 月 20 日聯合利華的新聞稿為例[14]。標題自信地指出,「在更艱難的市場中獲利成長」。詳細查看這篇新聞稿,讓我摸不著頭緒。我假設各位同意，像美國和西歐這樣的已開發市場應該被歸類為「艱難」，因為這些市場很成熟、競爭強度高，而且面臨成長挑戰。但如果仔細閱讀新聞稿，會發現 2014 年已開發市場的營收下降了 0.8%，新興市場的營收則是成長了 5.7%（不過增幅卻低於 2013 年），但我不會稱新興市場為「艱難」的市場。

有趣的是，這份新聞稿沒有提到根據聯合利華的說法，哪些市場是「艱難」的，哪些是「容易」的。也許各位不同意我的觀點，而認為新興市場就是「艱難」的市場。好吧，我們就用這個定義來看。但是，如何解釋中國第四季營收下降 20%？這樣大幅度的放緩，特別是在像中國這麼大的市場，可能是投資人關注的重要資訊，但正如我們所看到的，這些資訊並未出現在新聞標題中。順便提一下，聯合利華在 2014 年的整體營收下降了 2.7%，這是否符合新聞稿似乎暗示的值得慶祝的原因？

重點是，根據新聞稿做出投資或撤資的決定，可能對基金的獲利有害。我們對待新聞稿的態度就是，新聞稿本來該做這些事：公司發出代價很低的訊號，讓競爭對手嫉妒、吸引投資人、員工和客戶。

我們完全不重視新聞稿。

管理團隊接受媒體採訪

2019 年 6 月 13 日那天，一位 51 歲、充滿遠見的執行長在柏林舉行的歐洲最負盛名的數位和技術會議期間，接受《彭博社》（*Bloomberg*）財經記者麥特・米勒（Matt Miller）的採訪。他的公司是支付處理領域的巨頭，在 2000 年代初期是一間鬥志高昂的新創公司，由於公司市值飆升而在 2018 年進入令人垂涎的德國股市 DAX 指數。公司股價在前 3

年上漲2倍,市值約為180億歐元。在負責分析該公司的29名研究分析師中,有23人給予「買進」的評等。

多年來,《金融時報》和一些賣空者對這間公司的會計方法提出質疑,但該公司對所有指控置之不理。在這種情況下,麥特·米勒進行了一次令人難忘的採訪。米勒沒有討好這位名人執行長,而是針對公司成長的來源、可疑的公司治理方法,以及有關公司法規遵循流程鬆懈的謠言,提出一些尖銳問題。

這位態度顯得輕鬆又自信的執行長直視米勒的眼睛,以清晰和精確的答覆,回答了每一個問題。他向米勒保證,亞洲是主要的成長引擎,新的營收成長了160%,且與普遍的觀點相反,歐洲也出現成長。這位執行長也嚴厲批判那些批評他的人,他提醒米勒,他的公司股價14年來,年化報酬率高達36%!他相信他手下200名法規遵循人員是世界級的,並解釋說公司正在大力投資技術以進行數位監控交易。

在這次採訪幾乎整整一年後,2020年6月23日這天,這位執行長因為刑事詐欺罪被捕。該公司於2020年6月25日申請破產。

這位執行長的名字是馬克斯·布勞恩(Markus Braun)。那這間公司是?就是威卡(Wirecard)。

布勞恩和威卡多年來一直在撒謊。但是布勞恩在德國受到的英雄式崇拜如此深入和廣泛,結果國家監管機構聯邦金融監管局(BaFin)在2019年還對《金融時報》的記者提起刑事訴訟,指控他們操弄市場。布勞恩是國家之光,他怎麼可能是錯的呢?各位可以在彭博電視台觀看這次採訪[15]。布勞恩看來是一位心地善良、聰明而且體貼的領導者,顯然在數位支付領域遙遙領先競爭對手。

是的,我知道我特別挑選一次高階經理人的採訪,來證明這些企業高階經理人有多差勁。但我希望各位會認同布勞恩是位很傑出的受訪者。他將威卡公司複雜的全球營運工作，簡化成「可擴充性」「數位支付」「風險管理」和「創新」這樣的金句。我幾乎可以確定他讓觀眾產生共鳴，其中有許多人絕對也是該公司的投資人。

雖然我確實舉了很極端的例子，但這突顯了幾乎所有企業高階經理人訪談的兩個共同特徵。首先，這種訪談對高階經理人來說就像練習，讓自己有面子，而且許多人都做得很好，但是各位從自身經驗中一定也知道，外表看起來有面子，並不等於真的厲害。第二，這類訪談可以提供我們很多關於受訪者的資訊（包括他家狗的名字和他最喜歡吃的菜）和公司的資訊，但是關於投資人想知道的資訊並不多，例如布勞恩說：「在許多領域，我們是先行者」和「我們專注於技術創新」，這種話可能具有文學、學術、社會學或文化價值，但是這些能讓我這個投資人知道什麼？什麼也沒有。我身為觀眾，覺得能說出這些話很厲害，但身為想要投資威卡的人，我覺得不怎麼樣。

各位有沒有看過高階經理人的採訪，聲稱他們沒有創新、沒有最好的商業領袖、沒有「善用」技術、沒有以客戶為中心、沒有善待員工、不聽取股東的意見、做差勁的資本配置、忽視「持續性」投資的價值？我從來沒看過。但事實是，我從事顧問和投資人的工作，這輩子遇到的大多數企業在很多方面都存在嚴重缺陷。他們不是不知道，就是不承認。

這個世界上，包括商業界，卓越是非常少的。如果只看高階經理人的訪談，根本找不到卓越的公司。

我並不是說我不讀（或聽或看）商業領袖的採訪。我會讀，但我讀這些文章的原因和讀關於英國脫歐、跑步、電影和川普發火的最新文章，都是同一個原因：和朋友閒聊、打發周日下午的時間，以及對這個迷人的世界感到興趣。我並不是為了投資而讀這些新聞。

▌投資人大會與上市說明會

假設你完全不了解股票市場。這個行業正面臨一個重大問題，而你被要求解決它。公司的管理團隊似乎花費太多時間回答來自眾多投資人的問題，而一些認真的投資人抱怨他們打電話過去針對公司的提問沒有得到答覆，因為高階經理人團隊已經厭倦了回答相同問題。投資人和公司高階經理人在各個城市之間相互會面，浪費了大量時間和航空里程。如何確保公司資訊能夠有效地傳遞給所有感興趣的投資人？

如果你是個聰明人（肯定是的，畢竟你正在閱讀這本書，是吧！），你很可能會提出以下答案。邀請許多公司和投資人聚集在同一個地方，最好是一個有很多航班連接的城市，讓他們透過正式說明，以及共進午餐和晚餐等非正式的方式來交流互動。

好了，恭喜你！這就是正確的解決方案。這正是業界在舉辦為期一到五天的會議時所做的事。數十間，有時甚至是數百間公司聚集在一起，向來訪的投資人進行一系列說明。

上市說明會是這些會議的縮小版本，通常是公司高階經理人訪問投資人的辦公室。由於大多數投資人的辦公室位於紐約、舊金山、倫敦和東京等大城市，一間新公司通常可以在一天內和 6 到 8 位投資人見面。

各位認為大多數公司經理人在與投資人見面時想要什麼？他們希望投資人買進他們的股票，好讓股價上漲。他們有可能對自家公司業務提出平衡的看法嗎？我想世界上有聖誕老人這種事，還比較可信。經驗告訴我，這些會議和上市說明會中，大多數都是公司炫耀的藉口。在 30 分鐘的演說中，公司管理團隊會用 29.9 分鐘來歌頌他們的戰略；剩下的 0.1 分鐘他們會喝水，或是如果他們話題聊開了，他們會輕聲細語提及一些風險，小聲到如果你打個噴嚏就聽不到。

雖然我這麼說有點誇大，但我可以向各位保證沒有太誇張。我並不怪他們這麼做。如果我是他們，我想我也會這麼做。會議或上市說明會是一個欺騙的訊號，因為展示有關公司過於樂觀的看法，對公司的管理團隊來說根本不花錢，所以他們當然會這麼做。這是一個展示自己能力的銷售大會，而不是一個冷靜評估投資機會的論壇。

我們納蘭達資本會不會去投資人大會，或上市說明會期間和公司高階經理人會面？我們絕對會這麼做，但是我們會對公司的表演打很大的折扣，並將這些大會和上市說明會視為評估有意思的企業的**起點**，而不是建立穩健投資論點的捷徑。

我們利用會議的方式之一，就是與投資組合內公司的**競爭對手**會面。他們是否在推出新產品？他們是否進入了新的市場？他們的收購方法是什麼？他們打算如何分配資本？他們是否變得比我們擁有的公司更好？但是在這種馬戲團般的表演中，我們從來不會在離開會議時說我們已經找到贏家或輸家，應該買進或賣出。

投資人會議和上市說明會是欺騙的訊號，並不是因為管理團隊欺騙人──他們大多數都是正直的人，他們只是在盡本分──這是欺騙的訊號是因為，在45分鐘的演講中向觀眾講述最好的故事並不需要花費任何成本，只不過觀眾從一個會議匆忙轉到另一個會議，所以根本就像腦死一樣沒有聽進任何消息。

財測

許多上市公司預計其稅後利潤（也稱為獲利）將用於下一個財政年度。例如在2019年1月的法說會上，它們將會預測2019年全年的財測。在隨後的法說會中（通常在每季財報公布後舉行），它們會根據最近的表現和前景來更新財測。分析師和投資人非常認真地盯著財報的結果，股價對獲利優於或不如財測會迅速做出反應。

投資人和分析師喜歡公司的財測。事實上根據《美通社》（PR Newswire）的一篇文章，在接受調查的180名分析師中，有77%的人希望公司提供財測[16]。分析師是聰明人，所以各位一定以為他們可以從公司公布對未來的資訊中學到很多東西。可悲的是，他們沒有學到任何東西。

各位認為公司管理團隊針對未來一年所做的預測，他們的根據是什麼？應該說，任何人有什麼根據，針對近期到中期做出預測？不久之前的情況？對更好未來的期望？篡改試算表？以上全都有可能。財測是一個欺騙的訊號，不過管理團隊可能堅信這一點。這是一個代價很低、容易製造，而且不需多少努力即可完成的訊號。

在我三十多年的職業生涯中，我曾擔任過二十多間公司的董事會成員，市值從500萬美元到約500億美元不等。在每個財政年度開始時，這些公司的經營團隊通常會提交當年的財測。而且我不記得有任何一次經營團隊交出符合財測的結果。我再強調一遍：連一次也沒有。我不是在開玩笑，這些企業不是超出，就是沒達到目標，而且他們無法知道結果會如何。

獲利如此難以預測的原因很簡單：乘法機率。獲利（又稱為稅後利潤）是公司損益表上的最後一行。我們可以從營收中扣除現金支出、非現金支出（例如折舊和攤銷）、金融費用和稅款，然後計算出稅後利潤。因此，管理團隊必須在以上所有項目上達到目標，才能期望獲利符合財測。

其中許多甚至是經營團隊無法控制的事。舉例來說，利率可能會發生變化，進而影響利息收入或支出。由於匯率變動，一間在國際市場上銷售的跨國公司，可能會大大低於或遠高於預算。

但是，即使是各位認為在管理團隊控制範圍內的項目，通常也並非如此。以營收為例，假設經營團隊有信心預測明年的營收達到一定水準，但是如果經濟成長高於預期呢，或是更慢？如果競爭對手發動價格戰怎麼辦？如果其中一間工廠因火災而關閉怎麼辦？如果公司最好的業務經理（占銷售額的7%）突然生病怎麼辦？這些「假設」都不是理論上的，在我擔任董事會成員或投資的企業中都曾發生過。

可能有人會認定，企業所產生的成本一定會受到管理團隊的控制。畢竟，成本都是內部的，不是嗎？並非如此。以原物料為例，一間使用各種塑膠和金屬的製造公司，會受制於商品價格波動，物流供應商受制於石油價格，而服務公司則需要迎合勞動市場價格的變化，尤其是如果他們雇用的是兼職人員。行銷和廣告費用似乎更易控制——行銷經理可以決定明年花費1000萬美元打廣告，不就是這樣嗎？事實並非如此。如果出現了一個競爭對手有新的風險投資人的資金，提供類似產品但價格比你低25%，那麼行銷經理可能必須透過大幅增加行銷預算來反制對方。

在基礎機率課程中，各位應該記得當許多事件被認為同時發生時（X和Y和Z），累積的機率是將所有單獨機率相乘得出的。假設你正在評估的管理團隊在預測能力方面確實獨一無二，而且他們的預測準確率為80%，因此如果要將準確預測獲利數字分解為五個部分（營收、折扣、員工開支、製造開支和業務支出），則命中正確獲利數字的機率將小於33%（0.8^5）。事實上，在我們得出獲利數字之前，需要考慮的項目比五個還要多得多。那麼，即使是世界一流的管理團隊，如何能夠在每一季或每年都提出精準的財測數字？這在數學上來說幾乎是不可能的事。那麼，金融界為什麼這麼關注這個數字呢？

我不怪公司管理團隊或分析師造成這種疾病。是的，我將這樣的情況稱為疾病，因為它感染了幾乎整個資產管理產業，並阻礙投資人發揮最大潛力。這種不良情況的責任應完全歸咎於我們——投資界，我們對企業和賣投資報告的公司施加巨大壓力，要求它們提出一個獲利數字。

麥肯錫對財測的分析得出以下不討人喜歡的結論：「我們對頻繁發布財測的預期好處進行分析，並發現沒有證據顯示財測會影響股價評價、提高股東報酬率，或是降低股價波動。[17]」財測的受益者似乎既不是投資人也不是管理團隊，而是只有券商能獲利！報告總結指出：「我們觀察到的唯一顯著影響就是，當公司發布財測後，交易量就會增加。」

還不只如此。財測很可悲而且很諷刺之處在於：**當一間企業的獲利總是符合財測的預期，那麼投資人應該更懷疑財測的可信度。**

為什麼？我們來看看奇異公司（GE）。

奇異公司在二十世紀下半是全球最受尊崇的公司之一。傑克・威爾許（Jack Welch）自 1981 年至 2001 年擔任奇異公司執行長，在他的領導下公司達到任何公司都從未抵達的里程碑[18]。在他在職期間，奇異市值在 20 年內成長超過 40 倍。到了 2000 年 8 月，奇異公司的市值達到 6010 億美元，成為世界上市值最高的公司。但是到了 2021 年底，昔日輝煌早已成過往雲煙，公司已經損失約 85% 市值。

奇異公司出現許多問題，我們在這裡並不一一列舉這些問題，但其中最引人注目的一點是，奇異公司能夠在傑克・威爾許執掌的時代，每一季、每一年都實現其獲利目標。分析師和投資人都喜歡奇異公司。當奇異公司宣布會在下一年實現獲利目標時，它總是會如期達到。正如威爾許在接受《財星》雜誌的卡蘿・路米斯（Carol Loomis）訪問時所說的：「哪個投資人會想要投資一間多角化企業？除了像奇異公司這樣獲利可預測的企業。」這間公司對「管理」變得如此漫不經心和傲慢，以至於財務長丹尼斯・達默曼（Dennis Dammerman）大膽地向《財星》雜誌承認：「好吧，我們會以重組的名義，以自行裁量權來抵消這些龐大的獲利。」他公然承認對公司獲利動手腳。

管理團隊面臨著實現獲利目標的龐大壓力。當傑夫・伊梅特（Jeff Immelt）接替威爾許擔任公司執行長後，他接管了塑膠部門才發現之前的管理團隊一直在捏造利潤，他選擇保持沉默。他是奇異公司內部崛起的新星，他知道他絕對不能不達到獲利預期。

奇異公司旗下有一個名為「愛迪生管道」（Edison Conduit）的特殊目的實體，本來應該是獨立於公司之外，但實際上並非如此。奇異資本（GE Capital）為愛迪生管道的負債擔保，因而成為奇異公司的子公司。這間公司存在的目的為何？它宣稱的目的是發行商業票據，但其主要目標是憑空創造獲利。愛迪生管道定期以高於帳面價值的價格向奇異資本購買資產，以顯示出公司獲利。但是若你問我，一間公司要如何透過購買自己的資產來顯示獲利？這是個很好的問題。現在已經不可能這麼做了，這會被視為欺詐行為。但是在安隆醜聞之前的時代，這間公司是在利用會計漏洞。

在 2002 年，《沙賓法案》（Sarbanes–Oxley Act）通過，使奇異公司當時使用的許多會計手法變成非法。威爾許近乎完美地決定在 2001 年退休。接任的執行長伊梅特從沒有像前任那樣，他無法使用會計師的自由裁量權，因此一直未能滿足投資人的期望。威爾許二十多年前退休以來，奇異公司的股價就一直下跌，而且到現在都還未止跌。

我並不是在暗示奇異公司所有問題都源於其實現財測的文化，但我認為這扮演了非常重要的角色。當企業經理人過分強調實現每季的財測時，公司的長期方針就不是最重要的事；當一間公司為了達到獲利目標而迫切想要收購，就可能會支付過高價格買下一個不好的資產；當一位管理者無法坦率地談論混亂的會計問題時，這些問題就會隨時間而累積。

最後，假設一間公司真的可以準確預測其獲利，其實不需要像奇異公司那樣使用任何會計詭計。畢竟那又如何？明年的獲利成長5%還是下降10%，對長期投資人來說重要嗎？

我們評估一間公司的根據是風險、競爭護城河、財務品質和管理團隊的誠信，而不是有沒有能準確預測獲利的能力。我們知道一致地預測獲利是很難的事，所以又何必要以此來衡量任何人呢？我們從來不想評估公司的財測，而且還試著說服我們投資組合中的公司，不要再提供財測了。我承認有些公司被我們說服，有些沒有。畢竟，舊習難改。

與管理團隊面對面會議

2015年中，由前麥肯錫董事麥克・皮爾森（Mike Pearson）經營的威朗製藥公司（Valeant）是股市的寵兒，市值約900億美元。就在5年前的2010年，其市值只有50億美元左右。

幾乎所有商業雜誌都在報導威朗驚人的成功。沒有什麼可以阻止這間巨頭收購製藥公司並大幅削減成本以提高利潤。投資人喜歡麥克和他看似無與倫比的策略，潘興廣場（Pershing Square）、紅杉資本（Sequoia）和ValueAct等知名投資機構全都喜歡他。

但是查理・蒙格完全不喜歡。他正確地發現到威朗以債務為基礎的收購狂潮，是一場災難的前兆。再加上威朗眾多不道德的商業行為（例如在收購後將救命藥物多次漲價），他認為威朗早晚會損失慘重。在2016年5月接受《福斯商業頻道》（Fox Business）訪問時，蒙格說這間公司比下水道還糟糕！[19]

蒙格的觀點激怒了威朗的一些最大股東，其中包括潘興廣場的執行長比爾・艾克曼（Bill Ackman）。2015年4月，他寫了一封長信給蒙格，要求他與麥克・皮爾森會面，但蒙格拒絕了。蒙格不需要開會就能發現威朗的腐敗和無能的「誠實」訊號。不久後,威朗的報應就來了。2016年中,威朗的市值已經縮水 90%。比爾‧艾克曼的潘興廣場在威朗這筆投資上損失 30 億美元。

為什麼那麼多經驗豐富的投資人,對蒙格公開指出的問題視而不見?為什麼蒙格在沒有與麥克‧皮爾森見過面的情況下,就能正確預測威朗的衰落,而威朗的許多董事會成員和投資人卻仍是熱情的支持者?我的假設是:麥克‧皮爾森是一位出色的推銷員;不對,他可能是其中一個令華爾街傾倒的最佳推銷員。

面對麥克‧皮爾森引人入勝的說服技巧,即使是最聰明的人也會失去判斷力。在面對面會議時,麥克‧皮爾森散發出的不誠實訊號(發出這些訊號的代價很低)的照耀下,威朗數不清的問題所發出的誠實訊號依然未被察覺或根本被忽略了。

再次強調,我並不是說麥克‧皮爾森不誠實,也許他真心相信自己所說的話,但這並不重要。蒙格之所以正確,是因為他知道任何面對面的會議都是一種不誠實的訊號。

這種聲稱面對面會議不是可靠的訊號,乍看之下可能顯得有些奇怪,因為對大多數投資人來說,無論是風險投資人、私募股權基金還是共同基金,管理團隊都非常重要。許多投資人很自豪能以一次會議來評斷管理團隊,如果各位是有這種能力的投資人,那真是太好了。但我沒有這種本事。

很多投資人可能認為自己有識人之明,但其實並非如此。假設我們遇到一位天才,能夠真正根據面對面會議來判斷一個人的性格。我的觀點是,即使他們具有這種罕見的技能,這在與管理團隊會面時也是沒有用的,並且無法使他們成為更好的投資人。原因很簡單:管理團隊在會議中發出的任何訊號,都是一種輕易獲得的廉價訊號,他們要付出的代價很低。而且由於這種訊號很廉價，即使管理團隊本身沒有不誠實，訊號也可能是不誠實的。

例如，管理團隊可能認為他們的產品品質很高，並且他們會在會議中這樣說。你會相信他們的說法，還是會進行獨立檢查來評估產品的品質？管理團隊可能真的認為，他們近期比國內競爭對手的表現還不佳，是他們專注於海外市場的結果。如果各位是一個善於識人的人，並且得出結論認為管理團隊說的是真話，會認為他們所述的信念是真實的嗎？管理團隊知道你想聽什麼，而且很多時候，你聽到的就是你「希望」聽到的。

我們確實會與管理團隊見面。我們利用這些會議來建立關係，了解他們的企業歷史和一些過去的決策。但是我們從不把高層會議用來建構投資案例，或是用來檢驗關鍵假設，因為我們知道我們聽到的會是他們想讓我們聽到的，而不是我們想了解的。

從查哈維的角度來解釋重要訊號

看起來我們有點陷入困境了。如果我們不能依賴新聞稿、投資人會議、財測或是與公司高層的會議，那麼身為投資人，我們可以信任什麼樣的訊號？

我們再回到阿莫茲・查哈維，他對自然界的觀察，對投資界來說非常重要：我們應該只信任由公司發出的昂貴訊號，因為這些是我們唯一可以依賴的訊號。但是，哪些訊號是昂貴且可靠的？總地來說，有 2 種。我們從第 5 章得知第一種可靠的訊號是什麼。

過去的營運和財務表現

我就不再重複第 5 章中已說過的，用回顧過去來評估企業和產業的邏輯；我們在納蘭達資本將過去視為投資和撤資決策的兩個關鍵且可靠的訊號之一。過去的事情已經發生了，它就在那裡讓我們看到。這是公司行動和結果的不可否認訊號。當然，問題在於投資人似乎全神貫注於接收有關**未來**的訊號。

讓我們以投資界普遍存在的現象為例：法說會。

我在第 5 章中討論了法說會，但是根據誠實和不誠實的訊號來重新討論這個現象是很重要的。季法說會是管理團隊向更多分析師和投資人發送的強烈訊號。執行長、財務長和其他一些關鍵的商業領導人，通常都會出席這些會議。如果有一個地方可以得到你所有的答案，就是這個地方了。摩根大通（JPMorgan）的傑米·戴蒙（Jamie Dimon）、臉書的馬克·祖克柏（Mark Zuckerberg）、曾經是推特的傑克·多西（Jack Dorsey）、蘋果的提姆·庫克（Tim Cook）、特斯拉的伊隆·馬斯克（Elon Musk）——這些企業領導人都定期參加自家公司的季法說會。

我舉個具體例子來說明。雪佛龍（Chevron）是全球最大石油公司之一，2019 年的營收約為 1400 億美元，市值約為 1900 億美元。該公司管理團隊於 2020 年 1 月 31 日為投資人和分析師舉辦一次法說會，以突顯其績效[20]。分析師和投資人提出 29 個問題。各位認為其中關於未來的問題占了百分之多少？超過 70%。

以下是這些有關未來的問題中的幾個（**請記住，這次法說會是在 2020 年初舉行的**）：

能不能更詳細談談你對 2020 年產量的看法？

我想知道我們在2020年的投資中，還能在哪些地方看到成長。貴公司繼續出售資產且資本密集度降低，我想知道長期下來是否能持續超出尋常的股利成長。

這些關於產量、潛在成長及潛在股利成長的問題本身很重要，但只是因為一個問題重要，並不表示會有一個好的或可靠的答案。我想知道明年我的基金報酬率，但如果我隨意挑選一個數字，那就太愚蠢了。

讓我們來看看有關產量和潛在成長的問題。雪佛龍的管理團隊對這些問題回答了很久，但基本上表示產量成長將與前幾年差不多。此外，他們不知道新冠疫情會爆發（任何人都不知道），或者石油價格和需求將急遽下滑。

雪佛龍在2020年結束時淨虧損55億美元，相較之下2019年的淨利為29億美元。到2020年第四季，營收從一年前的350億美元下降到250億美元，降幅接近30%。在法說會時，管理團隊預測2020年的資本支出將達210億美元。實際數字呢？只有130億美元。

所有關於雪佛龍在2020年及後續表現的問題，基本上都變得毫無意義。我知道我這樣說有些不公平，因為我選擇了疫情爆發的那一年來談論預測的困難。但我這樣做，是為了突顯金融業過度關注公司的未來有多荒謬。沒有一間公司有能力預測到2020年的災難，雪佛龍也不例外。

我們可以假設雪佛龍的管理團隊是誠實的，願意盡全力回答問題。但是因為預測未來並不需花費太多心力，所以他們所提供的任何有關**未來的訊號**，都可以算是廉價的，因此怎麼能說是誠實的呢？任何對未來的談論都是不可靠的，都只是臆測而已。

如果我是雪佛龍公司的高階經理人，當被問及這些問題時，我的回答也不會有所不同。問題不在於雪佛龍，而是在於我們這些金融業的人希望強迫公司管理團隊做出不可能的事，然後在他們沒有達到我們設定的不可能實現的標準時，再回頭來怪罪他們。

「我們明年的利潤率將是 15%」不是誠實的訊號，「過去 10 年我們的平均利潤率為 12%」才是；「我們 2 年後將擁有穩健的自由現金流」不是誠實的訊號，「過去 10 年來，我們只有 1 年產生自由現金流」才是；「我們明年將推出 6 款新產品」不是誠實的訊號，「根據我們最近的歷史紀錄，我們平均每 2 年推出 1 款新產品」才是。

不說故事，不做預測，只說有關於過去的事實。

小道消息

儘管大多數人在評估自己和自己的孩子時明顯有偏見，但在分析其他人和配偶時，卻可以非常坦率和準確。身為投資人，我們利用這種經過充分驗證的人性，以獲得關於公司的正面和負面訊號。良好的聲譽是一種非常昂貴的訊號，因此是一個誠實的訊號，因為在任何行業中建立起好名聲，需要許多年甚至幾十年的時間和努力。

因此，在我們進行投資之前，我們會花費數月的時間與經銷商、競爭對手、前員工、供應商和業界專家交流，以全面了解一間公司及其所在的產業。我們之所以認為這些「小道消息」訊號誠實，有兩個原因。

首先，我發現一般來說很少有人有動機說謊，除非他們對一間公司積怨很深。如果競爭對手很佩服你正在評估的公司，他會這樣說並給出許多理由。其次，一旦我們與公司有關聯的人進行足夠多的訪談（但不一定是來自公司的人），我們會開始深入了解管理團隊的聲譽和素質。

2008 年時，我創辦納蘭達資本不到一年，學到一個有關小道消息的寶貴教訓。我們對一間印度市值接近 20 億美元的製造公司產生濃厚興趣。這間公司悠久的歷史具有非常高的資本報酬率，聲稱設計和製造其他公司所無法做到的產品，並且擁有一系列知名客戶。金融界對這間企業讚不絕口。我們與管理團隊會面，對其策略和理念清楚流暢的表達留下深刻印象。我們對過去的業績和表現進行的分析，只有正面的消息。

我們開始與這間公司主要是醫療保健業的客戶交流。令我們驚訝的是，我們所聯絡的所有客戶都將這間公司定位為商品供應商，而不是專業的製造商。他們說之所以從這間公司採購，只因為它提供了最低的價格，而不是因為它銷售最新的高科技產品。在與幾位客戶交流後，我們總算清楚了解到，這間公司在吹噓其產品的品質及深厚的客戶關係時，其實太誇張了。

我們還在公司的資產負債表中發現一個奇怪的異常現象。公司聲稱與客戶的關係牢靠，但應收款天數為 270 天，似乎太久了。為什麼客戶要過 9 個月才能支付款項？當我們向公司詢問時，對方還油嘴滑舌地硬拗說，在醫療保健產業中這是慣例。在我們的小道消息調查中，我們向客戶確認了這個情況，所有客戶都對我們說，它們按照協議在 90 天內支付款項。那麼剩下的 180 天的現金，藏在哪裡呢？

第三個小道消息訊號最為致命。我們得以訪問了幾個月前辭職的前業務主管。當我們詢問他有關公司業績的情況時，他諷刺地說：「你們是金融業的人，也許你們可以解釋一下這個異常。我曾經是全球業務主管，負責公司所有的營收。但我實際交付的銷售數字，在每一季總是遠低於公司在季財報中所宣稱的數字。這怎麼可能呢？」我們聽到這些，就已經足夠了。

這間公司的市值，比 2008 年初的高峰下滑了 98%。

如果我們只依靠那間公司所聲稱的過去財務和經營表現，而沒有對小道消息進行廣泛研究，也許納蘭達資本今天早就不存在了。1.5 億至 2 億美元的投資失敗，可能無法挽救。

順帶一提，偉大的投資人菲利普・費雪（Philip A. Fisher）首次在他於 1958 年出版的經典著作《非常潛力股》（*Common Stocks and Uncommon Profits*）中推廣小道消息方法。在第 2 章（〈閒聊法的妙用〉）中，他指出：「商業『小道消息』是一件了不起的事。從對某個特定公司感興趣的各方代表性意見中，可以獲得對該產業中每間公司相對優勢和劣勢的精確描述，這真是令人驚訝。」

這話說得太實在了。

再談波頓

我們再回到 2010 年安東尼・波頓推出的 4.6 億英鎊基金表現不佳的謎團。我之前刻意隱瞞一個關鍵資訊：波頓推出的基金是在中國，而不是英國。我不知道他當時在想什麼，但有鑑於他在英國的績效非常卓越，我猜波頓可能想要發起一個新的挑戰。

但中國不是英國，特別是在上市公司的行為和過往績效方面（順便說一句，印度在這方面與中國半斤八兩）。各位可能聽過瑞幸咖啡，它本來被認為是中國的星巴克。該公司聲稱擁有比星巴克更具擴展性的模式，因為它銷售廉價咖啡，主要是外帶和外送。這間公司將自己定位為科技公司，因為客戶可透過其應用程式訂購咖啡。許多知名投資人，包括中國最大創投公司之一愉悅資本和新加坡主權財富基金 GIC，都認為這間公司的估值達 10 億美元而投資。

瑞幸咖啡於 2019 年 5 月在美國上市，到了 2020 年 1 月股價已達到 50 美元＊，公司市值超過 120 億美元。但是著名做空機構渾水研究（Muddy Waters）在 2020 年 1 月底發表一份報告猛烈抨擊瑞幸咖啡，指控其營收數據虛報[21]。更糟糕的是，瑞幸咖啡的審計公司安永會計師事務所（Ernst & Young）發現瑞幸的高階員工欺詐行為。到了 2020 年 5 月，股票已經下跌超過 95%。

不幸的是，瑞幸咖啡並不是個案。像艾瑞泰克肥料（China Agritech）、中國綠色農業（China Green Agriculture）、中國綜合能源（China Integrated Energy）、高途教育（GSX Techedu）、愛奇藝（iQIYI）、龍威石油（Longwei Petroleum）、東方紙業（Orient Paper）、普大煤業（Puda Coal）和索昂新能源實業（Sino Clean Energy）等中國企業，都被指控會計作假帳或明顯的詐欺[22]。

對於安東尼‧波頓的基金在中國失敗的原因，可能的解釋很多，就像「專家」一樣多。我的解釋是：波頓以為中國企業的訊號和英國企業的訊號一樣。他沒有發現許多中國企業的訊號根本就是不誠實的，他應該對訊號的真實性更加懷疑。[23]

投資研究機構晨星（Morningstar）的分析師趙虎（Zhao Hu，音譯）在接受《南華早報》採訪時指出，波頓的中國基金投資的不是一、兩間，而是三間受到會計作假帳和產品召回醜聞困擾的公司。波頓習慣了英國企業發出的誠實訊號，但用趙虎的話來說，「顯然，他沒有在這些小型、未經驗證的中國企業投資中，充分考慮足夠的風險。」

在自然界的訊號發送者和接收者之間的競爭中，幾乎從來沒有明確的贏家。各位可能聽說過布穀鳥會把自己的蛋放到其他鳥類的巢中，

＊ 譯註：瑞幸咖啡在那斯達克上市時，每股發行價格為 17 美元。

讓其他鳥來孵育牠們的雛鳥。這裡的訊號是布穀鳥蛋的大小、形狀和顏色，與某些其他鳥類的蛋相同。然而，科學家發現一些被寄生的鳥類並未讓自己被利用——牠們演化出會產下明顯不同的蛋，甚至與相同物種的蛋比起來也長得不同[24]，因此牠們能夠識別出布穀鳥蛋是不速之客。牠們演化出一種方法來檢測布穀鳥的不誠實訊號。這場競賽沒有贏家，可能永遠不會有贏家。

與自然界形成強烈對比的是，在商業世界中，訊號的發送者（公司）明顯比接收者（我們這些容易上當的投資人）更占優勢。難怪，金融界的投資績效落後大盤。身為長期投資人，我們應該做些什麼呢？

別管綠蛙，留意孔雀魚。

本章摘要

演化論教我：要重新思考投資這件事，我們就需要區分企業的誠實和不誠實訊號。

- 在自然界中，訊號的「發送者」試圖影響「接收者」的行為。對於接收者來說，區分誠實和不誠實的訊號可能攸關生死。
- 綠蛙模仿較大對手的低音鳴叫是一種不誠實的訊號；而雄性孔雀魚鮮豔的顏色，則是其健康和生殖能力的誠實指標。
- 查哈維的拘束理論認為，代價高昂的訊號是誠實的，因此接收者可以相信。這種「代價」可能是指生產訊號所需的額外資源，或是死亡風險增加。
- 身為投資人，我們也被眾多訊號淹沒，其中很多是不誠實的。例如，新聞稿、管理團隊會議和採訪、投資人會議及財測。這些全都是試圖給投資人留下良好印象的訊號，通常很容易產生。我們選擇全都置之不理。
- 我們完全依賴於那些像在自然界中一樣昂貴且誠實的企業訊號。這些訊號包括過去的經營成果和財務表現，以及來自供應商、客戶、競爭對手、前員工和產業專家的小道消息訊號。

PART

3

不要只是懶惰，
而是要非常懶惰

DON'T BE LAZY—BEVERY LAZY

我希望各位在讀這本書時，多數時間都是點頭贊同的，而不是在咒罵那些說服各位買或借這本書的人。避免重大風險並買進高品質的企業有什麼不好呢？當然，我們也可以辯論該多重視與管理團隊的會議、20%的資本運用報酬率是否可接受，或是應該在一間企業重組時的哪個階段投資。然而，假設各位是一位長期投資人，或是希望成為長期投資人，我認為我們的基本方向是一致的——**承擔可避免的風險不是好事，但投資於優秀的企業是好事**。

不過，當涉及到購買和出售企業時，我們不僅是懶惰，而是非常懶惰。我們很少買進，也很少賣出。許多長期投資人，或許是大多數長期投資人最終會在股價過高時出售投資標的，但我們不會。我們是永久的股份持有者。對於我們喜愛的企業，我們絕對不會賣出任何一股。雖然這種策略有些小小例外（我稍後會談到），但有些人或許會接受很少買進的概念，但從不出售的想法，可能會讓人感到不對勁，甚至覺得愚蠢。沒問題，我的任務不是告訴各位應該怎麼做，而是分享我們的做法。

第8章和第9章引述演化論中相對較不知名的兩個原則，以支持很少買進甚至更少賣出的理念。第10章專注於賣出，或者更確切地說是**不賣出**，透過詳細闡述一個眾所皆知但未受到足夠重視的概念，將演化論與長期投資連結起來。最後，我透過強調從演化論中，投資人可以學到的一個重要教訓，來總結本書：一個簡單的過程，可以造成卓越的結果。

第 8 章
鳥和熊的異常

可以說，天擇每一天、每小時都在世界各地篩選每一個變異，即使是微小的變異；排除不好的，保存和累積所有好的；在每一個有機生物的有機和無機生活條件之間，無聲無息地工作，隨時隨地利用機會，使其得到改善。

——查爾斯・達爾文，《物種起源》
第 4 章〈物競天擇〉（Natural Selection）

儘管我們在儲備金和消費品方面遇到困難，但我們預計保險業務將會開始成長並賺取可觀利潤——不過進展明顯沒有規律，且時不時會出現令人不快的重大意外。

——華倫・巴菲特，〈1986 年致股東信〉

這座島看起來像個戰場。其中一方慘敗，死鳥的殘骸散落滿地。

彼得・博格（Peter Boag）和蘿琳・拉特克利夫（Laurene Ratcliffe）於 1978 年 1 月返回該島，發現幾乎 80% 的鳥類在 1977 年的乾旱中喪生了。當時只有大約 290 隻鳥還活著。他們尋找最喜歡的那隻鳥——一隻在 1977 年一直跟著他們在營地附近的母鳥——但找不到牠的屍體。

在島上的兩種主要鳥類中，地雀遭受特別嚴重的打擊。在 1977 年，沒有一隻地雀下蛋或築巢，因此沒有地雀的雛鳥出生。此外，1976 年乾旱前一年出生的每一隻地雀都已死亡。彼得和蘿琳對死亡和倖存的鳥類進行仔細測量，然後帶著沉重心情去普林斯頓整理他們的發現。

結果非常驚人。

他們證明達爾文錯了嗎？

聯準會利率、中國港口和德國監管機構

1970 年代最大的寶萊塢票房大片之一是《麵包、衣服和住所》（*Roti Kapda Aur Makaan*）。這部長達兩個半小時以上（是的，寶萊塢電影有時候很長）的劇情片，探討了馬斯洛需求層次理論中最基本需求的重要性。如果這部電影是當代拍攝的話，電影名稱可能會是《無線網路、麵包、衣服和住所》（*Wi-Fi, Roti, Kapda, Aur Makaan*）。我覺得網路出現以前的時代，實在是無聊得令人難以想像。但是那個時候，世界上還是發生很多事情；與現在的不同之處在於，我幾乎可以立即知道這些事。

對於一名醫院護士、巧克力業務員或汽車工程師來說，源源不斷的新聞可能就像背景噪音一樣。他們可以根據自己的心情和空閒時間，選擇是否關注這些新聞。有些人可能會選擇在社交媒體上執著於特定話題，但對於他們大多數人來說，他們的工作和一般新聞資訊流是兩個不重疊的世界。

對投資人來說並非如此。大多數人會告訴你，新聞資料流（尤其是商業新聞）是他們決策的關鍵資訊來源。因此，如果在他們的辦公室裡沒有靜音播放 CNBC 節目，或是在他們的辦公桌上看到閃亮的彭博終端機滾動新聞，那就是非常地不尋常。

為什麼？讓我透過 2021 年 6 月 22 日《金融時報》網路版的一些頭條新聞來解釋。

「聯準會升息前市場進行調整，華爾街反彈」
「中國港口的新冠疫情爆發，加劇全球供應鏈延誤」
「德國監管機構對蘋果發起反壟斷調查」
「新興市場對資本流動的擔憂是正確的」
「太陽能投資人因原物料成本上漲而焦頭爛額」

當各位看到有關太陽能的標題時，心跳是否開始加快了呢？因為我了解自己的產業，我相信許多投資人對其中一個或多個新聞標題時的反應，是對自己的投資組合做出小而重要的變動。

從有關聯準會升息預期的第一則新聞標題開始說起。還記得我們在第 5 章提到的折現現金流模型嗎？我敢打賭，全球大多數投資人，不只是美國的投資人，都會調整他們的折現現金流模型，以反映利率可能的變化。美元是世界貨幣，美國的任何利率變動，對任何國家的利率都極為重要。我不知道是否真的是這樣——這個問題對我來說太深奧了——但我知道人們普遍認為是這樣。每當聯準會調整或威脅調整利率時，我的信箱收件匣就會收到印度分析師的詳細評論。而當有人改變他們模型的折現率時，會發生什麼？股票會顯得便宜或昂貴，這就是買賣的觸發點。有關美國利率的報紙頭條，引發全球股市活動。

我們再來看看第二則關於中國港口新冠肺炎疫情爆發的新聞標題。文章中提到中國深圳港口封閉，這是世界上最大的貨櫃碼頭之一，因為一些工人檢測呈陽性而被封港一周。我們了解到自前一年的 10 月以來，貨櫃運費已經漲了 5 倍。廣州的一位服裝工廠老闆抱怨說這種情況「就像一場噩夢」。對她來說，這確實是一場噩夢；但對投資人來說呢？那幾乎肯定是的。如果在這則新聞發布後，以下這些公司的股票出現上沖下洗，我也不會感到驚訝：貨櫃運輸公司、購物製造商、港口、服裝製造商、物流公司、世界各地從中國進口大量產品的公司，以及世界各地不是從中國進口大量產品的公司（畢竟比起那些從中國進口的人，他們不是比較省錢嗎？）有關中國港口的頭條新聞，引發全球股市活動。

你問為什麼德國監管機構，對蘋果公司發起反壟斷調查，會影響除了蘋果以外的公司股價？像亞馬遜、臉書、谷歌和推特這樣的準壟斷企業的股價，可能會對這個消息作出反應並非不可思議，因為美國和其他地方的基金經理人認為，德國監管機構的行動已經跨越一條無法回頭的界線。這將觸發對消費性科技和媒體企業的無數買進或賣出單──這取決於基金經理人是否認為這對他們的投資組合是好事還是壞事。如果這種情況可以在德國發生，為什麼不能在其他任何國家發生呢？

有關德國監管機構對一間美國公司採取行動的頭條新聞，引發全球股市活動。

對，我知道我這麼說有些冒險。我聲稱基金經理人根據這三則新聞，在世界各地買賣各種企業的股票，卻沒有提供證據。我不知道我對這三則新聞的具體說法是否正確，但不可否認的是，多年來共同基金的交易頻率愈來愈高。根據 2018 年摩根士丹利發布的一份名為《在短期世界中的長期信念》（*Long-Term Conviction in a Short-Term World*）報告，共同基金的平均持有期間，已經從 1960 年的 7 年降至不到 1 年[1]。基金的買賣不是孤立進行的，基金經理人會根據某些因素決定買進或賣出，而這些因素往往來自一份聲譽卓越且可靠的財經報紙的最新消息。

各位可以猜猜上面提到的剩餘兩則新聞的影響，分別是關於新興市場資本流動和太陽能產業原物料成本上漲的影響。我想應該不難猜。

根據我在第 4 章討論的內容（成功的近因和遠因），以及本書第三部的標題（建議各位要非常懶惰），你們應該會得到正確結論，即我們在 2021 年 6 月並未對這五條新聞的任何一條作出反應。我們的交易活動，是零。

但我們可能錯了嗎？我為什麼不應該根據聯準會的利率展望，調整我的印度投資組合？我們的投資組合中許多公司都從中國進口商品——我們不應該因為這些公司的利潤肯定會受到壓縮而賣掉這些股票嗎？我們持有的 3 間網路公司，在各自市場中擁有幾近壟斷地位，為什麼我們連動都沒有動過？畢竟，難道印度監管機構不可能跟隨德國政府的腳步嗎？對我們來說，有什麼比印度資本流動下降的可能性更令人擔憂的事呢？

我會得到這些答案，但在此之前，我們先來看看另一種不同的新聞流，更貼近實際也更難以忽視。

不斷的動盪可能會令人煩躁

我們已經見識到了光是一份報紙一天內只有幾則新聞，對股市可能產生的影響。但是，這種現象每天重複出現，而且是無時無刻，在報紙、電視頻道、社交媒體平台、經紀人和基金經理人的耳語中，以及天知道還有什麼其他消息來源。

儘管特殊用途收購公司（SPAC）和 WeWork 等的存在，證明基金經理人是用真正的資金投資於真正的企業。與我們剛才研究的一般性質的新聞不同，如果我們跟著一間公司一段時間下來的新聞流呢？

我們來做一個簡短的思想實驗。假設你是一位長期投資人。在

2009年初,也就是全球金融危機期間,你選擇投資於法國公司萊雅（L'Oreal）,這是世界上最大、最成功的化妝品公司。你的觀點是,像萊雅這樣的優質企業,應該能夠克服金融危機所帶來的任何短期困境。你當時以每股約60歐元的價格購入股份。由於你是一位長期投資人,你計畫持有這間企業多年。在接下來的幾年裡,除了該公司的季度和年度財務資料之外,你還將被各種關於這家公司的新聞所淹沒。表8.1列出從2009年到2021年間,萊雅從各種新聞來源獲得的五則新聞標題。在繼續閱讀之前,請先快速查看一下。

表8.1　2009年1月至2021年12月,萊雅相關新聞頭條精選

2009年	5月	化妝品產業受到蜜蜂消亡的威脅
	5月	eBay贏得萊雅英國法庭訴訟
	8月	萊雅宣稱產品從賭場轉移到藥局
	11月	丹麥宣布妮維雅（Nivea）和碧兒泉（Biotherm）產品具有潛在危險性
	12月	萊雅主席捲入一場關於禮物的法律糾紛
2010年	2月	萊雅尋求10億新客戶
	3月	雀巢公司被認為是萊雅股票的賣方,而不是買方
	4月	萊雅收購平價彩妝Essie
	7月	萊雅醜聞升級,警方逮捕4人
	12月	睫毛增長劑已成為一個蓬勃發展的市場
2011年	2月	歐文–瓊斯〈Lindsay Owen-Jones〉卸下萊雅董事長職務
	3月	萊雅、寶僑（P&G）因化妝品價格操縱遭罰
	7月	萊雅廣告因「過於美化」而被禁

（接續下頁）

	8月	萊雅利潤率因成本上升而縮小
	10月	萊雅美化新興市場；股票看起來很誘人
2012年	3月	萊雅重組奢侈品部門
	8月	尚－保羅・艾根（Jean-Paul Agon）對2012年下半年充滿信心
	9月	美國食品藥物管理局因萊雅的抗衰老廣告內容，對萊雅進行處罰
	10月	萊雅了解印度消費者
	11月	萊雅收購彩妝品牌 Urban Decay
2013年	2月	繼2012年銷售成長後，萊雅2013年業績可望超越大盤
	4月	「法國製造」奢華美妝帶動萊雅成長
	4月	萊雅中國採取精明的人脈策略而帶來回報
	8月	萊雅以8.43億美元競購中國護膚品牌
	10月	萊雅因匯率影響和美國經濟放緩而營收下滑
2014年	1月	萊雅退出中國市場
	3月	萊雅被評為全球最具商業道德的公司之一
	6月	萊雅計畫2020年前消費者人數增加一倍
	7月	雀巢出售萊雅主要股份
	8月	萊雅的抗衰老宣稱具有誤導性
2015年	5月	萊雅可能壟斷生物列印皮膚市場
	6月	萊雅以降價吸引中國消費者
	7月	影響萊雅估值的兩種相反情況
	10月	萊雅為何更關注印度？
	11月	萊雅前9個月營收成長13.2%，達204億美元
2016年	5月	巴黎萊雅榮膺全球最有價值美容品牌
	7月	萊雅將以12億美元收購 IT Cosmetics

（接續下頁）

	9月	馬哈拉施特拉邦食品藥物管理局表示測試顯示萊雅產品含汞
	11月	隨著優質化妝品需求成長，萊雅股價飆升
	12月	萊雅加大對數位新創企業的投資
2017年	1月	萊雅將以13億美元收購三個美國護膚品牌
	2月	萊雅受益於更高的數位支出
	3月	巴黎萊雅推出最大的忠誠度獎勵計畫
	6月	萊雅完成出售美體小舖（The Body Shop）
	8月	聚焦奢侈品：萊雅業績顯示對高階產品的巨大需求
2018年	5月	萊雅收購韓國化妝品公司 Nanda
	7月	大眾市場藥局品牌陷入困境，萊雅股價下跌
	10月	亞洲需求強勁帶動萊雅營收彈升
	10月	儘管美國徵收關稅，萊雅執行長仍認為中國業務不會放緩
	11月	卡尼爾（Garnier）受萊雅影響推行有機產品以提升大眾市場銷售
2019年	2月	得益於中國消費者的強勁需求，萊雅2月業績強勁
	2月	萊雅近10年來最佳營收成長
	6月	萊雅與亞馬遜將人工智慧與美妝結合
	9月	萊雅投資 Hair.com，成為護髮產品的電商平台
	12月	時尚品牌 Prada 任命萊雅經營其奢華美容產品
2020年	4月	萊雅第一季營收縮水
	7月	封城期間化妝品失去吸引力，萊雅7月銷售下滑
	10月	解封後萊雅營收反彈
	11月	萊雅轉向谷歌，因為冠狀病毒刺激了虛擬化妝的轉變
	12月	萊雅透過收購 Takami 以加強亞洲業務
2021年	1月	年長購物者是消費性品牌的熱門新對象

（接續下頁）

2月　萊雅獲利下降，但看到復甦跡象

4月　受中國海南免稅需求推動，萊雅4月營收成長

6月　北京政治鎮壓後，全球企業撤離香港

6月　萊雅如何在疫情期間讓電子商務成長翻倍

　　看完了嗎？好的，第一個問題。2009年底，你還會繼續投資嗎？這五則新聞標題看起來都令人擔憂。我們先來看看其中的三個。首先，eBay在英國取得重大勝利，法院裁定eBay不需對其網站上銷售的任何假冒產品負責。這個裁決會導致萊雅在電子商務競爭中失利嗎？其次，更令人擔心的是，丹麥消費者委員會宣布萊雅的一款皮膚產品碧兒泉含有有害物質。這間公司在歐洲其他地區，將會遭受怎樣的聲譽和實際損害？

　　第三，萊雅董事捲入了擁有萊雅的家族成員之間的法律爭端中。據稱持有公司31%股份的莉莉安・貝滕古（Liliane Bettencourt）贈予董事長林席・歐文–瓊斯爵士（Sir Lindsay Owen-Jones）1億歐元，以感謝其長期服務。身為投資人的我們，需不需要擔心因為爭端公開，而可能使董事長分心嗎？

　　我們來看看2011年可能造成的損害事件。監管機構因價格壟斷對萊雅開罰，並禁止了許多廣告，而第二季度的財務資料清楚顯示，公司無法將成本上漲轉嫁給消費者，因此利潤降低。這是否表示萊雅最終正在失去其品牌力，並且競爭者已經追上？歐文–瓊斯突然辭職，儘管其任期直到2014年才到，他被認定是該公司行銷全球的關鍵推動力量，也是法國最受尊敬的商業領袖之一。在他擔任公司執行長的18年中，他幾乎都能創造雙位數的利潤成長。各位應該出售手中的萊雅股份，因為新的領導者很難複製他的成就；還是在股價出現負面反應時，增持更

多股份?

當我們查看表 8.1 時，會注意到數十條像這樣的新聞標題，指向公司可能發生的重大事件。有些甚至可能看起來自相矛盾。舉例來說，2013 年 8 月，萊雅大膽出價收購一間中國公司；但到了 2014 年 1 月，公司似乎又放棄中國市場，停止其卡尼爾品牌的銷售。然後在 2015 年 6 月時，公司又大幅降價，明顯試圖爭奪市占率。

我們沒有投資法國企業，但如果有，我們應該對這些頭條新聞做出反應嗎？如果不反應，是為什麼呢？而如果有反應，又應該是什麼反應？

我們不妨來看看庫爾登熊（Kurten's bears）和達爾文雀（Darwin's finches）。

演化並不像表面上看起來的那樣

「永遠不要以貌取人」，這句話也適用於標題像是「化石哺乳類動物的演化速率」等無趣的研究文章。與各位對這篇文章的預期相反，在我這外行人看來，這篇文章是演化論發展史上最令人興奮的文章之一。

1959 年，正好是達爾文的《物種起源》出版 100 周年，一位名叫比約·庫爾登（Bjorn Kurten）的芬蘭科學家在一本生物學期刊上發表這篇文章[2]。庫爾登不是要慶祝達爾文主義百年紀念，他似乎在文章中揭示一個巨大漏洞。要理解庫爾登的驚人主張，我們需要重新思考達爾文在《物種起源》中的說法：

> 我確實相信，天擇的作用總是非常緩慢，通常只在很長的時間間隔內進行，並且通常只在同一時間對同一地區的極少數對象產生作用。我進一步相信，天擇的這種長期、間歇性的行

為，完全符合地質學告訴我們在這個世界上生活的物種變化的速度和方式。

正如我們在第 5 章中所學到的，著名地質學家查爾斯‧萊爾提出均變論，達爾文因此受到啟發。萊爾認為，地球在千百萬年間緩慢而均勻地變化，理解現在是解釋過去的關鍵。他直接反駁了當時流行的大災難主義理論，該理論認為地球的特徵，例如山脈，是由大規模和突然的變化或災難所造成的。達爾文將萊爾的地質演化理論應用至生物界。他相信，就像地球在非常長的時間段內緩慢演變一樣，動植物界也是如此。

達爾文洞察的結果是，如果我們要衡量演化的速度，將與測量的時間段**成正比**：在短時間內的演化速度緩慢，在長時間內演化速度較快。達爾文的理論強調物種演化緩慢。這個觀念一直被視為真理，直到庫爾登在 1959 年發表他的文章。

庫爾登繪製了歐洲在更新世（Pleistocene，距今約 260 萬至 1 萬 1700 年前）期間，棕熊第二顆下臼齒長度的演化圖。我們來看看表 8.2 中的資料，顯示臼齒變化的速率（單位為「達爾文」，1 達爾文表示 1000 年內的千分之一變化）和測量的時間段。

各位看出這裡的趨勢了嗎？庫爾登的資料顯示，進行短時間內的測量時，演化似乎發生得相當快速；但是當測量時間拉長時，演化速度則較緩慢。因此，當測量時間為 40 萬年時，臼齒變化速率為 0.41 達爾文；但是在 8000 年內，變化速率達到了驚人的 13.8 達爾文。他也展示了其他化石哺乳類動物中類似的趨勢，包括馬科動物。

我第一次讀到庫爾登的結論時，感到難以置信。假設我們接受達爾文的觀點，也就是世界目前的多樣性是物種在漫長時間裡逐漸轉變的結

表 8.2　測量周期與演化改變之間的反比關係

測量周期（年）	變化率（達爾文）
400,000	0.41
100,000	0.90
80,000	0.76
50,000	2.20
22,000	3.20
8,000	13.80

果，那麼演化的速度怎麼可能在更長的時間段內變慢，在較短的時間段內變快呢？

庫爾登的文章並不是異數。密西根大學古生物學家菲利普・金格里奇（Philip D. Gingerich）在 2009 年發表的一篇名為〈演化速率〉（Rates of Evolution）的文章，也支持了庫爾登的說法[3]。他在理論和實證上展示，物種表型變化（即物種身體特徵的變化）可在兩代之間迅速發生。相較之下，長時間的演化則可以很緩慢。

身體部位變化速率與測量時間間隔之間的逆相關，是否也適用於基因？的確如此。澳洲演化生物學家何賽門（Simon Ho）與同僚在 2011 年的文章〈分子演化的時間依賴性速率〉（Time-Dependent Rates of Molecular Evolution）中，對這個看似非達爾文的現象提供絕佳的概述[4]。他們總結多位科學家對人類、昆蟲、鳥類、魚類甚至是細菌和病毒基因體的研究。這些研究大多指向同一個方向：基因演化的速度與測量時間間隔呈現**負**相關，與預期相反。

葛蘭特更進一步

到目前為止提到的所有研究，檢視的都是數百年或數千年的演化。這些結論是否也適用於幾年或幾十年？

我們再回到彼得・博格和蘿琳・拉特克利夫，他們對達爾文雀的分析結果感到震驚，無論是死亡還是活著的。在加拉巴哥群島的大達夫尼島上，他們目睹了前所未見的景象：兩種雀鳥的天擇和演化正在同時發生。正如博格在他 1981 年的《科學》雜誌文章中所述，這些鳥類中的天擇強度是「到目前為止記錄到的脊椎動物族群中最高的」[5]。

化石顯示演化已經發生，而達爾文無可辯駁的邏輯則主張天擇可以推動演化。然而，從未有人看到天擇和演化發生的過程，達爾文甚至認為這是不可能的。1893 年，德國演化生物學家奧古斯特・魏斯曼（August Weismann）寫道：「**非常難以想像天擇這個過程的細節；直到今天，在任何一個地方都無法證明。**」（粗體字為作者強調）。

英國演化生物學家蓋伊・羅布森（Guy C. Robson）和歐文・理查茲（Owain W. Richards），於 1936 年在他們的著作《動物在自然界中的變異》（*The Variation of Animals in Nature*）中寫道：「在達爾文對這個主題的處理中，並沒有提供證據顯示自然界曾經檢測到選擇的過程。對生物學來說，這種狀況非常不令人滿意，一個一流的理論竟然仍主宰著這個領域的探索，雖然這個理論在很大程度上因為信仰或是偏見而被拒絕。」

令人不滿意的狀態終於結束了。博格和拉特克利夫的觀察，永遠改變了演化領域。他們是彼得和蘿絲瑪麗・葛蘭特（Peter and Rosemary Grant）展開的長期計畫的一部分，這對英國夫婦目前是普林斯頓大學（Princeton University）的名譽教授。格蘭特夫婦希望在野外研究演化，並發現導致新物種形成的關鍵因素。因此他們決定研究達爾文雀，也被稱為加拉巴哥雀。圖 8.1 展示 4 種達爾文雀物種（共計 14 種）的插圖，這些物種從約 200 至 300 萬年前登陸加拉巴哥群島的一個母種演化而來。[6]

葛蘭特夫婦於 1973 年登陸大達夫尼島展開研究計畫[7]。正如我在第 5 章中提過的，達爾文曾於 1835 年訪問過加拉巴哥群島。加拉巴哥群島位於厄瓜多西岸附近，距離約 1000 公里。由於其偏遠的位置，該群島是幾種特有種（世界其他地方找不到的物種）的家園。整個群島由大約 12 個中心島和次要島嶼組成。

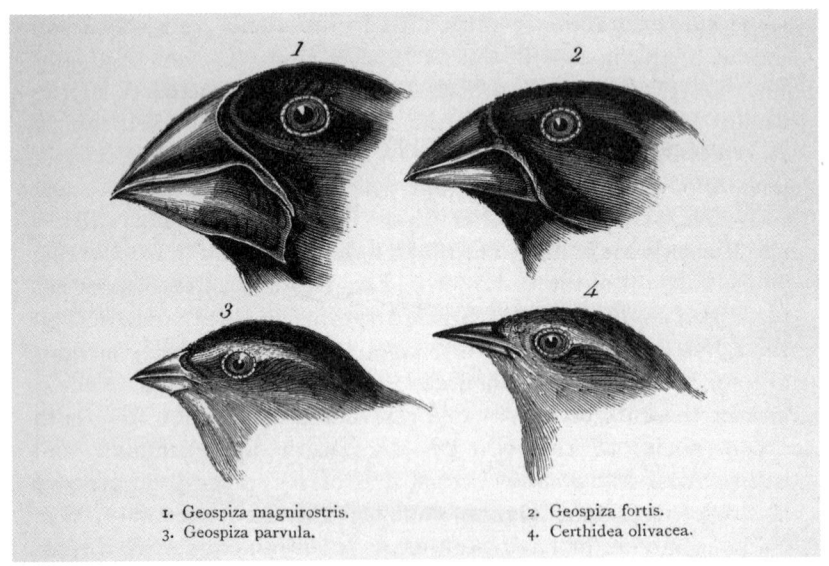

圖 8.1　14 種達爾文雀中的 4 種

1. Geospiza magnirostris.
2. Geospiza fortis.
3. Geospiza parvula.
4. Certhidea olivacea.

請注意，牠們喙的大小和形狀的差異，是已經適應加拉巴哥群島上的各種動植物的證明。這種單一物種演化成許多適應特定生命模式的物種的現象，稱為「適應輻射」（adaptive radiation）。

資料來源：Licensed from Science Photo Library。

大達夫尼島即使用加拉巴哥群島的標準來看，也是一個小而不起眼、偏遠的地方（達爾文甚至沒有看到它），面積只有不到 1 平方公里。

下次我要抱怨酒店房間的床墊硬度或枕頭柔軟度時，希望我會想起葛蘭特夫婦在大達夫尼島上連續 40 年，每年 6 個月所忍受的困苦。在葛蘭特夫婦和他們的研究人員將其視為家園之前，沒有人類曾在那裡居住。誰能住在那裡？進入這座島嶼的唯一方式，就是從懸崖的底部登島，因為這座島嶼沒有海岸線。

為了每年在此建立營地，葛蘭特夫婦需要進行以下步驟。他們必須在靠近島嶼時放棄他們的船隻，並在漲潮時以一艘名為「潘加」的小船接近懸崖底部。一個充滿藤壺的黑色石板是他們唯一的登陸點；這個石板的大小像一塊大的運動墊。他們需要在潘加於海浪中搖擺的情況下跳上這塊石板。從這裡，他們必須沿著硬而濕滑的岩石攀爬上懸崖，直到他們到達另一個稱之為「登陸點」的石板。然後他們組成人鏈，將帳篷、柱子、水、食物和其他未來 6 個月所需的一切都遞給上面的人。大達夫尼島沒有水源或食物。他們只能在一個像桌子大小的地方搭建帳篷，位於一座火山口的邊緣。他們必須將所有供給從懸崖底部運送到那裡。他們在一個小洞穴裡烹飪，用一塊布遮擋炙熱的陽光。一旦安頓下來，他們將花費接下來的 6 個月測量島上每隻雀鳥的體型、喙的大小和形狀。他們還要抽血以進行基因分析。

為什麼會有任何一個正常人會願意待在這樣的島上呢？因為它提供了許多其他地方少有的優勢。

大達夫尼島與其他島嶼距離遙遠，因此雀鳥或島上其他物種逃脫的機會極小，也不太可能有外來的新物種抵達這裡。這使得它成為進行演化研究的完美實驗場，因為它不會受到「汙染」。此外，葛蘭特夫婦發現加拉巴哥群島是測試和完善達爾文理論的寶庫。加拉巴哥群島經歷極端的氣候變化，從嚴重乾旱到豐富的降雨，因此提供了豐富的天擇機會。最後，大達夫尼島的面積夠小，可以在好幾年內追蹤生活在島上的每一隻鳥。從1973年到2012年，葛蘭特夫婦標記了約2萬隻鳥，涵蓋了八個世代的演化，他們幾乎追蹤了每對繁殖的雀鳥及其後代。

在他們研究的最初4年（從1973年到1976年），大達夫尼島的降雨量不是平均，就是過量。但在1977年，經過1月短暫的降雨後，大達夫尼島經歷了嚴重乾旱。島上幾乎所有的綠色植被都消失了，唯一能夠在乾旱中倖存的植物是仙人掌灌木。雀鳥吃各種大小的種子。小型和中型種子很快就消失，因此雀鳥只剩下大型和堅硬的種子可供食用。但是只有喙較大的雀鳥能夠打開這些大型種子；喙較小型和中型的雀鳥無法打開這些種子，因此挨餓而亡。

這島上主要有兩種鳥類。在1977年初，大約有1200隻勇地雀（Geospiza fortis）和280隻仙人掌地雀（Geospiza scandens）。到了年底，只剩下180隻勇地雀和110隻仙人掌地雀。約85%的勇地雀和60%的仙人掌地雀因乾旱而喪命。

葛蘭特夫婦的資料顯示，倖存下來的勇地雀平均比已死亡的個體大5至6%。倖存者的平均喙長為11.07公釐，而乾旱前這個物種的平均喙長為10.68公釐；平均喙深從9.42公釐增加到9.96公釐。這些差異對我們來說可能看起來很小，但在野外可能會影響生死存亡的平衡。例如，一隻喙長11公釐的勇地雀，可以打開一種叫做鬼針草的植物的種子，但喙長10.5公釐的鳥完全不會試著橇開這種種子。只是半公釐的差距，就可以造成完全不同的結果。

葛蘭特夫婦觀察到的天擇強度，不只限於喙長和喙深。在1977年初，有600隻公雀和600隻母雀。到了乾旱結束時，超過150隻公雀和僅存少量的母雀。公雀的體型通常比母雀大約5%，因此公雀更有可能生存下來。現在母雀與公雀的比例為 1 比 6。

　　天擇可能在一代就發生，但演化則需要許多代才能實現。有鑑於雀的喙長和性別比例的顯著變化，天擇已經發生了，但是演化呢？葛蘭特夫婦必須再等一年，才能測量 1977 年乾旱倖存者後代的喙長和形狀。然後，他們也看到了演化的過程——新一代的雀鳥比乾旱前的族群大 4% 至 5%。

　　他們很快就發現，他們在 1977 年的觀察並非偶然。1983 年，這個島因聖嬰現象而經歷一場大雨，變得綠意盎然，甚至連仙人掌叢也被綠色藤蔓覆蓋。這種植被的改變在 2 年後再次發生乾旱時，產生重大影響。這一次，小種子變得豐富（由 1983 年的藤蔓產生），而大種子變得稀少。因此，喙長較大的雀鳥很難撿起種子，而這次乾旱的倖存者中有很大比例是喙長較小的雀鳥。因此，牠們的後代也具有較小的喙。天擇和演化再次變得明顯，只不過與 1977 年不同的是，這次的鳥喙演化得較小。

　　因此，雀類的喙尺寸在不到 10 年內，由於天擇而先變大後又變小。經過十多年的觀察，喙的大小可能看起來沒有多大改變，但由於兩次極端氣候事件，喙的大小在他們觀察期間出現顯著變化。

　　葛蘭特夫婦於 2002 年 4 月在《科學》雜誌上發表他們對 2 種雀鳥——勇地雀和仙人掌地雀——長期研究的結果，標題為〈達爾文雀 30 年研究中的不可預測演化〉（Unpredictable Evolution in a 30-Year Study of Darwin's Finches）[8]。在開始研究前，他們假設這段研究期間內，雀鳥的身體特徵將在一個狹窄的範圍內變化。但正如他們在文章開頭所指出的，「資料並不支持我們對沒有改變的期望」。

　　如果各位查看葛蘭特夫婦在文章中關於勇地雀和仙人掌地雀的體型大小、喙大小和喙形狀圖，就會注意到庫爾登指出，對棕熊身材做測量，時間和演化速度之間呈反比。因此，儘管勇地雀的身體大小在 1980 年代中期到 2000 年代初期之間波動很大，但這 20 年的整體變化很小。同樣地，每年仙人掌地雀的喙的大小變化，似乎比從 1970 年代中期到 2000 年代初期的變化要大得多。勇地雀的喙形狀在 1980 年代中期和 2000 年代初期測量時，大致上是相同的，但每年的變化要顯著得多。

這種現象具有一種美麗碎形的特性。無論測量期間是數千年（棕熊）還是只有幾十年（雀鳥），演化的速度都會在較短的時間段內加快，而在較長的時間段內減慢。

但是，那又怎樣呢？為什麼長期投資人，應該關心庫爾登熊和葛蘭特雀？

葛蘭特和庫爾登，決定我們的買賣時機

我的觀察，完全不像葛蘭特或庫爾登的觀察那麼科學。但是我知道，特殊企業的每日、每週、每月和每季的變化率，似乎遠高於多年來和幾十年來衡量的變化率。

這個領悟助我形成一個投資原則，我稱之為「葛蘭特—庫爾登投資原則」（GKPI）。其核心思想如下：

當我們找到高品質的企業，長期的本質沒有徹底改變時，我們應該利用其不可避免的短期波動來買進，而不是賣出。

葛蘭特—庫爾登投資原則要求我們投資於**長期來說本質沒有徹底改變的高品質企業**。「高品質企業」是一個有很多含義的術語，對不同的投資人來說可能有不同含義。如果各位已經讀到這裡，我認為你們

知道我們的定義。對我們來說，高品質企業的關鍵特徵包括卓越的經營和財務紀錄、穩定的產業環境、高水準的治理標準、可防守的競爭優勢、不斷成長的市占率，以及低業務和財務風險。

我們如何利用葛蘭特—庫爾登投資原則來買進呢？答案是：**利用短期波動**。

我們的要求非常嚴格。我們希望公司由誠實的管理團隊經營，並且多年來展現穩健的經營和財務紀錄。這間公司需要保持領先地位、沒有負債，同時我們也希望在不過度加重業務負擔的情況下，繼續承擔值得承擔的風險。但是這些要求還不夠，我們甚至要求以公平價格買進這些稀有的珍寶！怎麼可能？市場上這樣的企業，股價幾乎從來不會吸引人進場，確實是如此。

但是在極少數情況下，那些**不**遵循葛蘭特—庫爾登投資原則的投資人，會屈服於暫時的總體、產業或公司問題的影響，這時我們就可以趁勢購買進優秀公司的股份。這種情況不常見，也不應該常見，但是一旦出現，我們就會全力買進。

以我們到目前為止最大的投資之一 WNS 為例。這是印度的業務流程外包（BPO）產業龍頭之一，而且在紐約證券交易所上市。公司成立於 1996 年，是英國航空公司的專屬後台辦公室，並於 1999 年開始為第三方客戶提供服務（我沒有參與該交易）。儘管在 2002 年被華平投資收購時，英國航空公司貢獻 WNS 約 90% 的營收，但到了 2008 年初，其營收占比已經降至不到 10%。WNS 在擺脫英國航空公司和旅遊業的多元化方面做得非常出色。透過外包財務和會計、抵押貸款處理和客戶分析等後台功能，WNS 的客戶通常可以用更低的成本獲得更高品質的服務（例如更快的周轉時間、更低的錯誤率）。

在 2008 年 1 月，WNS 的股價從之前的 35 美元大幅下跌至 13 美元。

有三個因素似乎促成這次急遽的修正。首先，一家承作抵押貸款的大型銀行客戶 First Magnus 於 2007 年底宣布破產，這是由於美國次級房屋抵押貸款危機的持續影響。First Magnus 為 WNS 的營收貢獻約 5%，因此管理層下調了對下一年度營收的預期。其次，管理層表示可能在 2008 年 5 月失去英傑華（Aviva）這個占 WNS 營收約 8% 的大型保險客戶。第三，盧比的升值讓分析師感到擔憂，因為 WNS 的大部分交付業務都在印度，印度盧比升值可能使 WNS 的競爭力下降，並擠壓利潤空間。

我們認為問題是：這是暫時性的波動，還是可實現的營收與獲利成長的更長期下降？我們認為是前者。失去 First Magnus 不是 WNS 的錯，即使是因英傑華而起的潛在損失也是由於英傑華的策略變化，而不是因為 WNS 的服務不好。此外，我們認為 WNS 的長期競爭優勢不會受到匯率波動的負面影響。從 2004 年到 2007 年的年化平均營收成長率達到 64%，這證明公司以競爭性價格為客戶提供高品質的後勤處理服務。

此外，我們喜歡印度的業務流程外包產業。對於知名的老牌企業來說，這是一個利潤豐厚的產業，因為它對新進入者的門檻很高（企業非常警惕將其關鍵應用程式外包給新創企業），對現有客戶有很高的退出壁壘（WNS 和其他主要參與者幾乎從不失去客戶，這是由於後勤處理的客戶不易失去的特性）。

我想各位應該聽過美國老鷹樂團（the Eagles）的〈加州旅館〉（Hotel California）這首歌。歌詞中的最後一句「你可以隨時入住，但你永遠無法離開」，這適用於印度業務流程外包業龍頭的客戶。WNS 曾經處於一個極佳位置，而且現在仍然是。

重點是，儘管市場悲觀，我們沒有理由相信公司的任何基本情況發生變化。

我們在 2008 年初以每股 15.2 美元的價格，積極投資 4100 萬美元。

到了 2022 年 3 月，股價（85.5 美元）上漲 462%，而印度指數（Sensex 和中型股指數）以美元計算僅上漲了 97%。

在我們於 2008 年首次投資 WNS 大約 12 年後，幾乎恰好在 2020 年 3 月至 5 月的疫情初期恐慌期間，我們又有機會加碼投資。我們以平均每股 46.1 美元的價格，對這家企業再次投資 9800 萬美元。當時市場似乎認為世界末日即將來臨。有些好事就是會一直發生。那麼我們該如何利用葛蘭特—庫爾登投資原則來因應市場的拋售呢？忽略短期波動。

如果我們幸運地擁有像 WNS 這樣的優質公司，葛蘭特—庫爾登投資原則會要求我們不要賣出。為什麼？因為，正如葛蘭特和庫爾登所顯示的，短期變化通常不會影響傑出企業的長期本質。我們再來看一次萊雅，你就會驚嘆葛蘭特—庫爾登投資原則有多棒。

表 8.3 提供 2009 年和 2020 年企業的概況[9]。如果各位讀過這些年度報告，就會覺得似曾相識——雖然這兩個評論相隔 11 年，但是用詞、語氣和業務重點都非常相似。

雖然公司的營收從 2009 年的 175 億歐元成長到 2020 年的 280 億歐元，但它仍然是一間跨國美妝公司，主要營收來自西歐和美國。在此期間，公司沒有進行不相關的多角化，也沒有進行任何重大、風險性的收購。公司的四個部門——專業產品、消費性產品、奢侈品和活性化妝品——在這段期間保持不變。前兩個部門，消費者產品和奢侈品，占營收約 80%。即使是跨部門的關鍵品牌，基本上也維持不變。萊雅仍然是一部賺錢機器，使得公司在擺脫 2009 年的負債後，於 2020 年搖身一變成為一間有現金盈餘的公司。

在這段期間的一個顯著變化，似乎是亞洲（主要是中國）的業務顯著增長；從 2009 年到 2020 年，亞洲對營收的貢獻從 13% 增至 35%。但這並不是一個突然的變化，從 2009 年到 2020 年，公司的亞洲營收

表 8.3　萊雅從 2009 到 2020 年：必須有所改變

	2009 年	2020 年
業務	專注於美容	專注於美容
顧客群	包括大眾和高階顧客	包括大眾和高階顧客
營運範圍	全球	全球
營收（單位為 10 億歐元）	17.5	28
獲利（單位為 10 億歐元）	1.8	4
部門	沙龍美髮事業部、消費性產品事業部、美妝事業部、醫美事業部	沙龍美髮事業部、消費性產品事業部、美妝事業部、醫美事業部
消費性與美妝產品	占營收 77%	占營收 78%
西歐與美國	占營收 66%	占營收 52%
亞洲營收	占營收 13%	占營收 35%
沙龍美髮品牌	卡詩、Redken、L'Oreal Professional	卡詩、Redken、Genesis、Blond Absolu
消費性品牌	巴黎萊雅、卡尼爾、媚比琳	巴黎萊雅、卡尼爾
美妝品牌	蘭蔻、YSL、契爾氏	蘭蔻、契爾氏、赫蓮娜
醫美品牌	理膚寶水、薇姿	理膚寶水、薇姿、適樂膚
營業利益	占營收 14.8%	占營收 18.6%
自由現金流	大於淨利 100%	大於淨利 100%
淨負債	20 億歐元	淨現金 39 億歐元

對總營收的貢獻趨勢清晰可見：13%、18%、19%、21%、21%、21%、22%、22%、24%、27%、32% 和 35%，除了 2010 年和 2019 年亞洲貢獻的營收每年只增加 0 到 3 個百分點。相當穩健。

讓我們回顧一下之前的情況，即 2009 年。如果各位遵循葛蘭特—庫爾登投資原則，就會忽略表 8.1 所列的每一個壞消息。其實反而會看到這些新聞的真面目：對企業的長期績效不重要且無關。事實上，在這個過程中的某些時刻，當我們發現價格有吸引力時，可能會選擇買進更多股票。

各位認為 2022 年 6 月底時，萊雅的股價在哪裡？每股價格為 329 歐元。所以各位的獲利將是 450%，遠高於法國 CAC40 指數——在此期間只漲了 80%。

我不是在推薦各位買進萊雅，但這確實是對正確應用葛蘭特—庫爾登投資原則表達敬意。如果你什麼都不做，你的績效也會非常好。

葛蘭特—庫爾登投資原則是我們的信仰。這反映在我們工作方式的大大小小各方面。我們的辦公室沒有播放 CNBC 或其他新聞的電視螢幕，我們唯一的電視螢幕只用於視訊會議。我們辦公室角落唯一的彭博終端機，幾乎 99% 的時間都沒有人在使用或觀看。我們在團隊會議中從不討論最近的公司新聞或股票價格。我主要閱讀紙本報紙，所以得到的消息總是比網路晚一天。我們從來沒有根據新聞流買進或賣出任何企業，而且以後也不會。

葛蘭特—庫爾登投資原則要我們買的時候要偷懶，賣的時候則是**非常懶**。我們也是如此，因此為我們帶來了一些不錯的成果。

到 2022 年 6 月，除了在前 2 年買進的個股外，我們擁有 28 間企業。在其中一間企業（Page Industries）讓我們賺得超過 100 倍的報酬；另外兩間公司（柏格油漆和 Ratnamani）的投資，增值超過 25 倍；而在 6 間企業中（以印度盧比計算），我們獲得超過 10 倍的報酬。可惜的是，這 9 間企業都遭受一些小而顯著的拉回，其中一些跌勢持續多年（例如 Ratnamani 和 Page Industries）。但是我們仍堅持葛蘭特—庫爾登投資原則，確保自己沒有恐慌，我們維持住耐性，而且也繼續懶惰下去。

我們為何及何時出售

如果葛蘭特—庫爾登投資原則指示我們不要賣，那我們為什麼要賣呢？

股價是許多投資人退出的關鍵原因，但我們並不會根據這個而出售。這是因為我們的投資組合沒有設定出售的目標價。我確實曾經看股價而賣股，就只有一次。我的行為很愚蠢，直到今日我仍然後悔不已。我將在第 10 章討論這種愚蠢的行為，所以我們現在暫時忽略。

我們會在以下三種情況下，出售股票（括號中的數字代表出售的企業數量）：

- 治理標準降低（0）
- 資本配置嚴重錯誤（3）
- 對企業造成無法修復的損害（6）

自 2007 年以來，我們已經賣掉 10 間公司的股票（上面列出其中的 9 間，以及一次錯誤）。我排除了 3 間被策略性買方收購的企業。這表示這些年來，我們每隔一年半就會出售一間公司。這樣算不算懶惰呢？

如各位所見，我們的 9 次出售中，有 6 次是因為我們認為這間企業已經受到無法挽回的損害。我們是如何得出這個結論的呢？有個例子可以說明。

我們曾投資一間在印度壟斷性產業中，居於領先地位的傳統製造業公司。該公司符合所有標準——出色的治理標準、無可挑剔的財務狀況、穩定的業界環境、零槓桿，而且我們認為以一個具吸引力的價格買進。在最初的幾年裡，一切都很好。但是在我們投資這間公司的第三年，我們驚訝地發現該公司連續兩季市占率下滑。我們花時間與管理團隊討論，試著了解原因，經過一些初步的抵抗後，他們認同市占率可能暫時流失。不過，他們相信這個情況只是暫時的。

但是其實並非如此。這間公司的市占率持續下滑，公司其中一個較小但極其獲利的部門，在接下來的幾季裡市占率加速流失。管理團隊再次提出一套令人信服的解釋，所有解釋聽起來都很合理。他們宣稱在製造、業務和行銷方面做了許多改變，而且我們很快就會看到趨勢反轉。但是市占率流失持續下去。在發現初期問題後我們又等了 3 年，最終決定退出。由於我們希望成為長期甚至永久的投資人，我們要求絕對和相對偏高的績效。在我們退出時，這間公司交出了不錯的成果：資本運用報酬率約 35%，而且實現了適度的營收和獲利成長。但是，我們不想投資一間持續落後競爭對手的企業。

在等待企業改善的這 3 年中，這家公司有許多正面和負面的新聞報導。我們忽略這些新聞，專注於實際市占率的趨勢。為什麼我們在發現問題後，仍然持有這間公司 3 年？為什麼我們沒有更早出售？因為葛蘭特—庫爾登投資原則告訴我們，我們應該預期**每一間企業都會有高低起伏**。我們的投資組合中，沒有任何一間企業是始終直線上升的，連一間也沒有。長期看來，我們投資組合中的大多數企業表現不錯；但在短期內，每間企業的績效都可能在幾個星期或幾季內出現劇烈波動。我們的預設做法是，忽視這些暫時性的業務波動。

但是在某些情況下，就像我在這裡討論的這個案例一樣，我們認為是暫時的問題，最終變得更加持久。幸好，在我們的投資史中，這種情況只發生過 6 次。因此，我們的預設做法一直都是繼續遵守葛蘭特—庫爾登投資原則。

請記住，我們最大可損失金額，就是我們投資的金額，但股價可上漲的幅度是沒有上限的。有鑑於我們投資組合中企業的品質，我們比較願意冒著太晚賣出而損失部分本金的風險，而不是過早賣出而錯失巨大獲利。

60 年會發生很多事。真的嗎？

我們忽略投資的企業所面臨的大小問題，專注於長遠目標，這麼做就是應用演化的思維。儘管有萊雅的例子及我們應用葛蘭特—庫爾登投資原則的經驗，各位腦中應該有兩個合理懷疑：（1）多久算是「長遠」？以及（2）由於新企業不斷取代舊企業，如果我們繼續持有，幾十年下來，我們所持有的會不會只剩下失敗的企業？

美國企業研究院（American Enterprise Institute）於 2015 年 10 月，在網站發布的一則標題可幫助我們回答這些問題。標題是〈1955 年和 2015 年的財星 500 大企業：只有 12% 留了下來，歸功於推動經濟繁榮的創造性破壞〉（Fortune 500 Firms in 1955 v. 2015: Only 12% Remain, Thanks to the Creative Destruction That Fuels Economic Prosperity）。[10] 這篇文章列出在榜單上存活了 60 年的 61 家美國企業。

這篇文章以哀悼語氣談論熊彼得（Schumpeter）的創造性破壞，但是我卻持相反看法，對 61 家企業在榜單上存活了 60 年感到驚喜。我原本以為這個數字會小得多。從 1955 年到 2015 年，對美國和世界來說是動盪而不可預測的。此外，2015 年的世界與 1955 年的世界相比，幾乎完全不同。

在那 60 年，我們目睹了冷戰的開始和結束、蘇聯解體、太空時代開始、美國的《民權法案》、石油危機、儲蓄和貸款危機、中東地區多次危機、中國急速崛起、歐洲聯盟形成、網際網路興衰、行動電話呈指數爆增、全球各地無數戰爭、2008 年的全球金融危機、科技公司日益優勢的地位，以及所有企業的快速數位化。我還沒提到另外還有至少 100 個重大事件，這些事件也會影響到美國各種規模的企業。然而，像 3M、美國鋁業（Alcoa）、雅芳（Avon）、開拓重工（Caterpillar）、家樂氏（Kellogg）、百事（Pepsi）、輝瑞（Pfizer）等公司，不只是承受住這些巨大的本國和全球性衝擊，而且還維持了全球 500 大企業的地位，甚至公司還更加茁壯。

但是 61 這個數字是被低估的。首先，這有一個事實錯誤。作者漏掉了同時出現在兩個名單上的 11 間企業，包括高露潔—棕欖（Colgate-Palmolive）、康寧（Corning）、亨氏（H. J. Heinz）和必丕志（PPG）等公司。這可能只是一個疏忽。因此，兩個名單上應該有 72 間企業。

低估的第二個原因是，作者沒有計算在 1955 年至 2015 年間，被「《財星》500 大企業」收購的企業。我們以吉列為例。2005 年，寶僑以 570 億美元收購吉列（吉列在 1955 年後的 50 年內一直是《財星》500 大企業；被收購時的排名是 215 位）。我們應該認為吉列是一個「失敗」嗎？它是否被「創造性地毀滅」了？我不認為是。我今天早上才用過它生產的昂貴刮鬍刀。因為它是寶僑的子公司，而寶僑在 2015 年的財星 500 大名單上排名第 32 位，我也認為吉列應該算在 2015 年的《財星》500 大名單上。

聯合技術公司（United Technologies）於 1975 年收購奧的斯（Otis，因此奧的斯在 1955 年後的 20 年中一直在《財星》500 大名單上）。聯合技術公司在 2015 年的《財星》500 大名單上排名第 45 名，我可以合理地主張將奧的斯算作聯合技術公司的一部分，因此是一家持續經營的企業。對於像箭牌（Wrigley）、桂格燕麥（Quaker Oats）、開利（Carrier）、貝斯特食品（Bestfoods）和麥唐諾道格拉斯（McDonnell Douglas）這樣，被《財星》500 大企業如波克夏海瑟威、百事、聯合技術、聯合利華和波音收購的企業，我們也可以得出相同結論。

1955 年的《財星》500 大名單中有 73 家企業被 2015 年的《財星》500 大企業收購，像吉列和奧的斯一樣。在這裡，我還包括了像英國石油（BP）和聯合利華這樣的更大海外收購者，如果這些公司在美國，也會被列入 2015 年《財星》500 大名單。因此，1955 年的企業中有 145 間企業可以被列入 2015 年的名單中：72 間倖存下來的企業，還有 73 間被倖存企業收購的公司。

從 1955 年開始，有 63 間企業不是破產了，就是無法追蹤（要找到 1950 年代和 1960 年代的企業並不容易）。這些是資本主義破壞過程的一部分。

1955 年《財星》500 大名單上剩下的 292 間企業（500－45－63）發生了什麼事？這些公司不是掉出《財星》500 大名單，就是被其他公司收購或合併了。這是否表示這些公司全部失敗了？其中有一些可能表現不佳，但許多可能繼續生存而且非常成功。許多高品質的企業並不在《財星》500 大名單上，這個名單本身就有很多的限制。

舉例來說，伊頓公司（Eaton）在 1955 年排名第 189 名，並於 2013 年退出《財星》500 大名單。截至 2021 年 6 月，其市值為 600 億美元，因此我不會將它視為失敗。此外，該公司在 1955 年後維持在名單上

58年的時間，這是一項不小的成就。博登化工（Borden Chemical）於1995年被私募巨頭KKR收購，然後於2004年被阿波羅投資管理公司（Apollo）收購。博登化工今天仍然存在，是赫克森特殊化工（Hexion Specialty Chemicals）的一部分。美國石膏（USG）是1955年《財星》500大名單上的一間建築產品公司，於2018年以70億美元被德國可耐福（Knauf，年營收100億歐元）收購。

如果我們假設這292間企業中，有20%至25%被收購或退出1955年《財星》500大名單，但仍然持續提供產品和服務而且創造獲利，那麼我們可以從1955年名單中找到另外60到75間成功的企業。

因此，1955年《財星》500大企業的壽命總結如下：

- 60年來，72間公司（14%）持續躋身《財星》500大企業。
- 到了2015年，已有73間企業（15%）名列《財星》500大企業行列。
- 儘管被收購或跌出《財星》500大企業，但仍有60至75間公司（12%至15%）繼續營運良好。
- 1955年的名單上有280到295間（55%到60%）公司結束營業。

在第9章和第10章中，我展示了對美國上市公司股價在1926年至2016年，這90年變化的研究結果。研究顯示，大約60%的上市公司，在這90年中的績效不如美國公債報酬率。因此，我對在60年內（如之前計算的）55%到60%的失敗率之估計可能偏高。總而言之，我們還是以這個數字為主。

我們可以安全地假設，1955年《財星》500大企業都是高品質企業。當然，如果嚴格按照我們的定義（例如，有些企業的債務水準可能較低），可能不是高品質企業。但無可否認的是，這些都是非凡的企業——如果不是傑出企業，就不可能成為資本主義聖地中的大企業。

我們已經看到，至少有30%（72＋73＝145）的企業，在過去60年持續保持高品質，表現出色，因為這些公司在《財星》500大中維持了60年。如果我們包括在這段時間內可能表現良好、但在2015年並未名列《財星》500大的公司（大約60至75間企業），我們可以看到來自1955年《財星》500大的企業中，40%至45%（205至220間）表現出色，持續了60年。這不是一個小數字。資本主義和創造性破壞確實有效，但效果沒有那麼好。

所以，這裡是我在本部開始時，提出的兩個問題的答案。首先，「長期」確實是真正的長期：至少是50年，可能更長；第二，新公司確實取代舊公司，但取代的速度比我們想的還要慢得多。

這讓我們回到葛蘭特和庫爾登的教訓。在高品質企業的日常動盪上浪費時間、精力和腦力，根本沒有意義。這種企業長期下來可能韌性非常好。既然如此，為什麼要出售呢？

柯達曾經是當時的臉書或谷歌，就像它們是現在的市場龍頭一樣，各位很難想到攝影領域的第二大公司是誰。到了1976年，柯達的底片銷售市占率高達9成，相機銷售市占率達85%。[11] 但是現在呢？智慧型手機已經與相機成為同義詞了。柯達可說是已經消失了。諷刺的是，柯達公司的電機工程師史帝夫·薩森（Steve Sasson）於1975年發明了第一部數位相機！如果我們在1975年分析柯達，我們可能會得出結論，底片業非常穩定，柯達的主導地位在可預見的未來不太可能受到挑戰。看到數位攝影的急遽成長後，我會賣掉柯達的股票嗎？也許會，也許不會，我不確定。但我知道我反應慢半拍，可能因此而虧錢。

這個問題有解決方法嗎？我怎麼知道忽略**這個**特定的「小」事件，長期下來會有效？我不知道。

讓我重申之前提到的：**所有的投資模型都有其缺點**。在我看來，沒有一種投資策略是絕對可靠的。如果各位知道一種絕對可靠的策略，請寫一本書（或者更好的方法是，將這個神奇公式寄給我）。我們對葛蘭特—庫爾登投資原則的應用，可能會發生像投資柯達這樣的缺點，但是根據我的經驗，**在大多數情況下都運作得很好**。這就是我們對任何模型的最佳期望。

羚羊迅速、敏捷、警覺，幾乎不可能被捉，但許多羚羊還是被獵豹、花豹和獅子捕捉並殺死。這是否意味著羚羊的設計有缺陷？絕對不是。羚羊非常適應其環境，雖然不是所有羚羊都能活到老，但有足夠的羚羊能夠存活下來，使這個物種得以在數百萬年中持續存在。

我們對所投資的每個企業，一致應用葛蘭特—庫爾登投資原則，但並非所有企業都能成功。但以**投資組合**來說，這個方法對我們來說非常有效。

這個物種生存下來了。那非常好。

本章摘要

演化論教我：高品質的企業，長期的特性是不會受到經濟、產業甚至企業短期波動的影響，只要欣然接受這個原則，我們就可重新思考投資這件事。

● 與達爾文主義的預期正好相反，在短時間內發生的演化過程可能更快，而在長時間內可能較慢。比約・庫爾登以歐洲棕熊的牙齒來展示這個演化的現象。

- 高品質的企業在以日、周或月為單位的時間衡量下，似乎也會經歷許多變化；但在以年或 10 年為單位的時間衡量下，就會穩定得多。
- 《財星》500 大企業壽命的經驗，證明了傑出企業長期下來具有韌性。1955 年的《財星》500 大企業中，約有 40% 至 45% 在接下來的 60 年繼續成功。
- 我們利用優質企業不可避免的短期波動，以具吸引力的股價投資。然而，由於這些機會很少出現，所以我們很少買進。我們很懶。
- 我們投資後會忽略短期波動，因為優秀企業的基本特質是長期會保持穩定。我們從來不根據股價出售——我們非常懶。
- 我們只在資本配置極為糟糕，或對企業造成無法挽回的損害時才出售。

第 9 章

艾德奇和古爾德挖出投資金律

> 為什麼自然不應該從一個結構跳躍到另一個結構呢？根據天擇論，我們可以清楚地理解為什麼不應該這樣做，因為天擇只能利用微小的連續變化來作用，大自然永遠無法大步跳躍，而必須透過最短和最慢的步伐前進。
> ── 查爾斯‧達爾文，《物種起源》第 6 章〈本學說之難點及其解釋〉

> 查理和我很早就知道，一生中要做出數百個明智的投資決定實在太難了。這個情況變得愈來愈明顯，因為隨著波克夏的資本不斷增加，能夠對我們的結果產生重大影響的投資範圍急遽縮小。因此，我們採取一種策略，我們只需要聰明幾次就夠了，甚至不需要太聰明。事實上，我們現在每年只要有一個好主意，就很滿意了。
> ── 華倫‧巴菲特，〈1993 年致股東信〉

請回顧你的人生。是的，我知道這樣你就需要暫停閱讀這本書，才能反思過去的決策。請這麼做，思考一下那些引導你走到現在的事件或時刻：生活、工作、事業──全都想一想。來，深吸一口氣，暫停一下，然後倒帶回去。

回顧完了嗎？好，你看到了什麼？我來分享一些我的回顧片段。我在這個美麗星球上的 50 年人生，大部分似乎都是在一片模糊中度過。我能自然地回想起幾個時刻：當母親因外婆過世而哭泣的時候、當歷史老師讚美我的時候、當父親允許我開他的車的時候、當我第一次面試的公司拒絕我的時候、當一群大象在南非的野生動物園追逐我們的時候、當我第一個投資的公司成功上市的時候、當我第一次看到剛出生的兒子的時候、當我……反正你懂我的意思。

我或許能夠列出大約 30 個這樣的事件，但無法列出 3000 個。這好像有點奇怪，因為我已經活了大約 3000 萬分鐘，其餘時間都到哪去了？全都很無趣嗎？我的人生只是一段很長期、很無聊的時光，偶爾被一些值得記住的時刻打斷嗎？那麼，你的人生呢？

那麼地球上的生命又如何？有些時刻，即使過了一個世紀，可能也不會被忘記。

2020 年 1 月 11 日，一個重要時刻發生了。當天，中國媒體報導一名 61 歲男子死於一種未知病毒的消息。他是武漢市當地海鮮和家禽市場的常客。不到 2 周時間，世界各地許多國家開始報告同一病毒的感染病例。1 月 30 日，世界衛生組織（WHO）宣布全球衛生緊急狀態，並於 2 月 11 日為該病毒所引起的疾病命名：新冠肺炎（COVID-19）。

在 2020 年 3 月，全世界見證了一件前所未有的事：全球完全封鎖。未來的世代會懷疑我們是否在 2020 年時，用電腦繪圖製造孟買、倫敦、羅馬和紐約的街道空無一人的照片，但是任何照片都無法完全捕捉到人類遭受的苦難和困境的規模與深度。

世界各地股市都開始重挫，3 月和 4 月似乎看不到跌勢的盡頭。2020 年 3 月，印度 Sensex 指數暴跌 23%。

在這個前所未有的時代，我們納蘭達資本該怎麼做？

也許，演化論可以給我們一些提示。

沒有證據，就是證明沒這回事

1972年，古生物學家史帝芬・傑伊・古爾德和奈爾斯・艾德奇（Niles Eldredge）發表了一篇文章，似乎對古典達爾文主義造成相當大的衝擊。

達爾文的物競天擇理論，堅定地支持「**生物漸變論**」（phyletic gradualism）。達爾文認為，天擇淘汰了不適應環境的個體，只有適應良好的個體才能繁殖後代。如果這種過程持續的時間夠長，新的物種就會逐漸形成，而原始物種則會滅絕。達爾文在《物種起源》最後一章中，明確表達了他對漸變論的看法：「因為天擇只能利用微小的連續變化來作用，大自然永遠無法大步跳躍，而必須透過最短和最慢的步伐前進。」

如果這是正確的，我們應該能在化石紀錄中找到物種的中間形式，為物種漸變論提供證據。我們以鯨魚為例，鯨魚大約是 5000 萬年前從一種以四隻腳在陸地上行走的脊椎動物巴基鯨（Pakicetus）演化而來的[1]。圖 9.1 列出巴基鯨的一些後代，包括陸行鯨（Ambulocetus）、雷明頓鯨（Remingtoncetus）、原鯨（Protocetus）和矛齒鯨（Dorudon），而矛齒鯨最後演化成現代的鯨和海豚。由於鯨魚的體型非常巨大，我們應該能夠找到數百個甚至數千個中間形式。問題在於，我們找不到這樣的形式。例如，從雷明頓鯨過渡到原鯨中間的化石在哪裡？我們擁有不錯的化石紀錄，幫助古生物學家拼湊出鯨魚演化的拼圖，但我們缺少大部分過渡形式的化石。

我在第 5 章討論過長頸鹿的演化。如果長時間下來，天擇淘汰了頸部較短的長頸鹿，而頸部較長的逐漸演化，為什麼我們沒有發現頸部從非常短到非常長的長頸鹿過渡的化石呢？由於沒有發現這樣的東西，有

圖 9.1 鯨魚的演化：其他過渡形式在哪裡？

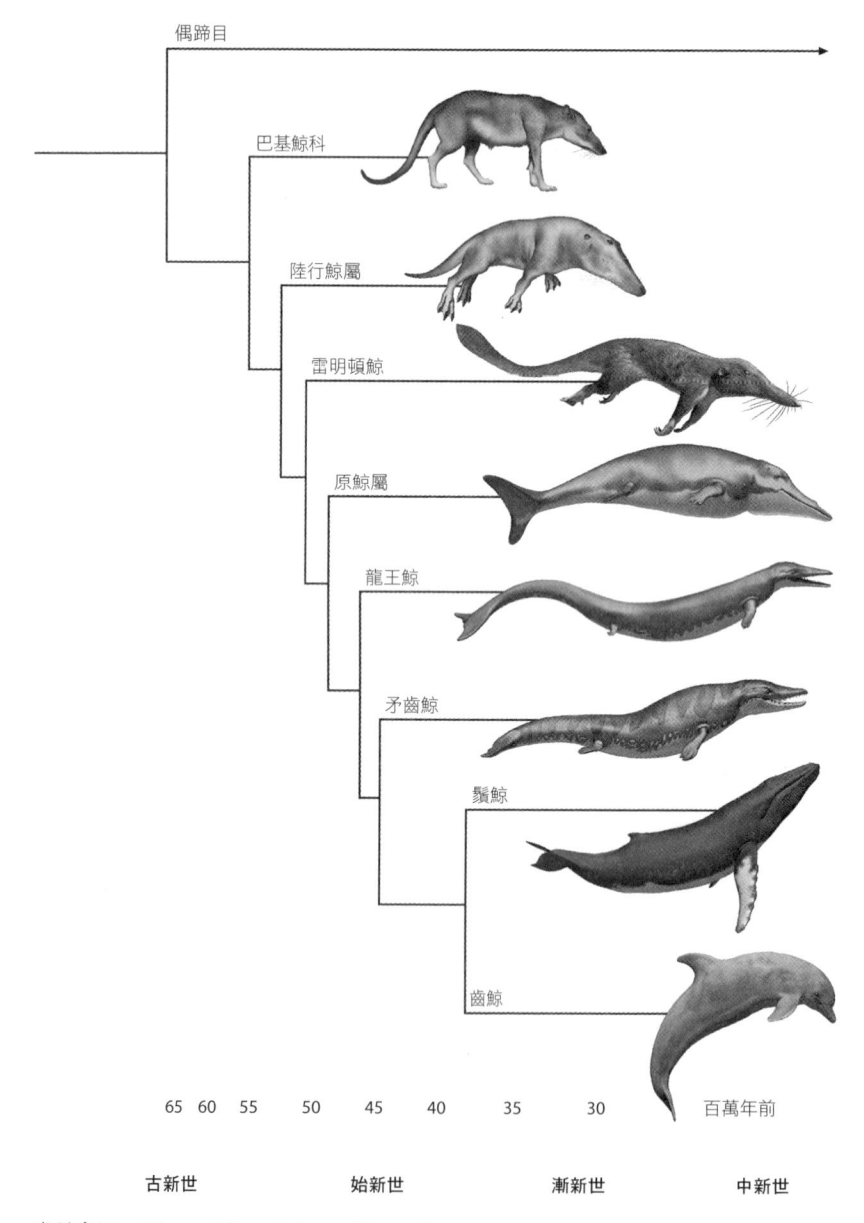

偶蹄目
巴基鯨科
陸行鯨屬
雷明頓鯨
原鯨屬
龍王鯨
矛齒鯨
鬚鯨
齒鯨

65　60　55　　50　　45　　40　　35　　30　　百萬年前

古新世　　　　　始新世　　　　漸新世　　　中新世

資料來源：Licensed from Science Photo Library.

誰可以宣稱演化是逐漸發生而不是突然發生的呢？

才智和正直是互斥的特質，有其中一種並不保證也會有另一種。但是達爾文是一位罕見的天才，同時也是無比誠實的人。他在《物種起源》中花了一整章的篇幅，撰寫關於他的理論可能會有的問題。他在《物種起源》的第6章〈本學說之難點及其解釋〉中，首先提出了天擇論一個明顯的問題。他認為，由於天擇逐漸淘汰那些適應不太好的形式，物種滅絕和天擇一定是同時進行的。因此，根據邏輯推理，應該存在無數無法適應其環境的過渡形式。但是，正如達爾文自己所指出的，過渡化石很少被發現。他承認，不完整的化石紀錄，對於試圖證明物種是逐漸演化的人來說是一個重大障礙。

但他提出一個解決方案：他宣稱地質紀錄是不完整的。他指出：「地質紀錄並不完整，這個事實很大程度上解釋了為什麼我們找不到無窮無盡的變異，以最細微的漸變步驟連接所有滅絕和現存的生命形式。否定我對這些地質紀錄所抱持的看法的人，否定我的**整個**理論也是正常的。」（粗體是我自己加的）。

他認為缺乏過渡形式，對天擇理論的衝擊如此巨大，以至於他繼續在《物種起源》的第9章專門討論這個問題，該章標題是〈地質紀錄的不完整性〉（On the Imperfection of the Geological Record）。他透過提出幾個令人信服的論點來支持自己的觀點：我們只對地球的一小部分地區進行地質探測；只有軟組織的生物無法被保存下來；如果貝殼和骨骼沉入海底，而沒有沉積物堆積，最後就會消失；許多物種（如陸地貝殼）存在於遙遠的過去，但幾乎找不到化石。

如果達爾文關於漸變論的觀點是正確的，古生物學家應該在數百萬年的化石紀錄中看到逐漸的變化。但他們發現的情況並非如此。事實上，在達爾文之前和之後，許多古生物學家發現，大多數物種在化石紀錄中突然出現，然後維持不變直到滅絕[2]。

休・法康納（Hugh Falconer，1808 年至 1865 年）是十九世紀最偉大的古生物學家之一[3]。他於 1830 年前往印度擔任外科醫師，但是大部分時間都在挖掘化石。他在喜馬拉雅山脈南部發現了古老的化石層並挖掘出幾種滅絕物種，如乳齒象和劍齒虎。他還研究歐洲象的化石。達爾文非常尊重法康納，並在 1859 年 11 月寄給他一本第一版的《物種起源》，還附上個人的說明。

法康納發現，大多數化石物種在非常長的時間內維持穩定，即使在重大環境變化的情況下也是如此。在他 1863 年的專題論文中，描述猛獁象經歷極端氣候變化後，他疑惑地問道：「如果物種是如此不穩定，如此容易受到這些影響而發生變異，那麼為什麼這種已滅絕的形式如此顯著地突出，成為穩定的象徵呢？」

著名的古生物學家克萊蘭德（H. F. Cleland）在 1903 年時注意到泥盆紀（Devonian 約 4.2 億至 3.6 億年前）化石中也有類似的平衡狀態。他指出：「對所有地層中的化石進行仔細檢查，從最低層到最高層都沒有發現任何演化變化，唯一可能的例外是雙腔貝屬（Ambocoelia）的 praeumbona。腕足綱（brachiopod）、腹足綱（gastropod）和雙殼綱（pelecypods）的演化，不是根本沒發生，就是非常罕見。」許多其他古生物學家也曾提出類似觀察。

這些實務工作者全都沒有違背達爾文的漸變論，不過他們的實地觀察似乎顯示了相反情況。直到 1972 年，奈爾斯・艾德奇和史帝芬・古爾德發表他們著名的文章〈間斷平衡：演化漸變論的替代方案〉（Punctuated Equilibria: An Alternative to Phyletic Gradualism），理論與實務之間的這種緊張關係終於被打破。[4]

他們主張，有機世界的歷史可被視為由長期的穩定期，和短暫的新物種出現期所組成。兩位作者的原文是：「以中心命題來說，間斷平衡論認為，正如化石紀錄中的解剖學和地理歷史所證明的，絕大多數物種起源於地質時刻（間斷），然後在其漫長的生命周期中持續處於停滯狀態。」

古爾德和艾德奇告誡同僚，不要將「沒有證據」與「證據不存在」的概念混淆了。古爾德（於 2002 年過世）是哈佛大學古生物學家，曾對西印度的陸地蝸牛進行廣泛研究。艾德奇現為美國自然歷史博物館的榮譽館長，專門研究三葉蟲（現已滅絕）。古生物學家研究化石，以了解有機體的演化史，以及與其他有機體和環境的關係。事實上，在現代 DNA 擷取技術興起之前，古生物學是唯一能夠研究古代生命的科學。但即使是最新、最現代的 DNA 擷取技術，也只能研究約 100 萬年前的樣本[5]。因此，化石和古生物學是我們了解古代過去的唯一可靠窗口。

古爾德和艾德奇的卓越見解，如今看來可能顯而易見：化石紀錄的間斷不是一個缺陷，而是物種演化的重要特徵。他們宣稱，當古生物學家發現某一物種形態突然改變時，應該假設這是形態的突然變化，而不要犯下達爾文的錯誤，試圖透過引用化石紀錄的間斷來解釋這種突然的變化。

根據他們的觀點，沒有中間形式的證據，就是不存在的證明。因此，不需要依賴化石紀錄不完整的理論。如果長期沒有變化後出現短暫的間斷，我們不應該企圖找到任何中間形式，因為根本就不存在。

在他們的重要文章中，古爾德分析百慕達蝸牛（Poecilozonites bermudensis）在 30 萬年內分化為三個物種：P.b. fasolti、P.b. sieglindae 和 P.b. bermudensis，為長時間靜止後的突然演化提供了證據。他展示了這三種蝸牛在顏色、螺旋的形態、殼的厚度和孔口唇形狀等方面的明顯形態差異並不是逐漸形成的。其實正好相反，這些是由於一次地理隔離導致的異域種化事件（也就是新物種由一小群個體與其母種隔離而形成）。同樣地，艾德奇概述了三葉蟲物種蛙形鏡眼蟲（Phacops rana）的演化史，並提供了證據支持 P. rana 的各個亞種的眼睛形態出現完全不同的突變事件，而不是逐漸演化所形成的。

在艾德奇和古爾德發表關於蝸牛和三葉蟲化石的開創性文章後，科學家發現了更多生命的不同形式都符合間斷平衡的模式，包括動物、植物、細菌，甚至病毒的演化過程（但是病毒是否算是「生命」，仍值得討論）。

在 1985 年發表的研究文章中，強森（A. L. A. Johnson）研究來自侏羅紀時期（約 2 億至 1.45 億年前）的 34 種扇貝物種，發現了大量的間斷平衡證據，以及一個突然物種形成的例子[6]。他得出結論說：「在其中一個案例中發現了後代形態的突然出現，可以合理地歸因於快速演化（不超過 100 萬年）。在研究的其他譜系之一中，發現了大約 2500 萬年逐漸變化的不確定證據。但在其餘的 32 個譜系中，形態似乎是靜態的。」

最廣泛的間斷平衡現象紀錄之一，始於一個旨在反駁它的研究項目。華盛頓特區史密森尼國家自然歷史博物館（Smithsonian National Museum of Natural History）的艾倫·奇瑟姆（Alan H. Cheetham）是一位專家，他研究苔蘚蟲類化石（苔蘚蟲是一種看起來像蠕蟲、外部有觸手的微小動物；生活在看起來像樹或花的群落中）。他開始對苔蘚動物種類 Metrarabdotos 進行研究，以說明漸變論[7]。奇瑟姆在 1500 萬年內測量了 17 個 Metrarabdotos 物種的 46 個特徵。他發現其中 11 個物種在 200 至 600 萬年內維持不變，然後在 16 萬年內出現了間斷式的變化。奇瑟姆強調「這些 Metrarabdotos 物種間斷演化模式的明顯證據」。

> **專欄：沒有衝突**
>
> 　　間斷平衡論，似乎與前一章中描述的庫爾登和其他人的觀察相矛盾。庫爾登曾指出，生物的變化速度在短期內較高，在長期內則較低。但間斷平衡論則主張，生物在長期靜止期之後會發生劇烈變化（也就是形成新物種）。這是怎麼回事？仔細閱讀後，各位會注意到這些理論其實是互補的。
>
> 　　庫爾登觀察的是單一物種在幾千年內的情況，觀察到的變化在合理範圍內。葛蘭特夫婦測量鳥喙尺寸的時間範圍只有幾十年，鳥喙大小和形狀的變化並不明顯，不足以形成新的物種。另一方面，艾德奇和古爾德則討論了在原始物種靜止了數百萬年後，形成新物種的過程。這兩種觀點都是正確的，分別解釋不同時期的不同現象。

　　許多類似的研究，已經找到關於間斷平衡的證據。其中一項最有趣且最具有說服力的研究，是2008年由瑞典烏梅奧大學（Umea University）的蒂娜・馬蒂拉（Tiina Mattila）和福爾默・博克瑪（Folmer Bokma）在《皇家學會會議紀錄》（*Proceedings of the Royal Society*）上的報告[8]。他們並不是研究化石紀錄，而是分析了共4510種哺乳類動物中，2143種物種的身體質量變化，以評估牠們的演化是逐漸平衡還是逐漸演化。

　　他們得出結論：「從哺乳類動物及原猿和食肉目等獨立亞科的貝氏估計法結果來看，逐漸演化只對哺乳類動物間的體型變異貢獻了一小部分。」他們的研究證實，間斷平衡在大多數哺乳類動物身體質量演化中的重要性。大多數有關間斷平衡的研究，包括古爾德和艾德奇的研究，通常集中於一種物種；相較之下，馬蒂拉和博克瑪顯示這個理論適用於整個哺乳類動物亞目。

古爾德和艾德奇的文章具有高度爭議，吸引了許多支持者和反對者[9]。許多研究人員在物種演化中找到了間斷平衡的證據，而其他人則沒有找到任何證據。雙方的辯論激烈，搞到後來彷彿成了私人恩怨——支持慢速演化的人稱間斷平衡原則為「跳躍式演化」（evolution by jerks，亦有「混蛋認為的演化」之義），而另一方則以「爬行式演化」（evolution by creeps，亦有「小人認為的演化」之義）加以反駁[10]。科學家們還真是彬彬有禮！

其中一個最大的爭議來源，在於他們在討論新物種誕生時，使用「快速」和「突然」這兩個詞。間斷平衡論的批評者指責古爾德和艾德奇，說他們重新提出雨果・德・弗里斯（Hugo de Vries）已被否定的突變論，以及理查・高德許密特（Richard Goldschmidt）的大突變理論（macromutation theory）[11]。高德許密特是一位德裔美籍動物學家，他在 1940 年的著作《演化的實質根據》（*The Material Basis of Evolution*）中主張，物種不是透過累積微小的變異而創造的，而是在某一代顯著突變（稱為驟變〔saltation〕）所產生的。只不過，科學界已經反駁了這種突然演化的理論，並諷刺地稱之為「充滿希望的怪物理論」。

古爾德在他的許多著作中正確地主張，間斷平衡不是驟變。這個理論是為古生物學家而撰寫的，他們了解地質時間中「瞬間」的時間範圍長達數萬年，不應與人類的時間尺度混淆。在他的著作《演化理論的結構》（*The Structure of Evolutionary Theory*）中，古爾德以人類妊娠來做比喻：「正如人類的妊娠時間占人一生的 1% 至 2%，或許間斷物種形成占後續沒有動靜的期間比例也差不多。以平均壽命 400 萬年來說，1%

就是物種形成需要 4 萬年。」

生物學家間的紛紛擾擾，引發了一個意外後果，那就是吸引了創造論者不請自來，加入這場戰局[12]。創造論者一直將化石紀錄中缺乏中間形式，當作達爾文理論錯誤的證據。當古爾德和艾德奇強調「靜止就是資料」時，間斷平衡的概念似乎支持他們的主張。創造論者認為，動植物在化石紀錄中突然出現，是因為這些是上帝在瞬間創造的，因此他們用間斷平衡理論，來做為物種突然出現的證據。

古爾德用這樣的措辭來嚴厲抨擊創造論者：「間斷平衡為這種才智不誠實的人（如果說他們不誠實會讓他們聽起來過於機敏，那麼也可以說他們是粗魯而愚蠢）提供了一個更容易針對的目標，我們的觀點已經為他們扭曲的思想提供素材，應該沒有人會感到驚訝。」

我不是演化生物學家，但正如我在前言中所提及的，我擁有的技能之一是閱讀能力。我知道像理查・道金斯和丹尼爾・丹尼特（Daniel Dennett）這樣著名的生物學家和生物哲學家，對間斷平衡持不屑一顧的態度，並聲稱這幾乎對達爾文的理論無關緊要。或許吧。

對我而言，問題不在於古爾德和艾德奇是否提出了一些革命性觀點，而在於他們提出的是否是一種新的看待演化的方式，以及這種方式是否經得起實證分析之檢驗。在 Google Scholar（僅搜尋科學文章的搜尋引擎）上搜尋「間斷平衡」，可以找到超過 8 萬 5000 筆結果。雖然不是所有結果都是相關的，但瀏覽前幾頁的結果很明顯可看得出來，科學家多年來已經蒐集了足夠證據來支持這個現象。對於像我這樣的外行人來說，間斷平衡理論似乎的確推動了達爾文的理論向前發展，正如本章描述的研究文章所示。

當我多年前第一次讀到這個理論時，我的第一個想法是，生命不僅僅是指生物學上的生命，而是「生活」。難怪一部 2 小時的電影可以呈現出──或者似乎呈現出──聖雄甘地（Mahatma Gandhi）、芙烈達‧卡蘿（Frida Kahlo）、拳王阿里（Muhammad Ali），或是可可‧香奈兒（Coco Chanel）的一生。拍電影的人利用間斷平衡理論，消除了英雄和名人生活中的枯燥部分，只突顯出那些重要時刻。史書運用的也是相同技巧，只用幾百頁來記錄整個文明數千年來的生活。我的桌上放著一本達夫‧麥當諾（Duff McDonald）的書《你所不知道的麥肯錫：決定企業成敗的祕密影響力》（*The Firm: The Story of McKinsey and Its Secret Influence on American Business*），將這間企管顧問公司近一個世紀的故事，濃縮到只有 400 頁的篇幅。現在我看到這個理論，就再也無法忘記它了；它似乎無所不在。我扯太遠了。

我們再回來談投資。以下是我從間斷平衡理論中，學到的重要投資教訓：

- 生意停滯是預設的狀態，既然如此，何必要積極行動呢？
- 股價波動不是一門生意的重要時刻。
- 利用罕見的股價重大變動來創造新的「物種」。

既然停滯是常態，何必積極主動？

在商業世界中，就像在有機的世界中一樣，停滯是預設的狀態。

優秀的企業保持優秀。糟糕的企業仍然糟糕。

對，我知道。你隨口就能舉出一個陷入困境但是很了不起的企業（我也可以，就是軟銀），也可以舉一個敗部復活的差勁公司例子（我也可以，就是軟銀）。關於商業停滯的說法，並不是要引戰。

我的意思並不是說沒有反例，而是我們應該更關注占絕大多數的相對次數（relative frequency），這是我從古爾德的代表作《演化理論的結構》中學到的一個恰當術語。他認為，間斷平衡「不只斷言了一種現象的存在，而且更強而有力地主張地質時期整體演化模式的主導作用。」同樣地，我在企業界長達 30 年的歷程使我相信，偉大的企業將持續偉大，而不好的企業則通常會一直很糟。

我要澄清一下一些詞語的含義。「停滯」不等於「靜止」。如果你家附近的一間小雜貨店自從你還是個蹣跚學步的小孩以來，就一直賣著同樣的產品，這就是靜止，這間小店從來沒有改變過。然而，1 美元商店 Dollar General 是一間連鎖綜合雜貨店，在超過 1 萬 6000 間門市中以極高的折扣價出售各種產品，在 2011 年到 2021 年間，營收成長 2.5 倍至 330 億美元，這則是處於停滯狀態。Dollar General 的特性並沒有改變。

我排除了那些尚未確定是「偉大」和「糟糕」的行業。這些行業包括人工智慧、太空旅行、自動駕駛車輛、食品配送、WeWork 之類的公司、量子計算、奈米技術等領域，這些領域正吸引大量的風險投資。

我希望我能夠運用演繹法推理（「所有人都是會死的；蘇格拉底是人；因此蘇格拉底是會死的」）以大力證明，優秀和不那麼優秀的企業，在長時間內會保持不變。但不幸的是，我找不到這樣的證明法，因此一如既往，我要用提供很多證據的歸納法來說服各位。

我將本節分為四部分，每一部分分別顯示優秀的企業仍然保持卓越，而不怎麼樣的企業則持續表現不佳。當然，這些部分並沒有提出任何不可搖動的論點（這是投資，不是線性代數）。但是，綜合起來，我希望能為我們投資哲學的第三支柱提供有力支持：不要只是懶惰——要非常懶惰。

▌一：個人經驗證據

你不討厭那些只以個人軼事為根據的論點嗎？智人（Homo sapiens）幾乎可以推理出任何事──甚至是合理化。我們看過幽浮、目睹過選舉舞弊、新冠疫情期間不戴口罩，而且還相信棒球在某種程度上比板球更優越。

然而，在這種情況下，我需要展示商業活動停滯是預設狀態，我希望各位對我的說明能多些寬容，原因有兩個。首先，我在商業界已經有將近35年的經驗，某種程度上，軼事可以轉化為模式。其次，這種信念不是懶人沙發哲學的結果，而是我們為客戶和自己管理資金的基礎。我所有財富幾乎全都投資在我的基金中。不正確的資金管理方式，會造成我重大的虧損。

我的第一份工作，是1989年在印度的聯合利華擔任生產管理儲備幹部。聯合利華有一個很棒的新經理儲備計畫，我想這個計畫至今仍然存在。在我第一年的工作中，我在Brooke Bond這間聯合利華的子公司的不同部門實習，這是一間生產和銷售茶及咖啡的公司。我記得在南印度的科伊擁博爾市的銷售辦事處任職。我每天和業務主管一起去市場，但事實上，他應該被稱為「沒業務主管」。他的工作名義上是賣茶葉，但實際上，Brooke Bond品牌具有市場龍頭地位，導致他必須配給要提供給各個想要得到更多茶葉的零售商。他所受到的尊重和敬畏，可能會令許多當地政治領袖羨慕不已。

聯合利華在印度的茶葉和其他數十種消費品領域，維持了數十年極高的地位。它在1989年的表現非常出色，今日仍然如此，例如聯合利華在印度上市的子公司──印度聯合利華的市值幾乎是在英國上市的母公司的一半。二十多年來，這種現象發生在印度的許多其他產品和服務類別：牙膏（高露潔）、巧克力（雀巢）、汽車（瑪魯蒂鈴木）、內衣（Page Industries）、消費電器（Havells）、餅乾（Parle、Britannia）、髮油（Marico）、塗料（亞洲油漆、柏格）、輪胎（MRF）、診斷服務（Dr Lal）、IT外包（塔塔諮詢服務、Infosys）、廚房電器和炊具（霍金斯、TTK Prestige）、草本補充劑（Dabur）等。

不管你在哪個國家，我打賭你可能已經注意到在許多行業中出現相同現象：大多數在1990年代或2000年代初期的龍頭企業，至今仍然是行業龍頭。新時代的網路公司將這種持續的主導地位，提升到幾乎任何其他時代都未曾見過的程度，無論是亞馬遜、臉書、谷歌、推特還是Uber。停滯，是預設狀態。

由於優秀的企業永遠保持卓越，每個人都知道這些公司，投資人會把它們的股價推高，也是正確的。印度一些領先的消費性產品企業的10年平均本益比令人震驚，例如亞洲油漆為56，高露潔印度為43，Dabur為44，印度聯合利華為51，Page Industries為65。我們是對價格敏感的投資人，不會買進這些企業，因為這樣的本益比對我們來說實在過高。而且我們也沒有買進。根據前面兩段所提供的清單，自2007年以來，我們只買進Page Industries、Havells和TTK Prestige這三間公司。這三間公司的本益比落在我們可以買進範圍內的期間，近15年來就只有2到3個月而已——這就是只占這段時期1到2%的間斷事件。

優秀的企業非常稀少，而且幾乎總是難以買進，所以我們很少買進，但是一旦買進，就會買很多。因此，既然我們已經因為成功陷入停滯而買進這些獲利的優勝者，為什麼要出售呢？

▍二：《財星》500 大的命運

我想再討論一下於第 8 章介紹過的 1955 年和 2015 年《財星》500 大榜單的比較。我們可以有理由地認為 1955 年《財星》500 大中的 40% 到 45% 的企業，在 60 年內仍保持卓越地位。當然，這並不是完美的停滯（正如我們在本章前面看到的，有機生命也不會是純粹的停滯），但這確實是一個相當好的長期停滯案例。

因此，如果我們持有這些優秀的企業（我知道這是一個非常大的假設），賣出並離開是沒有意義的。以投資組合來說（不一定是個別企業），其中的企業應該能讓我們賺到不少錢。我們可以合理且自信地說，至少 1955 年美國最大的 500 間企業中有 40% 到 45% 在 60 年內表現極為出色。停滯，就是這些公司的預設狀態。

讓我們從另一個角度，來看待停滯這件事。我們把焦點放在那些沒有成功的企業。我們看到，1955 年名單上至少有 40% 的企業（大約 200 間）在 60 年後（2015 年）維持卓越表現。那麼在 1955 年，無論是私營還是公營企業，有多少間企業本來可以進入 2015 年的《財星》500 大名單，但最後卻沒有呢？ 1 萬間，這是不是合理的估計？

這可能是一個非常保守的猜測，因為企業應該有 60 年的時間來進入該名單，而且我們還不包含 1955 年後成立，可能在 2015 年進入該名單的成千上萬間企業。不管怎樣，讓我們暫且假設為 1 萬間公司。在這 1 萬間公司在 1955 年有潛力進入 2015 年《財星》500 大名單的企業中，只有 300 間成功了（其餘 200 間在名單上保持了 60 年）。表面上看是 3% 的「成功率」，實際數字可能比較接近 1% 至 2%，甚至可能更低。因此，97% 至 99% 不那麼優秀的企業過了 60 年仍沒有「成功」。停滯，是預設狀態。

我知道這麼做有些不公平。將名列《財星》500大名單當作衡量「成功」的標準，絕對是不合理的要求。1955年的那1萬間企業中，許多可能已經非常成功，而並非必須變得過大——這些公司可能更加重視利潤，或是可能被合併或收購而為股東創造非常大的價值。我的目的是要指出一個方向，說明優秀的企業保持卓越的時間比我們想的還要長得多。而沒那麼優秀的企業，經過一段時間後變得卓越的可能性卻是微乎其微。

因此，我們的投資策略非常簡單：

- 由於絕大多數企業並沒有成為卓越，我們的預設策略就是不買進。因為我們是懶惰的買家。
- 如果我們可以找到數十年內保持卓越狀態的高品質企業，我們才會買進。如果我們相信找到了這樣的企業，我們就不會賣出。因為我們是非常懶惰的賣家。

三：從逐漸增加的集中度得出的結論

在2019年7月《金融評論》（Review of Finance）雜誌上刊登的一篇文章中，經濟學家古斯塔沃・葛魯隆（Gustavo Grullon）、葉雷那・拉金（Yelena Larkin）和羅尼・米凱利（Roni Michaely）提出一個問題：「美國的產業是否愈來愈集中？」[13] 這句話其實是反問句，因為他們自己回答：「當然是。」三位作者用大量資料證明這一點。他們的文章顯示，從1997年到2014年出現的兩個趨勢似乎相互加強：（1）自1990年代以來，超過四分之三的美國行業中，龍頭企業的市占率持續提升，（2）這些企業賺取更高的利潤率，並為股東提供更高的報酬，這反過來又使它們能夠進一步提升其市場地位。

雖然該文章並沒有明確指出來，但是顯然在這段時間內，規模較小且實力較弱的企業，其市場地位都在持續下降。三位作者指出，幾乎每個行業中的前四大公營和私營企業的營收占比不僅增加，而且在他們評估的期間，這些具龍頭地位的企業平均規模實際上也增加了 3 倍。

而且這不是最近才出現的現象。事實證明，自二十世紀初以來，更大規模、更成功的企業在市場上日益增強的現象，一直困擾著企業界。1977 年，萊斯利・漢納（Leslie Hannah）和 J.A. 凱伊（J. A. Kay）出版《現代工業中的集中：理論、測量和英國的經驗》（*Concentration in Modern Industry: Theory, Measurement, and the U.K. Experience*），漢納和凱伊展示了從二十世紀初到 1970 年代中期，美國和英國最大企業的不可逆市占率上升趨勢。

該書的第一張圖表追蹤這段時期製造業淨產出中，前 100 家企業的市占率。七十多年來，這些企業的市占率在英國從 15% 上升到 50%，在美國則從 20% 上升到超過 30%。漢納和凱伊聲稱這是市場力量增強的結果（橫跨各行業），而不是行業集中度增加的結果（衡量行業內企業的力量增強）。理想情況下，我希望能夠展示更大的行業集中度以支持我的觀點，但是美國和英國最大企業的長期成功仍相當值得注意。

2019 年 1 月經濟合作暨發展組織發表一篇名為〈歐洲和北美的產業集中度〉（Industry Concentration in Europe and North America）的文章，文中提出更成功企業市場力量增強的證據，就突顯了這一點[14]。在 10 個歐洲國家的平均行業中，2001 年至 2012 年間，前 10% 的最大企業的市占率提高了 2 至 3 個百分點。在美國，2000 年至 2014 年間，行業中領先企業的市占率平均成長 4 至 8 個百分點。這篇文章還澄清，這些數字並非以網路為主的行業（例如搜尋引擎、社交媒體、電子商務）所帶動的，而是傳統製造業和服務業。

《經濟學人》雜誌 2016 年 3 月的封面抱怨說：「贏家全拿：高利潤為美國帶來問題。」（Winners Take All: Why High Profits Are a Problem for America）[15] 當然，我沒有資格批判巨型企業的超高利潤是否恰當，但我想引用這本雜誌對企業停滯現象的看法。

那篇文章討論導致更成功企業利潤累積的三個主要原因——技術、全球化和工會會員人數減少，然後接著提到：「然而，這些解釋都無法解釋美國利潤問題最令人擔憂的方面：持久性。」文章提到，2003 年一間高利潤企業在 2013 年有 83% 的機會仍然獲利非常高。從 1997 年到 2012 年，893 個行業中前四大企業的市占率的強大圖表，清楚地展示了較大型企業的市場力量與日俱增。

對行業和市場集中度的所有研究結果之摘要如下：

- 大多數行業中有幾間大而成功的企業。
- 這些成功的企業正在變得更成功。
- 衰弱的企業正在變得更弱。

第一、二項是研究的直接結論，第三是間接得自第一、二項但合乎邏輯的結果。

正如我之前所述，在印度的投資經驗，與美國、英國或歐洲的研究並沒有不同。我們所投資的公司數十年來，一直在競爭中不斷提升市占率。一些例子包括：油漆業的柏格、塑膠管道業的 Supreme、工業變壓器業的 Voltamp、內衣業的 Page Industries、消費者電器業的 Havells 和 V-Guard、電池業的 Amara Raja、求職網站業的 Info Edge、輪胎業的

MRF，以及特殊鋼管業的 Ratnamani。

印度也一樣，優秀企業仍持續保持卓越，而不夠好的企業則持續掙扎。「停滯是預設狀態」現象，是不分國界的。

身為長期投資人，我們希望擁有那些能夠保持長期報酬的成功企業。這聽起來很簡單，但問題是成功的企業非常少。在商業界亂槍打鳥可能會給我們帶來真正的麻煩。所以我們不這麼做，我們很少出手投資。

一旦我們擁有像 Havells 或 Ratnamani 這樣的「優勝者」，就不應該出售，因為這些公司的市占率很可能會繼續擴大。所以，我們很少賣出。我們賣出的次數，比買進還要更少。

四：90 年研究的故事

2018 年 5 月，亞利桑那州立大學凱瑞商學院（W. P. Carey School of Business at Arizona State University）的亨德里克·貝森賓德（Hendrik Bessembinder）發表一篇題為〈股票是否優於國庫券？〉（Do Stocks Outperform Treasury Bills?）[16] 的文章。他分析了從 1926 年至 2016 年，在紐約證券交易所、美國證券交易所和那斯達克上市的約 2 萬 6000 檔普通股的價格表現。

不意外的是，這些股票中有 51% 在其存續其間內失去全部的價值。大多數企業都不應該存在。貝森賓德的研究顯示，因為長時間下來，一般的普通股會失去其價值，擁有股票可能會傷害個人的財富。我們的預設立場應該是不要買進。所以我們不買。因為我們很懶惰。

各位能猜到在 1926 年購買並持有到 2016 年（或被收購或合併）的那些 2 萬 6000 檔股票中，有多少的績效超越大盤？答案是大約 8000 檔，占整個股市約 31%。我很意外這個數字竟然這麼高[17]。請記住，我們談的是那些不只是表現良好，而且在 90 年內（或直到被收購或合併）績效超越大盤的公司。這些優秀的企業在很長一段時間保持卓越性。停滯就是它們的預設狀態。一旦我們擁有這種企業的股票，出售就等於是罪惡的行為。

股價波動不是生意的間斷

關於間斷平衡理論的一個關鍵是，波動並不是間斷。在長期穩定的期間，生物的特徵確實會變化，但變化幅度會在一定的限度內。

我們的投資理念一個重要元素是，我們不會搞混股價波動與生意變化。在生意長期穩定的時期，股價會有所變化，但優秀企業的特質通常會保持在一定的範圍內。

正如古爾德所說：「停滯並不表示絕對的穩定，而是指普遍不超出類似物種地理變異界限的無方向波動，特別是不會朝任何特定方向趨勢，特別是朝著後代形式的模式形態發展。」物種的特徵在停滯期間確實會波動，但波動的範圍是有限的。

投資人傾向將股價波動解讀為業務方向的趨勢。不是應該正好相反嗎？是車拉動馬往前跑嗎？不要懷疑，這種傾向比你想的還要更常見。即使是最厲害的投資人，也會因此做出一些奇怪的行為。投資界會看重某些個股，但這些個股根本不值得這樣的重要性。

以下是一個真實故事。有一天下午，我和一位創投家朋友在孟買共進午餐。各位可能知道，創投是投資於新創企業和早期階段的私人企業。他每隔幾分鐘就會看一眼手機，然後回到我們的對話中。我認識他已經十幾年了，但從未見過他有這種奇怪的舉動。幾分鐘後我開始稍微感到不滿，於是就問他分心的原因。他道歉並不好意思地說，他投資組合中的 2 間公司在兩個星期前上市了。後來他說覺得自己必須每隔幾分鐘就檢查一次股價。他承認自己就是忍不住。

我的朋友是一個聰明人。他知道他所投資的上市公司的生意，不會每分每秒都在變化。幾個星期前，當這些公司還沒上市時，他幾乎從來不會去想到它們；但是現在，每一間公司都有一個股票交易代碼，每天都會波動幾個百分點，他就深陷其中了。現在想像一下，如果他像我們一樣管理公開市場基金，而且投資組合中的每一間公司都在股市中交易，那他可能會瘋掉，而這就是投資界許多人的處境。

亞馬遜就是股價獲得優勢的一個絕佳例子。亞馬遜於 1997 年 5 月以每股 18 美元的價格掛牌上市。到了 1998 年 12 月，當網路泡沫席捲美國市場時，亞馬遜股價飆漲近 14 倍，站上 243 美元。歐本海默資產管理公司（CIBC Oppenheimer）分析師亨利・布拉吉特（Henry Blodget）預估，亞馬遜股價將在 12 個月內達到 400 美元[18]。

股價隨即在一天內急升近 20%，站上 289 美元。1999 年 1 月，布拉吉特寫道：「與其他知名的泡沫不同，網路泡沫建立在牢固的基本面上，或許比市場過去見過的任何基礎都更強大。」那麼，證據在哪裡呢？漲個不停的明星網路股中，沒有一間公司接近獲利狀態；更糟糕的是，這些全都像市場的水龍頭永遠開著一樣不斷在燒錢。而布拉吉特對牢固業務基本面主張的唯一證據，似乎就只是股價一直在漲。

當網路泡沫在 2000 年夏季破滅時，亞馬遜從高點下跌超過 60%。雷曼兄弟的年輕債券分析師拉維・蘇里亞（Ravi Suria）發表一份長達 27 頁的報告，預測亞馬遜注定失敗，如果公司不改變，就會在一年內燒完現金[19]。在所有網路公司都處於極為悲觀的環境中，亞馬遜股價在一天內下跌 19%。貝佐斯對批評不以為然，亞馬遜繼續按照自己的方式經營：更加關注現金流而非利潤。蘇里亞預測亞馬遜在 2001 年底將只剩下 1.25 億美元，但是亞馬遜到了年底擁有 10 億美元。蘇里亞預測亞馬遜公司債會崩盤，但價格卻上漲了 50%。

正如布拉吉特因為預測亞馬遜將繼續崛起而聲名大噪，蘇里亞也因預測亞馬遜將破產而成為受寵的金融專家。唯一的差別是什麼？當所有股票都在上漲時，布拉吉特歡欣雀躍，而蘇里亞則在災難性的熊市中預測末日的來臨。

只把布拉吉特和蘇里亞這兩個人拿出來說，對他們很不公平。在網路泡沫時代，他們只是成千上萬分析師和投資人中的兩位。2008 年全球金融危機期間又重演這齣大戲，那些高度槓桿的放款機構的市值飆高，使大多數金融專家對最終導致全球經濟陷入深層困境視而不見。

我認為，投資人可能會犯下兩種嚴重的錯誤。

首先，**投資人可能將不利的股價波動視為負面的生意間斷**。這種心態會迫使投資人在股價因負面新聞或事件而下跌時，不是賣掉一間好企業，就是不去買進這間好企業。在前一章中，我談到了投資的葛蘭特—庫爾登投資原則時，就已經討論了這種第一種錯誤。在此再提醒一次，葛蘭特—庫爾登投資原則是：當我們發現高品質的企業在長期基本面特性不改變的情況下，我們應該利用股價在短期內波動的機會買進，而不是賣出。由於第 8 章已經討論過這個問題了，所以我就不再贅述。

第二個錯誤是**將正面的股價波動視為正面的生意間斷**。這樣做可能會導致買進一間糟糕的企業（因為情況看似已經永久改善），或者不賣出一間糟糕的企業。詢問任何一個長期投資人的投資策略，幾乎所有人都會宣稱他們買進並持有高品質的企業。我懷疑即使有人買進品質低劣的企業，打算以後以更高的價格交易，他們也不會承認。他們並不是在說謊。那麼為什麼許多基金的投資組合中，有一大堆最新的「查馬斯特殊目的收購公司」（Chamath SPAC）呢？誰知道呢？因為害怕錯過（FOMO）、嫉妒、貪婪和其他一些人性可能是原因，但是這並不重要。這些投資人根據對機會的正面評價，改變了對企業品質的看法。

我們看到的新聞流和其他人一樣。我們常常看到同業在航空公司、房地產、基礎建設、教育、公部門銀行（也就是政府擁有的銀行），或其他一些被炒作起來但是名不符實的印度產業中賺錢。

我們該如何避免屈服於在股市（甚至私人市場）上漲時，投資不良企業的誘惑？可以遵循以下三個簡單的規則。

冰箱裡不放甜食

我太太愛吃甜食，但是她也非常注重健康。二十多年來，她一直遵循一種簡單而有效的方法來避免甜點的誘惑，那就是我們的冰箱根本不放甜食。

在我看來，避免投資糟糕企業的最佳方法，就是忽略它們和股價。我們在團隊會議上從不討論我們認為是糟糕的公司或行業，從來不談。無論航空公司最近宣布了吸睛的業績，還是每個分析師都建議買進航空股，我們都不感興趣。對於一間公營銀行聘用來自私人部門的新執行長，並將其股價推升至歷史新高，我們也不關心。

一間公司獲得新的數十億美元的基礎建設合約，以及一間黃金貸款公司在最新一季財報中宣布，淨資本報酬率30%，而且作多的人認為這間公司有機會創造10億美元，我們也會視而不見。我們團隊中的人都不准說一句許多投資人的著名遺言：「**這次不一樣。**」如果我們從來不討論一間公司，又怎麼可能會買進呢？只要冰箱裡不放甜食，就不可能吃甜食了。

每個糟糕投資的起源，都是一個美好的故事。表9.1 列出許多印度行業的例子，這些行業在股價上漲或在私人市場的價值飆升後，成為新聞焦點。

表 9.1　我們忽略景氣不好時的正面股價波動

新聞或事件	日期
外資爭買 DLF（印度最大的房地產公司）	2007 年 6 月
基礎建設私募股權：投資人尋求 15% 以上的成長潛力報酬	2009 年 12 月
黃金貸款多年來如何變得流行	2010 年 10 月
私募股權公司著眼於投資印度農業與食品業	2011 年 9 月
印度將引領二十一世紀教育科技的三個原因	2012 年 8 月
基礎建設振興方案的好處	2013 年 2 月
黑石（Blackstone）預計印度房地產業將出現好轉	2014 年 6 月
線上教育：印度的下一個大產事	2015 年 2 月
葛蘭素史克藥廠（GSK）在印度投資 10 億美元，大力押注新興市場	2016 年 3 月
教育事業將以 7.5% 的速度成長，到了 2020 年將增至 1440 億美元	2017 年 10 月
健康科技事業預計在未來 10 年創造巨大價值	2018 年 9 月
航空業在過去 10 年如何獲利	2019 年 12 月
私募股權公司認為物流房地產融資有充足利機	2019 年 12 月
印度醫療保健事業——到 2025 年將迎來價值 3530 億美元的機會	2020 年 11 月

以基礎建設為例。任何去過印度的人都知道，印度需要優質的道路、電力、港口、機場和供水設施。雖然印度的國家公路現在比美國的公路好得多，但這並沒有什麼了不起的。在 2000 年代中期至晚期，許多投資人對在印度基礎建設上投資能賺取數十億（或數兆）美元的潛在利潤垂涎三尺。私人和公營企業的股價評價飆升，並且有一種共識認為淘金熱潮即將開始。在這種基礎建設狂熱的氛圍中，信實電力（Reliance Power）於 2008 年 1 月掛牌上市，被超額認購 72 倍！使得該公司老闆阿尼爾・安巴尼（Anil Ambani）成為印度首富。

儘管在發行新股時，公司的電力容量還不到 1000 千瓩，但市值卻高達約 350 億美元。這是否導致大量基礎建設企業掛牌上市，而投資人都迫不及待地搶購？還用問嗎，當然是。無論是私募還是公開上市股票投資人，都會忘記或選擇忽視一些令人不安的事實：每一間基礎建設企業都必須看政府的臉色度日：印度政府不是個好的付費顧客——拖欠和遲付款項在印度是常規，而不是例外；就算政府循規蹈矩，法律也限制了投資這些專案能獲得的報酬上限。既然如此，我們為什麼要花任何時間來辯論任何一間電力公司是否值得投資呢？

我們在團隊會議上沒有討論表 9.1 中列出的任何一間上新聞的公司。我們忽視不喜歡的企業、它們的股價和業務。對了，這並不表示我們的做法是正確的。一些投資人可能很擅長買賣低品質的企業，那也沒關係。我非常欽佩他們，並獻上最美好的祝福。

截至 2021 年底，信實電力的市值為 6 億美元，從高點跌了 95%。

商業知識，而不是股價資料

正如我之前提過的，我們忽略許多品質明顯較差的行業，例如電力、基礎建設和航空。但大多數行業和企業並不完全屬於這一類。那麼，當我們看到以前從未遇到過的企業或行業的股價不斷上漲時，該怎麼辦？

我們忽略炒作的評價，並專注於企業的品質。本書第二部已經全都在討論這個主題了，所以我現在只討論一個例子。

表 9.1 中有個新聞標題是「教育事業將以 7.5% 的速度成長，到了 2020 年將增至 1440 億美元」。這個標題是在 2017 年底時出現的，當時印度許多新時代教育公司（很恰如其分地被稱為「教育科技」〔EdTech〕）開始在私人市場，以前所未有的評價獲得資金挹注。

我們不知道印度有哪間上市教育公司長期下來有賺錢。但是許多公司多年來的股價飆漲，向投資人承諾未來將帶來巨大財富，但這些承諾始終未能實現。其中一間公司似乎打破常規，但很不幸而且也在預料中的是，後來這間公司被證實是一場騙局。當我評估美國上市教育公司的財務狀況時，我發現大多數公司根本連資本額都賺不到。例如截至 2021 年，美國市值最高的教育公司是大峽谷教育（Grand Canyon Education），其資本額只有大約 40 億美元。這是一個危險的領域。

那麼，我們該如何看待數十間印度教育科技獨角獸公司，或即將成為獨角獸的公司呢？我沒有足夠資訊來了解。按照它們目前燒錢的速度之快，會讓尤塞恩・波特（Usain Bolt）* 汗顏，它們可能要到 2032 年才會被我們注意（因為它們需要證明至少有 5 年的高獲利歷史）。對我們來說，這些公司飆升的股價並不表示是了不起的企業，而是表示它們掌握了募資的藝術。

在業務資料（例如資本運用報酬率和自由現金流，而不是營收成

---

* 譯註：牙買加短跑選手尤塞恩・波特有「閃電」之稱，是當今世界上跑得最快的人。

長）變得有吸引力之前，我們不會投資一間公司，教育科技公司也不例外。

我們想長期持有嗎？

我們最好的保護措施，是防止虛假的好跡象（股價波動使差勁的企業看起來比實際情況更好）所影響，這是我們對每項投資提出的問題：我們想長期投資這間企業嗎？我們是否絕對確定會願意永久接受它？我們會願意永遠不賣掉它嗎？

我們採取有罪推定，直到證明清白為止；也就是我們對每一間企業一開始的假設都是「不想投資」。正如本書從頭到尾一貫的態度，一間企業需要通過多個測試，我們才會選擇成為它的長期股東。印度最大房地產公司於2007年7月掛牌上市，總值20億美元。該公司股價在年底前就飆漲70%。新聞主播不遺餘力讚揚印度房地產的無限潛力；一位記者朋友告訴我，想要見不動產公司老闆，比約見寶萊塢明星還要難。

我們於2007年6月創立納蘭達資本，正值這場狂熱的高峰期。我們沒有進行任何一筆房地產投資，因為我們不想成為不動產公司的長期投資人。原因有很多，但我不必多說，只需要說一個就夠了：印度的不動產業不像甘地那樣誠實。這麼說已經很客氣了。

那間公司現在的情況如何了？股價從最高點下跌75%。由於資產負債表過於膨脹，該公司近年來不得不進行好幾輪募資，稀釋了現有股東的持股比例。對該企業的投資人來說，這種苦難似乎永無止境。

我們專注於研究企業品質，忽略股價波動，因而避免了許多煩心事。用戀愛世界來比喻的話就是，我們專注於結婚，而不輕易約會。在一個只看一眼，喜歡就往右滑、不喜歡就往左滑的世界裡，即使有一個適合結婚的對象盯著你看很久,你可能也很難看到對方。這給了我們一個從未沒想過,可能也不配得到的競爭優勢。

但我們還是接受吧,謝謝。

利用罕見的股價波動創造新「物種」

艾德奇和古爾德的大膽主張不只是有機體在間斷事件期間改變其形態,而且這個事件還創造了一個新物種。正如他們所解釋的,「間斷平衡論試圖解釋物種和物種形成在地質時間中所表達的總體演化作用。」他們反對達爾文透過逐漸變化實現物種形成的主張(生物學家稱這一過程為「前進演化」〔anagenesis〕)。正好相反,他們把古生物學家和演化生物學家的注意力集中在創造新物種的間斷事件上。

假設各位同意這樣的前提:市場通常相當有效率,很難用有吸引力的股價買進高品質的企業股票。因此,對於像我們這樣的長期投資人來說,必須利用股價波動事件來建立一個新的、更好的投資組合,這一點應該很明顯。

讓我們回到本章開頭時提出的問題。當新冠疫情在全球引發恐慌時,我們納蘭達資本在這一史無前例的時期做了什麼?我們買了很多股票。

納蘭達資本自 2007 年成立以來,我們只在股價不利的情況下買進。換句話說,我們只有在股票因總經事件、產業困境或對公司前景的悲觀情緒而被投資人遺棄時,才會買進。在這三個時期(全球金融危機、歐元區危機和新冠疫情大流行),這三種情況結合在一起,給了我們前所未有的進場機會。

空談不值錢,所以我就來分享一些實際的數字。表 9.2 列出從 2007 年 6 月到 2021 年 6 月,這 14 年來我們利用股價間斷來大幅改變投資組合特性的三個主要時刻。

從 2007 年 6 月 1 日至 2021 年 6 月 30 日，總共有 169 個月。在這段期間，我們總共投資了 18.6 億美元。但是從表 9.2 中可以看出，投資的節奏非常不平穩：我們在只有 26 個月（總月數的 15%）內投資了 8.51 億美元，占 2007 年至 2021 年總投資金額的 46%，這些月分正是重大的市場間斷時期。

新冠肺炎疫情對我們的買進產生的負面影響更加明顯。從公司成立以來，我們投資了 22% 的資本卻只占了 2% 的時間。這是因為從 2020 年 3 月到 5 月（占 169 個月的 2%），我們在短短 3 個月內就投資 4.05 億元（占 14 年來總投資資本的 22%）。

我在表 9.2 中沒有展示的，是我們在 2020 年 3 月的投資速度。2020 年 3 月時，由於印度中型股指數下跌了 28%，我們在僅 17 天內就投資了 2.88 億美元（直到 2021 年 6 月，占總投資金額的 16%），這占了我們 14 年來大約 3500 個工作日的 0.5%。2020 年 3 月投資的 2.88 億美元，我們成立 14 年以來有 12 年的投資都低於這個金額──我們投資超過 2.88 億美元的時候只有 2011 年（3.2 億美元）和 2020 年（4.86 億美元）兩年。不管你們怎麼看我們，我們絕對不是膽小鬼。

表 9.2　幫助我們建立新「物種」的間斷事件

期間	市場跌勢	投資金額
2008 年 1 月至 2009 年 3 月	73%	$ 1.82 億
2011 年 4 月至 2011 年 12 月	28%	$ 2.64 億
2020 年 3 月至 2020 年 5 月	26%（2 月至 5 月）	$ 4.05 億

我想大家都會同意，我們比樹懶還要懶。那麼剩下的時間我們要

做什麼呢？我們**等**。有時候我們得等很多年。例如，我們在 2018 年和 2019 年分別只投資了 3400 萬美元和 6600 萬美元。我們在 2020 年的投資金額，比前 5 年的總和還要多 45%。

但我們本來可以做得更好。各位可能已經注意到，隨著全球金融危機前後市場恐慌開始聚集，我們確實投資了相當多錢（1.82 億元），但我們本來可以而且也應該投入更多。我的藉口是，我才剛成立納蘭達資本（2007 年 6 月），而且沒有對夠多的公司做夠多的研究，以善用這波恐慌。

一個比較簡單的解釋就是，我當時真是個白痴（我太太很盡責地提醒我：「自信點，拿掉『當時』。」）。

表 9.2 顯示了三個間斷事件期間，大盤的數據。但我們買的不是大盤，我們只對優質企業感興趣。因此，最好找出我們買進的公司中，負面間斷的程度。多年來，我們一直在追蹤許多企業，當 2020 年 3 月疫情大流行恐慌來襲時，我們已經做好充分準備。

2020 年 3 月期間，我們投資了 8 間企業，並持續買進直到 2020 年 5 月（雷曼兄弟在 2008 年 9 月 15 日才倒閉，幾周後我們就開始大肆買進優質企業）。所以，是的，我們等了將近 12 年才變得過度活躍。所以我剛才說我們比樹懶還懶，這話一點也不誇張。

表 9.3 列出我們在 2020 年 3 月至 5 月期間收購的 8 間企業。MRF、Sundaram、Thermax 和 Thyrocare 這 4 間是新加入的，其他 4 間是現有公司。我們等了好幾年才買到這 8 間公司。還有少數一些公司，我們已經等了十多年。

就像在自然界中一樣，這種罕見的間斷事件徹底改變了我們投資組合的性質。我們能夠以從未想過的價格和數量買進公司。例如，在表 9.3 中我們買進 WNS 的跌勢有多大，這是自 2008 年以來我們非常熟悉的業務（因為它在我們的投資組合中）。2020年2月，它的交易價格接近每股74美元。在幾周內，到2020年3月，疫情恐慌壓垮了股價，使我們能以每股46美元的價格部署近1億美元！同樣地，我們買進Thermax，這是我們追蹤了十多年的個股，比2018年初的高點低了45%。

表9.3 疫情間斷期間為我們創造了一個新的物種／投資組合
（除非另有說明，否則股價以印度盧比為單位）

公司	2020年3月前的歷史高點	創下歷史新高的日期	納蘭達資本平均買進價，2020年3月至5月	自歷史新高下跌的幅度
Cera	3,796	2017年12月	2,383	－33%
Genpact	$44.3	2020年 1月	$27.7	－37%
MRF	78,477	2018年 8月	55,487	－29%
Sundaram	2,033	2018年 1月	1,218	－40%
Thermax	1,293	2018年 1月	708	－45%
Thyrocare	753	2017年 9月	507	－33%
Triveni	151	2017年 6月	87	－42%
WNS	$73.4	2020年 2月	$46.1	－37%

請記住，2020年3月時沒有關於疫苗的討論，世界正在一場前所未有的疫情大流行中掙扎，而且無法預測事情會如何發展。世界大受震驚，而且震驚是應該的。在2020年3月至5月的這段活動量非常大的時期，經常有人問我們：「你們為什麼不等事情變得更糟再買？」

我的回答是：「我們不能。」

我們有一個直接、簡單的規則：在價格合適時買入。可惜的是，不是每個人都遵守這條規則。正如這個問題所暗示的，一個廣泛實踐的規則是在時機成熟時買入。這也是一個簡單的規則,但是容易執行嗎?我們遵循前者,因為我們知道想為想擁有的企業付出的價格。這樣的價格可能是,也可能不是「正確」的,但我們很確定。我們只是無法確定正確的時間。也許有些人能掌握時機,他們真厲害。

還有另一個方式可以回答這個問題。包括我們在內的長期投資人總是聲稱,我們「買的是企業,而不是股價」,因為這是巴菲特幾十年來一直在說的話。以哲學觀點來說,這通常被認為是一種明智的策略。

但這句話是什麼意思呢?對我們來說,這代表以下幾點。假設我們對一間企業的評價為每股 100 美元。如果股價跌至 100 美元,而我們的業務評估保持不變,我們會以低於 100 美元的價格盡可能投資。然後我們告訴自己,這是一間我們要永遠投資的私人企業,只不過它剛好是上市公司,但不斷波動的市場價格與我們無關。因此,我們不在乎這間公司的股價是 50 美元、75 美元還是 500 美元。我們是公開市場投資人,但我們的行為完全就像是投資私人企業一樣。

事後想起來:在我們的投資組合中,幾乎沒有任何企業可以在絕對底部買進,包括表 9.3 中列出的那些。如果各位正在尋找一個市場谷底計時器,那大可不必再找了。

我們在 2008 年至 2009 年和 2011 年的投資,大都取得不錯的成果。我不知道我們在 2020 年的積極投資是否會有好結果。但我對投資的程序感到滿意,因為這是我們可以控制的部分;結果會是怎樣就是怎樣。8 到 10 年後我們就知道自己是愚蠢還是聰明了。長期投資很令人喜愛吧?

一隻家蠅的壽命大約 1 個月,蚊子的壽命為 1 到 3 個月,而蟑螂最多可活 6 個月。不幸的是,大多數昆蟲的壽命都很短暫。但是有一個顯著例外。在美國發現的三種周期性蟬可以活長達 17 年。

在孵化後,被稱為「若蟲」的幼蟲會在地下 17 年,以植物和樹木的根為食物。17 年後,成年蟬會以數十億(有人甚至說是數兆)的數量同時出現,從 5 月第二周開始進入交配狂潮,將卵產在樹上,並在 6 月底前死亡。卵大約六周後孵化,幼蟲從樹上掉下來,然後挖洞回到地下,17 年的循環再次開始。這種被稱為「獵物飽和」(prey satiation)的演化策略億萬年來非常成功,因為沒有任何掠食者可以在短短幾周內消耗如此龐大數量的蟬[20]。

目前有 12 個被稱為群體或種群的 17 年蟬。在 2021 年的 5 月和 6 月,一個名為 X 群(意為「10」)的巨大群體,主要出現在賓夕法尼亞州、維吉尼亞州、印第安納州和田納西州。我們下次將在 2038 年見到牠們。

相較於蟬這麼引人注目的耐性,我們對間斷事件的耐心似乎一點也不起眼。牠們等待 17 年才會經歷一次改變生命的事件,而我們在短短 14 年內至少經歷了三次。我們什麼時候會見證下一次事件呢?我不知道。但我知道這一點:投資人這個物種的紀律,比起蟬是差得遠了。在所有混亂再次爆發前,投資界一定會走向極端。

我們正在等待。

本章摘要

演化論教我:如果要重新思考投資這件事,我們就必須接受商業活動停滯是很普遍的事。換句話說,了不起的企業通常會持續了不起,而糟糕的企業通常會持續糟糕。

- 間斷平衡理論主張,在長時間的停滯期之後,演化的變化會突然發生,而不是像達爾文所聲稱的那樣逐漸進行。在自然界中,停滯是預設的狀態，除非出現間變以創造新的物種。
- 在商業界中，停滯也是預設的狀態。優秀的企業通常會保持優秀，而糟糕的企業通常保持糟糕。這一點顯而易見，不只是來自我在印度投資數十年的個人經驗，還有來自美國有關優質企業壽命的實證數據。
- 在生物的長期演化過程中，不是所有的波動都是間斷。在停滯期間，生物的變化是有限度的。
- 我們不會將股價波動與業務間斷混為一談。這使我們能夠在公司成立以來，三次積極買進，包括在新冠肺炎大流行的市場恐慌期間。
- 當股價上漲時，我們會專注於企業的（不良）品質，並問自己是否想永遠投資它，因此避開投資體質不佳的企業。

第 10 章
兔子在哪裡？

我們馴化的種族，最顯著的特徵之一就是，我們在牠們身上看到了適應，實際上並不是為了動物或植物本身的利益，而是為了人類對想像的運用。關鍵在於人類的累積選擇能力：自然賦予連續的變異。人將這些變異朝著對自己有用的方向加以累積。就這點來說，人類可說是培育出有用的品種。

——查爾斯・達爾文，《物種起源》
第 1 章〈馴化下的變異〉

儘管美國商界和金融界充斥著對交易活動的熱情，但我們仍將堅持「至死不渝」的政策。這是查理和我唯一感到滿意的方式，這麼做產生了不錯的結果，讓我們的經理人和我們投資公司經理人能夠不受干擾地經營他們的業務。

——華倫・巴菲特，〈1986 年致股東信〉

1988 年 10 月，《富比士》雜誌發布一份美國 400 最富有人士名單[1]。山姆・沃爾頓以 67 億美元的財富位居首位，巴菲特則以 22 億美元的財富排名第 10。名單上有許多熟悉的名字，包括蓋茲、赫姆斯利

（Helmsley）、希爾曼（Hillman）、克盧吉（Kluge）、馬斯（Mars）、紐豪斯（Newhouse）、帕卡德（Packard）、佩羅特（Perot）、普里茲克（Pritzker）和雷德斯通（Redstone）。

但是謝爾比・卡洛姆・戴維斯（Shelby Cullom Davis）是誰？幾乎沒有人聽說過他。這個新人的排名又是如何高達第197位的？戴維斯的排名位於艾伯森超市的創始人約瑟夫・艾伯森（Joseph Albertson），和全球跨國化學公司羅姆與哈斯（Rohm and Haas）的創辦人費里茲・歐托・哈斯（Fritz Otto Haas）之間。但是，他創辦了什麼？《富比士》提到，他的身價3.7億美元，他來自紐約塔雷鎮，透過投資銀行創造財富。但是《富比士》並不完全正確。謝爾比・戴維斯不是投資銀行家。與名單上的其他人不同，他不是企業家，也沒有自己的企業。

他是像巴菲特一樣的投資人，但他們的相似之處，就只有這樣而已。首先，巴菲特是一位專業投資人，為他人管理資金，而戴維斯則投資自己的錢（或他妻子的錢）。其次，巴菲特在20出頭的時候就開始投資，而戴維斯直到38歲才開始投資。第三，巴菲特曾在偉大的班傑明・葛拉漢的指導下學習金融和投資；戴維斯在大學期間對經濟學或金融學毫無興趣。他大學主修歷史，而且特別熱愛俄國革命。最後，巴菲特的整個職業生涯都在投資；戴維斯在40歲之前至少做過五個工作。他為哥倫比亞廣播公司電臺工作（他的第一項任務是採訪艾蜜莉亞・艾爾哈特〔Amelia Earhart〕）*，是一名自由撰稿人，也是一名股票分析師（「統計學家」）。第二次世界大戰期間，他曾在華府的戰爭生產委員會工作，並曾擔任紐約州保險部門的副總監。

---

* 譯註：艾蜜莉亞・艾爾哈特為知名女性飛行員與女權主義者，是首位挑戰飛行繞地球一圈的女飛行員，但在太平洋上空失蹤後從此音訊全無。

就連戴維斯的投資風格，也與巴菲特截然不同。巴菲特投資多種行業，而戴維斯的巨額財富主要是來自一個行業；巴菲特投資的美國企業很少，而戴維斯在全球投資了至少 1600 間企業，偶爾會大量交易。

但是戴維斯和巴菲特在某一點上是相似的，這使戴維斯比世界上大多數的人都富有。

達爾文：不被賞識的數學奇才

達爾文是一位數學天才，但他自己卻不這麼認為。

1828 年 7 月 29 日，19 歲的查爾斯·達爾文寫了一封信給他的密友，也是他的表兄弟威廉·達爾文·福克斯（William Darwin Fox）。他先是抱怨對方，然後抱怨自己缺乏數學能力：「你為什麼沒有早一點回信給我？希望不是比無所事事更糟糕的原因；或者還有什麼更好的原因，我希望是因為你專注研究數學，如果是，願上帝幫助你，因為我也是，只有有了這種差異，我才能牢牢地待在底部的泥濘中，並在那裡保持現狀」[2]。

達爾文在他的自傳中再次提到他在數學方面的弱點：「多年後，我深感遺憾的是，我至少沒有走得夠遠，無法理解偉大的數學主要原理；因為具有這種天賦的人似乎有一種額外的感官。」他還承認，這個話題「讓我感到厭惡」[3]。他厭惡複雜的數學公式，有一次他寫信給一位朋友：「除了實際測量和三的法則（The Rule of Three）之外，我不相信任何東西。」三的法則是一個簡單的數學計算，可以回答「如果 10 個芒果要 8 美元，那麼 40 美元可以買多少個芒果？」這樣的問題。

但我卻認為達爾文是一位數學天才，因為他直觀地掌握了長期複利的巨大力量。他的大多數同儕都不了解這一點，事實上他的許多繼任者也不了解。在《物種起源》第 3 章〈生存的掙扎〉中，達爾文精湛地掌握複利力量，顯示在他著名的大象例子中。他寫道：「大象被認為是所有已知動物中繁殖速度最慢的，我花了很多心思估算牠可能的最低繁殖率：假設大象在 30 歲時繁殖，一直繁殖到 90 歲，在此期間產下三對幼象。如果這樣的話，到了第 500 年，世界上就會有 1500 萬頭大象是第一對大象的後代。」

與在他之前的任何人都不同，達爾文了解到人口呈指數級暴增，在理論上是可能的，但實際上幾乎不可能──疾病、掠食者、食物匱乏、自然災害和許多其他因素──使人口數量受到控制。這種洞見使他得出結論，只有最適應的變體才能生存下來，並將其特徵傳遞給後代。然後，這些更適合的變體將開始呈指數級成長，進而透過天擇進行演化。正如他在《物種起源》第 4 章中所寫的：「這種保留有利變異並拒絕有害變異的方式，我稱之為物競天擇。」

正如我之前所討論的，達爾文的天擇理論沒有突然和戲劇性變化的餘地。他的理論要求變異是小而連續的，天擇要透過累積的變化在很長一段時間產生作用。雖然他的理論非常簡單而清楚，或者正因為如此，他的理論在其有生之年仍然處於生物科學的邊緣，並沒有被科學界完全接受[4]。

1900 年，在葛雷格‧孟德爾（Gregor Mendel）的遺傳工作又被人發現後，備受尊敬的荷蘭植物學家和遺傳學家雨果‧狄費里斯（Hugo de Vries）提出一種新的演化論，稱為「突變論」（mutationism）[5]。根據這個理論，達爾文提出的輕微連續變異，不能導致物種的演化和創造；只有顯著的突變，才有可能。狄費里斯在他的《突變理論》（*Die Mutationstheorie*）中聲稱，由於不連續的改變，新物種突然出現。他寫道：「因此，新物種是突然出現的。它是由現有的物種所產生的，看不出來事先經過準備，也沒有過渡期[6]。」

每個人都能理解這個理論，比達爾文主義更容易理解，因為這是可以「看得到的」──達爾文的漸變論則不可能。投資界也相似地令人驚訝。大家似乎都知道，2021 年 5 月，連鎖電影院 AMC 的股價漲了 3 倍，但又有多少人知道，從 1990 年到 2020 年的 30 年來，家得寶（Home Depot）的股價漲了 140 倍？

根據突變論，物種的產生不是因為微小的變異，而是因為發生一些重大而奇怪的事情，改變了一個生物體。突變論和達爾文主義之間的爭論，直到 1920 年代仍未解決。最後竟然是數學拯救了生物學（真想不到！）在 1920 年代和 30 年代，理論遺傳學家費雪（R.A. Fisher）、霍爾丹（J.B.S. Haldane）、斯威・賴特（Sewall Wright）和其他一些人用複雜的數學語言，解釋了連續變異如何與孟德爾定律相容。天擇對微小的變異產生累積作用，可以在令人驚訝的短時間內產生重大的演化變化[7]。

這些公認的數學天才重申了達爾文將近 50 年前所斷言的事。

他的意思是，如果一種特定的變異──例如色覺（color vision）──可以給單一個體帶來比同儕微小的優勢，那麼幾乎整個物種都能在比我們想像少得多的世代內看到顏色。如果假設色覺具有 1% 的「選擇性優勢」，這表示具有這種特徵的個體會產生 101 個生存下來的後代，而不是 100 個（也許色覺允許個體在森林中找到更高品質的水果）。因此，這裡的選擇性優勢等同於複利或年化報酬。這種優勢會在幾代中累積，並呈指數級的暴增。

因此，在第二代中，具有色覺的 101 個後代產生 1 萬 201 個可以看到顏色的後代（101x101），而 100 個「正常」後代產生 1 萬個「正常」後代（100x100）。這種微小的優勢以每一代 1% 的速度複合，長時間下來會產生巨大的變化。

假設 1000 個人中有 8 個人具有這種特徵（也就是色覺）。各位認為色覺要經過幾個世代的傳播，才會使整個物種90%的個體都有色覺？不多啦，只要經過 3000 個世代！[8] 因此，如果這是一個壽命只有 1 個月的生物，那麼在 250 年內，這個物種中的大多數將擁有色覺，只有1%的選擇優勢。從演化的角度來看，這幾乎是瞬間的轉變。而且這不只是理論而已。

科學家在十九世紀於英國曼徹斯特觀察到胡椒蛾的快速演化[9]。胡椒蛾通常是白色的，翅膀上有黑色的小斑點。牠們白天棲息在長滿地衣的樹幹上，偽裝成牠們的主要捕食者鳥類。這個物種還具有罕見的黑色突變體。但牠的壽命並不長，因為在樹幹的背景下，鳥類可以看到它。

結果，大多數胡椒蛾種群都消失了。但隨著曼徹斯特從十九世紀中開始工業化，空氣汙染使樹幹變黑，扭轉了優劣勢：鳥類看不見黑色的突變種，而白色的胡椒蛾則清晰可見。1848 年在曼徹斯特記錄下第一隻黑胡椒蛾；到了 1895 年，98% 的蛾變成黑色。微小優勢的累積影響，使稀有形式轉化為主要形式。有趣的是，後來英國在二十世紀中通過嚴格的汙染法，結果樹木又失去黑色的空汙層。於是黑蛾變得稀有，白胡椒蛾現在占主導地位！

如果有足夠的時間，這種微演化（microevolution，例如顏色的變化）可以導致巨演化（macroevolution，也就是新物種的創造）。達爾文的《物種起源》中連一個數學公式也沒有。儘管如此，它比遺傳學家的複雜公式，更有效地表達出長期複合的力量和本質。

令人驚訝的是，一個數學能力很差的博物學家，可以透過將一個簡單而深刻的數學概念應用於自然界，以了解幾千年來科學家所不了解的事：複合創造了生命──所有的生命。

但是為什麼這與我們投資人有關呢？因為複利也能創造財富。幾乎所有的財富。

對澳洲的襲擊

我們以為自己了解複利，但並非如此。我所說的「我們」是指投資界，包括我自己。儘管納蘭達資本的整個投資策略，都是建立在幾十年來緩慢而穩定的複利之上，但即使是我也會很驚訝，在長期應用複利時可獲得的驚人甚至超現實的結果。

在我們繼續之前，我希望各位欣賞它強大的力量。接著我會突顯累積成長為學習演化論和投資的人所準備的兩個意外，一個小，一個大。

在本節中，我是一個十九世紀的全知顧問（那是當然的），而你是一個來自1925年，精明的時空旅人！誰說有關投資的故事不精彩？

現在讓我們回到1859年澳洲的溫徹西，我在這裡擔任湯瑪士·奧斯汀先生（Thomas Austin）的顧問。奧斯汀先生從英國進口了24隻兔子，他想把牠們放到野外來一場運動狩獵。他是一個聰明人，他很清楚兔子的繁殖能力驚人。由於他不希望溫徹西的農田被兔子占領，所以他請我提供建議。

就在我準備建議他放出兔子的時候，我看到你從未來猛撲過來，發出一個可怕的警告：「我來自1925年，看到了一場災難。請不要放生兔子。」在進一步的調查中，你發現整個澳洲因為這24隻生物而處於危險之中。我嘲笑你這個可笑的言論、無視你的警告，並請奧斯汀先生放出兔子。你承諾每5到10年就會來拜訪我一次，繼續警告我消滅兔子。你實現了承諾，每次你來見我時，我都會問同樣的問題。表10.1記錄了我們互動的歷程。

表 10.1 最初的 35 年

1859 年之後的各年	兔子的數量	你的建議	我的回應
5	108	趁現在還來得及，快殺了兔子。	哪有兔子？
10	482	趁現在還來得及，快殺了兔子。	哪有兔子？
20	9,700	趁現在還來得及，快殺了兔子。	哪有兔子？
35	900,000	趁現在還來得及，快殺了兔子。	哪有兔子？

35 年過去了，我仍然幸災樂禍地發現你被證明是錯的。在大約 800 萬平方公里的陸地面積上，兔子的數量不到 100 萬隻，而且牠們似乎不會構成任何迫在眉睫的危險。但是你警告我，歷史成長率約為每年 35%，按照這個速度，澳洲將在不久的將來被兔子接管。按照我的習慣，我選擇忽略來自未來的告誡。表 10.2 顯示接下來 31 年所發生的事，直到 1925 年。

表 10.2 接下來的 31 年

1859 年之後的各年	兔子的數量	你的建議	我的回應
第 45 年	1750 萬隻	趁現在還來得及，快殺了兔子。	我是有看到幾隻啦。
第 55 年	3.5 億隻	太遲了嗎？	沒那麼嚴重。
第 66 年	100 億隻	我早就跟你說過了。	@#$%*!

這是一個真實故事。遺憾的是，奧斯汀先生於 1859 年在澳洲釋放的 24 隻兔子確實在 1925 年之前生產了 100 億隻兔子，並對這座大陸的動植物造成嚴重破壞[10]。經過一百五十多年的努力，建造籬笆、誘捕、射殺及進行生物戰（透過釋放帶有致命有粘液瘤病毒的蒼蠅），澳洲一直仍無法消滅這種禍害。

我剛才說這個故事有兩個意外之處。至少對我而言，小小的意外是24隻兔子變成100億隻。在某種直覺層面上，我們投資人了解，如果有足夠時間，複利可以創造天文數字。但即便如此，我懷疑許多人是否能夠想像，到了1920年代中期竟然會有100億隻兔子，1895年時還不到100萬隻。

更大的意外也很違反直覺，那就是完全相反的觀察結果：很長一段時間都沒有發生任何事情！20年後，澳洲已經看不到多少兔子了；即使45年後，每平方公里也只有不到2隻兔子。因此澳洲人幾十年來都忽視兔子問題，因為兔子並沒有成為問題。

這種複利的特性——它的影響似乎隱藏了很長一段時間——對投資人的績效造成了嚴重破壞，因為大多數人賣得太早了。投資人可以持有一間卓越的企業5年，將本金漲3倍，然後出於兩個潛在原因拋售。首先，他們認為已經賺夠了，海裡有其他更好的魚；其次，他們厭倦了緩慢的進展（畢竟GameStop的股價可以在一個月內上漲17倍！）他們幾乎沒有意識到，如果股價繼續以同樣速度攀升，在25年內，他們就能賺到243倍的錢！我知道這是一個很大的「如果」，但是對於一間優質企業來說，這並不是一個不可逾越的障礙，正如我們很快就會看到的。此外，即使這個例子中，從第5年到第25年的增量報酬率下降超過5個百分點，投資人還是會從原始投資中賺到100倍的錢！正如我所說，複利有一個很大的謎團，並不是複利會創造很大的數字，而是需要很長一段時間。

大多數基金的持有期限只有幾個月，更不用說幾年了。如果你向聰明的非投資人解釋這種行為（我做過這種事），他們會覺得很奇怪。他們會這樣說：「你是在告訴我，要找到卓越的公司來投資是很困難的；你還告訴我，這些公司可以在很長一段時間內，利潤會合理、可預測地成長。那麼，當你有幸擁有這樣一家公司後，為什麼要匆忙出售？」對於這個問題，我沒有好答案，我只能說：「投資界不願意等待兔子。」

我見過太多人在投資一間卓越的公司獲利 50% 到 100% 時，然後就賣掉了。我們投資人對自己的數學能力感到很自豪。當各位對著我們說「複利」這個詞時，你們會看到我們會心一笑。不幸的是，大多數會微笑的人似乎並不知道他們對複利的了解（長時間下來會產生很多位數）隱藏著兩個巨大的未知數。

首先，複利在很長一段時間內不會產生顯著的數字；第二，如果公司能夠實現可預測的複利，投資就會變得容易，但可惜並非如此。現實世界是相當混亂的，通往長期成功的道路是危險、不可預測的，而且充滿失望。

成為成功的投資人所需的不是才智，才智是一種有價值的東西，成功的投資人需要的是耐性，而耐性是無價的。

我們不賣的諸多原因

演化論中的複合力量為背景，我要再提出更多我們成為卓越企業的長期投資人的原因。如果一個熱情的企業家說「我永遠不會賣掉」，這是一種可以理解的情緒；但如果是一個基金經理人這麼說，就有點不尋常了——有些人甚至可能會說是錯的。這需要更詳細的解釋。我們開始吧。

▌原因一：誰最富有？從不賣出的人

各位有沒有看過《富比士》2022 年全球最富有的 25 人榜單？[11] 如

果想知道的話，伊隆‧馬斯克（Elon Musk）排名第一（2190億美元），排名第25位的是中國的張一鳴（500億美元）。

這份名單裡的人，是從來沒有出售過的人。

即使把名單擴大到最富有的50人，也有48人是沒有賣掉持股的企業主（或他們的家人）。因此，例如名單上有2位基金經理人——吉姆‧西蒙斯（Jim Simons）和蘇世民（Stephen Schwarzman）——他們的基金管理工作就是買賣股票。儘管如此，他們仍然沒有出售自己的基金持股（分別是文藝復興〔Renaissance〕和黑石〔Blackstone〕），這因此使他們賺了數十億美元。

如果不賣出持股，在全世界都能創造如此巨大的財富，為什麼基金經理人會認為他們可以透過買賣股票來致富？我很清楚我並沒有比世界上最富有的人更聰明或更好。但是，如果堅持讓卓越的企業在身邊對他們來說非常有效，我何不乾脆效仿他們呢？

這份名單上的許多企業家，在他們的人生中都曾獲得一些有吸引力的機會。他們之所以上榜，是因為他們沒有屈服於誘惑。他們憑直覺就知道，他們正在做一些非常不尋常的事，而賣出會破壞價值，而不是創造價值。例如2005年，維亞康姆（Viacom）向馬克‧祖克柏提出以7500萬美元收購臉書的提議，如此一來這位21歲的年輕人就能獲得3500萬美元現金[12]。在維亞康姆提出收購後不到一年，雅虎又提出以10億美元買下臉書。祖克柏拒絕這兩個和許多其他的收購提議。那麼他在2022年的資產淨值是多少？超過500億美元。

雖然我們可能沒有這些忠實的企業家創造那麼多的財富，但在某種程度上我們比他們更好。他們只押注於一項業務上——他們自己的業務。我們有幸擁有許多卓越的企業，還有什麼比這件事更好的呢？

原因二：經驗證據顯示，投資卓越的企業是很棒的

讓我們回到我在上一章中曾經提到的貝森賓德研究來提醒各位[13]。貝森賓德分析了1926年至2016年，總共2萬6000檔在美國上市股票的股價表現。他還分享了1926年至2019年的原始資料，而這些資料皆可以在以下的網站上瀏覽：https://wpcarey.asu.edu/department-finance/faculty-research/do-stocks-outperform-treasury-bills。

讓我們看一下1926年至2019年的數據。貝森賓德將「創造財富」定義為，高於1個月期美國公債的報酬率。在2萬6000間公司中，大約6成（約1萬5000間）是價值破壞。這並不奇怪：經營企業是有風險的，資料支持這樣的說法。

但我的確對兩個事實感到很驚訝。首先，以美元計算，創造出的財富金額，幾乎是破壞的價值的8倍，儘管財富破壞者的數量比財富創造者多出近40%。大約1萬1000間公司創造了54兆美元的財富，大約1萬5000間企業摧毀了7兆美元的財富（導致淨財富47兆美元）。當企業表現佳時，獲利是沒有極限的。

我的第二個啟示是，即使在財富創造者之中，也只有少數幾間公司創造了大部分的財富（表10.3）。

因此，2萬6000間公司創造的財富總額，是由前10%的公司，也就是大約2600間公司所創造的（其實還多了10%）。前1%就貢獻了四分之三，只有30間公司就占了93年來創造出的總財富近三分之一。

表10.3的最後一欄，展示了一個更有趣的發現。不成比例的財富，是由持有時間較長的企業所創造的。這並不表示只要長期持有一間企業就能創造價值──並非如此；如果是一間普通企業，價值幾乎肯定會歸零。表10.3顯示，如果我們持有一間卓越的企業，平均而言，它可能

會在更長時間內產生更多令人難以置信的財富。

表 10.3　財富創造高度集中在持有時間較長的少數企業

	公司數目	財富（單位為兆美元）	占總額的百分比	持有年數（中位數）
前 10%	2,617	52	110	25
前 1%	262	35	74	47
前 30	30	15	32	59

但是我們有一個棘手的問題需要處理：我們如何知道哪一間是可以盡可能長時間持有的卓越企業？（我希望你不是從這一章開始讀這本書——我在第 1 章到第 7 章中討論了這個問題）。

我們不會以一次性的評價就投資於平庸或低品質的企業，因為就像表 10.3 所示，這麼做是浪費時間。只有少數幾間公司能在很長一段時間內創造財富，而且根據定義，所有公司都需要與眾不同。相反地，當我們認為公司表現確實非常出色時，我們就會投資，如果是這樣，因為表 10.3 呈現的嚴峻現實，我們為什麼要賣出？

我在評估我們投資的一些公司的品質，確實曾經犯過錯。由於我們的投資組合中還有其他公司，因此少數企業的獲利和價值的複利，已經彌補了我所有要笨的決定。你想知道數字嗎？這就來了。

原因三：既然有無與倫比的公式，為什麼不複製呢？

當我在麥肯錫工作時，我們透過分享「最佳實踐」來解決客戶問題。這些建議包括與合併後整合、策略制定過程和組織設計相關的建議，以及行銷費用的分配。當然，身為顧問，我必須考慮到特定客戶的特質。

儘管如此，我發現討論「最好的企業如何做到這一點」，是推動客戶尋求更好解決方案的好方法。

這裡有一個謎題，讀者們可以思考一下。我想各位會同意，所有基金經理人都希望長期超越大盤的同時，獲得可觀報酬。想像一下，一位億萬富翁投資人每年都會在一封詳細的信中與我們分享他致富的祕訣。他的賺錢方法廣為人知，每個人都可以使用，而且五十多年來一直沒有改變。我們知道他的建議是無價的，因為他近 60 年來透過遵循自己教導別人的方法，持續累積了龐大財富。我們也知道，做他所做的事並不難理解，甚至不難執行，至少對專業人士來說是這樣。但大多數人選擇既讚美他，又忽視他。

這位投資人就是巴菲特，他以合理價格買進企業並永久持有的簡單建議，使他成為世界上最富有的人之一。那麼，為什麼他的建議被置若罔聞呢？乍一看，這似乎有些奇怪。投資人似乎自願放棄了致富機會。但如果各位仔細想一想就會發現，巴菲特的建議很難理解，原因與達爾文的見解數十年來沒有被接受的原因是一樣的。**人類不懂複利**。我們自認懂，但並非如此。

巴菲特是投資界的達爾文——他永遠改變了這個領域，讓這個領域變得更好。但是，如果連十九世紀末和二十世紀初的傑出科學家，都幾乎無法理解累積增長的力量，那麼投資人又怎麼能欣賞它呢？但問題比各位想的還要嚴重。投資人不僅輕率地忽視巴菲特，而且他們過去 50 年來的行為顯示，他們堅信的事正好相反！共同基金的股票持有期，從 1960 年的 7 年下降至不到 1 年。

我們再回來談談謝爾比‧戴維斯。儘管在幾乎所有方面都與巴菲特截然不同，他是如何創造財富的？就像巴菲特一樣，戴維斯幾十年來一直持有少數幾間優質企業。

與一直想成為投資人的巴菲特不同,戴維斯透過一連串幸運事件而成為投資人。當他於 1932 年 1 月結婚時,道瓊工業平均指數創下史上新低的 41 點,從 1929 年的高點跌了 89%。他的妻子凱薩琳(Kathryn)多年後為他提供了投資的種子資金。戴維斯很幸運,凱薩琳的父親約瑟夫·瓦瑟曼(Joseph Wasserman)把錢放在政府公債,所以在股市崩盤時完全沒有損失。

在擔任哥倫比亞廣播公司電視台記者後,戴維斯與凱薩琳一起在日內瓦大學(Université de Genève)獲得政治學博士學位(凱薩琳的成績比他還好)。1934 年,戴維斯在東京的英文報紙《廣告商》(*Advertiser*)找到一份工作。就在他和凱薩琳準備啟程前往日本時,東京發生大地震,迫使他們取消行程;此外,《廣告商》的工作也被取消了。戴維斯此時急需一份工作,但在美國經濟疲弱不振的狀況下,他找不到任何新聞工作。凱薩琳請在投資公司工作的兄弟比爾給戴維斯找個工作。

戴維斯在比爾的公司擔任「統計學家」並前往全國各地,會見那些看起來很有投資前景的公司。但戴維斯和比爾相處並不融洽,戴維斯辭去這份工作並開始全職寫作。他出版一本名為《美國面對四〇年代》(*America Faces the Forties*)的書,探討大蕭條的原因及 1940 年代如何走向復甦。這本書相當受歡迎,並引起紐約州長和共和黨總統候選人湯瑪斯·杜威(Thomas E. Dewey)的注意(他在 1944 年敗給羅斯福,又在 1948 年敗給杜魯門)。杜威在 1938 年聘請戴維斯擔任他的文膽和經濟顧問。

在 1944 年選舉敗給羅斯福後,杜威重新擔任紐約州長。他任命戴維斯擔任該州保險部門的副主管,沒想到這帶領戴維斯走上通往巨額財富的道路。世上還有比這聽起來更無聊的工作嗎?但戴維斯認真地對待這份工作。他直言不諱地倡導保險公司從債券到房地產、抵押貸款和股票等方式分散資產。戴維斯與當時的流行觀點相反，他認為債券的風險極大。儘管如此，他還是非常有先見之明。債券從1940年代中期開始進入長達35年的熊市；美國公債在1946年以101美元的價格售出，在1981年卻只有17美元。

投資人通常忽略了在小型證券交易所上市的保險公司。保險公司被要求向政府機構提交最新財務報告，戴維斯仔細研究了這些報告，成為了解其內部運作的專家。他發現，一間典型的保險公司之售價低於其「真實」帳面價值——保險公司投資組合中的債券和抵押貸款的價值，可能遠高於其市場價值。他發現保險公司客戶預先支付了保費，保險公司可以利用這種「浮存金」（float）來買進債券和抵押貸款。如果賠償保戶的金額不高，這個隱藏的浮存金可能會在一段時間後緩慢而無聲地膨脹。耐心的投資人可以等待這種隱藏的資產複利，直到市場也發現它。

戴維斯於1947年辭去工作，向凱薩琳借了5萬美元，開始投資經營良好且支付股利的保險公司，而且這些公司的股價低於其帳面價值。他還借了保證金來為他的一些標的提供資金。戴維斯於1952年在紐約保險經紀人協會（New York Insurance Brokers Association）的一次演講中，概述他選擇保險公司股票的三個標準：（1）保險公司必須有獲利；（2）其資產（債券、抵押貸款、股票）必須是最高品質；以及（3）其市場價格必須低於其私人市場價值。戴維斯是優質保險公司的價值投資者，而且他買了就不賣。

1992年，也就是他去世前2年，他的前12大持股的價值是2.61億美元，約是他總投資組合的一半。除房利美（Fannie Mae）之外，其他都是保險公司。他幾十年前就買了。他最好的投資是美國國際集團（AIG），價值7200萬美元，第三好的投資是波克夏公司，價值2700萬美元。一旦他買下一家偉大的企業，就再也沒賣掉過。

當我們有像巴菲特和戴維斯這樣驚人的成功之道可以效仿時，為什麼要自己創造好的辦法？正如我將要討論的，戴維斯的成功之道，昭示了我們甚至不必那麼厲害就能成功。只要耐心等待就好。所以，我們就耐心等待。

原因四：彌補錯誤有沒有其他方法？

謝爾比・戴維斯買進大約 100 間保險公司，占其投資組合的四分之三，全球 1500 間公司則占剩下的四分之一。這些投資中的大多數都不賺錢！他的另一個大錯誤是買進價值約 2300 萬美元的垃圾債券——幾乎所有的垃圾債券，最後都證實為跟垃圾差不多。

戴維斯賺取財富的方式，是投資幾間高品質的保險公司然後拒絕出售。結果，他的成功投資因為卓越的長期複利，使得他的數百個錯誤投資變得微不足道。約翰・羅斯柴爾德（John Rothchild）在他的著作《戴維斯王朝》（The Davis Dynasty）一書中說得很好：「在最終的分析中，戴維斯的錯誤阻礙了他的成功，就像一隻小動物令一頭水牛驚慌失措。然而，他的投資組合再次證明了，在一輩子的投資中，少數高獲利的想法可以抵消眾多不怎麼樣的企業。」

我犯過很多錯，我也知道我還是會繼續犯錯。我這麼說不是謙虛，而是訴說一個冷冰冰的事實。等待一些卓越企業的複利，就已經是在彌補這些錯誤所付出的代價。我來分享一下實際的數字。

從 2007 年 6 月到 2011 年 6 月，我們的第一檔基金向 17 間企業投資了約 180 億印度盧比（按當時的匯率計算約為 4 億美元）。2022 年 6 月時，由於已經過了足夠時間，我們可以可靠地評估該基金中個別公司的股價表現。我們的投資組合中只有1檔個股的本金虧損,所以這是一個失敗的投資標的。我自行決定將以印度盧比計算的任何年化報酬率低於10%的企業(或者更確切地說,企業的市場價值)視為「失敗」的投資。截至2022年6月,17間企業中有6間以印度盧比計算的年化報酬率低於10%。因此,在17間公司中,我們投資的7間公司算是失敗的投資(1間虧損,6間年化報酬率低於10%),所以「失敗」率為40%。[14]

但這檔基金的整體表現比我所想的還要好。那麼,由於我們投資的7間公司表現不佳,我們是如何走到這一步的呢?因為我們沒有賣掉為我們賺錢的公司。

讓我把這7間「失敗」的企業稱為「七大錯誤」。我們對「七大錯誤」投資了78億印度盧比。我們來看看長期持有一間好企業時,會發生什麼。以印度領先的塑膠製品公司Supreme為例。我們在2010年投資了Supreme,到了2022年6月,我們已經擁有它將近12年了。我們在Supreme投資了10億印度盧比,2022年6月價值139億印度盧比。Supreme的129億印度盧比獲利是「七大錯誤」投資總額的1.7倍($12.9 \div 7.8 = 1.7$)。

但其實比這要好得多。截至2022年6月,我們投資的6間公司,每一間都把我們在「七大錯誤」賠的總金額給賺回來了。表10.4列出我所說的「六大好公司」。

這也太離譜了吧,不是嗎?只是持有Page Industries 14年,就足以彌補了7筆失敗的投資,而且超過5倍。如果長期持有公司的好處如此顯著,投資人為什麼不這麼做呢?一個關鍵原因是低估了複利,這使得基金經理人更看重內部報酬率更甚於獲利的倍數,但其實應該相反才對。

在金融術語中,IRR是內部報酬率或年化報酬率。如果一檔股票在4年內翻倍,其內部報酬率就是19%;如果在3年內翻倍,內部報酬率為

26%。以相同的倍數來說，周期愈短，內部報酬率愈高。投資人忽略了複利的美妙之處，喜歡吹噓其投資的內部報酬率，而低估了倍數的好處。

表 10.4　長期獲利的公司賺取的金額，比賠錢的公司賠掉的金額多出好幾倍（截至 2022 年 6 月 30 日〔單位為印度盧比〕）

公司	持有年數	本益比	獲利＋七大錯誤的總投資
Berger	13.3	32.2×	3.3
Mindtree	9.6	8.2×	1.7
Page	13.7	82.2×	5.2
Ratnamani	11.7	16.2×	1.0
Supreme	11.6	13.6×	1.7
WNS	13	10.6×	3.2

如果我們是內部報酬率的忠實支持者，我們早就會賣掉表 10.4 中列出的「六大錯誤」中的每一間公司。從 Page Industries 的例子中，可以明顯看出這麼做的巨大缺點。2012 年 12 月，在我們持有 Page Industries 4 年後，它實現了 65% 的內部報酬率（！）對於大多數投資人來說，4 年的持有期似乎已經夠長了。以為我們可以在未來 5 到 10 年內逐步獲得 65% 的內部報酬率，並不是很明智。如果我們是內部報酬率的支持者，我們會在 2012 年 12 月賣掉 Page Industries，大聲疾呼 4 年來的天文數字報酬，並在我們的行銷資料中用粗體字描述報酬（其實我們沒有任何行銷資料，但這不是重點）。

2012 年 12 月 Page Industries 的本益比為 7.8 倍（2022 年 6 月為 82.2 倍），因此投資收益「只有」34 億印度盧比。請記住，無論 Page Industries 的持有期多久，對「七大錯誤」的 78 億印度盧比的投資成本都不會改變。因此，如果我們在 2012 年 12 月出售 Page Industries，我們只能賺回 44%（3.4÷7.8=44%）的投資金額。剩下的 56% 的部分必須由剩下的企業賺回來。但因為我們繼續持有 Page Industries，我們的獲利已攀升至 408 億印度盧比，而光是持有這檔個股的獲利，就賺回「七大錯誤」的 5.2 倍（40.8÷7.8=5.2）。

還記得具有色覺的罕見突變體（只有千分之八）的例子嗎？只有 1% 的選擇性優勢，經過 3000 個世代後，就會占據整個物種的多數。在投資組合中，只有少數幾間創造複利的公司所創造的獲利比別人多一點點，但是只要給予足夠時間就能達到相同結果。

我們只投資於我們認為卓越的企業。但我也知道，有些公司可能不會獲利，所以我們必須付出代價。因此，對於像我們這樣的投資人來說，即使考慮出售我們賺錢的投資，也比投資於錯誤的公司還要更糟糕。這根本是愚蠢的行為。

原因五：從複利中獲益的唯一途徑，是不賣

如果我們在股價走勢不利時積極買進，那麼從邏輯上來說，當股價突然上漲時，我們應該也會積極賣出。但值得慶幸的是，生活中的一些基本事項——相信我們的孩子是獨一無二的、墜入愛河、在新冠肺炎大流行期間成為一名敬業的醫師或護理師、成為志願役士兵——並不是由邏輯所帶動的決定。

當股價突然上漲時，我們不會賣出。這些在市場興奮期間的不作為，與我們在市場恐慌期間的買進行為一樣重要，實際上更重要。正如我之前所寫的，截至 2022 年 6 月，在我們的 24 間企業投資組合中（不

包括前 2 年收購的公司），我們有 9 間企業的投資以印度盧比計算漲了 10 倍以上（其中，最獲利最大的是投資於 Page Industries，漲了 82 倍，漲幅最小的是投資於 InfoEdge，獲利 13 倍）。在這 9 間公司中，有 5 間的持有時間超過 11 年，其餘漲 10 倍的個股持有時間則是超過 8 年。

為什麼當股價大幅上漲時，我們不賣出？

答案如表 10.5 所示。我列出 9 間企業中的 2 間，其價值以印度盧比計算漲了超過 10 倍。

我來解釋一下 Havells 的情況。截至 2022 年 6 月，我們持有 Havells 已經 8 年半了，也就是 2724 個交易日（已扣除假期）。在此期間，我們的報酬率為 1270%。從表 10.5 中可以看出以下事實：

- 1270% 的漲幅中，有 9 成是在短短 35 天內創造的。這 35 天只占我們持有 Havells 總交易日數的 1.3%。如果我們在那一天（或幾天）中賣掉 Havells 怎麼辦？這 35 天分散在我們持有的各年中。例如，該股的前三名漲幅出現在 2019 年 9 月 20 日、2021 年 1 月 21 日和 2014 年 6 月 5 日。如果突然的價格上漲令我們感到興奮，並在 2014 年 6 月 5 日賣出股票，我們就會錯過 2019 年 9 月 20 日和 2021 年 1 月 21 日的大幅上漲。正如各位所看到的，Page Industries 的數字也很類似：9 成的總報酬來自 2% 的交易日。

- Havells 股價在短短 44 天內上漲了 5% 或更多，占我們持有期間總交易日數的 1.6%。如果我們把這些日子的獲利加起來，總計是 1800%，也就是 8 年半總收益的 142%。因此，44 天股價的漲幅為 5% 或更高，比我們整個持有期近 9 年的總漲幅還要多！在大漲的那幾天若是不持有 Havells 股票，機會成本將非常高。看看 Page Industries 超過 5% 漲幅的那幾天所帶來的影響，簡直是天文數字——占總報酬的 300% 以上！如果我們不繼續投資 Page Industries，就不可能賺取複利。

- 最後，請看不好日子（也就是股價下跌的日子）的資料。我非常驚訝地發現，下跌的天數幾乎占了這 3 間公司總交易日數的一半。但是正如各位所看到的，下跌的日子並不重要，因為我們在這段時間一直沒有賣掉這些公司。

各位看懂我的分析要說的是什麼嗎？如果我們在 Havells 或其他創造複利的個股大漲的任何一天出售，我們就會因為賺取現金而受到讚譽。不過，我們還是會在悠閒的時候懊悔賣出，因為長期下來股價還是會繼續上漲。

表 10.4 中提供的 Page Industries 的倍數，略低於表 10.5 中列出的倍數。後者追蹤股價的漲勢，而前者則顯示我們持有的投資標的的價值升值。這些價值略有不同，因為表 10.4 顯示基金投資人贖回（這迫使我們按其價值的比例出售所有股票）。如各位所見，兩者差異非常小。

但是我怎麼知道 Havells 的股價會繼續上漲呢？我不知道，因為我無法預測股價。但我可以預測兩件事。首先，如果我們擁有一間高品質的企業，從長遠來看，股價很可能會有（但不一定）正面反應；其次，股價很少會出現大變動，如果我在那幾天沒有持股，我就無法獲得潛在獲利。

如果我們做對了什麼事，那麼就是在賣出似乎是最合理的那幾天，我們沒有這麼做。

表 10.5　正間斷的強大力量（2007 年 6 月至 2022 年 6 月）

衡量項目	Havells	Page
持有期		
年	8.5	13.7
交易天數	2,724	3,586
總報酬	+1,270%	+8,890%
90%的獲利		
天數	35	58
占交易日數%	1.3	1.6
漲幅逾 5%		
日數	44	83
占交易日數%	1.6	2.3
占總獲利的%	142	330
股價下跌的日數		
日數	1,293	1,685
占交易日數%	47	47

原因六：我愛我們所投資的企業家

　　我愛我們所投資的企業家。行為經濟學家對這種病取了一個古怪的名稱：稟賦效應（endowment effect）。這種不理性的心態，給予一個人所擁有事物，不成比例的高價值。

　　投資應該是一個冷靜行事的職業，就像史巴克＊先生一樣，基金經理人根據智力、直覺或洞察力，冷靜地買進和賣出企業。可惜的是，我

＊　譯註：史巴克是電影《星際爭霸戰》（Star Trek）中的人物，最大特色就是沒有情緒。

們只有在買進的時候還有少數賣出的時候符合這個條件。

在投資之前，我們的決定完全是根據過往的經驗證據，正如我在第1章到第7章中所說明的。但是在我們投資之後，如果一間企業繼續經營良好，我就會捨不得放棄它。印度是一個很難投資的地方（我相信所有國家都是這樣，但印度是我所了解的唯一市場），幾乎每個行業都競爭激烈。在這個殘酷的市場中，任何透過承擔值得承擔的風險，同時保持高獲利能力和乾淨的資產負債表以維持競爭優勢的企業家，都令人欽佩。

我知道新時代的科技公司很流行，世界上似乎每個人都在稱讚它們，而它們卻以數百萬或數十億美元的速度，把別人的錢燒光（投資1塊錢只拿回8毛錢有什麼有值得驕傲的？也許是我太老了）。與這些耗費大量資金的天坑形成鮮明對比的，是 Ahluwalia、DB Corp、Triveni Turbine 和 Voltamp，這4間公司是我們投資組合中各自領域的領導者。它們每年創造的現金比消耗的現金還要多很多，非常可靠。然而，我們對它們的投資在過去10年或更長時間內產生了低於標準的報酬。這是我的錯，不是它們的。繼續擁有這些公司部分原因是，我們希望潮流會在一段時間後轉變（就像我們的許多其他投資一樣）。儘管如此，一個重要的動機也是因為我敬愛這些企業的領導者。他們確實非常出色，正如他們幾十年來的經營和財務紀錄所顯示的那樣。

我們職業的一大樂趣是，得以認識修彼特・烏帕爾（Shobhit Uppal）、蘇迪爾・阿加華（Sudhir Agarwal）、德魯・索尼（Dhruv Sawhney）和 KS 帕泰爾（KS Patel）等人，並和他們建立起關係。我對他們感到敬畏。那麼，我為什麼要為了幾塊錢而放棄這種滿足感呢？

▌原因七：不賣，使我們成為更好的買家

這麼說似乎很奇怪。為什麼不賣能帶來更好的買進？是這樣的。

各位認為基金經理人會花多少時間思考他們生意的「正確」價格？如果你管理資金，那麼就已經知道答案了；但如果你不是基金經理人，就去找基金經理人問。答案可能在 30% 到 70% 之間。一些基金經理人認為「我們不是買家，就是賣家。」這些人可能一直在考慮出售。

比方說，我們想弄清楚是否應該賣出 Ratnamani，這是我們投資組合中的公司之一，也是印度最重要的特殊鋼業務。Ratnamani 的客戶主要是煉油廠和石化廠，這兩個產業都是周期性產業。因此，Ratnamani 的營收和獲利也是周期性的。

我們首先需要確定一段時間，在這個時間範圍內，我們將計算增量報酬。可以是 1 年、3 年或 5 年，或是其他時期。在這段時間結束時，我們將需要預測 Ratnamani 的利潤和估值倍數（PE、EV/EBITDA 或其他一些指標）。

如果我們想計算 3 年的增量報酬，我們需要預測 Ratnamani 未來 3 年的營收、支出和稅率。對於周期性業務來說，這是一項重要工作。首先，該組織中一位倒楣的分析師將需要把周末的時間浪費在整理所有煉油廠和石化廠的資本支出公告，這些煉油廠和石化廠可能是 Ratnamani 的客戶。接下來，他們需要假設 Ratnamani 的特定市占率來預測公司營收（你問我：「怎麼做？」我不知道——去問分析師）。最後，他們將對重要的費用項目進行類似的詳細練習：折舊、原物料、員工、銷售和一般管理及稅收，這只是其中幾項而已。我們甚至不討論預測 3 年後估值倍數的無數方法。

一些資產管理公司可能不會採取如此詳細的做法；如果倍數或股價

達到一定程度，他們可能會選擇賣出。但即使是這些專業人士也需要追蹤接近銷售價格的企業，並爭論他們最初的假設是否仍然有效（例如，如果公司的主要競爭對手陷入困境怎麼辦？）

這些全都需要時間、精力，最重要的是需要花腦力思考。我們沒有進行這樣的分析。我們買進，然後永遠不賣。我們的專業人員完全不會花時間考慮出售，除非企業做了嚴重錯誤的資本分配，或者公司（根據我們的說法）受到不可挽回的損害。

在上一章的表 9.2 中，我說明了三個情況——2008 年金融危機、2011 年歐元危機（始於 2009 年的歐洲主權債務危機，導致 2011 年 3 月至 2012 年 5 月大多數歐元區政府的更迭或崩潰）[15] 和新冠肺炎大流行——當時我們非常積極買進。由於我們多年來一直不活躍，是什麼讓我們在 2020 年 3 月的短短 17 天內買進價值 2.88 億印度盧比的股票（占我們自 2007 年成立以來投資總額的 16%）？我們採取果斷而不連續的行動，因為我們做好充分準備。我們總是做好買進的準備，因為我們已經擺脫了出售的憂慮。

雖然我有時間思考，並不表示我的思考是正確的；我犯過買進的錯誤，而且也會繼續犯錯。但因為我們擺脫了何時要賣的擔憂，所以我們的買進程序高度專注而且有紀律。我不能要求更多了。

「這根本不合理」

這似乎太容易了，不是嗎？買下一間卓越的公司、耐心等待、看著錢滾進來。

確實很容易，但也不容易。在我幾十年的投資生涯中，我聽過許多來自基金經理人朋友和投資人的反對意見,他們拒絕把錢交給我們,因為他們對我們長期持有的投資方式感到疑慮。當我透露我們的計畫是成為長期投資人後,最常聽到的反對意見是「這不合理」。

接著我要分享一些其他的反對意見,以及我的回應。

反對意見一:本益比都 60 倍了,幹嘛還堅持不賣?

我們對價格很敏感;如果股價評價很高,我們就不會投資。那麼,一個合乎邏輯的問題是,為什麼當股價很高時,我們不賣出呢?

舉一個具體的例子,一間企業在 5 年的持有期內,從本益比 15 倍上升到 60 倍。假設在這 5 年中獲利成長一倍。我們將坐擁比我們初始投資金額 8 倍的數字:本益比擴大 4 倍、獲利成長 2 倍。

許多投資人會說以下的計算,證明在這時賣出是正確的做法。假設這間公司在未來 5 年內營收成長 1 倍(與過去 5 年相同)。如果本益比維持不變,我們的資金只會倍增,如果它減半到本益比 30 倍(這是有可能的,因為長期市場本益比為 19 到 20 倍),我們將在未來 5 年內不會獲得任何報酬。那麼,我們不是應該賣掉嗎?

這是一個合乎邏輯且公平的問題。這是如此合邏輯和公平,所以大多數基金經理人都會在這時賣出和退出。但我們不會,原因有三個。

首先,我發現卓越的企業通常會令人驚喜。如果未來 5 年的獲利提升 3 倍或 4 倍怎麼辦?請記住,我們只買進卓越的公司。它們之所以脫穎而出,是因為它們比競爭對手好得多,並且通常會不斷獲得市占率,以及更重要的市場力量。在上一章中,我們就看到大多數龍頭企業愈來愈集中的證據。

其次,卓越企業的本益比倍數通常不會很低。在我寫這篇文章時,沃爾瑪的市值是4000億美元，本益比為33倍；市值2600億美元的萊雅，本益比為61倍！我們只對一流的企業感興趣。它們的股價評價倍數可能會在很長一段時間內保持高位。

第三，為什麼我應該把我的計算限制在未來5年？假設我對未來5年的獲利成長和本益比倍數的看法是錯的。假設獲利持平、股價評價減半，我將在5年內損失50%。那又怎樣？如果企業在5年後又繼續經營了10年怎麼辦？5年後我就無法以高倍數出售來獲得第5年到第15年的價值。我來分享一個理論上的案例，以及一個真實案例，來說明我的觀點。

讓我們回到本節開頭的例子。我在2000年以1美元的價格購買A公司的股票，本益比為15倍。2005年，獲利漲了1倍，本益比倍數擴大到60倍。股價現在是8美元。如果我賣出，那麼我的年化報酬率就是52%，我賺到了8倍的錢。很好吧？但我選擇繼續持有。

接下來的5年獲利保持不變，股價評價減半至本益比30倍。2010年的股價為4美元。因此，相對於2005年，我損失了一半的本金。我看起來像個白痴。但是，等等。

如果公司的業績良好，而且如果獲利在接下來的10年內漲了4倍，從2010年到2020年（這相當於年化成長率15%，以一間卓越的企業來說，這個假設並不誇張），如果本益比提升50%至45倍，那麼2020年的股價就會是24美元。因此，它在20年的年化報酬率為17%。我在20年內賺了24倍的錢，對我來說，這比5年賺8倍還要好得多。為什麼？因為我在這個過程中會犯錯，正如我在本章前面所討論的，需要有某個東西來彌補它。正如謝爾比·戴維斯讓我們知道，我們投資組合中並非所有公司都必須從第5年到第15年大賺；只要其中的幾年大賺，對我們來說就綽綽有餘了。

現在，讓我分享一個來自我們投資組合的實際例子。從 2010 年底到 2011 年初，我們以每股 128 印度盧比的價格收購了 Ratnamani。股價在接下來的 3 年沒有變動，2014 年 1 月，股價是 135 印度盧比。我們保持冷靜，繼續持有我們的股票，因為公司營運情況良好。然而在 2015 年 1 月，股價躍升至 700 印度盧比，在短短一年內就上漲了 5 倍。獲利突然擴大，本益比也隨之增加。

我們應該賣掉嗎？我們沒有。為什麼？因為公司持續保持卓越的地位。在接下來的 2 年裡，股價一直保持在約 700 印度盧比的水準直到 2017 年 1 月，然後緩慢上升。2021 年 1 月，股價為 1600 印度盧比。如果我們在 2015 年以每股 700 印度盧比的價格出售股票，我們就會錯過未來 6 年股價站上 1600 印度盧比的機會。更重要的是，對我們來說，我們的買進價為 128 印度盧比，相對於這個價格，持有 10 年漲到 1600 印度盧比，似乎一點也不差（年化報酬率為 29%）。有些人可能會說，我們應該在 2015 年 1 月出售，以獲得超過 50% 的年化報酬率。這麼說很合理，但我更喜歡 10 年報酬率為 29%（本益比 12.5 倍，而不是 4 年報酬率為 53%（本益比 5.5 倍）。我們仍持續投資 Ratnamani。

回答反對意見「為什麼要堅持 60 倍的本益比呢？」的答案很簡單。因為，平均而言，從長遠來看，卓越的企業能讓我們賺到的錢，比我們想像的更多。

反對意見二：從現在開始，我的「增量」報酬率將會很低

我已經克服了我的買進錯誤，但永遠不會原諒自己唯一的賣出錯誤。我之所以這麼做，是因為我擔心我們的「增量」報酬率會消散。

2011 年底時，我們以每股 1700 印度盧比的價格投資一間名為 Shree

Cement 的公司。Shree Cement 是印度最好的水泥公司，甚至可能是世界上最好的水泥公司之一。水泥是一個周期性很強的行業，我們在水泥業的情緒似乎達到最低點時買進 Shree Cement。在我們投資的幾個月後，令我們大吃一驚的是，水泥周期發生轉變，股價漲了 1 倍多。

雖然我確實認為我們應該長久投資企業，但我錯誤地認為我們應該為高度周期性的企業破例。我以為我們會「利用」大宗商品的周期，在市場情緒疲軟時買入，在情緒轉為積極時賣出。我知道我們無法完美地利用周期，但我認為我們可以做得相當好。2012 年 10 月，我以每股約 3800 印度盧比的價格出售 Shree Cement，因為我認為從長遠來看，我們的「增量」報酬率將不會令我們滿意。相反地，我們在不到一年內就賺了大約 2.2 倍的錢。我們將 8000 萬的獲利返還給我們的投資人，並為超越大盤的績效而感到自豪。

這是我所做過的最愚蠢決定之一。基金的成本是多少？4 億，而且還在增加。2022 年 6 月，Shree Cement 的股價約為 1 萬 9009 印度盧比，是 10 年前售價的 5 倍多。很痛，真的很痛。

在吸取了代價高昂的 Shree Cement 教訓後，我對這個反對意見的回應是，在多久期間內的增量？一天、一個月、一年、三年、二十年？如果這是一間卓越的公司，為什麼還要做這種事呢？

想要賣掉一間卓越的企業，規則很簡單：絕・對・別・賣。

反對意見三：有更好的資本部署機會

過去幾十年來，股票的持有期一直在下降。投資人不是為了交易而交易（我希望）。他們賣出 X 來買 Y，因為他們認為 Y 比 X 的前景更好。不久之後，出於同樣原因，他們賣出 Y 來買進 Z。似乎總會有更好的東西出現。這種像小倉鼠在輪子上原地跑步的行為，這麼做的其中一個理由是，出售本益比 50 倍的股票以買進本益比 15 倍的股票是謹慎的做法。但我們不這麼認為。

我們從不沉迷於「高賣低買」的活動。只有當我們對一間公司失去信心時，才會出售；當我們這樣做時，我們會將錢還給投資人。擁有卓越企業的機會非常少出現，如果我們中了這張樂透，為什麼要殺死下金蛋的鵝？（對啦，我知道我賣了 Shree Cement，不用提醒我）。

換個角度看。我假設你們中的許多人都擁有自己的房子，或者認識擁有房屋的人。你認識哪個屋主經常買賣房屋嗎？屋主是否每天、每個月，甚至每年檢查他們的房屋價格，以高價出售並以較低的價格買進另一間？既然如此，我認為對待持有的企業股份也應該一樣。

經驗顯示這種策略行不通。如前所述，基金表現不佳與其投資組合周轉率之間，存在很強的相關性[16]。我不知道是什麼原因造成的，說實話，我不想知道。

我們很高興擁有一間卓越的企業，並把它當成我們的家。

反對意見四：我一整天應該做什麼？

信不信由你，一位曾經在避險基金工作的朋友，在多年前告訴我：「但這是一種懶惰的賺錢方式！」他是一個理性的人，並不反對透過一些卓越企業創造複利來賺錢。但是，他認為無所事事就賺到錢，可說是一種不道德行為。後來他離開了避險基金業，因為他每天盯著彭博終端機螢幕 12 到 14 個小時，擔心自己的每日損益。

另一位基金經理人問道：「如果我不交易，一整天應該做什麼？」這個人聲稱他所有的錢都是透過持有一些優質企業賺來的，但白天卻想保持忙碌！我想說：「去度假吧。」但我沒有說——每個人都有不同的想法。

投資是一個獨特的職業，無所事事可以帶來巨大的回報。對我們來說就是這樣。我們會繼續懶惰下去。非常懶。

《摩訶婆羅多》（*Mahabharata*）是古印度兩部偉大的史詩之一（另一部是《羅摩衍那》〔*Ramayana*〕）。它寫於西元前 400 年左右，耗時數百年，大約有 180 萬字，是人類已知最長的詩，是《伊利亞德》（*Iliad*）和《奧德賽》（*Odyssey*）長度總和的 7 倍。這部史詩描述兩群堂兄弟之間爭奪統治地位的鬥爭，但它是一部關於道德哲學和人類行為心理學的論文。

《摩訶婆羅多》中有一個著名的部分，叫做「夜叉的問題」（Yaksha Prashna）。精靈或半神（夜叉，Yaksha）向堂兄弟中最年長、最聰明的堅戰（Yudhisthira）提出一連串的問題（Prashna）。這事關重大，因為只要給出正確的答案，將會使被夜叉殺死的堅戰的四個兄弟之一復活。

夜叉提出的最著名問題之一是，「這個世界上最奇妙的事是什麼？」堅戰的回答是：「每個人每天都看到有無數人死去，但人們的想法和行為，卻表現出彷彿他們將永遠活著。」堅戰的見解是，我們很奇怪地對顯而易見的事實視而不見。

而對我們來說，夜叉的問題是：「投資界最奇妙的事是什麼？」我的回答是：「每個人都看到那些從不賣出資產的人創造了難以計數的財富，但人們的想法和行為，就好像是賣出創造了財富一樣。」

本章摘要

演化論教我：若要重新思考投資這件事，我需要非常有耐心，不要以任何價格出售卓越的公司。

- 達爾文奠定了演化論的基礎，他斷言，如果一個有機體比它的同儕有一點優勢（例如，跑得更快的能力），那麼只要有足夠的時間，這種有利的特徵就會傳播到整個物種。沒有任何人比達爾文更明白，複利效應可以使單一物種演化（microevolution）進而形成宏觀演化（macroevolution）。
- 精通數學的投資人認為他們了解複利，但有證據顯示並非如此──股票的持有期只有幾個月。投資人不能或不願意維持耐心，通常會在微薄的獲利或損失後就賣出。
- 我們從達爾文身上學到長期複利的經驗教訓。如果一間企業表現良好，我們會拒絕以任何價格出售。
- 堅持長期投資的一些關鍵原因是，世界上最富有的人都是那些拒絕出售的人；一項長達 90 年的研究證據顯示，卓越的企業能創造巨大的財富；巴菲特已經證明長久持有的策略非常有效；基金經理人可透過讓好企業的獲利加倍，來彌補他們的錯誤；只有繼續持有投資標的的人，才能從複利中受益。
- 大多數投資人拒絕接受長期投資於某間公司的理念。在我看來，這是個很大的錯誤。
- 我們之所以成功，不是因為我們更擅長買進，而是因為我們拒絕屈服於賣出的誘惑。

終章

蜜蜂可以，我們也可以

他能夠帶著敬佩之心，查看蜂窩的精緻結構以如此美麗的形狀配合其目的，那麼他一定是個遲鈍的人。我們聽數學家說，蜜蜂實際上已經解決一個調和問題，並且使它們的細胞具有適當的形狀，可以容納最多的蜂蜜，同時在它們的結構中使珍貴的蜂蠟消耗盡可能降至最低。

——查爾斯・達爾文，《物種起源》第 8 章，〈本能〉（Instinct）

身為投資人，你的目標應該只是以合理的價格買進一間容易理解的企業的部分權益，該企業的獲利幾乎肯定會在 5 年、10 年和 20 年後大幅提高。長期下來，你會發現只有少數幾間公司符合這些標準，因此當你看到符合標準的公司時，應該買進大量股票。你還必須抵抗會讓你偏離指導方針的誘惑。

——華倫・巴菲特，〈1996 年致股東信〉

我們的旅程從大黃蜂開始，所以應該以蜜蜂作結。

理解這個不確定的世界

生物學領域，尤其是演化生物學，在 1953 年邁出一大步，完成二十世紀最重要的發現之一：DNA 的分子結構。詹姆斯・華生（James Watson）和法蘭西斯・克里克（Francis Crick）的諾貝爾獲獎研究，揭開遺傳資訊如何透過雙螺旋結構編碼和傳遞的奧祕。

真的是這樣嗎？

即使在這個後續影響深遠的事件幾十年後，科學家仍未就基因的定義達成共識[1]。人類有 2 萬 2500 個基因，一些科學家認為只有不到 2% 是有幫助的，而另一些科學家則認為超過 50% 是有幫助的。因此，我們不知道我們身上的大部分 DNA（由超過 60 億個字母組成）有什麼功能。更令人驚訝的是，即使科學家對特定 DNA 的功能達成共識，但這種 DNA 是如何轉化為表型或可觀察的特徵，仍然是一個謎。

事實是，儘管全球每年投入數億美元由專業研究人員進行研究，我們仍不了解演化在分子程度上的運作方式[2]。這其實是件好事——不對，是件很棒的事。這使科學家能夠提出正確問題，以進一步探索未知領域。生物學領域中的大多數科學文章都在討論已經被發現或提出的內容，以及應該進一步探索什麼樣的問題或疑慮。不幸的是，這些研究人員似乎從未得出任何明確答案；他們所做的最好的一件事——而且他們做得非常出色！——就是提出更多問題。

身為投資人，我們應該對所投資的公司和產業有深入的認識。我們需要了解我們投資的公司的業務，這表示能理解企業的人，就能成為更好的投資人。當然，我們還需要回答任何人可能對我們投資的企業提出的所有問題。但問題是，如果就連傑出的生物學家在經過 70 年的研究後，仍然在努力解開一個低微、離散的有機分子的奧祕，我們憑什麼認為一個像公司這樣無形的實體，可以在 70 天，甚至是 700 天內被投資人分析清楚呢？

這本書的這 10 章中都有一個一致的模式。各位發現了嗎？我們納蘭達資本公司的投資方法，就是深切地承認我們的無知，並試圖彌補。

- 我們避免了許多類別的風險，因為在這些情況下可能產生的結果範圍很廣。
- 我們只投資於卓越的企業，因為大多數企業都會倒閉，我們希望降低不確定性。
- 我們以有吸引力的股價買入，因為雖然我們不知道什麼事會出差錯，但我們認為一定有事情會出錯。
- 我們很少買進，更少賣出，因為每一次交易都可能產生我們無法預見的意外後果。

在這個複雜、不可知和不確定的世界中，我們並沒有試圖做出最好的投資決策，因為我們對大多數事情都一無所知。我們不知道最好的投資是什麼。我們只是在努力做出好的投資。這是完全不同的投資方式，並導致非常不同的投資模式。我們的模型——也就是投資得當——試圖在不確定性中實現一個目標：**提高投資的預測準確性**。

我們是怎麼做到的？就是模仿蜜蜂。

牠以舞蹈迎向永恆的成功

蜜蜂（學名 Apis mellifera）體重只有十分之一公克，已經存續 3000 萬年。牠們經歷了多個冰河時代、數以千計的環境災難、大大小小源不斷的掠食者,以及地球歷史上最具破壞性生物的到來:人類。

蜜蜂一生中最重要的決定,就是選擇牠們的家。我稱之為「決定」,因為這就是個決定:這似乎遵循一個過程,可能需要數小時甚至數天,而蜂群中的每隻蜜蜂似乎都有發言權。不同於進食、交配或戰鬥,對蜜蜂來說,選擇一個家,似乎是一個刻意又「深思熟慮」的過程。我來解釋一下。

蜜蜂是高度社會性的生物,生活在數以千計的蜂群中,彼此之間距離非常靠近。蜂巢裡通常有一個由工蜂餵養和保護的女王蜂,這些工蜂全都是不育的雌蜂[3]。一個蜂群通常在冬季結束時分裂成幾個蜂群(swarm)。每一個蜂群都需要找到一個新家來建造蜂巢,扶養工蜂幼蟲,並為下一個冬天建造儲藏蜂蜜的蜂房。

因此,當蜜蜂創造一個新的蜂群時,牠們最重要的任務是找到合適的築巢地點以建立蜂巢。牠們的家需要一個空腔體積,來容納足夠的蜂蜜以度過整個冬天。此外,入口需要離地面夠高,以防止地面上的掠食者瞄準蜜蜂。入口也應該很小,以確保隱蔽性和溫暖,以便蜂巢免受極端強風等惡劣天氣因素的影響。

那麼,蜜蜂如何選擇建蜂巢的地方?牠們會跳舞。

假設各位決定研究蜜蜂如何選擇築巢地點,那麼將會觀察到這樣的情形。當來自母蜂群的蜜蜂分裂成一小群時,幾十名偵察員會朝向不同的方向飛去,查看方圓5公里內適合的築巢地點。當偵察員遇到一個吸引牠的地點時,牠會回到蜂群並表演搖擺舞,向姊妹們傳達該地點的距離、方向和品質(雄蜂是懶惰鬼,牠們不做任何事;牠們唯一的工作就是使女王受孕)。舞蹈的持續時間與到新地點的距離成正比,蜜蜂搖擺的角度代表牠們相對於太陽向外飛行的角度,搖擺的強度(舞蹈次數)表示新地點的品質。

由於偵察兵已經飛越了一大片區域，所以牠們會向蜂巢夥伴宣傳許多相距甚遠的地點。蜂群中的蜜蜂跟隨各種偵察員的腳步，檢查廣泛分散的地點，然後返回蜂群進行搖擺舞。

因此一開始，偵察員會宣傳幾個可能的築巢地點，似乎試圖將牠們的同伴招募到每個選定的地點，這看起來是一個相當混亂的場景。然而，幾個小時或幾天後，所有蜜蜂都開始跳舞，只支持一個地點。一旦達成共識，蜂群就會飛到選定的位置。但是，其實蜂群是沒有領袖的（女王蜂只是一部繁殖機器，完全依賴工蜂提供食物和福利）。因此，我們會得出一個（正確的）結論，築巢地點的選擇是由所有蜜蜂參與的民主過程完成的。

一旦觀察到這種現象，各位可能會問以下一些問題：這種幾乎百分之百共識的民主過程，是如何運作的？舞蹈如何在一段時間後，讓蜂群達成共識？蜂群是否做出「正確」的決定？這個決策是一個簡單，還是複雜的過程？讓我們一步一步來了解。

正如我之前提到的，蜜蜂需要選擇一個高品質的地點來確保牠們的生存。但不明顯的是，如果牠們可以有多個高品質的地點供選擇，牠們幾乎總會選出一個最好的地點。這些挑剔的蜜蜂不會接受「夠好」的選項。當科學家在蜜蜂的飛行範圍內，人為創造一些良好的築巢地點時，他們發現蜜蜂幾乎總是聚集在最好的地點。更令人驚訝的是，蜜蜂很少先找到最佳築巢地點；但一段時間過後，即使蜜蜂發現最佳地點的時間比其他稍差的地點晚得多，最終還是會達成共識選擇最佳地點。

研究人員已經證明，蜜蜂在評估築巢地點的品質方面有著絕對的標準。牠們搖擺舞的活力轉化為跳舞的次數，代表特定場地的品質。蜜蜂需要 15 分鐘到 1 小時來評估一個潛在的地點。牠會檢查空腔的外部，並花很多時間在裡面四處走動和短途飛行。如果蜜蜂在第一次檢查時發現築巢地點很理想，就會回到蜂群中，用搖擺舞來宣傳該地點。如果另一隻蜜蜂跟著牠來到這個地方，當這隻蜜蜂回到蜂群時，她會跳（持續時間和強度）幾乎完全相同的搖擺舞。蜜蜂有一個評估巢穴品質的通用標準。

所有蜜蜂在選擇築巢地點時，都有一致的興趣。牠們的共識是經過一段時間才建立的，因此，最後所有蜜蜂都只支持一個地點，而這幾乎總是最好的地點。但是，共識是如何達成的？

最初，科學家們假設蜜蜂偵察員將舊巢的地點與新地點（其他跳舞的偵察員把牠找來新地點）進行比較。如果她發現新地點的品質比較高，就會不再支持舊的地點，並更積極地跳舞以表示對新地點的肯定。因此，更多的舞蹈演出，代表新地點比上一個地點更好。這個過程經過一段時間後就會產生共識，因為蜜蜂會不斷比較不同的築巢地點，最終最好的地點會勝出。這個假設看起來非常有道理，但事實證明這是錯的。大多數蜜蜂只會前往一個築巢地點，很少有蜜蜂會前往 2 個以上的地點。

那麼這到底是怎麼回事呢？湯瑪斯・西利（Thomas Seeley）和其他人的艱苦研究揭示了建立共識過程背後的奧祕[4]，只有兩個要素。首先，正如我們已經知道的，蜜蜂會為了一個品質更好的地點而跳更多舞；第二，蜂群中的蜜蜂會隨機跟著在跳舞的蜜蜂，以探索新的地點。

但是，這兩個簡單的行動如何導致對最佳地點近乎百分之百的共識？首先，我們來看一下在野外發生的事情的簡化版本。

假設有 3 名偵察員，牠們評估 3 個可能的新築巢地點——A、B 和 C——品質各不相同。假設地點 A 是最好的，地點 C 是最差的。在評估了地點 A 之後，第一個偵察員返回蜂群並跳了 20 次舞。第二個偵察員評估地點 B 並跳了 10 次舞。最後,第三名偵察員在評估地點 C 後,只跳了 5 次。

讓我們假設蜂群中有 100 隻蜜蜂在等待牠們的偵察姊妹回來。請記住,牠們會隨機跟隨任何一隻跳舞的蜜蜂,然後去探索令這隻蜜蜂興奮的地方。由於第一隻蜜蜂的舞蹈占了 57%(20 ÷ 35),因此蜂群中的 100 隻蜜蜂有 57 隻會跟著第一隻蜜蜂。按照同樣的邏輯,29 隻蜜蜂會去評估地點 B,只有 14 隻蜜蜂會評估地點 C。當這 100 隻蜜蜂回到蜂群時,會發生什麼事?

來自地點 A 的 57 隻蜜蜂每隻跳 20 支舞 = 1140 支舞
來自地點 B 的 29 隻蜜蜂每隻跳 10 支舞 = 290 支舞
來自地點 C 的 14 隻蜜蜂每隻跳 5 支舞 = 70 支舞

因此,地點 A 現在貢獻了蜜蜂表演的舞蹈循環總數的 76%(1140 ÷ 1500),而第一輪為 57%。在下一輪中,蜜蜂隨機跟著任何一隻跳舞的姊妹。因此 76% 的等待蜜蜂會去探索地點 A。

如果這個過程繼續下去,就會發現對最佳地點 A 的應援將繼續暴增——在第三輪中,按照同樣的邏輯,對地點 A 的支持度將增加到 88%——直到幾乎所有蜜蜂都只支持地點 A 為止。

各位是否像我第一次讀到這個過程時一樣感到目瞪口呆?大家了解這是什麼情況嗎?蜜蜂要做出一個非常複雜且充滿挑戰的決定。但牠們卻利用一個非常簡單的過程:為一個更好的地點而更加努力地跳舞,並隨機跟著一隻跳舞的姊妹。就是這樣。

我們遵循一個簡單且可重複的過程，就像蜜蜂

　　投資界在尋找「最佳」投資所做的事，可說是作繭自縛。我見過非常複雜的演算法和數千 GB 的電子表格來評估企業的價值和品質。另一方面，我們只對執行合理的投資流程感興趣。

　　我們的演算法雖然完全不像蜜蜂那麼優雅，但我們只有三個步驟：

1. 消除重大風險。
2. 只以公平的價格投資於一流的企業。
3. 永遠持有。

　　蜜蜂演算法並不會導致百分之百的成功，也不需要。一些蜂群因為無法找到合適的居住地點而消亡。但那又如何？這是一個統計上來說穩健的過程，總的來說，簡單的尋巢模型運作得很好。這個方式之所以健全，是因為除了演算法合理之外，還具有可重複性。既不需要、也不允許偏離這個簡單的模型。蜜蜂群一季又一季、年復一年、一千年又一千年，堅持這個尋找築巢地點的過程。

　　大多數投資人的失敗不在於追求錯誤的模式，而在於**未能重複運用一個好的模式**。從長遠來看，投資於經營卓越企業的高品質管理團隊，長期下來應該會為投資人獲利，這並不需要天才，但有多少人能日復一日、年復一年地將這個理論轉化為實際行動？

　　我相信我們納蘭達資本有一個健全的投資模式，你可能不會強烈反對。雖然我們在最初的幾年有幾次偏離了方向（賣出 Shree Cement），但是我們基本上能夠保持走在筆直和狹窄的道路上。當然，很可惜這並不能保證投資一定能獲利。有些投資沒有獲利，還有更多的投資不會賺

錢，但我們不會在事後懷疑自己的投資過程。無論結果如何，我們都會繼續重複。

雖然知道我們永遠不會像蜜蜂一樣，但我們一直在努力效法牠們。

與生物學家不同的是，投資人很少感到懷疑和不確定。我說的不是典型的電視「專家」——他們的工作是提供娛樂，而不是教育——我說的是關於自我認知和實際行為。科學家們可能一生都在研究玉米植物的遺傳學（芭芭拉‧麥克林托克〔Barbara McClintock〕，1983年諾貝爾生理醫學獎得主）、破譯嗅覺系統的組織（琳達‧巴克〔Linda Buck〕，2004年諾貝爾生理醫學獎共同得主），或是發明基因編輯技術（珍妮佛‧杜德納〔Jennifer Doudna〕和愛曼妞‧卡本特〔Emmanuelle Charpentier〕，2020年諾貝爾化學獎得主），卻承認他們了解的只是冰山一角。相較之下，一位投資人在與一間他從未見過的公司進行1小時的會議後，則自信地宣布他找到下一個會大漲的投資標的。

隨著年齡漸長，我不知道的事情愈來愈多。我年輕時擔任麥肯錫顧問，我以為自己什麼都懂。身為一個年長的投資人，我現在只有一大堆的問題。我希望有現成的解決方案，但是我沒有。因此，我唯一的選擇是內化並建置一個程序以簡化世界的複雜性，實現我的智力所辦不到的事。

如果我們在多年後沒有倒閉且績效超越大盤，並不是因為我們知道很多。正好相反，那是因為我們正視自己的無知。

本章摘要

演化論教我……我們可以透過執行簡單且可重複的投資流程，來重新思考投資這件事。

- 蜜蜂選擇新的築巢地點事關重大（因為次優的地點可能導致死亡），而且看起來很複雜。
- 蜜蜂沒有領袖，牠們透過一個非常簡單的建立共識過程來做出決定。這個過程並不是每次都能找到最好的築巢地點，但是 3000 萬年來這個方式對蜜蜂來說非常好用。
- 商業界與投資界非常複雜，我知道以我有限的智力無法完全理解。
- 因此，我們納蘭達資本對尋找「最佳投資」不感興趣，而是對執行合理的投資流程感興趣。
- 我們的三步投資流程既簡單，且可重複：

  1. 消除重大風險。
  2. 只以公平的價格投資於一流的企業。
  3. 永遠持有。

- 我們知道這個過程並不能保證每次投資都會成功，但是整體而言，這個方式對我們來說效果很好。
- 無論個別投資的結果如何，我們始終並將永遠堅持這個程序。

致謝

雖然這本書是我寫的，但這是自我出生以來與人們無數的互動和影響的結果，其中絕大多數的互動我都不記得了。但我確實記得一些，本節是寫給他們的。

我非常感謝納蘭達的優秀團隊——Anand Sridharan、Ashish Patil、Ayalur Seshadri、Gaurav Kothari 和 Mukund Dhondge。沒有他們就沒有納蘭達，也就沒有這本書。他們以各自獨特的方式，造就了今天的納蘭達。Anand 提出絕妙的建議，他要我在每一章的末尾加入本章摘要，使這本書（我希望）更具可讀性。我還要感謝我們的支援人員 Choon San Soh、Christina Tan、Henrietta Pereira 和 Oi Bek Soh，他們確保我們專注於投資（並偶爾寫一本書！）

2020 年 2 月，我在新加坡的一家中餐館開始了這本書的想法，在那裡我遇到了我的投資人（和朋友）Lisa Pattis 和 Mark Pattis。自 2007 年納蘭達成立以來，我一直在每季致股東信中，從演化論中汲取投資類比和教訓。但是，寫一整本書和寫信給股東說明投資是很不同的。我知道這將是一段漫長而艱辛的旅程。如果沒有 Lisa 和 Mark 最初的鼓勵和指導，我懷疑這本書是否會付梓。

我們所有人的生活都需要一些運氣——我的運氣來自我富有洞察力和知識淵博的經紀人 John Willig。當我第一次聯繫 John 時，他沒有太多建議，因為我只寫了一章（第 7 章）。值得慶幸的是，他並沒有因此怯步。以他深厚的耐心和毅力，幫助我準備了一份我自己永遠無法完成的書籍提案。

這讓我想到了我在哥倫比亞大學出版社的出版商 Myles Thomson。邁爾斯給予本書的反應良好，因為他在出版界的地位以及他對長期投資的關注，我感覺好像中了大獎而欣喜若狂。我最初的反應沒有錯。過去幾年來，我與邁爾斯的互動令我更加欽佩他的智慧、投資敏銳度和慷慨。我的投資策略是「晚上睡個好覺」；我不知道的是，邁爾斯的智慧也適用於這本書的出版。我還要感謝他才華橫溢的同事 Brian Smith，他深思熟慮的意見和建議使這本書更具可讀性，我甚至認為讀起來令人愉快。

我還要感謝 KnowledgeWorks Global 的 Kalie Koscielak、Kara Cowan 和 Laura Bowman 協助這本書的編寫。他們的徹底和對細節的關注確實堪稱典範。

我的投資旅程是一個意外。我將永遠感謝我在華平投資的老闆 Dalip Pathak 和 Chip Kaye，他們說服我從諮詢業轉行，然後讓我從錯誤中學習教訓。我再怎麼強調他們的指導和其價值都不為過。

我要感謝我的父母 Upendra 和 Veena 所做的一切，感謝我的手足 Roli 和 Rahul 永不止息的支持和愛。如果沒有我生命中最大的兩個摯愛：我的妻子 Deepa 和我的兒子 Ansh，這段奇妙的人生旅程是不可能的。謝謝你們這麼棒。

附註

前言

1. 許多避險基金向客戶收取「2 & 20」的費用，即 2% 的管理費和 20% 的績效費。
2. Tsuyoshi Ito, Sreetharan Kanthaswamy, Srichan Bunlungsup, Robert F. Oldt, Paul Houghton, Yuzuru Hamada, and Suchinda Malaivijitnond, "Secondary Contact and Genomic Admixture Between Rhesus and Long-Tailed Macaques in the Indochina Peninsula," *Journal of Evolutionary Biology* 33, no. 9 (2020): 1164–79, https://doi.org/10.1111/jeb.13681.
3. Andrea Rasche, Anna-Lena Sander, Victor Max Corman, and Jan Felix Drexler, "Evolutionary Biology of Human Hepatitis Viruses," *Journal of Hepatology* 70, no 3 (2019): 501–20, https://doi.org/10.1016/j.jhep.2018.11.010; Robin M. Hare and Leigh W. Simmons, "Sexual Selection and Its Evolutionary Consequences in Female Animals," *Biological Reviews* 94, no. 3 (2019): 929–56, https://doi.org/10.1111/brv.12484; Sarah M. Hird, "Evolutionary Biology Needs Wild Microbiomes," *Frontiers in Microbiology* 8 (2017): 725, https://doi.org/10.3389/fmicb.2017.00725; Andrew Whitten, "Culture Extends the Scope of Evolutionary Biology in the Great Apes," *Proceedings of the National Academy of Sciences* 114, no. 30 (2017): 7790–97, https://doi.org/10.1073/pnas.1620733114; Norman C. Ellstrand and Loren H. Riesberg, "When Gene Flow Really Matters: Gene Flow in Applied Evolutionary Biology," *Evolutionary Applications* 9, no. 7 (2016): 833–36, https://doi.org/10.1111/eva.12402.
4. Berlinda Liu and Gaurav Sinha, *SPIVA U.S. Scorecard: Year-End 2021* (New York: S&P Dow Jones Indices, 2021), https://www.spglobal.com/spdji/en/documents/spiva/spiva-us-year-end-2021.pdf.
5. Liu and Sinha, *SPIVA U.S. Scorecard*.
6. Akash Jain, *SPIVA India Scorecard: Year-End 2017* (New York: S&P Dow Jones Indices, 2018), https://www.spglobal.com/spdji/en/documents/spiva/spiva-india-year-end-2017.pdf?force_download=true.
7. Akash Jain and Arpit Gupta, *SPIVA India Scorecard: Mid-Year 2020* (New York: S&P Dow Jones Indices, 2020), https://www.spglobal.com/spdji/en/documents/spiva/spiva-india-mid-year-2020.pdf?force_download=true.
8. Krissy Davis, Cary Stier, and Tony Gaughan, "2020 Investment Management Outlook," Deloitte, November 17, 2021, https://www2.deloitte.com/us/en/insights/industry/financial-services/financial-services-industry-outlooks/investment-management-industry-outlook.html.
9. 韋斯特・艾伯哈德的專長是研究胡蜂相關的自然史和行為，但她在著作中提出與演化論核心原則相關的重要問題。她認為，既然她會閱讀，那麼她在某一特定領域的專業知識，並不妨礙她對一個完全不同且更廣泛的問題衍生出自己的觀點。
10. Paladinvest, "Wesco Meeting," Motley Fool (forum), May 7, 2000, https://boards.fool.com/wesco-meeting-12529248.aspx; Ikoborso, "Re: Wesco Meeting," Motley Fool (forum), May 7, 2000, https://boards.fool.com/here-are-neuroberks-notes-from-the-wesco-12529644.aspx.

11. 想要了解更多關於演化論和相關主題的資訊，以下幾本書很有用：
    - 一本讓我開始研究演化論的暢銷書：《自私基因》，Richard Dawkins, *The Selfish Gene* (Oxford: Oxford University Press, 1989)。
    - 在你繼續讀其他書之前，請先閱讀最偉大的書：達爾文的《物種起源》(Charles Darwin, *On the Origin of Species* (London: John Murray, 1859)。
    - 經典之作：Carl Zimmer, *Evolution: The Triumph of an Idea* (New York: HarperCollins, 2001)。
    - 一本研究所程度的書，內容包含演化論的大多數主題：Mark Ridley, *Evolution* (Hoboken, NJ: Blackwell Scientific, 1993)。
    - 關於一般演化論的著作，這是我最喜歡的之一（這本書很厚，但其價值遠高於其重量！）：Stephen Jay Gould, *The Structure of Evolutionary Theory* (Cambridge, MA: Harvard University Press, 2002)。
    - 一本通俗易懂的遺傳學書籍：《基因：人類最親密的歷史》，Siddhartha Mukherjee, *The Gene: An Intimate History* (New York: Scribner, 2016)。
    - 如果非要選一本書以開始研究演化論的哲理，那就一定要選這本書：Elliott Sober, *Evidence and Evolution: The Logic Behind the Science* (Cambridge: Cambridge University Press, 2008)。
    - 關於人類演化以及生物學背後的科學和爭議（例如，定義人類「種族」有意義嗎？），我最喜歡的一本書：David Reich, *Who We Are and How We Got Here: Ancient DNA and the New Science of the Human Past* (Oxford: Oxford University Press, 2018)。
12. 這篇文章將生物學幾乎沒有定律的觀點表達得很好：Pawan K. Dhar and Alessandro Giuliani, "Laws of Biology: Why So Few?," *Systems and Synthetic Biology* 4, no 1 (2010): 7–13, https://doi.org/10.1007/s11693-009-9049-0。
13. 關於科學家對物種定義的分歧，請參閱 Ben Panko, "What Does It Mean to Be a Species? Genetics Is Changing the Answer," *Smithsonian Magazine*, May 19, 2017, https://www.smithsonianmag.com/science-nature/what-does-it-mean-be-species-genetics-changing-answer-180963380/. On the evolution of the term "gene," see Petter Portin and Adam Wilkins, "The Evolving Definition of the Term 'Gene,'" *Genetics* 205, no. 4 (2017): 1353–64, https://doi.org/10.1534/genetics.116.196956

第 1 章　成為大黃蜂

1. 第一型錯誤發生在我們拒絕一個實際上為真的假設時。對投資者來說，原先假設應該是某個投資機會是不好的投資。這是因為大多數投資都不是好投資。現在，假設我們遇到一個不好的投資機會，如果我們錯誤地認為該投資機會是好的，那麼我們就等於拒絕了原先假設，即這個投資機會是不好的。因此在這種情況下，拒絕原先假設意味著我們會執行錯誤的投資行為，從而導致資金損失。現在，假設我們遇到一個好投資機會，在這種情況下，第二型錯誤發生在我們接受了一個實際上為假的原假設時。在此，原假設是假的，因為該筆投資機會是好的，但因為我們接受了原假設，從而將該投資機會標記為不佳，所以並沒有進行投資。因此，第一型錯誤發生在個人將資金投入一個不佳的投資機會中，而第二型錯誤則發生在個人選擇不將資金投入一個好的投資機會中。詳見「What Are Type I and Type II Errors？」，Minitab 21 Support，訪問時間 2021 年 1 月，https://support.minitab.com/en-us/minitab-express/1/help-and-how-to/basic-statistics/inference/supporting-topics/basics/type-i-and-type-ii-error/。
2. 有關第一類和第二類錯誤之間的反向關係的描述，請參閱 "What Are Type I and Type II Errors?"。
3. 有關鹿演化的簡要說明，請參閱 "Deer (Overview) – Evolution," Wildlife Online, accessed January 2021, https://www.wildlifeonline.me.uk/animals/article/deer-overview-evolution。
4. 以下網址可以找到有關於鹿的繁殖行為清楚的說明："Red Deer Breeding Biology," Wildlife Online, accessed January 2021, https://www.wildlifeonline.me.uk/animals/article/red-deer-breeding-biology。
5.. 有關渡渡鳥滅絕的更多資訊，請參閱《大英百科全書》編輯網頁："Dodo," *Encyclopaedia*

Britannica, May 17, 2022, https://www.britannica.com/animal/dodo-extinct-bird。

6. 有關獵豹的體型和卓越能力的詳細資訊，請參閱："Cheetah," *Encyclopaedia Britannica*, August 26, 2021, https://www.britannica.com/animal/cheetah-mammal。
7. 關於植物的歷史，請參閱：James A. Doyle, "Plant Evolution," McGraw Hill, last reviewed August 2019, https://www.accessscience.com/content/article/a522800。另請參閱：Rebecca Morelle, "Kew Report Makes New Tally for Number of World's Plants," BBC News, May 10, 2016, https://www.bbc.com/news/science-environment-36230858。
8. Abdul Rashid War, Michael Gabriel Paulraj, Tariq Ahmad, Abdul Ahad Buhroo, Barkat Hussain, Savarimuthu Ignacimuthu, and Hari Chand Sharma, "Mechanisms of Plant Defense Against Insect Herbivores," *Plant Signaling & Behavior* 7, no. 10 (2012): 1306–20, https://doi.org/10.4161/psb.21663.
9. Mike Newland, "When Plants Go to War," Nautilus, December 14, 2015, http://nautil.us/when-plants-go-to-war-rp-235729/. The section "Spy Games" describes how plants mimic the predators of their predators.
10. Janet Lowe, *Warren Buffett Speaks: Wit and Wisdom from the World's Greatest Investor* (Hoboken, NJ: John Wiley, 2007), 85. 11. Sergei Klebnikov, "Warren Buffett Sells Airline Stocks Amid Coronavirus: 'I Made a Mistake,' " *Forbes*, May 2, 2020, https://www.forbes.com/sites/sergeiklebnikov/2020/05/02/warren-buffett-sells-airline-stocks-amid-coronavirus-i-made-a-mistake/?sh=4da74fc15c74.
12. 關於「風險」的經典定義，請參閱：James Chen, "Risk," Investopedia, last updated September 20, 2022, https://www.investopedia.com/terms/r/risk.asp#:~:text=Risk%20is%20defined%20in%20financial,all%20of%20an%20original%20investment。
13. "Listed Domestic Companies, Total," World Bank, accessed February 2021, https://data.worldbank.org/indicator/CM.MKT.LDOM.NO.
14. KPMG, *Returns from Indian Private Equity: Will the Industry Deliver to Expectations?* (Mumbai: KPMG, 2011), https://spectruminvestors.files.wordpress.com/2011/12/return-from-indian-private-equity_1.pdf, 2.
15. 有關2001年至2013年印度私募股權業報酬率低的討論，請參閱：Vivek Pandit, "Private Equity in India: Once Overestimated, Now Underserved," McKinsey & Company, February 1, 2015, https://www.mckinsey.com/industries/private-equity-and-principal-investors/our-insights/private-equity-in-india。雖然本文沒有專門討論房地產或基礎建設，但確實提供了有關這些產業報酬率低的資料。關於印度私募股權產業表現不佳的問題，請參閱：Neha Bothra, "With Poor Returns, India Loses Sheen for Private Equity Firms," *Financial Express*, last updated April 5, 2015, https://www.financialexpress.com/market/with-poor-returns-india-loses-sheen-for-private-equity-firms/60582/。有關印度房地產和基礎設施份額的數據，請參閱：Vivek Pandit, Toshan Tamhane, and Rohit Kapur, *Indian Private Equity: Route to Resurgence* (Mumbai: McKinsey & Company, 2015), https://www.mckinsey.com/~/media/mckinsey/business%20functions/strategy%20and%20corporate%20finance/our%20insights/private%20equity%20and%20indias%20economic%20development/mckinsey_indian_private%20equity.pdf, 19. See also exhibit 2.10, which shows the PE returns across sectors。
16. 路易斯・郭士納（Lou Gerstner）對IBM轉變的描述如下：Shah Mohammed, "IBM's Turn-around Under Lou Gerstner, Business and Management Lessons, Case Study," Medium, May 29, 2019, https://shahmm.medium.com/ibms-turnaround-under-lou-gerstner-case-study-business-management-lessons-a0dcce04612d、"Lou Gerstner's Turnaround Tales at IBM," Knowledge at Wharton, December 18, 2002, https://knowledge.wharton.upenn.edu/article/lou-gerstners-turnaround-tales-at-ibm/、Sabina Gesmin, Bernard Henderson, Syed Irtiza, and Ahmed Y. Mahfouz, "An Analysis of Historical Transformation of an IT Giant Based on Sound Strategic Vision," Communications of the IIMA 11, no. 3 (2011): 11–20, https://core.ac.uk/download/pdf/55330343.

pdf、Louis V. Gerstner Jr., *Who Says Elephants Can't Dance? Inside IBM's Historic Turnaround* (New York: HarperCollins, 2002)。

17. 關於 JCPenney 的歷史股價，請參閱："J. C. Penney" at Trading Economics, https://tradingeconomics.com/jcp:us。關於該公司 2006 與 2010 財報的資訊，請參閱：JCPenney, *Annual Report 2006* (Plano, TX: JCPenney, 2006), https://www.annualreports.com/HostedData/AnnualReportArchive/j/NYSE_JCP_2006.pdf，以及 JCPenney, Summary *Annual Report 2010* (Plano, TX: JCPenney, 2010), https://www.annualreports.com/HostedData/AnnualReportArchive/j/NYSE_JCP_2010.pdf。有關隆恩・強森在塔吉特的成就，請參閱：Adam Levine-Weinberg, "Target Corporation Should Give Ron Johnson a Chance at Redemption," *Motley Fool*, May 14, 2014, https://www.fool.com/investing/general/2014/05/14/target-corporation-should-give-ron-johnson-a-chanc.aspx。有關強森在蘋果的成功，請參閱：Adria Cheng, "Ron Johnson Made Apple Stores the Envy of Retail and Target Hip, but This Startup May Be His Crowning Achievement," *Forbes*, January 17, 2020, https://www.forbes.com/sites/andriacheng/2020/01/17/he-made-apple-stores-envy-of-retail-and-target-hip-but-his-biggest—career-chapter-may-be-just-starting/?sh=44edc5c60bbb。有關強森在 JCPenney 的失敗，請參閱：Margaret Bogenrief, "JCPenney's Turnaround Has Already Failed," *Insider*, December 30, 2012, https://www.businessinsider.com/jc-penney-the-turnaround-disaster-2012-12、Aimee Growth, "Here's Ron Johnson's Complete Failed Plan to Turn Around JCPenney," *Insider*, April 8, 2013, https://www.businessinsider.com/ron-johnsons-failed-plan-to-turn-around-jcpenney-2013-4、Nathaniel Meyersohn, "How It All Went Wrong at JCPenney," CNN Business, September 27, 2018, https://edition.cnn.com/2018/09/27/business/jcpenney-history/index.html，以及 James Surowiecki, "The Turnaround Trap," *New Yorker*, March 18, 2013, https://www.newyorker.com/magazine/2013/03/25/the-turnaround-trap。有關 JCPenney 申請破產保護，請參閱：Chris Isidore and Nathaniel Meyersohn, "JCPenney Files for Bankruptcy," CNN Business, May 16, 2020, https://edition.cnn.com/2020/05/15/business/jcpenney-bankruptcy/index.html。

18. 關於槓桿的討論，請參閱：Troy Adkins, "Optimal Use of Financial Leverage in a Corporate Capital Structure," Investopedia, last updated April 30, 2021, https://www.investopedia.com/articles/investing/111813/optimal-use-financial-leverage-corporate

19. Katherine Doherty and Steven Church, "Gold's Gym Files for Bankruptcy Protection Amid Fitness Closures," Bloomberg, May 4, 2020, https://www.bloomberg.com/news/articles/2020-05-04/gold-s-gym-files-for-bankruptcy-protection-amid-fitness-closures#:~:text=Gold's%20Gym%20International%20Inc.,liabilities%2C%20according%20to%20court%20papers; Robert Ferris, "Why Hertz Landed in Bankruptcy Court When Its Rivals Didn't," CNBC, August 17, 2020, https://www.cnbc.com/2020/08/17/why-hertz-landed-in-bankruptcy-court-when-its-rivals-didnt.html; Debra Werner, "Intelsat Reveals Plan to Reorganize and Trim Debt," *SpaceNews*, February 14, 2021, https://spacenews.com/intelsat-files-reorganization-plan/#:~:text=Intelsat%20filed%20for%20bankruptcy%20court,U.S.%20Federal%20Communications%20Commission%20auction; "Fact Sheet: J. Crew Succumbs to Bankruptcy After Private Equity Debt, Finance Looting," Americans for Financial Reform, May 4, 2020, https://ourfinancialsecurity.org/2020/05/jcrew-private-equity-fact-sheet/; Reuters, "J.C. Penney Rescue Deal Approved in Bankruptcy Court, Saving Close to 60,000 Jobs," CNBC, November 10, 2020, https://www.cnbc.com/2020/11/10/jc-penney-rescue-deal-approved-in-bankruptcy-court-saving-close-to-60000-jobs.html#:~:text=J.C.%20Penney%20filed%20for%20bankruptcy,protection%20amid%20the%20coronavirus%20pandemic; Lauren Hirsch and Lauren Thomas, "Luxury Retailer Neiman Marcus Files for Bankruptcy as It Struggles with Debt and Coronavirus Fallout," CNBC, May 7, 2020, https://www.cnbc.com/2020/05/07/neiman-marcus-files-for-bankruptcy.html; Rami Grunbaum, "Sur La Table Creditors Signal Doubts About the Seattle Kitchenware Retailer's Financial Outlook," *Seattle Times*, May 13, 2020, https://www.seattletimes.com/business/retail/sur-la-table-creditors-signal-doubts-about-the-seattle-kitchenware-retailers-financial-outlook/.

20. Jeff Desjardins, "The 20 Biggest Bankruptcies in U.S. History," Visual Capitalist, June 25, 2019, https://www.visualcapitalist.com/the-20-biggest-bankruptcies-in-u-s-history/.
21. Prerna Sindwani, "No Layoffs, Asian Paints Will Give Salary Increments to Boost Employees Morale," *Business Insider: India*, May 15, 2020, https://www.businessinsider.in/business/corporates/news/asian-paints-will-hike-salaries-and-not-lay-off-to-boost-employee-morale/articleshow/75754451.cms; Drishti Pant, "Asian Paints Raises Pay to Boost Employees' Morale," People Matters, May 15, 2020, https://www.peoplematters.in/news/compensation-benefits/asian-paints-raises-pay-to-boost-employees-morale-25685.
22. Kala Vijayraghavan and Rajesh Mascarenhas, "Asian Paints Raises Staff Salaries to Boost Morale," *The Economic Times*, last updated May 15, 2020, https://economictimes.indiatimes.com/news/company/corporate-trends/asian-paints-raises-staff-salaries-to-boost-morale/articleshow/75746239.cms.
23. Rita Gunther McGrath, "15 Years Later, Lessons from the Failed AOL-Time Warner Merger," *Fortune*, January 10, 2015, https://fortune.com/2015/01/10/15-years-later-lessons-from-the-failed-aol-time-warner-merger/; Marvin Dumont, "4 Biggest Merger and Acquisition Disasters," Investopedia, last updated February 21, 2022, https://www.investopedia.com/articles/financial-theory/08/merger-acquisition-disasters.asp#:~:text=America%20Online%20and%20Time%20Warner,combination%20up%20until%20that%20time; Kison Patel, "The 8 Biggest M&A Failures of All Time," DealRoom, last updated November 8, 2021, https://dealroom.net/blog/biggest-mergers-and-acquisitions-failures; "Verizon to Acquire AOL," Verizon News Center, May 12, 2015, https://www.verizon.com/about/news/verizon-acquire-aol.
24. Clayton M. Christensen, Richard Alton, Curtis Rising, and Andrew Waldeck, "The Big Idea: The New M&A Playbook," *Harvard Business Review*, March 2011, https://hbr.org/2011/03/the-big-idea-the-new-ma-playbook#:~:text=Executive%20Summary&text=Companies%20spend%20more%20than%20%242,and%20how%20to%20integrate%20them; George Bradt, "83% of Mergers Fail—Leverage a 100-Day Action Plan for Success Instead," *Forbes*, January 27, 2015, https://www.forbes.com/sites/georgebradt/2015/01/27/83-mergers-fail-leverage-a-100-day-value-acceleration-plan-for-success-instead/?sh=647b5a765b86; Linda Canina and Jin-Young Kim, *Commentary: Succes and Failure of Mergers and Acquisitions* (Ithaca, NY: Cornell School of Hotel Administration), July 2010, https://ecommons.cornell.edu/bitstream/handle/1813/72320/Canina12_Success_and_Failure.pdf?sequence=1; Toby J. Tetenbaum, "Beating the Odds of Merger & Acquisition Failure: Seven Key Practices That Improve the Chance for Expected Integration and Synergies," *Organizational Dynamics* (Autumn 1999): 22, https://go.gale.com/ps/anonymous?id=GALE%7CA56959356&sid=googleScholar&v=2.1&it=r&linkaccess=abs&issn=00902616&p=AONE&sw=w; "Why M&A Deals Fail," Great Prairie Group, June 2018, https://greatprairiegroup.com/why-ma-deals-fail/#. See also Shobhit Seth, "Top Reasons Why M&A Deals Fail," Investopedia, last updated May 25, 2021, https://www.investopedia.com/articles/investing/111014/top-reasons-why-ma-deals-fail.asp.
25. "Railways in Early Nineteenth Century Britain," UK Parliament, accessed January 2021, https://www.parliament.uk/about/living-heritage/transformingsociety/transportcomms/roadsrail/kent-case-study/introduction/railways-in-early-nineteenth-century-britain/; "Railroad History," *Encyclopaedia Britannica*, last updated September 4, 2020, https://www.britannica.com/technology/railroad/Railroad-history; Gareth Campbell and John Turner, *"The Greatest Bubble in History": Stock Prices During the British Railway Mania*, MPRA Paper No. 21820 (Belfast: Queen's University Belfast, 2010), https://mpra.ub.uni-muenchen.de/21820/1/MPRA_paper_21820.pdf.
26. Michael Aaron Dennis, "Explosive Growth," *Encyclopaedia Britannica*, last updated September 12, 2019, https://www.britannica.com/place/Silicon-Valley-region-California/Explosive-growth; Brian McCullough, "A Revealing Look at the Dot-Com Bubble of 2000—and How It Shapes Our Lives Today," Ideas.Ted.com, December 4, 2018, https://ideas.ted.com/an-eye-opening-look-at-the-dot-com-bubble-of-2000-and-how-it-shapes-our-lives-today/; Adam Hayes, "Dotcom Bubble,"

Investopedia, last updated June 25, 2019, https://www.investopedia.com/terms/d/dotcom-bubble.asp; Chris Morris, "Failed IPOs of the Dot-Com Bubble," CNBC, last updated September 13, 2013, https://www.cnbc.com/2012/05/17/Failed-IPOs-of-the-Dot-Com-Bubble.html; Jean Folger, "5 Successful Companies That Survived the Dot-Com Bubble," Investopedia, last updated August 15, 2021, https://www.investopedia.com/financial-edge/0711/5-successful-companies-that-survived-the-dotcom-bubble.aspx; Jake Ulick, "1999: Year of the IPO," CNN Money, December 27, 1999, https://money.cnn.com/1999/12/27/investing/century_ipos/#:~:text=Initial%20public%20offerings%20raised%20more,s%20record%20first%2Dday%20gains.

27. Wayne Gretzky, "Wayne Gretzky Quotes," Goodreads, accessed January 2021, https://www.goodreads.com/author/quotes/240132.Wayne_Gretzky.
28. Ganga Narayan Rath, "Loan Waivers Are a Double-Edged Sword," BusinessLine, last updated June 9, 2020, https://www.thehindubusinessline.com/opinion/loan-waivers-are-a-double-edged-sword/article31789331.ece; Anjani Kumar and Seema Bathla, "Loan Waivers Are No Panacea for India's Farmers," International Food Policy Research Institute, January 22, 2019, https://www.ifpri.org/blog/loan-waivers-are-no-panacea-indias-farmers.
29. "Group Companies," Tata, accessed January 2021, https://www.tata.com/investors/companies#:~:text=ten%20business%20verticals-,Founded%20by%20Jamsetji%20Tata%20in%201868%2C%20the%20Tata%20group%20is,30%20companies%20across%2010%20clusters.
30. Lijee Philip, "Meet Siddhartha Lal, the Man Who Turned Around Royal Enfield Into Eicher Motors' Profit Engine," *Economic Times*, last updated September 9, 2015, https://economictimes.indiatimes.com/meet-siddhartha-lal-the-man-who-turned-around-royal-enfield-into-eicher-motors-profit-engine/articleshow/46461712.cms?from=mdr.
31.. "What Is a Bumblebee?," Bumbleebee.org, accessed February 2021, http://bumblebee.org/; "Artificial Meadows and Robot Spiders Reveal Secret Life of Bees," *ScienceDaily*, September 7, 2008, https://www.sciencedaily.com/releases/2008/09/080902225431.htm.

第 2 章　西伯利亞的解決之道

1.. 巴菲特在 2013 年的致股東信中，向個人投資人提供有關指數基金的建議。他寫道：「非專業人士的目標不應該是挑選贏家──他和他的「助手」都做不到──而應該是持有各種企業股票，這些企業整體的績效一定會更好。低成本的標準普爾 500 指數基金將實現這個目標。」他在許多其他信件中也重複提到這個建議。請參閱 Warren Buffett, Berkshire Hathaway 2013 annual letter (Omaha, NE: Berkshire Hathaway, 2013), https://berkshirehathaway.com/letters/2013ltr.pdf。
2.. Nathan Gregory, "Analyst's Conference January 2000 Pt 1," YouTube video, 1:32:36, uploaded 2017.
3. Biography.com editors, "Jeffrey Skilling Biography," Biography, last updated May 10, 2021, https://www.biography.com/crime-figure/jeffrey-skilling.
4. David Kleinbard, "The 1.7 Trillion Dot.Com Lesson," CNN Money, November 9, 2000, https://money.cnn.com/2000/11/09/technology/overview/.
5. Alex Castro, "This Is What Really Brought Down WeWork," *Fast Company*, December 20, 2019, https://www.fastcompany.com/90444597/this-is-what-really-brought-down-wework; Jonathon Trugman, "WeWork IPO Fail Is Unique," *New York Post*, October 5, 2019, https://nypost.com/2019/10/05/wework-ipo-fail-is-unique/; Statista Research Department, "Revenue of WeWork Worldwide from 2016 to 2020 (in Million U.S. Dollars)," Statista, July 6, 2022, https://www.statista.com/statistics/880069/wework-revenue-worldwide/. See https://statista.com for financial information for WeWork and IWG.
6. "Lehman Brothers Holdings, Inc. Form 10-K for Fiscal Year Ended November 30, 2007," EDGAR, Securities and Exchange Commission, https://www.sec.gov/Archives/edgar/

data/806085/000110465908005476/a08-3530_110k.htm.
7. "Bear Stearns Companies Inc. Form 10-K for Fiscal Year Ended November 30, 2004," Filings.com, 2004, http://getfilings.com/o0001169232-05-000947.html; "Schedule I: Condensed Financial Information of Registrant the Bear Stearns Company Inc. (Parent Company Only)," EDGAR, Securities and Exchange Commission, January 28, 2008, https://sec.edgar-online.com/bear-stearns-companies-inc/10-k-annual-report/2008/01/29/section27.aspx.
8. Derek Lidow, "Why Two-Thirds of the Fastest-Growing Companies Fail," *Fortune*, March 7, 2016, https://fortune.com/2016/03/07/fast-growth-companies-fail/.
9. 好市多（Costco）和蒂芬妮（Tiffany）的營業利益率、資本運用報酬率和庫存天數，是取自30年的財務資料，請參閱：https://gurufocus.com.
10. Editors of *Encyclopaedia Britannica*, "Collectivization," *Encyclopaedia Britannica*, last updated May 20, 2020, https://www.britannica.com/topic/collectivization.
11. 迪米屈・別利亞耶夫（Dmitri Belyaev）和柳德蜜拉・卓特（Lyudmila Trut）的長期實驗，詳細內容可見於：Lee Alan Dugatkin and Lyudmila Trut, *How to Tame a Fox (and Build a Dog): Visionary Scientists and a Siberian Tale of Jump-Started Evolution* (Chicago: University of Chicago Press, 2017)。有關褪黑激素的影響，請參閱：116–20; gene expression, 124–25; the HTR2C gene, 188; oxytocin release in humans and dogs, 114; the role of serotonin in early development, 166; changes in reproductive cycle, 167; similarities among domesticated animals, 162。有關飼育幼狐的方法與分類，請參閱：Lyudmila N. Trut, "Early Canid Domestication: The Farm-Fox Experiment," *American Scientist* 87, no. 2 (1999): 163, https://www.jstor.org/stable/27857815?seq=1。這項實驗也詳細描述於 Jason G. Goldman, "Man's New Best Friend? A Forgotten Russian Experiment in Fox Domestication," *Scientific American*, September 6, 2020, https://blogs.scientificamerican.com/guest-blog/mans-new-best-friend-a-forgotten-russian-experiment-in-fox-domestication/.
12. Trut, "Early Canid Domestication," 160–69.
13. Baijnath Ramraika and Prashant Trivedi, "Sources of Sustainable Competitive Advantage," *SSRN* (January 5, 2016), https://papers.ssrn.com/sol3/papers.cfm?abstract_id=2713675.
14. Matt Haig, *Brand Failures: The Truth About the 100 Biggest Branding Mistakes of All Time* (London: Kogan Page, 2003); Kurt Schroeder, "Why So Many New Products Fail (and It's Not the Product)," *Business Journals*, March 14, 2017, https://www.bizjournals.com/bizjournals/how-to/marketing/2017/03/why-so-many-new-products-fail-and-it-s-not-the.html.
15. 有關 Havells 收購 Lloyd，請參閱：Ashutosh R. Shyam and Arijit Barman, "Havells Acquires Consumer Biz of Lloyd Electric for Rs 1600 cr," *Economic Times*, last updated February 19, 2017, https://economictimes.indiatimes.com/industry/indl-goods/svs/engineering/havells-acquires-consumer-biz-of-lloyd-electric-for-rs-1600-cr/articleshow/57233192.cms?from=mdr#:~:text=Read%20more%20news%20on&text=ADD%20COMMENT-,MUMBAI%3A%20Havells%20India%2C%20India's%20leading%20makers%20of%20branded%20electrical%20products,%2415%20billion%20consumer%20appliances%20market。有關 Havells 成立與歷史，請參閱：Havells, *Deeper Into Homes: Havells India Limited 34th Annual Report 2016–17* (New Delhi: Havells, 2017), https://www.havells.com/content/dam/havells/annual_reports/2016-2017/Havells%20AR%202016-17.pdf。有關 Havells 新的空調廠資訊，請參閱：Havells, *The Future Has Already Begun: Havells India Limited 35th Annual Report 2017–18* (New Delhi: Havells, 2018), https://www.havells.com/HavellsProductImages/HavellsIndia/pdf/About-Havells/Investor-Relations/Financial/Annual-Reports/2017-2018/Havells_AR_2017-18.pdf。有關分析師下調 Havells 評等的資訊，請參閱：ET Bureau, "Analysts Downgrade Havells as Lloyd Numbers Disappoint," *Economic Times*, last updated October 26, 2019, https://economictimes.indiatimes.com/markets/stocks/news/analysts-downgrade-havells-as-lloyd-numbers-disappoint/articleshow/71770087.cms.

第 3 章　麥肯錫與海膽的悖論

1. 麥肯錫的歷史都清楚摘要在本書《你所不知道的麥肯錫 決定企業成敗的秘密影響力》：Duff McDonald, *The Firm: The Story of McKinsey and Its Secret Influence on American Business* (New York: Simon & Schuster, 2013)。麥肯錫的生平也詳細記載於馬文・鮑爾的訃聞中：Douglas Martin, "Marvin Bower, 99; Built McKinsey & Co.," *New York Times*, January 24, 2003, https://www.nytimes.com/2003/01/24/business/marvin-bower-99-built-mckinsey-co.html。麥肯錫與艾斯康公司親近的關係於 2018 破裂，請參閱：Walt Bogdanich and Michael Forsythe, "How McKinsey Lost Its Way in South Africa," *New York Times*, June 26, 2018, https://www.nytimes.com/2018/06/26/world/africa/mckinsey-south-africa-eskom.html。2020 年初時，麥肯錫同意支付約 6 億美元，就該公司與普渡製藥造成美國鴉片類藥物泛濫的問題進行和解。詳情請參閱：Chris Hughes, "McKinsey's Opioid Settlement Is a Warning to All Consultants," Bloomberg, February 5, 2021, https://www.bloomberg.com/opinion/articles/2021-02-05/opioid-epidemic-mckinsey-s-settlement-is-a-warning-to-all-consultants.
2. Andreas Wagner, *Robustness and Evolvability in Living Systems* (Princeton, NJ: Princeton University Press, 2005).
3. Wagner, *Robustness and Evolvability*.
4. Mark Ridley, *Evolution*, 3rd ed. (Hoboken, NJ: Wiley, 2003). See in particular chapter 2, "Molecular and Mendelian Genetics," and table 2.1 on mRNA codons.
5. Wagner, *Robustness and Evolvability*, chapter 3, "The Genetic Code."
6. Stephen J. Freeland and Laurence D. Hurst, "The Genetic Code Is One in a Million," *Journal of Molecular Evolution* 47 (1998): 238–48, https://doi.org/10.1007/pl00006381.
7. John Carl Villanueva, "How Many Atoms Are There in the Universe?," Universe Today, July 30, 2009, http://www.universetoday.com/36302/atoms-in-the-universe/. The universe has 108 atoms, and 209 is equivalent to 1010.
8. Douglas J. Futuyma, *Evolutionary Biology*, 3rd ed. (Sunderland, MA: Sinauer, 1997), chapter 11.
9. "WNS (Holdings) Limited. Form 20-F for Fiscal Year Ended March 31, 2007," EDGAR, Securities and Exchange Commission, 2007, https://www.sec.gov/Archives/edgar/data/0001356570/000114554907002102/u93119e20vf.htm#104; "WNS (Holdings) Limited. Form 20-F for Fiscal Year Ended March 31, 2020," EDGAR, Securities and Exchange Commission, 2020, https://www.sec.gov/Archives/edgar/data/0001356570/000119312520131094/d863476d20f.htm.
10. Stephen Jay Gould, *The Structure of Evolutionary Theory* (Cambridge, MA: Belknap, 2002), 1270–71; Michael E. Palmer and Marcus W. Feldman, "Survivability Is More Fundamental than Evolvability," *PLoS One* 7, no. 6 (2012): e38025, https://doi.org/10.1371/journal.pone.0038025; Joseph Reisinger, Kenneth O. Stanley, and Risto Miikkulainen, *Towards An Empirical Measure of Evolvability* (Austin: University of Texas at Austin Department of Computer Sciences, 2005), http://nn.cs.utexas.edu/downloads/papers/reisinger.gecco05.pdf. Reisinger, Stanley, and Miikkulainen state, "Currently no benchmarks exist to measure evolvability."
11. "Corporate Information," Page Industries Limited, accessed March 2021, https://pageind.com/corporate-information; "Annual Reports," Page Industries Limited, accessed March 2021, https://pageind.com/annual-reports.
12. Keith Cooper, "Looking for LUCA, the Last Universal Common Ancestor," Astrobiology at NASA, March 30, 2017, https://astrobiology.nasa.gov/news/looking-for-luca-the-last-universal-common-ancestor/.
13. Sam Walton with John Huey, *Made in America: My Story* (New York: Doubleday, 1992). On Walton's early years and for his quote on calculated risk, see chapter 2. On Hypermart and other failures, Sam's Club, and the acquisition of Mohr Value, see chapter 13.
14. "History," Walmart, accessed March 2021, https://corporate.walmart.com/our-story/our-history.

15. "Walmart Inc. (WMT)," Yahoo! Finance, https://finance.yahoo.com/quote/WMT/financials?p=WMT; Walmart Inc., *Walmart Inc. 2020 Annual Report* (Bentonville, Arkansas, 2020), https://s2.q4cdn.com/056532643/files/doc_financials/2020/ar/Walmart_2020_Annual_Report.pdf.
16. Michael Arrington, "Accel Partners' Extraordinary 2005 Fund IX," TechCrunch, November 22, 2010, https://techcrunch.com/2010/11/22/accel-partners-fund-ix-facebook-extraordinary/?guccounter=1.
17. Carl Zimmer, *Evolution: The Triumph of an Idea* (New York: HarperCollins, 2001). On the era of dinosaurs and their extinction, see 84, 190. On the evolution of mammals 225 million years ago, see 166. On the molecular evidence for the coexistence of mammals with dinosaurs, see Ridley, *Evolution*, 671–72.
18. "Chapter 43: Jesus Brings Lazarus Back to Life," Church of Jesus Christ of Latter-Day Saints, accessed March 2021, https://www.churchofjesuschrist.org/study/manual/new-testament-stories/chapter-43-jesus-brings-lazarus-back-to-life?lang=eng. See also the Gospel according to Luke in the New Testament.
19. Joan Verdon, "Toys R Us Timeline: History of the Nation's Top Toy Chain," *USA Today*, last updated March 15, 2018, https://www.usatoday.com/story/money/business/2018/03/09/toys-r-us-timeline-history-nations-top-toy-chain/409230002/; Barbara Kahn, "What Went Wrong: The Demise of Toys R Us," Knowledge at Wharton, March 14, 2018, https://knowledge.wharton.upenn.edu/article/the-demise-of-toys-r-us/#:~:text=Though%20Toys%20R%20Us's%20business,an%20Era%20of%20Endless%20Disruption; *Entrepreneur* staff, "Charles Lazarus: Toy Titan," *Entrepreneur*, October 10, 2008, https://www.entrepreneur.com/article/197660; Erin Blakemore, "Inside the Rise and Fall of Toys 'R' Us," History, March 19, 2018, https://www.history.com/news/toys-r-us-closing-legacy; Dave Canal, "Frank Thoughts: The Retailing Genius," *Contravisory*, June 16, 2015, https://www.contravisory.com/blog/posts/frank-thoughts-retailing-genius; Merrill Brown, "Shop on 18th Street Grows Into a Giant," *Washington Post*, November 14, 1982, https://www.washingtonpost.com/archive/business/1982/11/14/shop-on-18th-street-grows-into-a-giant/cba05ab5-28aa-46a4-8faa-9a230cb3f7f2/; Ed Bruske, "Play Merchant to the Masses," *Washington Post*, December 18, 1981, https://www.washingtonpost.com/archive/local/1981/12/18/play-merchant-to-the-masses/afdba3a4-a483-4bc7-91cd-716b0707459a/; Rachel Beck, "Wal-Mart Dethrones Toys R Us," *AP News*, March 29, 1999, https://apnews.com/article/6e6082b522082a0d782052046c75b0b2; Julia Horowitz, "How Toys 'R' Us Went from Big Kid in the Block to Bust," CNN Business, March 17, 2018, https://money.cnn.com/2018/03/17/news/companies/toys-r-us-history/index.html; "Toys 'R' Us, Inc. History," Funding Universe, accessed March 2021, http://www.fundinguniverse.com/company-histories/toys-r-us-inc-history/; Joseph Pereira, Rob Tomsho, and Ann Zimmerman, "Toys 'Were' Us?; Undercut by Big Discounters, Toys 'R' Us Is Indicating It May Get Out of the Business," *Wall Street Journal*, August 12, 2004, http://www.homeworkgain.com/wp-content/uploads/edd/2019/08/20190603204438bus520articletoysrus.pdf.
20. Mark Dunbar, "How Private Equity Killed Toys 'R' Us," In These Times, October 10, 2017, https://inthesetimes.com/article/how-private-equity-killed-toys-r-us; Toys "R" Us, "Toys 'R' Us, Inc. Announces Agreement to Be Acquired by KKR, Bain Capital and Vornado for $26.75 per Share in $6.6 Billion Transaction," press release, EDGAR, Securities and Exchange Commission, March 17, 2005, https://www.sec.gov/Archives/edgar/data/1005414/000119312505057773/dex991.htm; Jeff Spross, "How Vulture Capitalists Ate Toys 'R' Us," *The Week*, March 16, 2018, https://theweek.com/articles/761124/how-vulture-capitalists-ate-toys-r; Michael Barbaro and Ben White, "Toys R Somebody Else," *Washington Post*, March 18, 2005, https://www.washingtonpost.com/wp-dyn/articles/A45446-2005Mar17.html; Nathan Vardi, "The Big Investment Firms That Lost $1.3 Billion in the Toys 'R' Us Bankruptcy," *Forbes*, September 19, 2017, https://www.forbes.com/sites/nathanvardi/2017/09/19/the-big-investment-firms-that-lost-1-3-billion-on-the-toys-r-us-bankruptcy/?sh=3eb163f2308f; Miriam Gottfried and Lillian Rizzo, "Heavy Debt Crushed Owners

of Toys 'R' Us," *Wall Street Journal*, September 19, 2017, https://www.wsj.com/articles/heavy-debt-crushed-owners-of-toys-r-us-1505863033; Bryce Covert, "The Demise of Toys 'R' Us Is a Warning," *The Atlantic*, June 13, 2018, https://www.theatlantic.com/magazine/archive/2018/07/toys-r-us-bankruptcy-private-equity/561758/.
21. 請參閱 Covert, "The Demise of Toys 'R' Us。
22. Drea Knufken, "Toys 'R' Us Buys FAO Schwarz," *Business Pundit*, May 28, 2009, https://www.businesspundit.com/toys-r-us-buys-fao-schwarz/; John Kell, "Exclusive: Toys 'R' Us Is Selling Off Iconic FAO Schwarz Brand," *Fortune*, October 4, 2016, https://fortune.com/2016/10/04/toys-r-us-sells-fao-schwarz/.

第 4 章　你覺得市場會怎麼樣？

1. Christian Cotroneo, "10 Divine Facts About Dung Beetles," Treehugger, last updated December 4, 2020, https://www.treehugger.com/dung-beetles-facts-4862309; Editors of *Encyclopaedia Britannica*, "Dung Beetle," *Encyclopaedia Britannica*, last updated April 19, 2020, https://www.britannica.com/animal/dung-beetle; Erica Tennehouse, "Dung Beetles Borrowed Wing Genes to Grow Their Horns," *Science*, November 21, 2019, https://www.sciencemag.org/news/2019/11/dung-beetles-borrowed-wing-genes-grow-their-horns; Roberta Kwok, "Little Beetle, Big Horns," *Science News Explores*, May 14, 2007, https://www.sciencenewsforstudents.org/article/little-beetle-big-horns; Douglas J. Emlen and H. Frederick Nijhout, "Hormonal Control of Male Horn Length Dimorphism in the Dung Beetle *Onthophagus taurus* (Coleoptera: Scarabaeidae)," *Journal of Insect Physiology* 45, no. 1 (1999): 45–53, https://doi.org/10.1016/S0022-1910(98)00096-1; Martha Cummings, Haley K. Evans, and Johel Chaves-Campos, "Male Horn Dimorphism and Its Function in the Neotropical Dung Beetle *Sulcophanaeus velutinus*," *Journal of Insect Behavior* 31 (2018): 471–89, https://doi.org/10.1007/s10905-018-9693-x.
2. Yonggang Hu, David M. Linz, and Armin P. Moczek, "Beetle Horns Evolved from Wing Serial Homologs," *Science* 366, no. 6468 (2019): 1004–7, https://www.science.org/doi/abs/10.1126/science.aaw2980.
3. Douglas J. Emlen and H. Frederik Nijhout, "Hormonal Control of Male Horn Length Dimorphism in the Dung Beetle *Onthophagus taurus* (Coleoptera: Scarabaeidae)," *Journal of Insect Physiology* 45, no. 1 (1999): 45–53, https://www.sciencedirect.com/science/article/abs/pii/S0022191098000961.
4. Peter Schausberger, J. David Patino-Ruiz, Masahiro Osakabe, Yasumasa Murata, Naoya Sugimoto, Ryuji Uesugi, and Andreas Walzer, "Ultimate Drivers and Proximate Correlates of Polyandry in Predatory Mites," *PLoS One* 11, no. 4 (2016): e0154355, https://doi.org/10.1371/journal.pone.0154355.
5. Ernst Mayr, "Cause and Effect in Biology: Kinds of Causes, Predictability, and Teleology Are Viewed by a Practicing Biologist," *Science* 134, no. 3489 (1961): 1501–6, https://science.sciencemag.org/content/134/3489/1501; Bora Zivkovic, "The New Meaning of How and Why in Biology?," *Scientific American*, December 15, 2011, https://blogs.scientificamerican.com/a-blog-around-the-clock/the-new-meanings-of-how-and-why-in-biology/; Kevin N. Laland, Kim Sterelny, John Odling-Smee, William Hoppitt, and Tobias Uller, "Cause and Effect in Biology Revisited: Is Mayr's Proximate-Ultimate Dichotomy Still Useful?," *Science* 334, no. 6062 (2011): 1512–16, https://doi.org/10.1126/science.1210879.
6. Malina Poshtova Zang, "U.S. Stocks Whipped by Losses," CNN Money, October 27, 1997, https://money.cnn.com/1997/10/27/markets/marketwrap/; Into the Future, "The October 27th 1997 Mini-Crash," *Know the Stock Market* (blog), May 31, 2009, http://stockmktinfo.blogspot.com/2009/05/october-27th-1997-mini-crash.html; Edward A. Gargan, "The Market Plunge: The Asian Crisis; Hong Kong's Slide Goes Deeper," *New York Times*, October 28, 1997, https://www.nytimes.

com/1997/10/28/business/the-market-plunge-the-asian-crisis-hong-kong-s-slide-goes-deeper.html?searchResultPosition=1. Stock price data is from Bloomberg.
7. Deepak Shenoy, "Chart of the Day: Bank FD Rates from 1976," Capitalmind, September 30, 2020, https://www.capitalmind.in/2020/09/chart-of-the-day-bank-fd-rates-from-1976/; Shankar Nath, "RBI Interest Rates & Its Evolution Over 20 Years (2000–2019)," Beginnersbuck, accessed April 2021, https://www.beginnersbuck.com/rbi-interest-rates-history/.
8. "Who Is the World's Best Banker?," *The Economist*, October 29, 2020, https://www.economist.com/finance-and-economics/2020/10/29/who-is-the-worlds-best-banker.
9. Zidong An, Joao Tovar Jalles, and Prakash Loungani, "How Well Do Economists Forecast Recessions?," IMF Working Paper 18/39 (Washington, DC: International Monetary Fund, 2018), https://www.imf.org/en/Publications/WP/Issues/2018/03/05/How-Well-Do-Economists-Forecast-Recessions-45672; David Floyd, "Economists Seriously Can't Forecast Recessions," Investopedia, March 7, 2018, https://www.investopedia.com/news/economists-seriously-cant-forecast-recessions/; Adam Shaw, "Why Economic Forecasting Has Always Been a Flawed Science," *The Guardian*, September 2, 2017, https://www.theguardian.com/money/2017/sep/02/economic-forecasting-flawed-science-data.
10. Alexandra Twin, "Raging Bulls Propel Dow: Dow Soars 489 Points in Second-Best Point Gain Ever, Best Percentage Gain Since 1987," CNN Money, July 29, 2002, https://money.cnn.com/2002/07/24/markets/markets_newyork/index.htm; Jonathan Fuerbringer, "The Markets: Stocks; Battered for Weeks, Dow Enjoys Its Biggest Daily Gain Since '87," *New York Times*, July 25, 2002, https://www.nytimes.com/2002/07/25/business/the-markets-stocks-battered-for-weeks-dow-enjoys-its-biggest-daily-gain-since-87.html?searchResultPosition=1.
11. Richard Thaler, "Keynes's 'Beauty Contest,' " *Financial Times*, July 10, 2015, https://www.ft.com/content/6149527a-25b8-11e5-bd83-71cb60e8f08c; David Chambers, Elroy Dimson, and Justin Foo, "Keynes the Stock Market Investor: A Quantitative Analysis," *Journal of Financial and Quantitative Analysis* 50, no. 4 (2015): 431–49, https://papers.ssrn.com/sol3/papers.cfm?abstract_id=2023011; Joan Authers, "The Long View: Keynes Stands Tall Among Investors," *Financial Times*, July 6, 2012, https://www.ft.com/content/813a7b84-c744-11e1-8865-00144feabdc0; Zachary D. Carter, *The Price of Peace: Money, Democracy, and the Life of John Maynard Keynes* (New York: Random House, 2020), 116–18.
12. Jeff Sommer, "Clueless About 2020, Wall Street Forecasters Are At It Again," *New York Times*, December 21, 2020, https://www.nytimes.com/2020/12/18/business/stock-market-forecasts-wall-street.html; Jane Wollman Rusoff, "Harry Dent Predicted 'Once-in-a-Life time' Crash by 2020. What Now?," ThinkAdvisor, May 4, 2020, https://www.thinkadvisor.com/2020/05/04/harry-dent-predicted-once-in-a-lifetime-crash-by-2020-what-now/; Shawn Tully, "Why the Stock Market Probably Won't Get Back to Even This Year," *Fortune*, March 9, 2020, https://fortune.com/2020/03/09/stock-market-outlook-2020/.
13. Wollman Rusoff, "Harry Dent Predicted." For more information on Harry Dent, see https://harrydent.com.
14. Neal E. Boudette and Jack Ewing, "Head of Nikola, a G.M. Electric Truck Partner, Quits Amid Fraud Claims," *New York Times*, September 21, 2020, https://www.nytimes.com/2020/09/21/business/nikola-trevor-milton-resigns.html#:~:text=Hindenburg%2C%20a%20short%2Dselling%20firm,after%20the%20company%20and%20G.M.&text=On%20Monday%2C%20the%20shares%20lost,deal%20was%20announced; Hindenburg Research, *Nikola: How to Parlay an Ocean of Lies Into a Partnership with the Largest Auto OEM in America* (Hindenburg Research, September 10, 2020), https://hindenburgresearch.com/nikola/; "Nikola and General Motors Form Strategic Partnership; Nikola Badger to Be Engineered and Manufactured by General Motors," news release, General Motors, September 8, 2020, https://investor.gm.com/news-releases/news-release-details/nikola-and-

general-motors-form-strategic-partnership-nikola; Noah Manskar, "Nikola Shares Pop 53 Percent After GM Takes $2B Stake in Tesla Rival," *New York Post*, September 8, 2020, https://nypost.com/2020/09/08/gm-takes-2-billion-stake-in-nikola-electric-rival-to-tesla/; Andrew J. Hawkins, "GM Pumps the Brakes on Its Deal with Troubled Electric Truck Startup Nikola," *The Verge*, November 30, 2020, https://www.theverge.com/2020/11/30/21726594/gm-nikola-deal-equity-badger-truck-hydrogen.

15. Ortenca Aliaj, Sujeet Indap, and Miles Kruppa, "Automotive Tech Start-Ups Take Wild Ride with Spacs," *Financial Times*, January 12, 2021, https://www.ft.com/content/688d8472-c404-42d6-88b7-fbd475e50f7c; "Nikola Sets the Record Straight on False and Misleading Short Seller Report," press release, Nikola, September 14, 2020, https://nikolamotor.com/press_releases/nikola-sets-the-record-straight-on-false-and-misleading-short-seller-report-96; Hyliion (website), accessed April 2021, https://www.hyliion.com/; Fisker (website), accessed April 2021, https://www.fiskerinc.com/; Luminar Technologies (website), accessed April 2021, https://www.luminartech.com/; "About Us," Canoo, accessed April 2021, https://www.canoo.com/about/; Mark Kane, "The List of EV SPACs: Completed and Upcoming," Inside EVs, January 23, 2021, https://insideevs.com/news/481681/list-ev-spac-completed-upcoming/; Jack Denton, "Watch Tesla, Nikola and These Other Stocks as Change Comes for a Trucking Market Worth $1.5 Trillion, Says UBS," *MarketWatch*, March 20, 2021, https://www.marketwatch.com/story/watch-tesla-nikola-and-these-other-stocks-as-change-comes-for-a-trucking-market-worth-1-5-trillion-says-ubs-11616099185; Shanthi Rexaline, "Nikola Skyrockets After IPO: What to Know About the EV Truck Manufacturer," *Benzinga*, June 9, 2020, https://www.benzinga.com/news/20/06/16212027/nikola-skyrockets-after-ipo-what-to-know-about-the-ev-truck-manufacturer; "Velodyne Lidar Goes Public," Velodyne Lidar, September 30, 2020, https://velodynelidar.com/blog/velodyne-lidar-goes-public/; Kara Carlson, "Electric Trucking Company Hyliion Goes Public Through Merger," *Austin American-Statesman*, October 6, 2020, https://www.statesman.com/story/business/technology/2020/10/06/electric-trucking-company-hyliion-goes-public-through-merger/42729399/#:~:text=The%20resulting%20combination%20is%20named,at%20about%20the%20same%20level; Nicholas Jasinski and Al Root, "EV Battery Maker QuantumScape Just Went Public. Its Stock Soared 55%," *Barron's*, November 27, 2020, https://www.barrons.com/articles/ev-battery-maker-quantumscape-went-public-its-stock-soared-55-51606513410; Stephen Nellis, "Luminar Technologies Becomes Public Company as Lidar Race Builds," Reuters, December 3, 2020, https://www.reuters.com/article/luminar-gores-metro-idINL1N2IJ00F; David Z. Morris, "Electric-Vehicle Startup Fisker Inc. Shares Jump 13% on Stock Market Debut," *Fortune*, October 30, 2020, https://fortune.com/2020/10/30/fisker-inc-stock-fsr-shares-ipo-spac-ev-electric-vehicle-car-startup/; Viknesh Vijayenthiran, "EV Startup Canoo Goes Public with Nasdaq Listing," Motor Authority, December 22, 2020; "Electric Vehicles" (search term), Google Trends, January 1, 2014, to April 10, 2021, https://trends.google.com/trends/explore?date=2014-01-01%20 2021-04-0&geo=US&q=electric%20vehicles.

16. P. Smith, "Apparel and Footwear Market Size in the United States, China, and Western Europe in 2019 (in Billion U.S. Dollars)," Statista, January 13, 2022, https://www.statista.com/statistics/995215/apparel-and-footwear-market-size-by-selected-market/; Layla Ilchi, "All the Major Fashion Brands and Retailers Severely Impacted by the COVID-19 Pandemic," WWD, December 24, 2020, https://wwd.com/fashion-news/fashion-scoops/coronavirus-impact-fashion-retail-bankruptcies-1203693347/; P. Smith, "U.S. Apparel Market – Statistics & Facts," Statista, June 2, 2022, https://www.statista.com/topics/965/apparel-market-in-the-us/#dossierSummary__chapter2.

17. 以印度盧比計算，該基金從 2009 年 3 月到 2021 年 3 月漲了 19.6 倍，而大盤則漲了 5.1 倍。同一時期，以美元計算，該基金漲了 12.6 倍，而大盤則漲了 3.6 倍。

18. V. Raghunathan, "Why Did the Sensex Crash from 20K to Under 10K?," *Economic Times*, last updated December 28, 2008, https://economictimes.indiatimes.com/why-did-sensex-crash-from-

20k-to-under-10k/articleshow/3901597.cms; Shreya Biswas and Prashant Mahesh, "Economic Recession, Lay-Offs Shift Balance of Power," *Economic Times*, last updated November 15, 2008, https://economictimes.indiatimes.com/the-big-story/economic-recession-lay-offs-shift-balance-of-power/articleshow/3715185.cms?from=mdr; Moinak Mitra, Priyanka Sangani, Vinod Mahanta, and Dibeyendu Ganguly, "Financial Crisis: Are MNC Jobs Secure?," *Economic Times*, last updated September 26, 2008, https://economictimes.indiatimes.com/financial-crisis-are-mnc-jobs-secure/articleshow/3529077.cms?from=mdr; "Sensex, Nifty Hit New 2008 Lows," *Economic Times*, last updated October 16, 2008, https://economictimes.indiatimes.com/sensex-nifty-hit-new-2008-lows/articleshow/3602137.cms?from=mdr; Vinay Pandey, "Economic Activity Is Slowing Down Fast," *Economic Times*, last updated August 25, 2008, https://m.economictimes.com/news/economy/indicators/economic-activity-is-slowing-down-fast/articleshow/3404817.cms.
19. Tom Stafford, "Why Bad News Dominates the Headlines," BBC, July 28, 2014, https://www.bbc.com/future/article/20140728-why-is-all-the-news-bad.
20. Ap Dijksterhuis and Henk Aarts, "On Wildebeests and Humans: The Preferential Detection of Negative Stimuli," *Psychological Science* 14, no. 1 (2003): 14–18, https://doi.org/10.1111/1467-9280.t01-1-01412.

第 5 章　達爾文與折現現金流

1. Xuemin (Sterling) Yan, "Liquidity, Investment Style, and the Relation Between Fund Size and Fund Performance," *Journal of Financial and Quantitative Analysis* 43, no. 3 (2008): 741–67, https://doi.org/10.1017/S0022109000004270.
2. Conrad S. Ciccotello and C. Terry Grant, "Equity Fund Size and Growth: Implications for Performance and Selection," *Financial Services Review* 5, no. 1 (1996): 1–12, https://doi.org/10.1016/S1057-0810(96)90023-2.
3. Antti Petajisto, "Active Share and Mutual Fund Performance," *Financial Analysts Journal* 69, no. 4 (2013): 73–93, https://doi.org/10.2469/faj.v69.n4.7.
4. Stephen Jay Gould, *Hen's Teeth and Horse's Toes* (New York: W. W. Norton, 1983), 124.
5. John Gribbin and Michael White, *Darwin: A Life in Science* (London: Simon & Schuster, 1995), 80, 96, 97, 125; Adrian Desmond and James Moore, *Darwin: The Life of a Tormented Evolutionist* (New York: W. W. Norton, 1991); Charles Darwin, *The Autobiography of Charles Darwin*, ed. Nora Barlow (London: Collins, 1958).
6. Gribbin and White, *Darwin*, 80.
7. "Darwin's Book Publications," American Museum of Natural History, accessed March 2021, https://www.amnh.org/research/darwin-manuscripts/published-books.
8. Joe Cain, "How Extremely Stupid: Source for Huxley's Famous Quote," *Professor Joe Cain* (blog), accessed March 2021, https://profjoecain.net/how-extremely-stupid-thomas-henry-huxley/.
9. Mark Ridley, *Evolution*, 3rd ed. (Hoboken, NJ: Wiley, 2003).
10. Lory Herbison and George W. Frame, "Giraffe," *Encyclopaedia Britannica*, last updated September 2, 2021, https://www.britannica.com/animal/giraffe.
11. Darwin, *Autobiography*, 71.
12. "William Paley, 'The Teleological Argument': Philosophy of Religion," P.L.E., accessed March 2021, https://philosophy.lander.edu/intro/paley.shtml.
13. Editors of *Encyclopaedia Britannica*, "Georges Cuvier," *Encyclopaedia Britannica*, last updated August 19, 2022, https://www.britannica.com/biography/Georges-Cuvier.
14. Charles Darwin, *On the Origin of Species* (1859; repr., New York: Random House, 1993), 537.
15. Frank J. Sulloway, "The Evolution of Charles Darwin," *Smithsonian Magazine*, December 2005, https://www.smithsonianmag.com/science-nature/the-evolution-of-charles-darwin-110234034/.

16. Gribbin and White, *Darwin*, 33.
17. Darwin, *Origin*, 108.
18. Charles Darwin to Asa Gray, April 3, 1860, Darwin Correspondence Project, University of Cambridge, letter no. 2743, accessed March 2021, https://www.darwinproject.ac.uk/letter/DCP-LETT-2743.xml.
19. Diana Lipscomb, *Basics of Cladistic Analysis* (Washington, DC: George Washington University, 1998), https://www2.gwu.edu/~clade/faculty/lipscomb/Cladistics.pdf.
20. Staffan Muller-Wille, "Carolus Linnaeus," *Encyclopaedia Britannica*, last updated May 19, 2022, https://www.britannica.com/biography/Carolus-Linnaeus (on Linnaeus's reputation being built on his botanical classification system, see section "The 'Sexual System' of Classification"); Ken Gewertz, "Taxonomist Carl Linnaeus on Show at HMNH,"*Harvard Gazette*, November 1, 2007, https://news.harvard.edu/gazette/story/2007/11/taxonomist-carl-linnaeus-on-show-at-hmnh/#:~:text=A%20highly%20religious%20man%20(although,God%20created%2C%20Linnaeus%20organized).
21. Madeline C. Weiss, Martina Preiner, Joana C. Xavier, Verena Zimorski, and William F. Martin, "The Last Universal Common Ancestor Between Ancient Earth Chemistry and the Onset of Genetics," *PLoS Genetics* 14, no. 8 (2018): e1007518, https://doi.org/10.1371/journal.pgen.1007518.
22. Gribbin and White, *Darwin*, 80.
23. Sulloway, "The Evolution of Charles Darwin."
24. Charles Darwin to Henry Fawcett, September 18, 1861, Darwin Correspondence Project, University of Cambridge, letter no. 3257, accessed April 2021, https://www.darwinproject.ac.uk/letter/DCP-LETT-3257.xml.
25. Donald Gunn MacRae, "Thomas Malthus," *Encyclopaedia Britannica*, last updated April 25, 2022, https://www.britannica.com/biography/Thomas-Malthus.
26. "Darwin and Malthus" (video), PBS.org, 2001, https://www.pbs.org/wgbh/evolution/library/02/5/l_025_01.html.
27. "Passenger Car Market Share Across India in Financial Year 2022, by Vendor," Statista, July 27, 2022, https://www.statista.com/statistics/316850/indian-passenger-car-market-share/; "Estimated U.S. Market Share Held by Selected Automotive Manufacturers in 2021," Statista, July 27, 2022, https://www.statista.com/statistics/249375/us-market-share-of-selected-automobile-manufacturers/; "Share of Visteon's Sales by Customer in 2015 and 2016," Statista, January 31, 2020, https://www.statista.com/statistics/670526/visteon-sales-by-customer/.
28. CFI team, "Cost of Equity," CFI, last updated January 25, 2022, https://corporatefinanceinstitute.com/resources/knowledge/finance/cost-of-equity-guide/; "5 Major Problems in the Determination of Cost of Capital," Accounting Notes, accessed April 2021, https://www.accountingnotes.net/financial-management/cost-of-capital/5-major-problems-in-the-determination-of-cost-of-capital/7775; "Problems with Calculating WACC," Finance Train, accessed April 2021, https://financetrain.com/problems-with-calculating-wacc/; Charles W. Haley and Lawrence D. Schall, "Problems with the Concept of the Cost of Capital," *Journal of Financial and Quantitative Analysis* 13, no. 5 (1978): 847–70, https://doi.org/10.2307/2330631.
29. Olivia Solon and agency, "Aw Snap: Snapchat Parent Company's Value Plummets After Earnings Report," *The Guardian*, May 11, 2017, https://www.theguardian.com/technology/2017/may/10/snap-inc-first-quarter-results-share-price-drops.
30. Douglas J. Futuyma, *Evolutionary Biology*, 3rd ed. (Sunderland, MA: Sinauer, 1997), xvii.
31. "Why Did Nokia Fail and What Can You Learn from It?," *Medium*, July 24, 2018, https://medium.com/multiplier-magazine/why-did-nokia-fail-81110d981787; James Surowiecki, "Where Nokia Went Wrong," *New Yorker*, September 3, 2013, https://www.newyorker.com/business/currency/where-nokia-went-wrong.
32. Daniel Liberto, "Investors Rush to Short Starbucks as Howard Schultz Mulls 2020 Run," Investopedia, February 8, 2019, http://www.investopedia.com/ask/answers/033015/why-did-howard-

schultz-leave-starbucks-only-return-eight-years-later.asp.

第 6 章　細菌與商業趨同性

1. 強納森‧洛索斯教授從 1980 年代末期就一直在研究變色蜥，或稱加勒比海蜥蜴。請參閱：*The Origin of Species: Lizards in an Evolutionary Tree* (Chevy Chase, MD: HHMI BioInteractive, 2018), https://www.biointeractive.org/sites/default/files/LizardsEvoTree-Educator-Film.pdf.
2. Jeff Arendt and David Reznick, "Convergence and Parallelism Reconsidered: What Have We Learned About the Genetics of Adaptation?," *Trends in Ecology & Evolution* 23, no. 1 (2008): 26–32, https://doi.org/10.1016/j.tree.2007.09.011.
3. Jonathan B. Losos, *Improbable Destinies: Fate, Chance, and the Future of Evolution* (New York: Riverhead, 2018), 14.
4. Losos, *Improbable Destinies*, 89–90.
5. "All-Time Olympic Games Medal Table," Wikipedia, accessed April 2021, https://en.wikipedia.org/wiki/All-time_Olympic_Games_medal_table.
6. Editors of *Encyclopaedia Britannica*, "Placental Mammal," *Encyclopaedia Britannica*, last updated February 19, 2021, https://www.britannica.com/animal/placental-mammal; Editors of *Encyclopaedia Britannica*, "Marsupial," *Encyclopaedia Britannica*, last updated August 19, 2021, https://www.britannica.com/animal/marsupial.
7. Quoted in Jonathan B. Losos, "Convergence, Adaptation, and Constraint," *International Journal of Organic Evolution* 65, no. 7 (2011): 1827–40, https://onlinelibrary.wiley.com/doi/10.1111/j.1558-5646.2011.01289.x.
8. Editors of *Encyclopaedia Britannica*, "Leafcutter Ant," *Encyclopaedia Britannica*, last updated October 15, 2018, https://www.britannica.com/animal/leafcutter-ant.
9. Losos, *Improbable Destinies*, 29–31.
10. George McGhee, *Convergent Evolution: Limited Forms Most Beautiful* (Cambridge, MA: MIT Press, 2011).
11. Michael Isikoff, "Yellow Pages Battle Begins," *Washington Post*, June 4, 1984, https://www.washingtonpost.com/archive/business/1984/06/04/yellow-pages-battle-begins/9096ae78-3100-475c-91ad-6d92979fa348/.
12. MIT International Center for Air Transportation, *An Introduction to the Airline Data Project* (Cambridge: Massachusetts Institute of Technology, June 2014), http://web.mit.edu/airlinedata/www/2013%2012%20Month%20Documents/ADP_introduction.pdf.
13. International Air Transport Association (IATA), *IATA Annual Review 2014* (Geneva: IATA, 2014), https://www.iata.org/contentassets/c81222d96c9a4e0bb4ff6ced0126f0bb/iata-annual-review-2014.pdf, 15.
14. Louis K. C. Chan and Josef Lakonishok, "Value and Growth Investing: Review and Update," *Financial Analysts Journal* 60, no. 1 (2004): 71–86, https://doi.org/10.2469/faj.v60.n1.2593.
15. Losos, *Improbable Destinies*, 334.
16. Editors of *Encyclopaedia Britannica*, "The Rodent That Acts Like a Hippo," *Encyclopaedia Britannica*, December 7, 2001, https://www.britannica.com/topic/The-Rodent-That-Acts-Like-a-Hippo-753723.
17. Losos, *Improbable Destinies*, chapter 9.

第 7 章　別把綠蛙當成孔雀魚

1. 許多書籍都討論過訊號。以下是我參照的幾本書：Mark Ridley, Evolution, 3rd ed. (Hoboken, NJ: Wiley, 2003), chapter 12; Edward O. Wilson, Sociobiology: *The New Synthesis*, twenty-fifth anniversary ed. (Cambridge, MA: Belknap, 2000), chapter 8; Jonathan Losos, ed., *The Princeton*

Guide to Evolution (Princeton, NJ: Princeton University Press, 2014), section 7、William A. Searcy and Stephen Nowicki, *The Evolution of Animal Communication: Reliability and Deception in Signaling Systems* (Princeton, NJ: Princeton University Press, 2005), chapters 1–5、David Sloan Wilson, *Evolution for Everyone: How Darwin's Theory Can Change the Way We Think About Our Lives* (New York: Delta, 2007), chapter 15、Richard O. Prum, *The Evolution of Beauty: How Darwin's Forgotten Theory of Mate Choice Shapes the Animal World* (New York: Anchor, 2017), chapters 2–4、Adam Nicholson, *The Seabird's Cry: The Lives and Loves of Puffins, Gannets, and Other Ocean Voyagers* (New York: Henry Holt, 2018)、Laurent Keller and Élisabeth Gordon, *The Lives of Ants* (New York: Oxford University Press, 2009), chapter 10、Thor Hanson, Feathers: *The Evolution of a Natural Miracle* (New York: Basic Books, 2011), chapter 10、Thomas D. Seeley, *Honeybee Democracy* (Princeton, NJ: Princeton University Press, 2010)。另請參閱 Jack W. Bradbury, "Animal Communication," *Encyclopaedia Britannica*, last updated April 8, 2022, http://global.britannica.com/EBchecked/topic/25653/animal-communication.

2. Searcy and Nowicki, *The Evolution of Animal Communication*; Carl Zimmer, "Devious Butterflies, Full-Throated Frogs and Other Liars," *New York Times*, December 26, 2006, https://www.nytimes.com/2006/12/26/science/26lying.html.

3. Patricia R. Y. Backwell, John Christy, Steven R. Telford, Michael D. Jennions, and Jennions Passmore, "Dishonest Signaling in a Fiddler Crab," *Proceedings of the Royal Society B: Biological Sciences* 267, no. 1444 (2000): 719–24, https://doi.org/10.1098/rspb.2000.1062.

4. Anne C. Gaskett, "Floral Shape Mimicry and Variation in Sexually Deceptive Orchids with a Shared Pollinator," *Biological Journal of the Linnean Society* 106, no. 3 (2012): 469–81, https://doi.org/10.1111/j.1095-8312.2012.01902.x.

5. John A. Endler, "Natural Selection on Color Patterns *Poecilia Reticulata*," *Journal Evolution* 34, no. 1 (1980): 76–91, https://doi.org/10.2307/2408316.

6. Jean-Guy J. Godin and Heather E. McDonough, "Predator Preference for Brightly Colored Males in the Guppy: A Viability Cost for a Sexually Selected Trait," *Behavioral Ecology* 14, no. 2 (2003): 194–200, https://doi.org/10.1093/beheco/14.2.194.

7. Editors of *Encyclopaedia Britannica*, "Coral Snake," *Encyclopaedia Britannica*, last updated May 2, 2022, https://www.britannica.com/animal/coral-snake.

8. James Venner, "Animal Communication: Honest, Dishonest and Costly Signalling," Zoo Portraits, July 24, 2018, https://www.zooportraits.com/animal-communication-honest-dishonest-costly-signalling/.

9. "Henry Walter Bates Describes 'Batesian Mimicry,' " Jeremy Norman's HistoryofInformation.com, last updated July 6, 2022, https://www.historyofinformation.com/detail.php?entryid=4277; Wolfgang J. H. Wickler, "Mimicry," *Encyclopaedia Britannica*, last updated February 7, 2019, https://www.britannica.com/science/mimicry.

10. Jack W. Bradbury and Sandra L. Vehrencamp, "Honesty and Deceit," *Encyclopaedia Britannica*, last updated April 8, 2022, https://www.britannica.com/science/animal-communication/Honesty-and-deceit.

11. 有關查哈威的拘束理論，請參閱：Searcy and Nowicki, *The Evolution of Animal Communication*, introduction; Laith Al-Shawaf and David M. G. Lewis, "The Handicap Principle," in Encyclopedia of Evolutionary Psychological Science, ed. Todd K. Shackelford and Viviana A. Shackelford-Weekes (Cham, Denmark: Springer, 2018), https://doi.org/10.1007/978-3-319-16999-6_2100-1. On carotenoids, see Searcy and Nowicki, *The Evolution of Animal Communication*, chapter 3。有關類胡蘿蔔素，請參閱：Searcy and Nowicki, *The Evolution of Animal Communication*, chapter 3。雖然障礙理論看似合理地解釋評估可靠性的訊號，但科學家也提出了其他機制；請參閱：Searcy and Nowicki, *The Evolution of Animal Communication*, chapter 6: "In summary, the reliability of some classes of signals seem best explained by the handicap principle, in the sense of signal costs

that act differentially on different categories of signallers."。請注意這個限定詞「某些類型的訊號」。作者描述障礙原則的以下四種替代方案：（1）如果接收方和發送方有相同的利益，訊號可以是誠實的，而發出訊號者不會產生成本；例如，鳥類在看到捕食者時發出的警告訊號。（2）當發出訊號者的獲利（相對於成本）隨著訊號的屬性而變化時，可能會產生誠實的信號；例如，當後代向父母索取食物時。（3）「約束假說」指出，當身體或其他約束迫使訊號可靠時，信號可以是誠實的；例如，赤肩鶯（red-shouldered widow-birds）的類胡蘿蔔素色素（見第四章）。（4）「分別導向懷疑論」理論指出，訊號接收者會記住過去某個發出訊號者的訊號是誠實或不誠實，並據以調整牠們對訊號的回應方式。因此，慣性欺騙者將無法使接收者產生前者所需的回應；例如，家雞發出的食物訊號。

12. Amotz Zahavi, "Mate Selection: A Selection for a Handicap," *Journal of Theoretical Biology* 53, no. 1 (1975): 205–14, https://doi.org/10.1016/0022-5193(75)90111-3.
13. Monty Solomon, "Apple Updates MacBook Pro with Retina Display," press release, Mail Archive, July 29, 2014, https://www.mail-archive.com/medianews@etskywarn.net/msg17476.html.
14. Unilever, *2014 Full Year and Fourth Quarter Results: Profitable Growth in Tougher Markets* (London: Unilever, 2015), https://docplayer.net/2815586-2014-full-year-and-fourth-quarter-results-profitable-growth-in-tougher-markets.html.
15. Markus Braun, interview by Matt Miller, Bloomberg TV, "Wirecard Concentrates on Innovation, Not 'Controversy': CEO Braun," Bloomberg, June 13, 2009, https://www.bloomberg.com/news/videos/2019-06-13/wirecard-concentrates-on-innovation-not-controversy-ceo-braun-video; Olaf Storbeck, "BaFin Boss 'Believed' Wirecard Was Victim Until Near the End," *Financial Times*, January 24, 2021, https://www.ft.com/content/a021012e-bd2e-44d5-a160-96d997c662f1; Liz Alderman and Christopher F. Schuetze, "In a German Tech Giant's Fall, Charges of Lies, Spies and Missing Billions," *New York Times*, June 26, 2020, https://www.nytimes.com/2020/06/26/business/wirecard-collapse-markus-braun.html; Olaf Storbeck, "Wirecard: A Record of Deception, Disarray and Mismanagement," *Financial Times*, June 24, 2021, https://www.ft.com/content/15bb36e7-54dc-463a-a6d5-70fc38a11c81.
16. "Sell-Side Analysts Strongly in Favor of Companies Providing Earnings Guidance," *PR Newswire*, accessed April 2021, http://www.prnewswire.com/news-releases/sell-side-analysts-strongly-in-favor-of-companies-providing-earnings-guidance-57993442.html.
17. Peggy Hsieh, Timothy Koller, and S. R. Rajan, "The Misguided Practice of Earnings Guidance," McKinsey & Company, March 1, 2006, https://www.mckinsey.com/business-functions/strategy-and-corporate-finance/our-insights/the-misguided-practice-of-earnings-guidance.
18. Don Seiffert, "GE Is No Longer the Most Valuable Public Company in Massachusetts," *Boston Business Journal*, October 30, 2018, https://www.bizjournals.com/boston/news/2018/10/30/ge-is-no-longer-the-most-valuable-public-company.html#:~:text=In%20August%202000%2C%20GE%20was,run%20into%20myriad%20financial%20problems; Thomas Gryta and Ted Mann, *Lights Out: Pride, Delusion, and the Fall of General Electric* (New York: Houghton Mifflin Harcourt, 2020), 35 (Immelt's discovery of fudged profits at GE Plastics), 58 (Edison Conduit accounting lie), 59 (Dammerman's quote), 60 (Welch's interview with Carol Loomis).
19. Fox Business, "Charlie Munger: Sewer Too Light a Word for Valeant," YouTube video, 4:37, uploaded May 2, 2016, https://www.youtube.com/watch?v=yxMZM_63Fpk; Matt Turner, "Here's the Email Bill Ackman Sent to Charlie Munger to Complain About Munger's Valeant Comments," *Business Insider*, May 9, 2016, https://www.businessinsider.com/bill-ackman-email-to-charlie-munger-2016-5; Svea Herbst-Bayliss, "Ackman's Pershing Square Sells Valeant Stake, Takes $3 Billion Loss," Reuters, March 13, 2017, https://www.reuters.com/article/us-valeant-ackman-idUSKBN16K2KT.
20. Chevron, *4Q19 Earnings Conference Call Edited Transcript* (San Ramon, CA: Chevron, January 31, 2020), https://chevroncorp.gcs-web.com/static-files/3436e36f-bf60-4466-b550-b4f88d60a893.
21. Selina Wang and Matthew Campbell, "Luckin Scandal Is Bad Timing for U.S.-Listed Chinese

Companies," Bloomberg, July 29, 2020, https://www.bloomberg.com/news/features/2020-07-29/luckin-coffee-fraud-behind-starbucks-competitor-s-scandal.

22. Zhang Rui, "Misbehaving US-Listed Chinese Enterprises and Their Gambler Attitudes," trans. Grace Chong and Candice Chan, ThinkChina, May 6, 2020, https://www.thinkchina.sg/misbehaving-us-listed-chinese-enterprises-and-their-gambler-attitudes; *The China Hustle*, directed by Jed Rothstein (New York: Magnolia Pictures, 2017), 82 min. The list of companies involved in the scandal can be seen at 1:23 in the film's trailer: Movie Coverage, "The China Hustle Trailer (2018) Documentary," YouTube video, 2:37, uploaded December 28, 2017, https://www.youtube.com/watch?v=DxbX5Dfk4b4. See also the following news articles: Arjun Kharpal, "Chinese Netflix-Style Service iQiyi Tanks by 18% After U.S. Regulators Investigate Fraud Allegations," CNBC, August 13, 2020, https://www.cnbc.com/2020/08/14/iqiyi-sec-investigation-into-fraud-allegations-shares-plunge.html; Sissi Cao, "Famed Tesla Short Seller Says This Soaring NYSE-Traded Chinese Company Is a Fraud," *Observer*, August 11, 2020, https://observer.com/2020/08/tesla-short-seller-citron-andrew-left-gsx-techedu-fraud-chinese-ipo/; Anna Vodopyanova, "Orient Paper to Change Its Name to IT Tech Packaging, Symbol to 'ITP,' " *Capital Watch*, July 19, 2018, https://www.capitalwatch.com/article-2506-1.html; "China Agritech (CAGCUS)," GMT Research, last updated August 2021, https://www.gmtresearch.com/en/about-us/hall-of-shame/china-agritech-cagc-us/; U.S. Court-Appointed Receiver for Sino Clean Energy Inc., "U.S. Court-Appointed Receiver for Sino Clean Energy Inc. (Nasdaq 'SCEI') Files Criminal Charges in Hong Kong against Chairman of Nasdaq-Listed China Energy Company Accusing Him of Fraud on U.S. and Chinese Investors," *Cision PR Newswire*, June 23, 2015; Dena Aubin, "Judge Recommends $228 Mln Damages in Puda Coal Fraud Lawsuit," Reuters, January 9, 2017, https://www.reuters.com/article/puda-fraud/judge-recommends-228-mln-damages-in-puda-coal-fraud-lawsuit-idUSL1N1F002L; Scott Eden, "SEC Probing China Green Ag,"*TheStreet*, January 12, 2011, https://www.thestreet.com/markets/emerging-markets/sec-probing-china-green-10971670; T. Gorman, "SEC Charges Another China Based Firm with Fraud," SEC Actions, June 27, 2016, https://www.secactions.com/sec-charges-another-china-based-firm-with-fraud/; Lucy Campbell, "China Integrated Energy, Inc CBEH Securities Stock Fraud," BigClassAction.com, March 28, 2011, https://www.bigclassaction.com/lawsuit/china-integrated-energy-inc-cbeh-securities.php.

23. Ed Monk, "Fidelity Star Fund Manager Anthony Bolton Retires and Calls Time on Troubled China Adventure," *This Is Money*, June 17, 2013, https://www.thisismoney.co.uk/money/investing/article-2343119/Fidelity-star-fund-manager-Anthony-Bolton-retires-calls-time-troubled-China-adventure.html; Jonathan Davis, "Farewell to the Harry Potter of Investment," *Independent Advisor*, July 30, 2006, https://web.archive.org/web/20060828135414/http://www.independent-investor.com/stories/Farewell_to_Bolton_438.aspx; Patrick Collinson, "Fidelity Star Fund Manager Anthony Bolton to Step Down," *The Guardian*, June 17, 2013, https://www.theguardian.com/business/2013/jun/17/fidelity-anthony-bolton-steps-down-china; Jeanny Yu, "Famed British Fund Manager Anthony Bolton Meets His China Match," *South China Morning Post*, June 19, 2013, https://www.scmp.com/business/money/markets-investing/article/1263890/famed-british-fund-manager-anthony-bolton-meets-his.

24. Mary Caswell Stoddard, Rebecca M. Kilner, and Christopher Town, "Pattern Recognition Algorithm Reveals How Birds Evolve Individual Egg Pattern Signatures," *Nature Communications* 5, no. 4117 (2014), https://doi.org/10.1038/ncomms5117.

第 8 章　鳥和熊的異常

1. Kristian Heugh and Marc Fox, *Long-Term Conviction in a Short-Term World* (New York: Morgan Stanley, 2018), https://www.morganstanley.com/im/publication/insights/investment-insights/ii_longte

rmconvictioninashorttermworld_us.pdf.
2. Bjorn Kurten, "Rates of Evolution in Fossil Mammals," *Cold Spring Harbor Symposia on Quantitative Biology* 24 (1959): 205–15, https://doi.org/10.1101/SQB.1959.024.01.021.
3. Philip D. Gingerich, "Rates of Evolution," *Annual Review of Ecology, Evolution, and Systematics* 40 (2009): 657–75, https://doi.org/10.1146/annurev.ecolsys.39.110707.173457.
4. Simon Y. W. Ho, Robert Lanfear, Lindell Bromham, Matthew J. Phillips, Julien Soubrier, Allen G. Rodrigo, and Alan Cooper, "Time-Dependent Rates of Molecular Evolution," *MolecularEcology* 20, no. 15(2011): 3087–101, https://doi.org/10.1111/j.1365-294X.2011.05178.x.
5. Peter T. Boag and Peter R. Grant, "Intense Natural Selection in a Population of Darwin's Finches (*Geospizinae*) in the Galapagos," *Science* 214, no. 4516 (1981): 82–85, https://doi.org/10.1126/science.214.4516.82.
6. Hanneke Meijer, "Origin of the Species: Where Did Darwin's Finches Come From?," *The Guardian*, July 30, 2018, https://www.theguardian.com/science/2018/jul/30/origin-of-the-species-where-did-darwins-finches-come-from.
7. Jonathan Weiner, *The Beak of the Finch: A Story of Evolution in Our Time* (New York: Vintage, 1994); Emily Singer, "Watching Evolution Happen in Two Lifetimes," *Quanta Magazine*, September 22, 2016, https://www.quantamagazine.org/watching-evolution-happen-in-two-lifetimes-20160922; Joel Achenbach, "The People Who Saw Evolution," *Princeton Alumni Weekly*, April 23, 2014, https://paw.princeton.edu/article/people-who-saw-evolution.
8. Peter R. Grant and B. Rosemary Grant, "Unpredictable Evolution in a 30-Year Study of Darwin's Finches," *Science* 296, no. 5568 (2002): 707–11, https://doi.org/10.1126/science.1070315.
9. L'Oreal, *2009 Annual Results* (Clichy, France: L'Oreal, 2010), https://www.loreal-finance.com/eng/news-release/2009-annual-results; L'Oreal, *2020 Annual Results* (Clichy, France: L'Oreal, 2021), https://www.loreal-finance.com/eng/news-release/2020-annual-results.
10. Mark J. Perry, "Fortune 500 Firms in 1955 v. 2015: Only 12% Remain, Thanks to the Creative Destruction That Fuels Economic Prosperity," American Enterprise Institute, October 12, 2015, https://www.aei.org/carpe-diem/fortune-500-firms-in-1955-vs-2015-only-12-remain-thanks-to-the-creative-destruction-that-fuels-economic-growth/.
11. Andrew Hudson, "The Rise & Fall of Kodak: A Brief History of The Eastman Kodak Company, 1880 to 2012," August 29, 2012, https://www.photosecrets.com/the-rise-and-fall-of-kodak.

第 9 章　艾德奇和古爾德挖出投資金律

1. "Macroevolution Through Evograms: The Evolution of Whales," Understanding Evolution, University of California Museum of Paleontology, last updated June 2020, https://evolution.berkeley.edu/evolibrary/article/evograms_03.
2. Stephen Jay Gould, *The Structure of Evolutionary Theory* (Cambridge, MA: Belknap, 2002), 749. Many observations in this chapter come from chapter 9, "Punctuated Equilibrium and the Validation of Macroevolutionary Theory."
3. "Palaeontological Memoirs and Notes of the Late Hugh Falconer," Jeremy Norman's HistoryofScience.com, accessed April 2021, https://www.jnorman.com/pages/books/40957/hugh-falconer/palaeontological-memoirs-and-notes-of-the-late-hugh-falconer. See also Gould, *Structure*, 745.
4. Niles Eldredge and Stephen Jay Gould, "Punctuated Equilibria: An Alternative to Phyletic Gradualism," in *Models in Paleobiology*, ed. Thomas J. M. Schopf (San Francisco: Freeman, Cooper, 1972), 82–115, https://www.blackwellpublishing.com/ridley/classictexts/eldredge.pdf.
5. Jonathan Chadwick, "World's Oldest DNA Is Extracted from the Tooth of a Mammoth," *Daily Mail*, February 17, 2021, https://www.dailymail.co.uk/sciencetech/article-9270399/Worlds-oldest-DNA-extracted-tooth-mammoth.html.

6. Gould, *Structure*, 826.
7. Gould, *Structure*, 827.
8. Tiina M. Mattila and Folmer Bokma, "Extant Mammal Body Masses Suggest Punctuated Equilibrium," *Proceedings of the Royal Society B: Biological Sciences* 275, no. 1648 (2008): 2195–99, https://doi.org/10.1098/rspb.2008.0354.
9. "Repeat After Me," *The Economist*, December 16, 2004, http://www.economist.com/node/3500219.
10. Jonathan Ree, "Evolution by Jerks," *New Humanist*, May 31, 2007, https://newhumanist.org.uk/articles/598/evolution-by-jerks.
11. Mark Ridley, *Evolution*, 3rd ed. (Hoboken, NJ: Wiley, 2003), 17, 266.
12. David H. Bailey, "Does the Punctuated Equilibrium Theory Refute Evolution?," SMR Blog, April 21, 2019, https://www.sciencemeetsreligion.org/blog/2019/04/does-the-punctuated-equilibrium-theory-refute-evolution/.
13. Gustavo Grullon, Yelena Larkin, and Roni Michaely, "Are US Industries Becoming More Concentrated?," *Review of Finance* 23, no. 4 (2019): 697–743, https://doi.org/10.1093/rof/rfz007.
14. Matej Bajgar, Giuseppe Berlingieri, Sara Calligaris, Chiara Criscuolo, and Jonathan Timmis, "Industry Concentration in Europe and North America," *OECD Productivity Working Papers*, No. 18 (Paris: OECD Publishing), https://doi.org/10.1787/2ff98246-en.
15. "Winners Take All: Why High Profits Are a Problem for America," *The Economist*, March 26, 2016, https://www.economist.com/weeklyedition/2016-03-26.
16. Hendrick Bessembinder, "Do Stocks Outperform Treasury Bills?," *Journal of Financial Economics* 129, no. 3 (2018): 440–57, https://doi.org/10.1016/j.jfineco.2018.06.004.
17. Bessembinder, "Do Stocks Outperform," table 2A, panel D.
18. CNET News staff, "Blodget and Amazon: A Long History," CNET, January 2, 2002, https://www.cnet.com/news/blodget-and-amazon-a-long-history/.
19. James Surowiecki, "Doom, Incorporated," *New Yorker*, May 12, 2002, https://www.newyorker.com/magazine/2002/05/20/doom-incorporated.
20. "Brood X Periodical Cicadas FAQ," National Park Service, last updated September 1, 2022, https://www.nps.gov/articles/000/cicadas-brood-x.htm.

第 10 章　兔子在哪裡？

1. Associated Press, "Forbes List 400 Richest Americans: Sam Walton of Wal-Mart Stores Is No. 1 with $6.7 Billion," *Los Angeles Times*, October 11, 1988, https://www.latimes.com *Fifty Years of Successful Investing on Wall Street* (New York: John Wiley, 2001).
2. Charles Darwin to W. D. Fox, July 29, 1828, Darwin Correspondence Project, University of Cambridge, letter no. 45, https://www.darwinproject.ac.uk/letter/DCP-LETT-45.xml.
3. Julie Rehmeyer, "Darwin: The Reluctant Mathematician," *Science News*, February 11, 2009, https://www.sciencenews.org/article/darwin-reluctant-mathematician.
4. Mark Ridley, *Evolution*, 3rd ed. (Hoboken, NJ: Wiley, 2003), 10–13.
5. David T. Mitchell, "Mutation Theory," *Encyclopaedia Britannica*, last updated March 21, 2016, https://www.britannica.com/science/mutation-theory.
6. Francisco Jose Ayala, "Evolution," *Encyclopaedia Britannica*, last updated August 22, 2022, https://www.britannica.com/science/evolution-scientific-theory. See in particular subsection, "The Synthetic Theory," https://www.britannica.com/science/evolution-scientific-theory/Modern-conceptions#ref49842.
7. Douglas J. Futuyma, *Evolutionary Biology*, 3rd ed. (Sunderland, MA: Sinauer, 1997), 24.
8. Sean B. Carroll, *Making of the Fittest: DNA and the Ultimate Forensic Record of Evolution* (New York: W. W. Norton, 2007), 49–51.

9. Stuart Read, "Peppered Moth and Natural Selection," Butterfly Conservatory, https://butterfly-conservation.org/moths/why-moths-matter/amazing-moths/peppered-moth-and-natural-selection.
10. Ping Zhou, "Australia's Massive Feral Rabbit Problem," *ThoughtCo*, last updated November 22, 2019, https://www.thoughtco.com/feral-rabbits-in-australia-1434350。我不敢斷言表 10.2 中 1859 年至 1925 年間兔子的數量是正確的，只是因為所有數據都指出 1920 年代共有 100 億隻。但確實這張表呈現出的指數成長情況是令人驚嘆的。
11. Richard Mille, "Forbes World's Billionaire List: The Richest in 2022," ed. Kerry A. Dolan and Chase Peterson-Withorn, *Forbes*, https://www.forbes.com/billionaires/.
12. Nicholas Carlson, "11 Companies That Tried to Buy Facebook Back When It Was a Startup," *Insider*, May 13, 2010, https://www.businessinsider.com/all-the-companies-that-ever-tried-to-buy-facebook-2010-5.
13. Hendrick Bessembinder, "Do Stocks Outperform Treasury Bills?," *Journal of Financial Economics* 129, no. 3 (2018): 440–57, https://doi.org/10.1016/j.jfineco.2018.06.004.
14. 這是現金對現金的年化報酬率，將進出基金的所有現金流動計算在內。這是衡量報酬率更好的方法，不只是將在這段期間的資金乘以 12 以計算年化報酬率。
15. Michael Ray, "The Euro-Zone Debt Crisis," *Encyclopaedia Britannica*, last updated September 3, 2017, https://www.britannica.com/topic/European-Union/The-euro-zone-debt-crisis.
16. Claudia Champagne, Aymen Karoui, and Saurin Patel, "Portfolio Turnover Activity and Mutual Fund Performance," *Managerial Finance* 44, no. 3 (2018): 326–56, https://doi.org/10.1108/MF-01-2017-0003; Laura Cohn, "The Case for Low-Turnover Funds," *Kiplinger*, March 28, 2010, https://www.kiplinger.com/article/investing/t041-c009-s001-the-case-for-low-turnover-funds.html; Pedro Luiz Albertin Bono Milan and William Eid Jr., "High Portfolio Turnover and Performance of Equity Mutual Funds," *Brazilian Review of Finance* 12, no. 4 (2014): 469–97, https://doi.org/10.12660/rbfin.v12n4.2014.41445; Diego Victor de Mingo-Lopez and Juan Carlos Matallin-Saez, "Portfolio Turnover and Fund Investors' Performance" (paper presented at the Management International Conference, Venice, Italy, May 24–27, 2017), https://www.hippocampus.si/ISBN/978-961-7023-12-1/146.pdf.

終章　蜜蜂可以，我們也可以

1. Christopher D. Epp, "Definition of a Gene," *Nature* 389, no. 537 (1997), https://doi.org/10.1038/39166.
2. Philip Ball, "DNA at 60: Still Much to Learn," *Scientific American*, April 28, 2013, https://www.scientificamerican.com/article/dna-at-60-still-much-to-learn/.
3. 演化已經產生了一些看似放棄了繁殖權利的雌性動物，因此顯然違反了自然選擇法則，這讓達爾文感到困惑，他一生無法解開這個難題。W. D. 漢彌爾頓（W. D. Hamilton）在 1960 年代著名的親屬選擇論則是解開了這個問題。
4. Thomas D. Seeley, *Honeybee Democracy* (Princeton, NJ: Princeton University Press, 2011), chapters 5, 6.

投資贏家系列 83

跟達爾文學投資

取經大自然，從物競天擇脫穎成為市場贏家！
What I Learned about Investing from Darwin

作　　　者	普拉克・普拉薩德 Pulak Prasad
譯　　　者	呂佩憶
總 編 輯	李珮綺
資深主編	李志威
協力編輯	許訓彰
校　　　對	許訓彰、李志威
封面設計	賴維明 @ 雨城藍設計
內文排版	薛美惠
企畫副理	朱安棋
行銷專員	江品潔
業務專員	孫唯瑄
印　　　務	詹夏深
出 版 者	今周刊出版社股份有限公司
發 行 人	梁永煌
地　　　址	台北市中山區南京東路一段 96 號 8 樓
電　　　話	886-2-2581-6196
傳　　　真	886-2-2531-6438
讀者專線	886-2-2581-6196 轉 1
劃撥帳號	19865054
戶　　　名	今周刊出版社股份有限公司
網　　　址	http://www.businesstoday.com.tw
總 經 銷	大和書報股份有限公司
製版印刷	緯峰印刷股份有限公司
初版一刷	2024 年 10 月
初版二刷	2025 年 1 月
定　　　價	520 元

國家圖書館出版品預行編目 (CIP) 資料

跟達爾文學投資：取經大自然，從物競天擇脫穎成為市場贏家！/ 普拉克．普拉薩德 (Pulak Prasad) 著；呂佩憶譯. -- 初版 . – 臺北市：今周刊出版社股份有限公司，2024.10
408 面 ; 17 × 23 公分 . -- (投資贏家系列 ; 83)

譯自：What I learned about investing from Darwin.
ISBN 978-626-7589-04-5(平裝)

1.CST: 投資理論

563.52　　　　　　　　　　113014800

Copyright © 2023 Pulak Prasad.
This Chinese (Complex Characters) edition is a complete translation of the U.S. edition, specially authorized by the original publisher, Columbia University Press through Andrew Numberg Associates International Limited.

版權所有，翻印必究
Printed in Taiwan

Investment

Investment